本成果受到中国人民大学2016年中央高校建设世界一流大学（学科）
和特色发展引导专项资金经费的支持

和谐社会视域下
中国家庭发展

宋　健　等著

中国人口出版社
China Population Publishing House
全国百佳出版单位

图书在版编目(CIP)数据

和谐社会视域下中国家庭发展/宋健等著.
—北京:中国人口出版社,2017.2
ISBN 978-7-5101-4982-5

Ⅰ.①和… Ⅱ.①宋… Ⅲ.①家庭问题-研究-中国
Ⅳ.①D669.1

中国版本图书馆 CIP 数据核字(2017)第 043218 号

和谐社会视域下中国家庭发展

宋 健 等著

出版发行 中国人口出版社
印　　刷 北京和谐彩色印刷有限公司
开　　本 787 毫米×1092 毫米 1/16
印　　张 22.75
字　　数 400 千
版　　次 2017 年 2 月第 1 版
印　　次 2017 年 2 月第 1 次印刷
书　　号 ISBN 978-7-5101-4982-5
定　　价 98.00 元

社　　长 邱 立
网　　址 www.rkcbs.net
电子信箱 rkcbs@126.com
总编室电话 (010)83519392
发行部电话 (010)83530809
传　　真 (010)83519401
地　　址 北京市西城区广安门南街 80 号中加大厦
邮　　编 100054

前 言

家庭是人类社会最古老、最基本的组织形式,是连接国家和个体的重要社会制度。家庭是个人抵御外界风险的第一堡垒,家庭是社会的基本细胞。中华民族自古以来就具有重视家庭、重视亲情的优良传统,家庭的生存和发展是最重要的国计民生议题之一。

在工业化、城镇化和现代化浪潮的推动下,我国的家庭已经发生并正在发生着巨大的变化。家庭规模日益小型化,20 世纪前半叶,官方统计的家庭平均户规模在 5 人左右,20 世纪后半叶则维持在 3 ~ 4 人,2010 年第六次全国人口普查时,我国平均家庭户规模为 3.1 人,比 2000 年第五次全国人口普查时的 3.44 人减少了 0.34 人。家庭形式日渐多样化,丁克家庭、空巢家庭、单亲家庭、留守家庭、重组家庭等不断增多。受家庭规模缩小、家庭结构转变的影响,加上现代婚育观念的冲击,家庭功能也在经历着弱化与外化。家庭的一些传统功能(如养老)趋于弱化,家庭面临的风险加大。在时代变迁和社会变革的背景下,促进家庭发展,增强家庭发展能力,已成为构建和谐社会的重要任务和重大挑战。

2015 年 2 月,习近平总书记在春节团拜会上指出:“不论时代发生多大变化,不论生活格局发生多大变化,我们都要重视家庭建设,注重家庭、注重家教、注重家风,紧密结合培育和弘扬社会主义核心价值观,发扬光大中华民族传统家庭美德,促进家庭和睦,促进亲人相亲相爱,促进下一代健康成长,促进老年人老有所养,使千千万万个家庭成为国家发展、民族进步、社会和谐的重要基点。”2016 年 12 月,习近平总书记在会见第一届全国文明家庭代表时,再一次强调:“家庭和睦则社会安定,家庭幸福则社会祥和,家庭文明则社会文明。”

和睦的家庭是构建和谐社会的基础要素,促进家庭发展、增强家庭幸福能力是实现和谐社会的重要抓手。秉承这一思路,《和谐社会视域下中国家庭发展》一书以“和谐”为主旋律,全面梳理中国家庭发展的方方面面,试图绘制一幅中国家庭发展的全景图。

全书共分十五章。第一章绪论以“和谐”为切入点，论述家庭和谐与社会和谐的关系，奠定全书的基调。第二章通过介绍家庭基本概念、家庭历史沿革、家庭人际关系变迁和生命周期变化，阐明家庭是社会的基本单元。第三章则紧扣“家庭发展”，介绍了家庭发展和家庭发展能力及其相关的理论，并在此基础上阐述家庭与社会的关系，论述家庭发展是社会发展的源动力。第四章引入实证数据，概括中国社会转型背景下的家庭变迁状况，包括家庭规模、家庭结构和家庭功能的变化。第五至第九章全方位探究中国家庭变迁的影响因素，从人口转变到婚育行为的变迁，从生育政策到城镇化和老龄化，全面揭示了推动家庭变迁的社会、经济、文化、人口因素以及家庭变迁下的多样化家庭形式状况。第十至第十三章从多个角度关注家庭发展：第十章关注家庭的经济功能，描绘家庭作为一个核心经济单位的财产积累、收入、消费支出状况及家庭经济不平等模式；第十一章紧扣国家“健康中国”发展战略，提出家庭健康概念，从个体健康走向家庭健康；第十二章介绍家庭文化及如何构建和谐的家庭文化；第十三章从社区角度看社区建设与家庭发展的关系，提出当前社区网络关系弱化环境下，家庭发展面临的挑战以及未来可能的发展路径。家庭发展离不开政策支持，第十四章从家庭视角和性别平等视角剖析现阶段中国的家庭政策，提出新时期中国家庭政策体系建立和完善的方向与内容。作为收尾，第十五章回到“和谐”主题，阐释“和谐”是家庭发展最朴素的真谛，“和谐”体现了家庭和社会发展的统一，家庭与社会应同发展、共和谐。

尽管社会各界已认识到家庭及家庭研究的重要性，然而迄今为止，还缺少系统、全面阐述中国家庭发展与和谐社会建设的著作，本书尝试性地开始这一项工作，多视角、全方位梳理中国家庭发展的轨迹，呈现中国家庭发展的全貌，探索中国家庭变化的规律。希望以本书为引，倡导各界关注家庭研究，重视家庭发展，参与家庭建设，共同提高家庭发展能力，构建和谐社会。

目　　录

第一章 绪 论

促进家庭发展与构建和谐社会有什么关系？和谐社会视域下家庭发展的基本思路是什么？本章从和谐社会和风险社会的关系出发，回答上述问题，以作为本书的开篇。

第一节 促进家庭发展是构建和谐社会的重要任务

一、和谐社会与风险社会

和谐社会是要素合理与功能协调的社会。① 构建社会主义和谐社会作为加强党的执政能力建设的五项任务之一②，是中国的社会发展战略目标。从强调社会稳定到提出小康社会③，再到构建和谐社会，显示了执政者对社会发展的认识在不断深化。因为社会稳定是社会经济发展的基础和前提，小康社会主要侧重于社会发展的数量目标④，而和谐社会则提出了社会发展的质量目标。⑤

“和”是中国文化的精髓。按照中国古辞书《广雅》中的解释：“和，

---

① 朱力．“和谐社会”的社会学解读．南京社会科学，2005（1）：46－53.

② 参见2004年9月党的十六届四中全会通过的《中共中央关于加强党的执政能力建设的决定》，载《人民日报》2004年9月27日第一版。

③ 小康社会是1984年邓小平接见日本首相中曾根康弘时提到的：“翻两番，国民生产总值人均达到800美元，到本世纪末在中国建立一个小康社会。”参见《邓小平文选》第3卷，第54页。将中国人常说的“小康之家”的概念创新性地用于国家。

④ 2013年6月，习近平在接受金砖国家媒体联合采访时指出“我们的奋斗目标是，到2020年国内生产总值和城乡居民人均收入在2010年基础上翻一番，全面建成小康社会”。参见“习近平接受拉美三国媒体联合书面采访”，《人民日报》2013年6月1日第1版。

⑤ 朱力．“和谐社会”的社会学解读．南京社会科学，2005（1）：46－53.

谐也”，说明“和”与“谐”实为同义；而“和，相应也”①，显示状态的平稳和关系的协调均衡为和的要义。《论语·学而》中的“礼之用，和为贵。先王之道，斯为美”，则强调和谐的重要性，指出这是过去贤能之王的治世理想。和谐的理念是建设中国特色的社会主义过程中的价值取向；“民主法治、公平正义、诚信友爱、充满活力、安定有序、人与自然和谐相处”则是和谐社会的主要内容，最终目的是“使全体人民各尽其能、各得其所而又和谐相处”。

概言之，社会主义和谐社会，“在经济层面上，是在国民经济健康快速发展、国家综合实力不断增强的基础上，人民生活水平普遍提高、生活相对安康的社会；在社会层面上，是社会结构和利益格局比较合理，能够保证社会基本公平和正义，绝大多数人能够分享改革和发展的收益，具有较完善的社会保障体系的社会；在政治层面上，是社会主义物质文明、政治文明和精神文明协调发展，社会主义民主政治比较健全、社会管理体制不断创新和完善的社会，是政通人和、稳定有序并且充满活力的开放社会；在法制层面上，是法制健全、社会秩序良好和人民安居乐业的社会，是政府依法治国、组织和个人依法行事、社会关系依法调节、人们和谐相处的社会；在文化层面上，是社会团结、文化繁荣、诚信友爱、道德风气良好、人们心情舒畅、社会各方面能够形成基本价值认同的社会；在其他协调发展层面上，是人与自然能够和谐相处，对外开放与国内发展能够相互促进的社会”②。

构建社会主义和谐社会的一个关键环节是应对现代化进程中积累的各种公共危机与社会风险。在传统的农耕社会，人们往往世代居住在一个地方，少有流动迁徙；知识更新缓慢，凭经验可以处理大小难题；人际网络相对固定，远亲不如近邻，相互照应。“土地平旷，屋舍俨然；阡陌交通，鸡犬相闻；黄发垂髫，并怡然自乐”③ 是当时常态社会背景下的理想世界。然而，伴随着现代化进程，城镇化与工业化首先改变了人们的居所和职业，无论是主动还是被动，土地和农业不再是所有人的终身依靠，大多数人尤其是年轻人需要投身到城市及第二产业和第三产业中，在陌生人的社

① 参见《说文》。

② 中国社会科学院课题组．努力构建社会主义和谐社会．中国社会科学，2005（3）：4－16.

③ 参见陶渊明《桃花源记》。

会中学习新的规则，并面临失业、贫困、流离失所等风险。由此人们的生活方式、生产方式、生活观念、世界观等遭受到全方位的冲击。世界上所有经历了和经历着现代化进程的国家，无一不被这潮流所裹挟，并努力去适应或调整。法国社会学家涂尔干针对 19 世纪欧洲社会变迁引发的社会冲突和社会失范现象，就曾提出了“社会团结”（social solidarity）的思想，成为社会学的重要理论基础之一。社会团结的思想主张国家和政府应当承担起主要责任，同时积极促进新兴社会组织的自身发育，发挥它们在促进社会团结中的作用，用新的业缘关系网络替代传统的血缘、地缘关系网络。[①] 但业缘关系网络真的能替代血缘和地缘关系网络吗？

现代性社会的一个突出特点即是风险。风险是指影响未来事件或行为及其结果的某种不确定性，是关于某一事件或行为发生的可能性及其对发展目标的影响的描述。人口、资源环境、科学技术、组织制度和社会经济结构构成了现代风险社会的五个基本风险源，而全球化、城市化、贫富两极分化、社会治理能力弱化和大众风险感知强化实际上扮演了风险社会的催化剂的角色。[②] 按照德国社会学家贝克[③]的风险社会理论，现代社会中的风险不同于传统社会中的自然风险，它是现代化的产物，是人为的风险，涉及经济、政治、生态和技术等多个层面。信息化和社会流动加速环境下的社会风险不仅广泛存在，而且能够普遍传播，甚至发生代际传递；风险是全球化背景下人类决策与行为的衍生品，是各种社会制度，尤其是工业制度、法律制度、技术和应用科学等正常运行的共同结果；风险一旦发生，其严重程度会超出预警检测和事后处理的能力。无所不至的潜在风险与不确定性，使现代社会的人们生活在巨大压力中，社会性不满情绪和社会性冲突如地火般悄悄运行，会寻找可乘之机酿造危机性事件，引发社会动荡，威胁社会安定。因此，构建社会主义和谐社会必须充分认识到现代社会的风险本性，了解其运作逻辑，并采取一切可能的手段和措施防范与规避风险。

---

① 中国社会科学院课题组．努力构建社会主义和谐社会．中国社会科学，2005（3）：4－16.

② 张成福、谢一帆．风险社会及其有效治理的战略．中国人民大学学报，2009（5）：25－32.

③ ［德］乌尔里希·贝克．风险社会．译林出版社，2004：15.

二、家庭是社会和谐的重要基点

如何防范与规避风险是现代社会必须面对的挑战，除了国家和社会的力量之外，家庭的作用不可忽视。虽然家庭的内涵一直在演化并正在扩展和多样化①，但家庭迄今为止仍是世界各国公认的个人的避风港和社会的稳定器，是承受社会风险的第一道堡垒。每个人都出生于原生家庭（即父母的家庭），大多数人都在成年后拥有自己的新生家庭（即夫妻自己组建的家庭）。“自然界的规律是让人和动物对自己的子女给予保护，让子女从生下他们的人那儿得到养料和帮助以便生存成长”②，家庭是儿童成长、老人安养的最佳地点，生命的给予、养育和世代的更替就这样在家庭中完成。无论在原生家庭还是在新生家庭，父母、夫妻、子女作为世上最可亲近的人，是个人遇到委屈和挫折可以与之倾诉并重新获得力量的源泉。调查显示，即使在家庭发生剧烈变化的今天，父母仍是青少年烦恼时主要的倾诉对象③；而老年人获得外部经济支持主要来自子女。④ 对美国现代社会家庭的观察也显示，美国的家庭保留了所有社会的家庭共同具有的两个基本的和不能削弱的功能：一是对人的性格的影响，任何个体的初期社会化都需要一个能提供温暖安全和相互支持的环境；二是成人性格的稳定化，即婚姻关系和配偶相互提供的感情上的安全感。⑤ 早在 18 世纪，法国启蒙思想家、哲学家卢梭就认为“家庭生活的乐趣是抵抗坏风气的毒害的最好良剂”⑥，家庭抵抗和化解风险的能力也具有举足轻重的作用。家庭安全会使个人幸福、家庭美满、社会和谐；家庭风险则会造成个人不幸、家庭破裂和社会动荡。家庭和谐是社会和谐的基础。化解家庭风险、保障家庭安全是构建社会主义和谐社会的题中应有之义。

中国是有着牢固而强大家庭基础的国家。在漫长的历史中，中国形成了完整而严密的传统家庭/家族制度。这种制度以父权制为基础，对于家庭/家族中的各种关系，包括夫妻关系、亲子关系、亲属关系、小家庭与

---

① ［美］苏珊·纽曼．独生子女：欢乐与挑战．文汇出版社，2004：1.

② ［意］阿尔贝蒂著，梁禾译．论家庭．西安出版社，1998：19.

③ 国家卫生计生委家庭司编著．中国家庭发展报告 2015. 中国人口出版社，2015：84.

④ 国家卫生计生委家庭司编著．中国家庭发展报告 2015. 中国人口出版社，2015：92.

⑤ 哈拉兰博斯·希德尔．家庭－功能主义的观点．国外社会科学文摘，1988（10）：30－32.

⑥ ［法］卢梭．爱弥儿——论教育．商务印书馆，1978：21.

家族的关系、家族与外部的关系都有着详尽的规定，并且通过社会化内化到社会成员的意识中，在文化上对它也加以支持和维护。[①] 传统的五种伦常关系中，有三种（即夫妇、父子、兄弟）关系均出自于家庭，而另外两种（即朋友和君臣）关系也常常被比拟为家庭中的兄弟和父子关系。因婚姻、血缘、长幼等形成的家庭关系更是被称为“天伦”；而享受“天伦之乐”历来被中国人认为是人生无上的幸福。《诗经·小雅·蓼莪》中曾反复吟唱父母的养育之恩：“父兮生我，母兮鞠我。拊我畜我，长我育我，顾我复我，出入腹我。欲报之德，昊天罔极。”由此，对待父母，不仅在物质上要尽到赡养的责任，还要在精神上报之以尊敬。“子曰：今之孝者，是为能养。至于犬马皆能有养；不敬，何以别乎。”[②] 而“执子之手，与子偕老”的夫妻誓言和“兄友弟恭”的兄弟情谊也是中华传统文化的重要组成部分。2015 年，习近平总书记在春节团拜会上讲话时指出，“家庭是社会的基本细胞，是人生的第一所学校。不论时代发生多大变化，不论生活格局发生多大变化，我们都要重视家庭建设，注重家庭、注重家教、注重家风，紧密结合培育和弘扬社会主义核心价值观，发扬光大中华民族传统家庭美德，促进家庭和睦，促进亲人相亲相爱，促进下一代健康成长，促进老年人老有所养，使千千万万个家庭成为国家发展、民族进步、社会和谐的重要基点”[③]，这体现了国家对家庭发展的重视，也强调了家庭建设与社会和谐的重要关系。

三、增强家庭能力是构建和谐社会的重要任务

“家是小的国，国是千万家”，家庭与国家的关系非常紧密。无论是恩格斯在《家庭、私有制和国家的起源》一文中从家庭到国家的追根溯源，还是古希腊哲学家亚里士多德在其著作《政治学》中指出的“家庭是人类满足日常生活需要的基本形式，若干家庭组合而成村庄，村庄再组成国家（城邦）”，我们看到，一方面，家庭通过婚姻、生育和收养行为连接起了

---

① 马春华、石金群、李银河、王震宇、唐灿．中国城市家庭变迁的趋势和最新发现．社会学研究，2011（2）：182－216.

② 参见《论语·为政篇第二》。

③ 参见《习近平：在 2015 年春节团拜会上的讲话》，2015－02－25。来源：腾讯网、中国青年网。http：//agzy. youth. cn/qsnag/zxbd/201502/t20150225_ 6490633. htm

个体，并使其具有亲缘和血缘关系；另一方面，若干家庭通过村庄或社区的形式，形成了家族、家园和家乡，使共享同一乡土的人们拥有了地缘关系，成为“乡亲”，且邻里守望互助。在社会网络中，家庭正是连接个体与形成国家整体的重要节点。

然而，延续数千年的家庭制度正在面临巨大挑战。首先，婚姻制度遭受婚姻观念和婚姻形式的冲击，并影响到家庭制度的稳定性。传统家庭的形成前提是两个不同性别个体通过婚姻的社会结合。这种社会结合具有强制性和约束性，它使性关系固定下来，把生育的血缘关系明确起来，使性和生育在婚姻范围内进行。[①] 随着教育的普及、女性广泛参与社会劳动、性别平等观念的推行、避孕技术的发展、婚姻家庭观念的变化等，越来越多的年轻人延迟结婚、终身不婚，甚至出现了同性婚姻，婚姻概念有了新的内容，婚姻形式呈现多样化，离婚更加自由、婚前或婚外性关系虽受到舆论谴责但仍屡见不鲜。其次，家庭内的生育观念和行为发生重大变化。20 世纪下半叶以来，先是在发达国家，随后是部分发展中国家，生育率的下降成为令人始而兴奋继而恐慌的潮流。生育率的早期下降代表着人口转变的发生，是人类社会进步的体现。死亡率下降之后，每对夫妇、每个家庭意识到没必要为了保有一定数量的成年子女而过多生育，生育率开始从超过 5 个孩子的水平持续下降到 2.1 的更替水平，世界人口爆炸的引线渐渐被拆除；然而，生育率并非下降到更替水平这个理想数值左右就停顿下来，而是继续下行，到达 1.5 以下，甚至 1.3 以下的极低水平时，在各国引发了“低生育率陷阱”和人口负增长的恐慌。目前“低生育率陷阱”是否是普遍现象，以及早期达到极低生育率的发达国家生育率水平能否成功提升，以摆脱陷阱，是一个令人提心吊胆、拭目以待的世界性问题。少生孩子甚至不生孩子所导致的“少子化”与平均预期寿命延长导致的“老龄化”和“高龄化”同行，造成了畸形的人口年龄结构，并对社会经济良性运行具有负面影响。重建家庭制度、提升或稳定生育率水平，成为各国逐渐形成的共识。

近百年来，中国的婚姻家庭制度随着社会变迁发生了剧烈变化，冲击甚至颠覆了传统的文化与制度。中国近代的婚姻制度变革可追溯到清末民

① 齐晓安．社会文化变迁对婚姻家庭的影响及趋势．人口学刊，2009（3）：31－36.

初时期，与经济基础、上层建筑、意识形态、阶级关系的变化相呼应，是近代社会变革的一个重要组成部分。[①] 新中国成立以来，尤其是改革开放以来，中国社会发生了翻天覆地的变化，作为最基本的社会组织或细胞，家庭从来没有独立于社会变迁之外，工业化、城镇化和现代化的浪潮给中国的家庭带来了巨大的变革。人口、经济、政治、社会和文化等要素共同作用于家庭的方方面面，包括家庭结构、关系、功能和价值取向。[②] 我国家庭规模日益小型化，在 20 世纪 50 年代前，家庭户平均人数基本保持在5. 3 人水平；1990 年缩减到4. 0 人，2010 年缩减到3. 1 人，2014 年进一步缩减为 3. 02 人。[③] 不仅家庭规模缩小，中国家庭的形式也不断多样化，“丁克”家庭、重组家庭、单亲家庭、“空巢”家庭、残缺家庭等家庭形式不断增多。随着家庭结构的变化，家庭的关系和功能也在变迁。一方面，由于中国文化的深厚传统和结构性因素的制约，传统的家庭形式仍发挥着不可忽视的作用，生养教化功能仍多由家庭承担；另一方面，计划生育政策和现代化的作用使得子女数量不断减少，无论是父代外出打工，还是子代求学就业，地域间流动的普遍性、居住的分散性，加之婚姻观念的不断变迁，家庭的碎片化趋势加剧。由于中国特有的国情和政治经济制度，中国的家庭变迁远比西方复杂，并呈现更为多元的模式和路径。[④] 事实上，逐渐弱化的中国家庭正处在贝克所诠释的风险社会中，家庭受到来自社会变革和经济周期的冲击，人类随时面临着威胁其生存的由社会所制造的风险。当前中国人口突破 13. 5 亿人、人均国内生产总值突破 5000 美元和城市化率突破 50% 。这三大指标，标志着中国的社会需求、社会矛盾、社会热点已到了新的拐点，中国的社会系统性风险不断增加[⑤]。由于这些风险具有一定的潜伏期和高度的不确定性，在特定环境和条件下一旦爆发，很可能导致非常态扩散和放大，潜在风险会转化为公共危机。[⑥] 在这种背景下，促进家庭发展，增强家庭能力，发挥家庭

① 何锐．清末民初中国婚姻制度的变革．西南政法大学硕士学位论文，2008：10.

② 杨菊华，何炤华．社会转型过程中家庭的变迁与延续．人口研究，2014（2）：36－51.

③ 国家卫生计生委家庭司编著．中国家庭发展报告 2015．中国人口出版社，2015：3.

④ 彭希哲，胡湛．当代中国家庭变迁与家庭政策重构．中国社会科学，2015（12）：113－132.

⑤ 连玉明．社会管理蓝皮书——中国社会管理创新报告 No. 1：社会管理科学化与制度创新．社会科学文献出版社，2012.

⑥ 连玉明．关于社会管理创新和社会体制改革的几点认识．大连干部学刊，2012（6）：5－9.

作为社会减压器、缓冲剂和稳定阀的作用，已成为构建和谐社会的重要任务和重大挑战。

第二节　和谐社会视域下的家庭发展基本思路

我们以系统论和家庭系统理论作为本书的基础理论，结合家庭生命周期等其他相关理论和现有文献研究成果，提出和谐社会视域下的家庭发展基本思路。

一、系统论、家庭系统理论与家庭生命周期

系统是由若干要素以一定结构形式联结构成的具有某种功能的有机整体。系统、要素、结构、功能四个概念，以及要素与要素、要素与系统、系统与环境三方面的关系是系统论的核心。系统理论（Systems Theory）起源于20世纪40年代，一般认为是由美籍奥地利人、理论生物学家贝塔朗菲（L. Von. Bertalanffy）创立的。

从系统论的视角来看，社会实际上是一个复杂的有机系统，在这个有机系统里，整个社会系统被分为经济领域、政治领域、社会领域、精神领域四个部分。因此，对广义的“社会”概念的理解是由上述四个部分组合而成的整个社会系统；狭义的“社会”则是指同经济领域、政治领域和精神领域相并列的社会领域。① 本书将结合具体内容分别从广义和狭义两个视角使用社会这个概念。构成社会系统的各要素或子系统之间存在相互协调的问题，和谐社会就是各部分联系紧密、适应良好的社会形态。

家庭也可以被看作是一个系统。家庭成员是家庭系统中的元素，家庭成员间的关系构成元素的互动。根据系统论，系统整体上呈现其内部元素所不具备的特征。家庭因其成员人数和相互关系不同具有不同的结构，并进而呈现不同的功能。家庭系统中某元素的残缺或变化会对其他元素甚至整个系统产生影响；系统有寻求内稳态或均衡的倾向，一旦失衡，反馈机制将试图使其恢复平衡，这一功能有助于保持家庭的稳定；家庭系统遵循

---

① 童星．社会管理学概论．南京大学出版社．1991：21

总体大于部分之和的原则，即整体的特征和行为并非家庭成员个体特征和行为的简单加总。[①②] 不同家庭成员对家庭系统的影响和对家庭总体状况的认知并不相同。[③④]

系统理论给予我们两点启示：其一，系统既有整体性，又有其中元素的个体性。社会发展或家庭发展既不能脱离整体，只看到问题的某个方面而忽视了其他方面，又需要兼顾个体，在社会发展的同时需"以人为本"，或在家庭发展的同时需兼顾每个家庭成员的利益。就家庭系统而言，由于不能脱离家庭中的其他成员对某个单独成员进行充分的了解[⑤]，因此讨论作为系统整体特征之一的家庭发展，不能由某个家庭成员的主观感受或个体特征来代替，需要同时考虑家庭成员间的联系和差异性。其二，系统内部元素的变动会造成系统的变化。如社会某一局部功能的失调可能会酝酿整个社会的风险或危机；而家庭成员的变化则会对家庭系统造成影响。

家庭生命周期理论是以个人的生命周期去比拟家庭，由两个人的婚姻关系组成家庭，类似于人的出生，是家庭的诞生阶段；当第一个孩子出生，家庭进入扩展阶段；直到最后一个孩子出生，家庭扩展阶段完成。随着第一个孩子离开家庭，家庭进入萎缩阶段，最后一个孩子的离开家庭，使家庭进入"空巢"期。当老年夫妇相继去世，由他们所组建的这个家庭也完结了其生命历程。上述家庭生命周期六个阶段，并没有考虑夫妻离异等婚姻变故，也没有考虑到独生子女甚至无子女等情况，更没有考虑到扩展家庭等父母与已婚子女同住的复杂家庭形式，但并不妨碍其成为理解家庭不同阶段及其特征的经典理论。

在不同的生命周期阶段，家庭系统呈现不同特征。新婚夫妇家庭和

---

① Nichols, M. P. & Schwartz, R. C. Family Therapy: Concepts and Methods (7th ed.). Pearson Education. Inc. 2006: 91.

② Carlson, Jon, Sperry, Len & Lewis, Judith A. Family Therapy Techniques: Integrating and Tailoring Treatment. Routledge. 2005: 18.

③ Bonomi, A. E., Boudreau, D. M., Fishman, P. A., Meenan, R. T. & Revicki, D. A. Is a Family Equal to the Sum of Its Parts? Estimating Family - level Well - being for Cost - effectiveness Analysis. *Quality of Life Research*, 2005 (14): 1127 - 1133.

④ Bertelli, M., Bianco, A., Rossi, M., Scuticchio, D. & Brown, I. Relationship between Individual Quality of Life and Family Quality of Life for People with Intellectual Disability Living in Italy. *Journal of Intellectual Disability Research*, 2011. 55 (12): 1136 - 1150.

⑤ 张志学．家庭系统理论的发展与现状．心理学探新，1990 (1): 31 - 34, 20.

“空巢”夫妇家庭尽管在家庭成员数量上一致，但其需求迥然不同；三人核心家庭和四人核心家庭尽管孩子数量有异，但其结构和功能大致相同。结合家庭生命周期理论，家庭结构类型可以进一步简化为“稳态家庭”和“失稳家庭”两类，前者指按照家庭生命周期的发展阶段自然形成的、不曾有过成员得而复失的家庭（包括未婚独居、已婚/同居未育、核心家庭和三代及以上同住家庭），后者则指曾经经历过一个或若干家庭成员缺失①的家庭（包括离婚独居、丧偶独居、子女走失/去世家庭、“空巢”家庭、单亲家庭、隔代家庭）。利用家庭系统理论去理解家庭，有助于更好把握家庭整体与家庭成员、家庭成员彼此之间，以及家庭与外部社会环境之间的关系。

二、整体性与个体性相统一的家庭发展基本思路

和谐社会视域下的家庭发展基本思路就是将整体性与个体性相统一，不仅关注个体与整体的各自发展，而且关注个体与整体间的相互关系，形成良性互动。其中家庭和社会是两个相互独立的系统，均具有整体性，家庭发展与和谐社会构建相辅相成。在家庭内部，家庭成员是个体性要素；而在社会内部，家庭又成为了个体性要素。

首先，家庭是一个相对独立的系统，家庭发展既涉及家庭成员个体的需求满足和权益保障，更涉及家庭整体的发展。婚姻、生育和收养行为是家庭形成和发展的基础，居住安排决定了家庭成员的居住模式，并进而影响家庭规模与结构。家庭成员构成家庭系统的基本元素，家庭成员间的关系构成家庭系统的内部网络。家庭承担生育、消费、教育、赡养等多项基本功能，既与家庭成员的年龄和家庭内部分工有关，也与家庭生命周期阶段有关。因此，研究家庭发展，需要关注从元素（即作为家庭成员的个体）到家庭整体的衍生演变过程及其相互关系，关注个人的观念和行为如何影响家庭规模、结构和功能，以及反过来家庭的完整性与成员间的关系又如何影响着个人的发展。此外，家庭健康包括家庭系统整体的完备情况，也包括作为系统要素的家庭成员间关系的协调情况，以及家庭作为社会基本细胞与社会的互动状况；家庭文化则是在家庭物质基础上所具备的

---

① 缺失原因包括死亡、走失、离异、迁出等。

精神气质。家庭发展应确保家庭成员在家庭系统内得到基本的生活和安全保障。

其次，社会因其狭义和广义的概念，既可以被看作是一个独立于家庭系统之外的、与经济、自然环境、资源等其他独立系统共同存在的系统，又可以被看作容纳无数个家庭系统的更大的外在系统。和谐社会是各系统健康发展、系统之间也协调相处的理想状态。家庭与社会之间存在紧密的联系，一荣俱荣、一损俱损。一方面，家庭作为独立的系统，呈现规模、结构、功能等属性，具有家庭的健康素质、文化水平和自我发展能力；另一方面，家庭作为社会基本单位，不仅通过家庭成员而且通过家庭系统本身与社会系统内的其他成员或单位彼此作用。社会的安定与否，直接影响家庭发展。战争、动乱、灾荒等大的社会事件会使身处其间的家庭深受其害，呈现“城门失火而殃及池鱼”“覆巢之下安有完卵”的唇亡齿寒的关系；而家庭的和谐、文明、健康、富裕，也会直接关系到社会系统的和谐、健康、稳定，关系到主要由家庭成员所构成的人口与经济、社会、资源、环境的协调和可持续发展。社会与家庭的发展及其相互关系会受到政府和公共管理部门的政策和管理措施的影响，如计划生育政策对家庭的小型化和人口年龄结构的老龄化都会产生一定的影响；而家庭发展政策和“新家庭计划”等项目，则有助于提升家庭发展能力，特别是增强家庭抵御风险的能力。

“注重家庭发展”是《中国国民经济和社会发展第十三个五年规划纲要》中明确提出的未来任务；“提高家庭发展能力、促进家庭和谐幸福”曾作为国家人口发展“十二五”规划中人口工作的重要组成部分。家庭发展能力是家庭凭借所获取的资源满足每一个家庭成员生活与发展需要的能力，主要包括支持、经济、学习、社会交往与风险应对等方面的能力，可以通过家庭内部建设与外部社会支持两个途径得以实现。[①] 从家庭内部看，家庭发展能力建设主要包括情感纽带的强化和家庭成员间良好的互动关系、人力资本投资（包括生育、健康、教育、培训等）、家庭成员的职业发展能力、社会资本投资、家庭分工和家庭资源配置的优化等。但是，在家庭功能不断弱化、外化和社会化的趋势下，家庭能力建设还依赖于外部

① 吴帆、李建民．家庭发展能力建设的政策路径分析．人口研究，2012（4）：37－44.

支持，特别是来自于社会保障制度、社会福利制度和公共服务等方面的支持。目前国家采取的提高家庭发展能力的主要方式包括：建立健全家庭发展政策；促进家庭和谐幸福；建设新型家庭人口文化；以及开展家庭健康促进活动。就家庭发展政策而言，西方家庭发展政策具备三方面内涵：①保护儿童、支持家庭；②帮助社会成员实现工作与家庭责任的平衡；③重视预防和早期干预。[①] 我国改革开放之后，政府作为公共服务的直接提供者面临巨大的体制和资源挑战，社会政策开始重视家庭在个人发展和福利保障方面的功能[②]。基于家庭责任前提构建福利保障体系，通过强化家庭功能实现为公民提供福利和保障的目标。一方面补充社会福利发展水平低造成的保障程度不足，提升家庭自身福利供给和保障能力；另一方面针对家庭变化产生的问题，调整社会福利配给和组织方式，扩大以家庭为生计单位的福利保障。[③] 家庭功能的修复和补充是家庭发展能力建设的重要内容，也是家庭发展的重要目标。

全球化和不断推进的经济发展已将中国社会裹挟进全球风险的潮流中，这一点无可改变，也无回头路可走。因为全球风险的一个主要效应就是它创造了一个只能分享不能回避、没有外部、没有出口、没有他者的“共同世界”[④]。然而，风险不仅是客观存在，也是社会的和文化的建构，亦跟人们的社会认同联系在一起，不同文化和社会情境下民众的风险感知和选择不完全一样。[⑤] 我们应充分尊重和依靠作为中华民族优良传统的家庭制度，通过家庭建设提升家庭发展能力，使这道抵御外在风险的堡垒更加坚固、更加温暖。和谐家庭是构建和谐社会的基石，家庭发展能力的提高和家庭的和谐幸福无疑会促进社会的稳定、繁荣与和谐。

---

① 张秀兰、徐月宾．建构中国的发展型家庭政策．中国社会科学，2003（6）：84－96.

② 彭希哲，胡湛．当代中国家庭变迁与家庭政策重构．中国社会科学，2015（12）：113－132.

③ 陈为民．我国家庭政策的发展路径与目标选择．人口研究，2012（4）：29－36.

④ 贝克、邓正来、沈国麟．风险社会与中国——与德国社会学家乌尔里希·贝克的对话．社会学研究，2010（5）：208－231.

⑤ 肖瑛．风险社会与中国．探索与争鸣，2012（4）：46－51.

第二章　家庭是社会的基本单元

家庭与每一个人息息相关。从出生之日起，我们就生活在家庭里。依靠父母的抚养和培育，我们在家庭中成长，从家庭生活中学习社会生活，包括生活方式、社会规范、生产生活的基本知识和技能，并在家庭中逐渐成长为合格的社会成员，进入社会。然后，我们择偶，从原生家庭进入我们自己组建的新生家庭，并在其中生育子女，繁衍后代，经历儿女的成长和离去。到了垂暮之年，或与配偶相互陪伴，或依靠子女赡养。家庭虽不能决定我们的人生历程，却会对其有不可忽视的影响。[①] 家庭还是社会的窗口和缩影。我们往往可以透过一个家庭看到社会的兴衰、变迁等。[②] 本章将介绍家庭的基本概念，帮助读者了解家庭起源、家庭中的人际关系和家庭的生命周期，以便更好地理解家庭发展。

第一节　家庭、户与家庭户

一、家庭

“家”字最早见于商代甲骨文。《说文·家》中说：“家，居也。从宀，豭省声。”同样地，《玉篇·宀部》中也有“家，人所居，通曰家”的说法。清人段玉裁在《说文解字注》中认为家乃“豕之居”，罗常培先生也据此推测“中国初民时代的‘家’大概是上层住人，下层养猪”[③]，据此可推想古人大抵是假借“豕之居”代指“人之居”。总的来看，家的

① 望月嵩．结婚与家庭．中国大百科全书出版社，2002.

② 潘允康．家庭社会学．中国审计出版社，2002. 朱强．家庭社会学．华中科技大学出版社，2012：4.

③ 罗常培．语言与文化．语文出版社，1989：10.

本义应该指的是家庭。

西周初年，青铜器铭文中出现了以“家”计数的记载。《周礼·地官·小司徒》郑玄注曰：“有夫有妇然后为家。”1972 年，山东临沂银雀山汉墓出土的竹简《田法》，在记载战国前和战国时授田的情况时说：“五十家为里，十里而为州，十乡（州）而为州（乡）。”① 也可看出，其中的家均指家庭，并且家庭不仅指居住的空间，还包括“与亲属同住”的意义。不过，中国古代“大概一个家庭只包括祖父母，及其已婚的儿子和未婚的孙儿女，祖父母逝世则同辈兄弟分居，家庭只包括父母及其子女，在子女未婚嫁以前很少有五六口以上的”②。

与中国古时相类似，西方最初也是从居住和亲属关系的角度认识家庭的。“focarium”在拉丁文中意为共同取暖、煮食之处，即“家”指“有火的地方”。而拉丁文中的“家庭”——“familia”的基本含义为“家宅”，指居于同一房舍的全体成员。③

近代以来，对于家庭的认识愈加深入，研究也愈发细化。人类学、心理学、经济学、历史学、人口学、社会学等都对婚姻和家庭有所涉猎，但各学科有所侧重，着力点互不相同，又彼此交叉，相辅相成。这也使得没有一个学科能综合或全面地描述家庭，从不同的研究角度对家庭有不同的概念和解释。如马克思和恩格斯从人类学、历史学和哲学的角度，参考摩尔根的《古代社会》，以唯物主义历史观为指导，写就著作《家庭、私有制和国家的起源》，其中从人类自身再生产的角度，将家庭的概念表述为“每日都在重新生产自己生命的人们开始生产另外一些人，即繁殖。这就是夫妻之间的关系，父母和子女之间的关系，也就是家庭”④。又如，心理学家关注家庭中的人际关系，强调家庭是人与人之间的生理结合，从这一角度认为“婚姻，是性的关系的一种”⑤，是“肉体的机能”。家庭是“肉体生活同社会机体生活之间的联系环节”⑥。同时社会学中还将同一由父母

---

① 银雀山汉墓竹简整理小组．银雀山竹书《守法》《守令》等 13 篇．文物，1985（4）：27－37.

② 瞿同祖．瞿同祖法学论著集．中国政法大学出版社，1998：3.

③ 杨善华．家庭社会学．高等教育出版社，2006：3.

④ 恩格斯．家庭、私有制和国家的起源．中共中央马克思恩格斯列宁斯大林著作编译局，人民出版社，1999.

⑤ Ellis. 性心理学．潘光旦译．商务印书馆，1997.

⑥ 潘允康．家庭社会学．重庆出版社，1986.

和子女构成的家庭按参照对象不同定义为两种概念：对于子女而言是其定位家庭（family of orientation），指其出生和早期社会化所在的家庭；对于父母而言是其生育家庭（family of porcreation），指其通过生育或领养所建立的家庭。[①] 也有学者根据自己的研究目的对家庭进行定义。如切尔（Cheal）将家庭泛化为“任何由具有亲密关系的人所组成的群体，这种亲密关系被认为是经历了较长时间并且跨越了代际”[②]。

本书仍选用一种较为全面的传统定义，将家庭定义为主要是根据因结婚、生育或领养而形成或产生的关系所确定的社会生活的基本单位。“这些关系都由法律和风俗习惯加以规定。其基本关系是通过婚姻而形成的夫妇关系，以及存在于双亲即父亲和母亲及其子女，即儿子和女儿之间的关系。”[③]

二、户与家庭

户之本义指单扇门。《说文·户》云：“户，护也，半门曰户。象形。凡户之属皆从户。”《辞源·户部》释“户”云：“一扇为户，两扇为门。”至晚到西周时，户具有了家的意义。《周易·讼》云：“不克讼，归而逋，其邑人三百户，无眚。”三百户即是指三百家。《辞源·户部》释“户”也说：“一家谓一户。”

由此至明代中期以前，家与户的内容基本是一致的，户以家立、因家立户是古代中国社会普遍存在的现象。[④] 明代中期以后，户的构成要素和性质逐渐发生了大的变化，明代里甲制下的“里长－甲首”关系渐渐变为清代图甲制下的“总户－子户”关系，而且总户与子户间的关系相当复杂。[⑤] 家、户逐渐分离，户“不再仅仅是家庭的户籍登记单位，而可以是单纯的田地赋税的登记单位”[⑥]。

由以上对家庭和户概念的辨析来看，家是自然形成的，户则是国家运

---

① 郭志刚．北京市家庭户规模的分解研究．人口研究，1999（3）：14－19.

② 大卫·切尔．家庭生活的社会学．中华书局，2005：5.

③ 国家统计局人口和就业统计司．人口和就业统计分析技术．中国统计出版社，2012.

④ 周子良．中国传统社会中“户”的法律意义．太原理工大学学报，2010（1）：24－29.

⑤ 刘志伟．在国家与社会之间——明清广东里甲赋役制度研究．广州中山大学出版社，1997：264－268.

⑥ 姚秀兰．户籍、身份与社会变迁——中国户籍法律史研究．法律出版社，2004：73.

用权力建构起来的。国家通过编制户籍，将户内人口和财产登记在户的名下，使户承担起国家赋税和社会控制的重任。

从文字上看，英文以“family”表示家庭，而户则主要解释为 door（门，居住地标志）和 household（房屋户）。同样，俄文中也多使用有“门”含义的 дверь 来表示户。[①] 美国学者罗斯·埃什尔曼也曾在其著作《家庭导论》中言明：“一家和一户是相区别的。一户是由所有在一个居住单位里的人组成的。他们占有或分住在一个住所，可能是一座房子，一个居住单位、某种团体性或单身住所。”[②]

根据国际通用标准，国际人口学会所编的《多种语言人口学词典》中将户界定为“由共同享有住宅和主要膳食的一群个人组成”，并指出“一户可以是一个家庭，也可以不是一个家庭。一个统计家庭不能包含一个以上的户，而一户却可以包含一个以上的家庭”。可见，家庭与户在概念上是有重叠的，差别主要在于两者的关注点不同：家庭以婚姻和血缘关系为标志，强调的是某种或多种社会关系；而户则主要以居住为标志，强调的是生活形态，是否有共同起居和膳食分享。[③]

三、家庭户与家庭

家庭户是比户更小的概念，通常以家庭成员关系为主的户被称为家庭户，与家庭户相对应的概念为集体户，也就是相互之间没有家庭成员关系，集体居住共同生活的人口。如果将家庭当作是实际存在的社会实体，那么“家庭户”在一定程度上是“家庭”在社会设置方面的表现。

家庭户之所以如此重要，一是人口普查提供了全部家庭户户数、家庭户规模和家庭户类型等指标的汇总数据，数据易于取用和分析；二是在实用主义的层面上，家庭户（household）在很大程度上被作为家庭的代表或近似指标[④]，尤其是用家庭户资料分析家庭规模、结构及其发展趋势是有效的。

---

① 邓伟志．邓伟志全集．家庭卷·妇女学卷．2. 上海大学出版社，2013.

② Eshleman（埃什尔曼）．家庭导论．潘允康等译．中国社会科学出版社，1991.

③ 国家统计局人口和就业统计司．人口和就业统计分析技术．中国统计出版社，2012.

④ 胡湛，彭希哲．中国当代家庭户变动的趋势分析——基于人口普查数据的考察．社会学研究，2014（3）：145－166.

但是若是涉及家庭关系和功能发挥方面，代表居住模式的“家庭户”指标则很难与“家庭”相等同。[①]

第二节　家庭的历史沿革

家庭，并非凭空产生，而是历史的产物，是随着人类社会的发展逐渐产生并发展起来的。家庭也从来不是静止不动的。作为人类社会发展到一定阶段才出现的社会组织形式，婚姻家庭是随着社会的变迁，从较低阶段向较高阶段，从较低形式向较高形式发展的。社会的政治、经济和文化等各方面的变迁都对人类的家庭产生了相当大的影响。

家庭制度，是指被一定社会所公认并被人们普遍遵循的婚姻家庭关系的规范体系。家庭制度，是一定社会中占统治地位的婚姻家庭形态在上层建筑领域的集中反映，是将婚姻家庭关系用法律形态或根据社会习惯加以固定，使之成为人们共同遵守的行为规则。本节通过家庭制度的演变阶段描述家庭的历史沿革。

一、血婚制家庭

血婚制家庭是家庭发展的第一阶段。在蒙昧时代的中级阶段，人类劳动能力的提高和劳动分工的产生，在客观上为在年龄和体质逐步接近的个体间建立两性关系提供了条件[②]，从而排除了父母与子女之间两性关系的可能。这是关于婚姻关系最简单的限制，并逐步成为一种习惯和制度，为人们所共同遵守。[③] 血婚制家庭是最简单、最古老的家庭制度，是“第一个社会组织形式[④]”，“在原始时代实难找出另外一种可能有的开始的家族制形式[⑤]”。

血婚制家庭形式的特点是：按辈分划分婚姻集团和范围，同辈的人构

---

① 彭希哲，胡湛．当代中国家庭变迁与家庭政策重构．当代中国史研究，2016（2）：113－132.

② 朱强．家庭社会学．华中科技大学出版社，2012：53.

③ 邓伟志，徐榕．家庭社会学．中国社会科学出版社，2001：174.

④ 马克思．《摩尔根〈古代社会〉一书摘要》．人民出版社，1978：17.

⑤ 马克思．《摩尔根〈古代社会〉一书摘要》．人民出版社，1978：17.

成夫妻圈子。这样就排除了不同辈分之间的两性关系，排除了祖先与子孙之间、父母与子女之间的通婚关系，两性关系的范围限制在同辈男女之间。其最基本的特点是：血缘群婚和知母不知父。①

比起毫无限制的原始人群的两性关系，血婚制家庭是人类史上的巨大进步。从此人类结束杂交时代，开始自觉组织的社会生活。② 人类自身及人类社会发展从此进入了一个新的阶段，血婚制家庭本身也经历了一个由低级向高级的发展过程，从而完成相应的家庭形式的过渡。③

二、伙婚制家庭

伙婚制家庭又称为普那路亚家庭。它是人类家庭发展史上的第二个阶段，与蒙昧时代的中、高级阶段相适应。

血婚制家庭排除了父母与子女之间的性关系，之后，两性关系又出现了新的禁例，即不准兄弟姐妹之间发生婚姻关系，由此伙婚制的家庭形式产生。具体来说，伙婚制家庭是由若干直系和旁系的姐妹（兄弟）集体地同彼此的丈夫（妻子）婚配而建立的家庭。

按照摩尔根的看法，这种禁例的产生是“自然选择原则是怎样发生作用的最好例证”。在漫长的发展过程中，人们逐渐认识到血亲婚配的弊害，于是禁止血亲婚配，促进了人类自身素质的提高。④ 另外，在这一阶段，由于人们制作石器和进行狩猎活动，以及原始农业的进一步发展，生产力水平得到了提高，人口居住地相对稳定；同时，人口的繁衍又对生产力和物质资料生产提出了更高的要求，在兄弟和姐妹不能通婚的观念下，兄弟和姐妹便被分开变成不同公社的成员。普那路亚家庭就在这样或类似的途径下从血缘家庭中产生出来。⑤

三、偶婚制家庭

偶婚制家庭也称为对偶家庭，是人类家庭发展的第三种形式，产生于

---

① 朱强．家庭社会学．华中科技大学出版社，2012：53.

② 邓伟志，徐榕．家庭社会学．中国社会科学出版社，2001：174.

③ 邓伟志，徐榕．家庭社会学．中国社会科学出版社，2001：179.

④ 邓伟志，徐榕．家庭社会学．中国社会科学出版社，2001：181.

⑤ 朱强．家庭社会学．华中科技大学出版社，2012：54.

蒙昧时代和野蛮时代交替的时期[①]，也是群婚制向一夫一妻的个体婚制过渡的婚姻家庭形式。

偶婚制家庭发展的初期，一个男子在许多妻子中有一个主妻，一个女子在许多丈夫中也有一个主夫。[②] 经过发展，逐渐过渡到一个男子和一个女子结成配偶共同生活，有明确的婚姻关系，因此偶婚不同于杂交状态和群婚时期偶然的或长或短的成对同居。但是，这种婚姻关系又是脆弱和不稳定的。对偶婚是以“方便和需要”为基础，婚姻关系是两厢情愿的，只要任何一方意愿改变，婚姻关系就终止。同时，在偶婚制家庭中，妇女是占统治地位的，男子则处于次要地位，又由于偶婚制家庭的不稳定性，配偶之间的经济联系微弱，双方的经济生活仍属于各自的母系家族，过着共产制的家庭经济生活。

群婚家庭向对偶家庭的发展是人类婚姻家庭走向文明的重要一步，对偶婚虽然短暂易解，却是现代意义夫妻关系的雏形。[③]

四、父权制家庭

父权制家庭也被称作家长制家庭，在野蛮时代中级阶段，社会生产方式由牧业转向农业和手工业，大规模的农业、畜牧业、金属冶炼，使男子在劳动中举足轻重，对氏族的生存发展起决定性作用，在家庭经济中男女的地位和作用发生根本性变化，男子占据比妻子更重要的地位，于是在原始共产制家庭经济中男子取代女子成为家长，形成父权制家庭。“若干数目的自由人和非自由人在家长的父权之下组成一个家庭”，“丈夫在家中掌握了权柄，而妻子则被贬低，被奴役”。[④]

父权制家庭是与家庭财产私有观念相关联的新的婚姻家庭形式，与“父权制”相适应而存在的还有“父系继承制”“从夫居制”“多‘妻’制”等家庭制度特征。父系继承制要求家庭财产按男性长者的意志传给儿女，经过演变，儿子单独取得了继承遗产的绝对权利，甚至妻子也被作为

① 朱强．家庭社会学．华中科技大学出版社，2012：54.

② 邓伟志，徐榕．家庭社会学．中国社会科学出版社，2001：189.

③ 林心雨，范世珍．婚姻家庭的历史嬗变——基于《家庭、私有制和国家的起源》的文本梳理．宁德师范学院学报（哲学社会科学版），2011（4）：41－45.

④ ［德］恩格斯．家庭、私有制和国家的起源．人民出版社，1972：54.

财产继承的一部分；从夫居则规定“氏族男性成员的子女应该留在本氏族内，而女性成员的子女应该离开本氏族，转到他们父亲的氏族中去[①]”；多“妻”制意味着丈夫不是妻子的财产，男子可以娶若干个妻子，如中国封建社会长期盛行的纳妾风俗。[②] 但是这种多“妻”制仍然在妻子当中区分出“主妻”，中国古代纳妾也并不结成婚姻关系。因此，也有学者将这种家庭形式称作“古典的一夫一妻制家庭”。

五、现代的一夫一妻制家庭

现代的一夫一妻制家庭是当今社会普遍存在的家庭形式。恩格斯认为，一夫一妻制是不以自然条件为基础的，而是以经济条件为基础的，是私有制对原始公有制的胜利。并且开辟了一个一直继续到今天的时代，在这个时代中，任何进步同时也是相对的退步，一些人的幸福和发展是通过另一些人的痛苦和受压抑而实现的。以财产私有制为基础的一夫一妻制家庭其实是权衡利益的婚姻形式，以男子淫游、女子通奸为补充，夫妻双方并无平等可言。[③]

但是，在社会民主制度建立以后，经济形态、政治制度的根本改革，影响了人们原有的社会观念和伦理习俗。人们开始在家庭中获得人格上平等的尊严和个性发展中的自由，同时工业社会对劳动力的需求也提高了妇女的劳动参与率，妇女传统的家庭角色发生变化，家庭地位也随之升高。

与此同时，现代的一夫一妻制家庭也逐渐将爱情作为其缔结的基础和维持的核心，夫妻双方共同创造长期、稳定和专一的婚姻家庭生活。一夫一妻制家庭也彻底摆脱经济的羁绊，成为真正意义上的一夫一妻制，婚姻的缔结“除了相互的爱慕以外，就再也不会有别的动机了”[④]。

---

① ［德］恩格斯．家庭、私有制和国家的起源．人民出版社，1972：53.

② 邓伟志，徐榕．家庭社会学．中国社会科学出版社，2001：202.

③ ［德］恩格斯．家庭、私有制和国家的起源．人民出版社，1972：63.

④ ［德］恩格斯．家庭、私有制和国家的起源．人民出版社，1972：79.

第三节 家庭人际关系

家庭人际关系就是家庭成员之间的关系。从形式上看，家庭关系是一种基于姻缘和血缘的自然关系，表现为有婚姻血缘关系的人之间的关系（包括收养关系建立起来的拟血缘关系）。其中，以婚姻关系为纽带的人称为姻亲，以血缘关系为纽带的人称为血亲。婚姻关系是自然与社会两重因素的构成物，是两性间具有由规范所指定的权利和义务的关系。它是两性间的交往，具有排他性。血缘关系以血亲或生理联系为基础而形成，是人类最早的社会关系。家庭关系表现了组成家庭的成员之间的互动行为。这种互动既包括物质方面，也包括精神方面。①

具体来说，家庭关系包括姻亲关系（如夫妻、婆媳、姑嫂、叔嫂、妯娌等关系）、血亲关系（如亲子关系、兄弟姐妹关系等）、收养关系（如养父母和养子女的关系）。另外，根据关系主体之间辈分上的关系，家庭关系还可以划分为横向家庭关系和纵向家庭关系。

由于家庭规模、家庭结构、家庭成员居住距离等因素的不同，家庭人际关系的复杂程度也不相同。同时，家庭人际关系还受到外部社会、经济、政治、文化等多方面因素的影响。

一、传统中国社会的家庭人际关系

（一）家庭关系复杂

传统中国家庭亲属种类多，所形成的家庭关系也较为复杂。纵向来看，家庭中可包括父母、祖父母、曾祖父母以及子、孙、曾孙等直系亲属；横向上，家庭中则有兄弟、姐妹、妯娌、堂兄弟、堂姐妹，以及伯叔父母、姑母、祖姑母、侄子女等旁系亲属。

中国家庭关系的复杂，从亲属称谓中就可窥见一斑。据卜凯教授 1928 年在安徽省的调查，农村中的家庭称谓多至 41 种。每一种亲属，无论属父党、母党与妻党，也无论远亲、近亲，均有一种特殊称谓，以表明其特

① 邓伟志，徐新．家庭社会学导论．上海大学出版社，2006：105.

殊名分，在家庭中所扮演的特殊角色、所处的特殊地位。[①] 仅以父亲的同辈亲属来说，就有伯父、叔父、堂伯父、堂叔父、族伯父、表伯、表叔、姑丈等。

（二）纵向家庭关系重于横向关系[②]

1. 夫妻关系靠亲子关系支配

首先，父母干预甚至是包办儿女的婚姻，这代表着新的夫妻关系一开始就是被已有的亲子关系支配和决定的；其次，大多数中国家庭都是义务型的，义务第一，爱情第二。在夫妻感情已经完全消淡的情况下，夫妻双方为了共同生育的儿女，还是会将家庭经营下去，"凑活到老"；再者，传统家庭中，子女的离婚也是需要父母"点头同意"的，也就是说，父母不仅包办子女的结婚，还包办着子女的离婚；最后，婆媳之间关系的紧张也是自古以来就存在的，"多年媳妇熬成婆"，婆婆认为儿子"娶了媳妇忘了娘"，产生心理上的落差感。同时，媳妇又认为婆婆一直管着自己的丈夫。并且，新婚夫妻与父母同住使得这种矛盾冲突始终存在，体现了中国家庭关系由纵向向横向转移的艰难。

2. 兄弟姐妹关系靠亲子关系支配

从潘允康和林南对天津市 9 个市区调查的分析结果来看，家庭中父母是为首的，父母在时，兄弟姐妹联系较密切，父母亡去，兄弟姐妹联系较稀疏，甚至不相互联系。[③] "家庭网"相关的研究亦可以证明亲子关系的中心制约作用。由父母家庭和已婚子女家庭组成的家庭网是以父母家庭为中心交往的。一旦因父母死亡等原因，原父母家庭不复存在，"家庭网"立即解体。这些均说明，兄弟姐妹关系在一定程度上由亲子关系支配。

二、现代中国社会家庭人际关系的变迁

（一）家庭关系趋于简单

首先，传统家庭与现代家庭对亲属范围的定义不同，上面讲到传统家庭主要是指大家庭，包括直系亲属、旁系亲属和有宗亲关系的人在内。而

---

① 潘允康．社会变迁中的家庭：家庭社会学．天津社会科学院出版社，2002：167.
② 潘允康，林南．中国的纵向家庭关系及对社会的影响．社会学研究，1992（6）：73－80.
③ 潘允康，林南．中国的纵向家庭关系及对社会的影响．社会学研究，1992（6）：73－80.

新中国成立以后，家族关系逐渐淡薄，原本属于一家的家族成员逐渐分裂出去，家庭关系也就变得简单。

其次，在计划生育政策和社会经济文化因素的多重作用下，家庭生育数量逐渐减少，少子化趋势日益显著。家庭规模因此收缩，家庭内人际关系的复杂程度也大大降低。

（二）夫妻关系

1. 夫妻关系的特征

（1）夫妻关系成为家庭关系的轴心，家庭的实权主要是掌握在作为家庭轴心的夫妻手中。① 在亲子关系依然重要的情况下，家庭重心由亲子关系转移到夫妻关系上②，夫妻关系是家庭生活和谐的主导力量。自 20 世纪 70 年代末起，夫妻冲突和离异增加。并且在离婚原因中，婚外恋、性格感情不合、经济纠纷和性失调是主要因素。③ 这也佐证了夫妻关系取代亲子关系逐渐成为家庭的中心。

（2）从夫妻关系的性质看，主从型居少数，而平等型居多数。夫妻共同掌握家庭事务决定权是占主导地位的家庭权力分配形式。④

（3）从夫妻关系的功能实现看，当代夫妻比较重视感情交流和沟通，婚姻中的生育职能被弱化，而性爱的意义突出。夫妻在家庭决策和家务分派中逐渐脱离角色隔离的倾向，并希望形成理想的伴侣式婚姻关系。

2. 流动与夫妻关系

在现有的夫妻关系的研究当中，流动人口被作为一个特殊的群体。尽管近些年来，人口流动越来越呈现家庭化的特点，流动人口家庭户规模 3 人及以上占比 75.34%，但是单人流动群体依然超过总体流动人口的 1/5。⑤ 从这个维度上看，无论夫妻是否共同流动，其夫妻关系都值得深入讨论。

马洁区分了夫妻“是否共同外出”，并发现共同外出务工的夫妻，家

---

① 沈崇麟，杨善华．当代中国城市家庭研究．中国社会科学出版社，1995：62.

② 潘允康．社会变迁中的家庭：家庭社会学．天津社会科学院出版社，2002：172.

③ 徐安琪．中国离婚现状、特点及趋势．上海社会科学院学术季刊，1994（2）：156－165.

④ 沈崇麟，杨善华．当代中国城市家庭研究．中国社会科学出版社，1995：62.

⑤ 国家卫生和计划生育委员会流动人口司编．中国流动人口发展报告 2016. 中国人口出版社，2016：99.

庭经济以“夫妻共同为支柱”，丈夫更多地参与到家务劳动中。并且共同外出的妻子在重大事务的决定上有更多的发言权和参与权，夫妻间的权力关系更为平等。[①] 在对半流动家庭的研究当中，周伟文和马洁发现，分离式的家庭生活并没有影响到大多数的夫妻感情，但是婚姻危机已出现在少数家庭。[②] 也有学者发现农村劳动力流动对夫妻关系的影响主要是正面的，但负面影响也不容忽视。

（三）代际关系

代际关系是指两代人之间的关系，即家庭中的父母辈或祖父母辈与子女、孙子女辈的关系。

1. 亲子关系

基于亲缘关系（affinity）、机会结构（opportunity structure）、家庭功能（function）三种潜在机制，代际关系（尤其是亲子关系）可以被区分为五大类型：紧密型（tight-knit）、社交型（sociable）、亲密有间型（intimate but distant）、责任义务型（obligatory）和疏离型（detached）[③]。杨菊华和李路路从此模型出发，利用 2006 年东亚社会调查的家庭主题调查，得出子女远距离的地域流动在时间上和空间上使亲子之间的相互照料愈发困难——即便他们都有此意愿，也是“心有余而力不足”，从而使代际之间的关系变得“亲密有间”[④]。一个中国农村家庭代际关系结构的研究认为远但向上的关系反映了中国成年子女对其父母的强烈孝道，远但互惠的关系反映大规模乡城迁移背景下中国农村合作互利的亲子关系。[⑤] 崔烨和靳小怡通过对 2013 年 12 月的深圳农民工调查数据的分析发现，紧密型关系是亲子关系中最普遍的类型；与 Guo 等在 2012 年的研究不同，他们揭示了

① 马洁．外出务工人员的家庭关系研究——以济南市 LC 区为例．山东大学，2006（28），30－31.

② 马洁．外出务工人员的家庭关系研究——以济南市 LC 区为例．山东大学，2006：28，30－33.

③ Silverstein，M.，V. L. Bengtson & L. Lawton. Intergenerational Solidarity and the Structure of Adult Child－Parent Relationships in American Families. American Journal of Sociology 1997（2）：429－460.

④ 杨菊华，李路路．代际互动与家庭凝聚力——东亚国家和地区比较研究．社会学研究，2009（3）：26－53.

⑤ Guo，M.，Chi，I.，&Silverstein，M. The Structure of Intergenerational Relations in Rural China：A Latent Class Analysis. Jouranal of Marriage and Family 2012（5）：1114－1128.

远但亲近型关系是代表子女对父母强烈情感与孝行的关系模式，但只占 13% 。①

阎云翔认为经济合作社模式（理性的家庭成员互相合作，以便争取经济利益最大化）已经不能完整解释中国家庭关系，年轻一代更重视感情纽带和情感表达的作用。埃文斯（Evans）在 2000 ~ 2004 年访问了一群生于 20 世纪 50 年代的北京中年母亲，发现中年妈妈渴望与子女保有“沟通式亲密”的关系，而不是“传统”地要求子女服从父母的权威。② 父母为子女提供经济资助和家务帮助，是因为父母对子女有相应的孝道期待。③

总的来说，学者们对亲子之间的情感关系和经济支持等方面基本持有积极的观点。

2. 祖孙关系

祖孙关系指祖父母、外祖父母与孙子女、外孙子女之间的关系。祖孙关系作为各种家庭关系中的一种，和其他家庭关系一样，对家庭成员都具有最普遍、最基本、最持久、最深远的影响特点。④

近几十年核心家庭取代大家庭成为家庭结构的主要模式，使得亲子关系的重要性愈发突出，祖孙关系相对弱化。但目前一些研究表明，在城镇化进程的推进和双薪家庭数量的增加，以及现有托幼机构缺失的背景下，老年人部分承担了家庭的养育功能，逐渐成为孙子女照料的主要提供者。⑤另外，由于中国传统的“多代同堂”和“含饴弄孙”的观念，老年人在身体健康状况允许的条件下也乐意并主动承担照料孙子女的责任。⑥ 因此，祖孙关系仍是家庭关系中不可忽视的重要组成部分。

---

① 崔烨，靳小怡．亲近还是疏离？乡城人口流动背景下农民工家庭的代际关系类型分析——来自深圳调查的发现．人口研究，2015（3）：48 –60.

② Evans，H. The Gender of Communication：Changing Expectations of Mothers and Daughters in Urban China. The China Quarterly. 2010（204）：980 –1000.

③ 钟晓慧，何式凝．协商式亲密关系：独生子女父母对家庭关系和孝道的期待．开放时代，2014（1）.

④ 简才永，彭彪．韦磐石，等．祖孙关系影响因素综述研究．兴义民族师范学院学报，2013（4）：29 –34.

⑤ 刘丽，张日昇．祖孙关系及其功能研究综述．心理科学，2003（3）：504 –507.

⑥ 周晶，韩央迪，Weiyu. 照料孙子女的经历对农村老年人生理健康的影响．中国农村经济．2016（7）：81 –96.

第四节 家庭生命周期

任何一个家庭都有其建立、发展和解体消亡的过程，这就是家庭的生命周期。

一、家庭生命周期简述

（一）家庭生命周期理论的含义

如同人的生命的发展阶段一样，家庭也有一个从成立到消亡的过程。家庭生命周期反映的正是这一过程，即家庭从一对夫妇的婚姻形成开始，经历扩充、扩充完成、收缩、收缩完成等阶段，直至消亡的动态发展过程。[①]

家庭生命周期（Family Life Cycle）以家庭重要的生命历程事件——结婚、生育、子女养育、子女成年离家和配偶死亡——作为划分标志，并且具有周期表现，强调家庭会随时间发生各种变化，并解释家庭在不同时期的变迁，以此说明家庭在不同发展阶段上的各种任务和需求。

（二）家庭生命周期的阶段划分

家庭生命周期作为一个复杂的人口变量，国内外研究者依据其各阶段的内容和任务，提出了不同的模型。1947 年，格里克（Glick）首次提出清晰且相对完整的家庭生命周期阶段，他将家庭生命周期按照核心家庭从结婚到配偶死亡导致解体的历史，划分为形成、扩展、扩展完成、收缩、收缩完成和解体六个阶段。[②③] 这也是被社会人口学家们视为最基础和传播最广泛的家庭生命周期经典模型。[④]

几乎与格里克同时，杜瓦尔（Duvall）将家庭生命周期以家中最大子女的成长阶段作为划分指标（认为最大子女通常是使家庭进入一个崭新而又陌生环境的关键个体），提出以最大子女的生长过程和教育阶段作为划

---

① 朱强．家庭社会学．华中科技大学出版社，2012：156.

② Glick，P. C. The Family Life Cycle. American Sociological Review，1947（2）：164 – 174.

③ Glick，P. C. Fifty Years of Family Demography：A Record of Social Change. Journal of Marriage and Family，1988（4）：861 – 873.

④ 田丰．中国当代家庭生命周期研究．中国社会科学院研究生院，2011：28.

分的参考标准，并对“空巢”期和老年期家庭做了明确的八阶段划分法。由于杜瓦尔的模型更为强调子女年龄的变化，也更多地沿袭了社会心理学的特点，因此，在社会心理学领域得到了广泛应用。

家庭发展学派依据不同理论可将家庭生命周期分成不同阶段，黄千珊认为尽管它们分法各异，但是几乎都涵盖了五个阶段，即没有小孩阶段、养育孩子阶段（从最大子女出生到最小子女离家）、“空巢期”（从最小的子女离家到夫妻退休）、退休阶段和孤寂期（配偶一方死亡），且孩子的成长阶段和家庭经济状况是家庭生命周期划分的主要依据[①]。

目前我国一般把家庭生命周期划分为形成、扩展、稳定、收缩、空巢与解体六个阶段（表2－1）。六个阶段的起始与结束，一般以相应人口事件发生时丈夫（或妻子）的均值年龄或中值年龄来表示，各段的时间长度为结束与起始均值或中值年龄之差。[②] 不过，这些阶段现在也随结婚年龄的推迟和出生率的降低而有所改变。

表2－1　家庭生命周期的划分

阶　段	起　始	结　束
形成	结婚	第一个孩子的出生
扩展	第一个孩子的出生	最后一个孩子的出生
稳定	最后一个孩子的出生	第一个孩子离开父母家
收缩	第一个孩子离开父母家	最后一个孩子离开父母家
空巢	最后一个孩子离开父母家	配偶一方死亡
解体	配偶一方死亡	配偶另一方死亡

此外，值得注意的是，中国家庭生命周期有一个显著的特征，即各阶段之间界限相当模糊。[③] 主要原因是中国在原生家庭与新生家庭之间不一定存在间隔，一般都是连续的。而且，如果按西方家庭生命周期的标准来

① 黄千姗．家庭生命周期与家庭休闲活动决策历程之研究——以基隆市核心家庭为例．高雄师范大学成人教育研究所硕士论文，1999．转引自杨婷．家庭结构和婚姻关系的代际比较．苏州大学．硕士学位论文．2014：12．

② 朱强．家庭社会学．华中科技大学出版社，2012：161．

③ 杨善华．家庭社会学．高等教育出版社，2006：8．

划分，中国的家庭生命周期将开始得很晚。但有一点可以肯定，在进入中年之后，由于父母去世及子女尚未结婚，核心家庭的比例会大大增加。

二、我国家庭生命周期的变化

家庭生命周期描述了单个家庭从诞生、发展直到死亡的整个运动过程。但如前所述，这一过程也不是一成不变的。随着社会的变迁，生育率、死亡率等的降低，家庭生命周期也发生了变化。①

中国的家庭变迁受到以严格生育政策代表的社会制度变革和社会经济发展双重影响，家庭生命周期的变动也不可避免是双重影响叠加的后果。具体有以下一些特点：

（一）家庭生命周期的起始时间波动

结婚作为家庭生命周期的起点，其变动原因是多方面的。从中国初婚年龄变动的情况来看，除了社会经济发展带来的影响之外，社会制度变革的影响也不容忽视。

一般而言，随着社会经济发展，一方面是高等教育机会的增多，使得人们在接受完高等教育后结婚，自然就延迟了结婚年龄；另一方面现代社会快节奏的工作和生活方式使得人们疲于应付，结婚年龄会逐渐延迟，但社会制度变化可能带来不同方向的影响。在计划经济时代，我国政府对晚婚的提倡和奖励无疑给人们延迟结婚年龄带来外部的动力，这种动力在1982年与2000年初婚年龄相差不多中有所体现。但政府对晚婚的提倡也会受到其他社会制度的变革的影响，在20世纪80年代修订《中华人民共和国婚姻法》将法定结婚年龄延迟时，利用法律规定变化的空隙抢先结婚的现象较为普遍，反而在1990年出现了初婚年龄提前的现象。除了政府提倡晚婚和婚姻法对法定结婚年龄的调整之外，还有一个重要因素是婚姻市场中男性和女性的性别比情况。

（二）婚育间隔不确定性增加

随着人口初婚年龄的延迟，初婚初育之间的间隔有缩短的趋势。初婚初育间隔在自然生育状况下是相对固定的，即不使用任何避孕或者节育的

---

① 田丰．中国当代家庭生命周期研究．中国社会科学院研究生院，2011：25.

方法和手段，初婚初育的间隔相对固定，当然在不同国家地区和人种之间也有差异。随着非婚生育的出现，有可能婚姻不再是生育的前提条件，比如法国非婚生育人口甚至超过了结婚生育的人口。如果按此方向发展，婚育间隔有可能会进一步缩小，甚至成为负数。当然这更多地取决于中国社会对非婚生育的接受程度，考虑到中国传统文化的影响，这种可能性不大。反倒是另外一种相反方向的可能性有所增加，即丁克家庭的出现。

丁克家庭本身不会影响到初婚初育间隔的变化，因为在计算时，这些家庭不会被统计在内，但丁克家庭的夫妻可能会在婚后一定年限后出现生育子女的想法，这种情况下，婚育间隔可能会延迟。但丁克家庭的普遍程度在某种程度上取决于社会对这一类家庭的接受程度和人们婚育观念的变化情况。所以从目前来看，婚育间隔缩短的弹性空间是较小的，并带有一定的不确定性。

（三）家庭扩展阶段大幅缩短，教育功能得到强化

从第一个子女出生到最后一个子女出生的家庭扩展阶段大幅度缩短，妇女生育量减少或是主因。再加上计划生育政策显著降低了一对夫妻生育子女的数量，这大大缩短了家庭扩展阶段持续的时间。从严格意义上说，独生子女家庭本身是没有家庭扩展阶段的，因为当其家庭中唯一的子女出生后，家庭扩展阶段就在瞬间完成①。

由于妇女生育子女数量减少导致的扩展阶段持续时间的缩小，而子女离家的年龄又相对变化不大，使得扩展完成阶段持续的时间有非常显著的增长，增加了近 10 年左右，并彻底改变了家庭在此阶段的功能②。

当扩展完成阶段相对较短的时候，父母是一边生育子女，一边养育子女，两者都需要兼顾，而当扩展完成阶段相对较长的时候，父母生育子女数量减少，养育子女的时间增加，这意味着子女将会得到父母更多关爱和照顾，教育子女成为家庭的重大功能③。

在中国，这一情况更为严重，对很多独生子女家庭而言，家庭的大部分物质和情感资源被投入到独生子女身上，独生子女也因此承担着父母的

---

① 石燕．以家庭周期理论为基础的空巢家庭．西北人口，2008（5）：124－128.

② 田丰．中国当代家庭生命周期研究．中国社会科学院研究生院，2011：25.

③ 田丰．中国当代家庭生命周期研究．中国社会科学院研究生院，2011：226.

高期待，从“上了好高中”，到“上了好大学”，再到“找了好工作”。正是迫于这种压力，在家庭其他功能外化和弱化的情况下，子女教育功能的家庭功能反而是强化的①。

（四）家庭收缩阶段缩短，父母空巢年限明显延长

从家庭生命周期理论的设计来看，子女全部离家的时点会受到两方面因素的影响，一是子女的离家年龄，二是子女的数量。在子女离家年龄相对固定的情况下，子女全部离家的时点取决于家庭子女数量的多少。中国家庭生命周期的变化显然是后者的影响更大。在社会制度的间接影响下，妇女生育子女数量减少，使得子女全部离家的时点提前了 7 年以上，进而改变了家庭生命周期②。

除了子女离家年龄提前、子女数量减少外，人口预期寿命的延长也是原因之一，三者的综合作用使得家庭空巢和解体阶段的持续年数有很大增长。

综上可见，家庭虽然在概念和形式上一直经历着变迁，不同时期、不同社会和处于不同生命周期的家庭也有所差异，但自古以来家庭作为人类重要的社会制度就发挥着其不可替代的作用。与强调居住状态的户相对应，家庭的本质是成员之间的关系，基于婚姻和血缘的家庭关系形成了最早和最基本的社会关系。

---

① 田丰．中国当代家庭生命周期研究．中国社会科学院研究生院，2011：226.
② 田丰．中国当代家庭生命周期研究．中国社会科学院研究生院，2011：226.

第三章　家庭发展是社会发展的源动力

家庭作为社会的细胞，是社会组织生活中不可缺少的一部分。家庭发展是人们普遍关心的社会问题，也是和谐社会建设中的一项重要内容。家庭的发展与社会发展息息相关，是整个社会发展的源动力。本章主要介绍家庭发展的含义、理论脉络及其与社会发展的关系。

第一节　家庭发展的含义

一、家庭发展

“家庭发展”是家庭研究领域具有重要创建性意义的概念之一。家庭发展作为一个综合性的概念，不仅包括家庭规模、结构、功能等的变化，也与家庭经济水平、资产状况及可能的发展策略选择有着重要联系。[①] 家庭发展理论的创始人黑尔（Hill）和马蒂西奇（Mattessich）[②] 对“家庭发展”的定义是：家庭发展是指为适应不断变化的家庭功能需求和来自外界持续的生活压力，家庭历程上所进行的结构分化和转型的过程，以及通过家庭岗位任职不断主动采集和选择性丢弃家庭角色的过程。家庭发展源于家庭成员对家庭的生理、心理和社会需求及社会期待和环境因素，促使家庭在不同阶段有所改变。这个概念至少包括了三个理解“家庭发展”概念的关键点：首先，家庭发展是一个组织性的、互动的现象；其次，它强调家庭历程中家庭行为的相互关系和延续关系；最后，它确认了发展的两个

① 石智雷．中南财经政法大学公共管理学院．对家庭发展能力的理论思考．中国人口报，2013－12－02003.

② Hill R，Mattessich P. Family development theory and life－span development. In P. Baltes & O. Brim (Eds.), Life－span development and behavior, Vol. 3. New York：Academic Press，1979：161－204.

来源——变化的功能需求和持续的生活压力。①

家庭组织包括三个部分：个人，通过婚姻或出生进入家庭，通过迁移、死亡等离开家庭；角色，即当某项具体的家庭活动需要进行时出现的家庭职位，如孩子出生，男性就担任起了父亲的角色；角色或其他互动、交易行为的模式，这些模式是为了适应家庭成员和社会不断变化的需求，与家庭在任一阶段能获得的资源保持一致。② 家庭生命周期这一概念将家庭结构分化过程中的家庭角色定位进行了指标化。

家庭生命周期的变化互动性表明家庭通过重组它的组织模式，从一个阶段发展到另外一个阶段，并通过共同脉络把所有阶段连接起来。③ 每个阶段包含影响下一阶段的初期元素和家庭进入下一阶段的行为限制条件，可以影响其阶段的延续性。刺激家庭发展或刺激家庭从一个阶段发展到下一阶段的因素主要有两个：一个是家庭发展任务，另外一个则是外界给予的生存压力。家庭发展任务包括五个基本的内容：身体维护、社交、道德维护、社会控制，以及家庭成员的进入和离开。④ 与不同的任务相关的活动在不同的家庭发展阶段也会不同。只要主要角色没有发生变化，家庭就能维持相对稳定的组织模式，然而如果一些明显的压力在较短时间内发生，家庭组织的稳定性就会被打破。

如前文所述，家庭发展是一个较为宏大的概念，因此其分析框架下还有许多具体的概念。这些概念可分为三种类型：家庭系统的概念，包括目标设定和方向、资源配置、活动协调等概念；结构概念；有序序列概念。⑤ 家庭有四个系统性的特征：相互依存性、选择性家庭边界的保持、适应变化的能力和任务性能。相互依存性是指家庭中的个人并非独立生存，而是生活在一个充满人际关系的系统中，每个家庭成员的行为都会影响其他家

---

① Mattessich P, Hill R. Life cycle and family development//Handbook of marriage and the family. Springer US, 1987: 437 -469.

② Mattessich P, Hill R. Life cycle and family development//Handbook of marriage and the family. Springer US, 1987: 437 -469.

③ Mattessich P, Hill R. Life cycle and family development//Handbook of marriage and the family. Springer US, 1987: 437 -469.

④ Mattessich P, Hill R. Life cycle and family development//Handbook of marriage and the family. Springer US, 1987: 437 -469.

⑤ Mattessich P, Hill R. Life cycle and family development//Handbook of marriage and the family. Springer US, 1987: 437 -469.

庭成员，家庭中的角色是互补的。选择性家庭边界的保持，指家庭及社会使得家庭成为一个具有局限性的实体，并加强与其他社会团体的差异，虽然家庭中的成员会与外界互动，吸收外来的价值观、文化等，但家庭会有其内部的文化、价值等，并有选择性地向外渗透，一般外人很难明白一个家庭内部的文化、价值认同。适应变化的能力是指家庭作为一个组织是具有弹性的，它有能力适应家庭内部成员的需求和外部环境的压力，这也与下一部分将要提到的“家庭发展能力”概念十分相近。第四个系统特征为家庭的任务性能，家庭与其他社会上的组织相似，必须完成一定的任务以保证其生存，这些任务至少包括身体维护、社交、道德维护、社会控制和家庭成员的进入及离开五个内容。

作为家庭发展分析框架的基石，结构概念主要涉及三个方面：位置，即在家庭中的位置；角色，即指定家庭成员所在岗位适当或所需的行为规范的集合，家庭成员可以担任多个家庭角色；规范，即行为规则，可指导个人在扮演具体角色时的行为。

有序序列概念主要包括位置历程（positional career）、角色序列、家庭历程等概念。前面所提的位置和角色都是动态变化的，位置历程反映了一个家庭位置的角色转变，这主要与一个位置上家庭成员的年龄经历有关；角色序列（role sequence）则指的是一个角色的规范转变，一个家庭位置上的角色可能是长期不变的，但随着时间的推移，这一角色的具体行为规范会有所变化；家庭位置的变化会导致家庭历程（family career）的变化，家庭历程受到社会制度、家庭、个人的影响，从而不同社会制度、不同的家庭成员年龄、性别、数量构成、不同的个人特质会形成不同的家庭形态。

二、家庭发展能力

我国鲜有专门针对家庭发展这一宏大框架的研究，一般多采用其中的家庭生命周期的理论进行分析。另外国内分析较多的关于家庭发展的研究就是家庭发展能力研究。“家庭发展能力”是一个新兴的名词，在人口学和家庭社会学等领域尚未形成统一的概念。如上海市闵行区人口和计划生育委员会课题组[①]对其的定义为“家庭促进自身功能不断优化审计，有效满足其成员合理需要，以及实现自身结构稳定与生命周期可持续演进的各种手段方式的总和”，吴帆和李建民对其的定义为“家庭凭借其所获取的资源满足每一个家庭成员生活与发展需要的能力”[②]，石智雷对家庭发展能力的界定为“家庭根据所处的不同生命周期阶段和发展任务，利用自身拥有的禀赋、权利和可能的策略，去追求更高生活水平和家庭发展可持续的综合能力”[③]。从以上界定可见，虽然各研究对家庭发展能力的具体表达有所不同，却包含了相同的内容，即通过各种手段满足家庭及其成员需求的能力。[④] 家庭发展能力的核心构成要素主要为家庭禀赋、家庭功能和家庭策略，并且三者是相互影响且不能彼此替代的存在[⑤]，可见家庭发展能力是家庭发展的一个部分，与家庭发展的功能相关。

第二节　家庭发展理论

一、家庭发展理论的主要内容

在家庭社会学中，大多数学者主要采用结构功能理论、社会冲突理论、符号互动理论、社会交换理论和现代化理论对家庭变迁过程进行分析和解释，但这些理论多少存在一些缺陷，因此学界综合了家庭研究领域的理论和分析范式，发展出了更为综合的视角来解释家庭的变迁，称之为家庭发展理论。[⑥] 家庭发展理论着眼于家庭在其生命历程中所经历的系统性、模式性的变化。这里所强调的家庭是至少包含了一条亲子关系的社会团

---

① 上海市闵行区人口和计划生育委员会课题组．家庭发展能力建设的实践探索与指标体系建设．上海党史与党建，2013（3）：56－58.

② 吴帆，李建民．家庭发展能力建设的政策路径分析．人口研究，2012（4）：37－44.

③ 石智雷．中南财经政法大学公共管理学院．对家庭发展能力的理论思考．中国人口报，2013－12－02003.

④ 魏慧静．家庭发展能力测度及其影响因素研究．河北大学，2014.

⑤ 石智雷．中南财经政法大学公共管理学院．对家庭发展能力的理论思考．中国人口报，2013－12－02003.

⑥ 田丰．中国当代家庭生命周期研究．中国社会科学院研究生院，2011：25－26.

体，并且受到社会规范的组织和管理。[①] 家庭发展理论认为家庭有其自身产生、发展和自然结束的发展过程，称之为“家庭生命周期”，并认为家庭在不同的生命周期阶段上有不同的任务，但该理论并没有将家庭生命周期固定为某几个阶段，因此这一理论具有较强的开放性，研究者可根据其研究目的自行划定需要的家庭生命周期，比其他家庭社会学理论具有更强的适用性。[②] 家庭时间（family time）是家庭发展视角中的关键点，指的是由家庭成员需求和社会压力所促成的家庭发展各阶段的序次，它是家庭发展视角区分于其他家庭研究视角的关键点，是家庭发展（关注家庭生命周期的研究和理论）区别于生命周期研究（关注个人生命周期的研究和理论）的关键点。[③]

另外，家庭发展理论的分析是构建在以下四个假设之上的：第一，人类即是行动者（actor），也是反应者（reactor）；第二，家庭互动的重要变动项目为家庭成员的增加和减少；第三，所处的场所不同，家庭成员间的互动也会存在差异；第四，家庭结构会因转换事件或急速的改变而发生改变。[④]

二、家庭发展理论的起源与发展

家庭发展并非一个精确、专门的框架，而是跨越了多种方法，综合成一个统一体的框架。其理论来源较为复杂，家庭生命周期的概念来源于农村社会学者，发展需求和任务的概念来源于儿童心理学和人类发展专家，家庭的综合概念则出自社会学家的著作中，还从结构功能理论和符号互动理论中借用了年龄、性别角色、功能先决条件、互动组织等一些概念。[⑤]

家庭生命周期的概念有着悠久的历史，可追溯到 1777 年，但包含家

---

① " Family Development Theory. " International Encyclopedia of Marriage and Family. 2003. Encyclopedia. com. （September 5，2016）. http：//www. encyclopedia. com/doc/1G2 – 3406900150. html.

② 田丰．中国当代家庭生命周期研究．中国社会科学院研究生院，2011：25 –26.

③ Mattessich P，Hill R. Life cycle and family development//Handbook of marriage and the family. Springer US，1987：437 –469.

④ Hill R. Families under stress：Adjustment to the crises of war separation and reunion. New York，Harper & Brothers［1949］，1949：69 –75.

⑤ 田丰．中国当代家庭生命周期研究．中国社会科学院研究生院，2011：25 –26.

庭生命周期的家庭发展理论却是在第二次世界大战之后才开始出现。[①] 家庭生命周期理论最初的雏形是朗特里（Rowntree）[②] 用来解释贫困的来源，他在研究中发现贫困与家庭所处的阶段密切相关，人们在养育子女、进入老年等一些特殊时期更容易陷入贫困，他在研究中将人的一生按照年龄划分为九个阶段，但这种划分方式并非严格意义上的家庭生命周期，而是按照个人生命历程划分。他的研究直接影响到后来家庭生命周期理论的发展。[③] 之后农村社会学、人口学、经济学等领域的学者建立并发展了家庭生命周期这一理论，从各个学科领域解释家庭生命历程中家庭需求和家庭资源如何相互影响，形成了家庭在各个阶段的行为模式。这些早期学者研究的焦点是家庭行为模式的经济性，如消费模式、劳动力参与等，家庭不同阶段的相互影响、延续等特征，并没有引起学界的注意。总之，这些家庭发展理论的启蒙者建立并开发了他们感兴趣的行为差异解释，但并没有把家庭发展的过程作为一个值得研究和解释的关注对象。[④]

家庭发展中的发展理念来源于儿童心理学中的儿童发展、人格形成理论和人类发展理论。人类发展领域的内容对家庭发展理论的贡献至少包括两个方面：首先，人类发展研究者强调使用追踪分析来发现发展的不同模式，追踪调查可以让研究者发现家庭发展中延续的方面和不延续发展的内容，检验家庭变迁过程所带来的影响；其次，人类发展学说给家庭发展理论中贡献了“发展任务”这一概念。[⑤]

杜瓦尔（Duvall）和黑尔（Hill）[⑥] 结合生命周期和人类发展视角结合，把家庭概念化为一个促进其成员成长与发展的组织，这两位学者在之后进行的一系列合作和其各自独立开展的大量研究加快了家庭发展框架的

① " Family Development Theory. " International Encyclopedia of Marriage and Family. 2003. Encyclopedia. com.（September 5，2016）. http：//www. encyclopedia. com/doc/1G2 – 3406900150. html.

② Rowntress，B. S. Poverty：a study of town life . London：Macmillan，1906.

③ 田丰．中国当代家庭生命周期研究．中国社会科学院研究生院，2011：25 – 26.

④ Mattessich P，Hill R. Life cycle and family development//Handbook of marriage and the family. Springer US，1987：437 – 469.

⑤ Rodgers R H. The family life cycle concept：past，present and future. The family life cycle in European societies. The Hague：Mouton，1977：39 – 57.

⑥ National Conference on Family Life（US）. Committee on Dynamics of Family Interaction，Duvall E M，Hill R. Report of the Committee on Dynamics of Family Interaction：Preliminary Draft for Criticism and Revision. National Conference on Family Life，1948.

发展。[①] 随着黑尔（Hill）[②] 对家庭压力的研究，以及之后杜瓦尔（Duvall）[③] 在 1957 年编写的教材的流行，家庭发展理论逐渐形成，并不断发展。

黑尔（Hill）和罗杰斯（Rodgers）联合编写了 *The Handbook of Marriage and the Family* 一书中 The Developmental Approach[④] 一章，该章节详细地阐述了家庭发展框架，并强调这一框架是吸收了不同家庭研究视角的综合性框架。这些不同的家庭视角涉及结构功能主义、符号互动论及工作社会学的一些内容，在 1964 年这本书中黑尔（Hill）和罗杰斯（Rodgers）并未明确表示家庭发展理论框架吸纳了这些内容，但在 1971 年黑尔（Hill）[⑤] 明确说明了以上内容在家庭发展框架中的综合作用。

另外一个与家庭发展相关的理论是生活压力或危机理论。黑尔（Hill）[⑥⑦] 把家庭压力解释为"家庭面临危机时由于资源匮乏所产生的压力"，并认为在家庭发展过程中人们会遇到一些阻碍或干扰，这些阻碍和干扰会打破家庭原有的平衡状态，给家庭成员造成生理和心理上的压力。

家庭发展理论还包含家庭动力学的内容。罗杰斯（Rodgers）[⑧] 认为家庭行为是一个十分复杂的系统，并提出了家庭发展研究学者在研究家庭发展过程中需要重视的家庭行为的三个方面，包括社会制度方面、群体互动方面和个体心理方面，认为家庭并非孤立发展，而是通过与社会、社会各组织、其他家庭及家庭内部成员间的互动而不断发展。怀特（White）[⑨] 重

---

① Mattessich P, Hill R. Life cycle and family development //Handbook of marriage and the family. Springer US, 1987: 437 - 469.

② Hill R. Families under stress: Adjustment to the crises of war separation and reunion. New York, Harper & Brothers [1949], 1949: 69 - 75.

③ Duvall E M. Family development . Philadelphia: Lippincott, 1957. (Revised editions, 1962, 1967, 1971, 1977.).

④ Hill, R., & Rodgers, R. The developmental approach . In H. Christensen (Ed.), *Handbook of Marriage and the Family*. Chicago: Rand McNally, 1964: 171 - 211.

⑤ Hill R. Modern systems theory and the family: A confrontation [J] . Social Science Information, 1971, 10, 7 - 26.

⑥ Hill R. Families under stress: Adjustment to the crises of war separation and reunion [M] . New York, Harper & Brothers [1949], 1949: 69 - 75.

⑦ Hill R. Generic features of families under stress. Social Casework, 1958, 49, 139 - 150.

⑧ Rodgers R H. Family interaction and transaction: The developmental approach. New York: Prentice Hall, 1973: 10 - 85.

⑨ White J M. Dynamics of family development: A theoretical perspective. Guilford Press, 1991: 1 - 50.

新定义了家庭发展，认为在家庭发展的过程中家庭从一个阶段发展到另一阶段，且这一过程的转换概率取决于前一阶段持续的时间和当前的状态，因此，相比以前研究关注家庭的最终发展状态，他更关注家庭随时间发展的动向。他的理论也结合了家庭动力学的内容，认可家庭发展与个人发展及其他社会过程的相互依存关系，并把家庭发展理论模型化，提出了连续时间、离散状态和半马尔可夫模型一般模型，开拓了家庭发展理论新的研究领域，在学界具有较大的影响力。

综上可见，家庭发展理论是借鉴了各类理论的综合性理论，通过借鉴和吸收，发展出了其特有的、跨越了多种方法的理论框架。

三、家庭发展的若干理论

（一）家庭生命周期理论

家庭发展理论认为家庭有其自身的产生、发展和自然结束的运动过程，称为家庭的生命周期[①]，家庭生命周期理论是家庭发展理论的重要组成部分。在 1947 年格里克（Glick）完整且清晰地提出家庭生命周期之前，家庭生命周期理论是一种将个人生命历程或者家庭子女生命历程与家庭夫妻关系混搭的研究模型，且研究者并没有清晰地表述出每个家庭生命周期阶段的任务和含义[②]，严格意义上并非是家庭发展框架下的家庭生命周期理论。格里克的家庭生命周期模型[③]是被社会人口学家视为最基础和传播最为广泛的模式，他认为家庭生命周期中最为重要的事件主要有结婚、第一个子女出生、最后一个子女出生、第一个子女离开父母家（结婚）、最后一个子女离开父母家（结婚）、配偶一方死亡、剩余一方死亡这七个事件，并将家庭生命周期按照核心家庭的发展历史，按这七个事件的发生顺序将家庭的发展划分为形成、扩展、扩展完成、收缩、收缩完成、解体六个阶段。格里克对家庭生命周期理论和模型的研究是按照美国家庭和人口变迁过程形成和完善的，不仅给出了家庭生命周期阶段性的划分，还使用美国人口普查数据计算出了每个阶段所持续的时间，是最为完备的家庭生

① 田丰. 中国当代家庭生命周期研究. 中国社会科学院研究生院，2011：25.

② 田丰. 中国当代家庭生命周期研究. 中国社会科学院研究生院，2011：35 –41.

③ Glick P C. The family cycle. American sociological review，1947，12（2）：164 –174.

命周期理论，但格里克的家庭生命周期理论也具有一定的局限性，即其没有像其他学者那样重视子女年龄的变化，而是以子女出生、结婚或离家等事件作为代表。[①] 杜瓦尔（Duvall）和其同事也在同一时期建立了一个四阶段的家庭生命周期模型，之后杜瓦尔和黑尔（Hill）将这一四阶段模型扩展为七阶段模型[②]，包括无子女阶段、扩展阶段（从生育第一个子女到最后一个子女）、学龄阶段、稳定阶段（从第一个子女离家到最后一个子女离家）、老伴阶段（子女全部离家）、丧偶阶段等七个阶段，随后黑尔又将七阶段扩展为九阶段；与格里克按照妇女年龄的家庭生命周期事件为转折点不同的七阶段模型不同，杜瓦尔和黑尔的模型更注重家庭中子女的成长过程，也更多地继承了社会心理学的传统，即为结合生命周期和发展理论的家庭发展框架下的家庭生命周期理论。[③]

格里克、杜瓦尔和黑尔对于家庭生命周期理论的阐述形成了较为完整的理论框架和基本概念，之后的学者主要是基于以上三位学者的研究基础，对家庭生命周期提出各类更为精确的划分方法，如杜瓦尔（Duvall）的八阶段模型、威尔斯和格巴的九阶段模型及罗杰斯的十阶段模型。杜瓦尔的八阶段模型[④]包括无子女的已婚夫妻、最大的子女小于 30 个月的养育子女家庭、最大子女从 2.5 ~6 周岁的学龄前儿童家庭、最大子女从 6 ~13 周岁的学龄前儿童家庭、最大子女从 13 ~20 周岁的青少年家庭、子女离家家庭（从第一个子女离家到最后一个子女离家）、中年父母家庭（从空巢到退休）、老年家庭（从退休到夫妻双方均死亡）；杜瓦尔不仅提出了这一八阶段模型，还进一步将家庭生命周期视为一个发展的过程，在不同的发展阶段家庭具有不同的发展任务，他还将这些家庭发展任务分为基本家庭任务（包括生理照料、分配资源、劳动分工、成员间的相互联系、与社会保持联系等）、应对家庭危机、应对外部压力、在家庭内部实现代际支持等，这一研究思路是典型的家庭发展理论的内容。

---

① 田丰. 中国当代家庭生命周期研究. 中国社会科学院研究生院，2011：35 -41.

② Duvall E M& Hill R. Report of the Committee on the Dynamics of Family Interaction//Whashington, DC: . National Conference on Family Life, Mimeo - graphed. 1948：28 -29.

③ 田丰. 中国当代家庭生命周期研究. 中国社会科学院研究生院，2011：28 -29.

④ Duvall E M. Family development , 4th, ed. Philadelphia：Lippincott，1971.

威尔斯和格巴的九阶段模型①相对要复杂一些，包括了单身家庭（不与父母同住的单身年轻人）、无子女的新婚家庭、最小子女在 6 岁以下的满巢家庭、年老夫妻和依靠父母的子女组成的满巢家庭、子女离家但父母仍在工作的空巢家庭、子女离家且父母退休的空巢家庭、仍在劳动年龄的一方配偶已死亡的残存家庭、已退休且一方配偶已死亡的残存家庭。罗杰斯的十阶段模型②最为复杂：家庭的开始阶段是无子女夫妻；然后是所有子女年龄小于 36 个月的幼儿家庭；第三阶段是学龄前家庭，包括带有幼儿的学龄前家庭（最大子女 3 ~6 岁，最小子女小于 36 个月）和所有子女都是 3 ~6 岁的学龄前家庭；之后是学龄儿童家庭，有带有幼儿的学龄儿童家庭（最大子女 6 ~13 岁，最小子女小于 36 个月）、带有学龄前儿童的学龄儿童家庭最大子女 6 ~13 岁，最小子女 3 ~6 岁）和所有子女都在 6 ~ 13 岁的学龄儿童家庭三种情况；第五阶段是青少年家庭，有带有幼儿的青少年家庭（最大子女 13 ~20 岁，最小子女小于 36 个月）、带有学龄前儿童的青少年家庭（最大子女 13 ~20 岁，最小子女 3 ~6 岁）、带有学龄儿童的青少年家庭（最大子女 13 ~20 岁，最小子女 6 ~13 岁）和所有子女都在 13 ~20 岁的青少年家庭四种情况；第六阶段是带有成年子女的家庭，包括带有幼儿的年轻成年子女家庭（最大子女大于 20 岁，最小子女小于 36 个月）、带有学龄前儿童的年轻成年子女家庭（最大子女大于20 岁，最小子女 3 ~6 岁）、带有学龄儿童的年轻成年子女家庭（最大子女大于 20 岁，最小子女 6 ~13 岁）、带有青少年的年轻成年子女家庭（最大子女大于20 岁，最小子女 13 ~20 岁）和所有子女大于20 岁的年轻成年子女家庭五种情况；第七阶段是子女离家家庭，也包含五种情况，即带有幼儿的子女离家家庭（第一个子女离家，最小子女小于 36 个月）、带有学龄前儿童的子女离家家庭（第一个子女离家，最小子女 3 ~6 岁）、带有学龄儿童的子女离家家庭（第一个子女离家，最小子女 6 ~13 岁）、带有青少年的子女离家家庭（第一个子女离家，最小子女 13 ~20 岁）和带有年轻成年子女的子女离家家庭（第一个子女离家，最小子女大于 20 岁）；第八阶段是

① Wells W D，Gubar G. Life cycle concept in marketing research. Journal of Marketing Research，1966：355 –363.

② Rodgers R H. Improvements in the construction and analysis of family life cycle categories. Department of Sociology，Western Michigan University，1962.

中年家庭（从子女都离家到父母开始退休）；第九阶段是老年夫妻家庭（从退休开始到夫妻一方死亡）；最后一个阶段是寡居阶段（配偶一方死亡到自身死亡）。

随着现代社会中离婚现象增多、非婚生育增加和无子女家庭的增加，有些学者根据前人对家庭生命周期理论的研究，结合现状提出了更为复杂的家庭生命周期模型。如墨菲（Murphy）和斯特普尔斯（Staples）[①] 把家庭生命周期按照夫妻年龄划分为五个阶段：年轻单身家庭、年轻已婚未生育子女家庭、其他年轻家庭（包括没有子女的年轻离婚家庭、有子女的年轻已婚家庭和有子女的年轻离婚家庭三类）、中年家庭（包括中年已婚且无儿童家庭、中年离婚且无儿童家庭、中年已婚且有儿童和青少年家庭、中年离婚且有儿童和青少年家庭、中年已婚且没有需要养育的子女家庭、中年离婚且需要养育子女家庭六类）、老年家庭（包括老年已婚家庭、老年未婚、离婚和鳏寡家庭两种），在这个模型中各个阶段之间的转换和路径十分复杂，对于数据的要求也很高。

总之，非传统家庭的出现和增多使得学者们不断对原有的家庭生命周期模型进行补充和发展，使得其越来越精细。家庭生命周期理论从产生开始就一直经历不断被修改、完善的过程，这也和其没有将家庭生命周期框定为固有的几个阶段，理论开放性较强有关，但在实证研究方面，并非所有家庭生命周期的划分都经过了经验研究的验证，很多划分方式只提出了相应的概念，较难使用数据精选验证。[②]

（二）家庭发展任务

前文提到家庭发展理论强调家庭发展的任务性能，家庭发展任务是刺激家庭从一个阶段发展到下一阶段的主要因素之一，包括生理上的需求、社交、道德维护、社会控制、家庭成员的进入和离开五个主要任务内容。[③] 家庭与其他社会上的组织相似，必须完成一定的任务以保证其生存，与不同的任务相关的活动在不同的家庭发展阶段也会不同。家庭任务的具体内

① Murphy P E，Staples W A. A modernized family life cycle. Journal of consumer research，1979，6(1)：12－22.

② 田丰．中国当代家庭生命周期研究．中国社会科学院研究生院，2011：34.

③ Mattessich P，Hill R. Life cycle and family development//Handbook of marriage and the family. Springer US，1987：437－469.

容与家庭生命周期的划分有关，如杜瓦尔（Duvall）① 划分的家庭生命周期八个阶段中，各阶段的发展任务如下：

第一阶段（无子女的已婚夫妻）：①建立相互满足的婚姻关系；②建立维持家庭运行的规则；③融入因婚姻所建立的亲属关系；④准备为人父母；⑤怀孕的调适。

第二阶段（最大的子女小于30个月的养育子女家庭）：①调试、帮助婴儿发展；②建立父母与婴儿共同舒适生活的家庭。

第三阶段（最大子女从2.5～6周岁的学龄前儿童家庭）：①适应学龄前儿童的特殊需求、兴趣，以促进其成长；②为人父母者，调适体力消耗及缺乏隐私的状况。

第四阶段（最大子女从6～13周岁的学龄前儿童家庭）：①准备生育第二个子女；②建立家庭与学校的互动关系；③促进子女的学习；④参与与子女有关的社区活动。

第五阶段（最大子女从13～20周岁的青少年家庭）：①随着青少年的成长，调整亲子关系，在自由和责任中取得平衡；②在为人父母后期，建立自己的兴趣。

第六阶段（子女离家家庭，即从第一个子女离家到最后一个子女离家）：①适当地帮助年轻人进入就学、工作和婚姻生活；②维持家庭成为家庭成员的重要支持来源。

第七阶段（中年父母家庭，即从空巢到退休）：①婚姻关系的再调适；②调整及适应父母与成年子女的代际关系；③适应为人祖父母的角色；④增加对社区及休闲等活动的参与。

第八阶段（老年家庭，即从退休到夫妻双方均死亡）：①适应老龄化；②适应退休生活；③适应丧偶及独居。

家庭发展任务与家庭生命周期不同，家庭生命周期是家庭发展理论的重要部分，也可以成为一个单独的理论和模型进行分析和研究，但家庭发展任务并不能单独作为一个理论来使用，而是家庭发展理论框架下的组成部分，也是家庭发展视角下的家庭生命周期模型中的重要组成部分。

---

① Duvall E M. Family development，4th，ed. Philadelphia：Lippincott，1971.

（三）家庭压力理论

家庭压力理论并非家庭发展理论的原创，而是黑尔（Hill）借鉴了一些早期关于家庭压力和危机理论的论述，如安杰尔（Angell）[①] 和艾略特（Eliot）[②] 把危机看作是外部事件的产物，且这些事件多数不可预测（如失业、灾难、家庭成员的流失和进入等）的论述[③]，发展出了家庭发展理论框架下的家庭压力理论，因此黑尔也被称为“家庭压力理论之父”[④]。黑尔把家庭压力定义为“家庭面临危机时由于资源匮乏所产生的压力”，这些家庭压力由于在家庭发展过程中产生了一些阻碍和干扰，打破了家庭原有的平衡状态，从而给家庭成员造成生理和心理上的压力。[⑤⑥] 他还提出了压力源事件概念，并结合早期的研究发展出了 ABC—X 模型，该模型中 A 代表压力源时间，B 代表家庭资源，C 代表家庭对压力源事件的认知或对其赋予的含义，X 代表结果，即该压力源时间导致的压力程度或危机。

麦卡宾（McCubbin）等[⑦]认为家庭在应对压力源事件时其内部各要素会发生相应的改变，因此黑尔静态的家庭压力结构是不科学的，需要考虑时间维度，他也在研究中强调家庭发展的动态概念，关注压力的积累和资源的重生，另外他还认为压力源事件不仅来自于家庭内部，外部环境的变化（如战争）也会干扰到家庭的稳定，给家庭发展带来压力。博斯（Boss）[⑧] 在黑尔研究基础上，提出了社会竞争（Social contest）的概念，认为历史、社会和家庭本身三个因素构成了社会竞争环境，在讨论家庭压力时应该把家庭放入到社会经济文化环境中去，强调采取更为宏观的视角来研究家庭压力。与黑尔认为家庭是被动维持稳定状态不同，博斯认为家

---

① Angell R O. The family encounters the depression. New York：Scribner's，1936.

② Eliot，T. D. Family crises and ways of meeting them. In H. Becker& R. Hill（Eds.），Family，Marriage，and Parenthood. D. C. Heath and Co. 1955.

③ Mattessich P，Hill R. Life cycle and family development//Handbook of marriage and the family. Springer US，1987：437 –469.

④ 邵梅．基于幸福经济学对我国家庭发展的思考．西南财经大学，2013：5 –9.

⑤ Hill R. Families under stress：Adjustment to the crises of war separation and reunion. New York，Harper & Brothers，1949：69 –75.

⑥ Hill R. Generic features of families under stress. Social Casework，1958，49，139 –150.

⑦ McCubbin H I，Cauble A E，Patterson J M. Family stress，coping，and social support. Thomas，1982：110 –115.

⑧ Boss P. Family stress management. Sage Publications，1988：138 –140.

庭可以主动管理压力，但她也认为家庭外在的竞争环境具有不可控性，无法进行具体的分析测量，因此她依旧沿袭以往家庭研究者的方式，着眼于微观研究，没有针对宏观社会环境变化对家庭发展和家庭压力所起到的作用提出建设性意见。

家庭发展框架下的家庭压力理论强调时间维度的重要性，因此家庭压力理论第一个系统研究方法是利用家庭生命周期的家庭发展阶段进行研究的[①]。由此可见家庭发展理论内部的各个子理论之间紧密相连，既可以进行独立的分析，但在分析过程中又渗透家庭发展大框架下的分析思路。

（四）家庭发展动力学（Dynamics of family development）

前面提到家庭发展理论吸纳了家庭动力学的内容，进行修改完善后形成了家庭发展视角下的家庭动力学内容。罗杰斯（Rodgers）[②] 认为家庭行为是一个十分复杂的系统，并提出了家庭发展研究学者在研究家庭发展过程中需要重视的家庭行为的三个方面。首先家庭历程的社会制度层面，即是说家庭在其发展历程中也属于社会的一部分，在宏大的社会环境下家庭成员需要养成符合社会期望的行为，这些社会期望刺激个人和家庭完成发展任务，家庭可以使用文化工具（如语言、媒体等）完成这些发展任务；另外很多家庭角色与家庭外的角色也有关联，如家庭中父亲的角色和工作组织中的职业角色有联系；最后家庭的社会制度层面中一个很重要的部分就是家庭任务的功能，如家庭通过满足家庭成员的生理需求使得其能够满足对于食物、衣物、住所等的需求，保证社会成员的健康、营养。另外家庭历程还具有群体互动性，家庭内部也有行为期待，社会化过程不仅包括价值观、规则和行为的学习，也包括家庭成员间的沟通和角色扮演，家庭内部及家庭成员年龄和性别构成的多样性，影响了作为一个组织的家庭及其内部的成员。最后是家庭历程的个体心理性，家庭成员具有个性化特征，会对家庭行为造成影响，不同的家庭成员特性需要不同的家庭角色模式。

1991 年怀特（White）在“Dynamics of family development：A theoreti-

① 邵梅．基于幸福经济学对我国家庭发展的思考．西南财经大学，2013：5－9.

② Rodgers R H. Family interaction and transaction：The developmental approach. New York：Prentice Hall，1973：10－85.

cal perspective”一书中重新定义了家庭发展，认为家庭发展的定义应为“概率论”而非“目的论”[①]。他把家庭发展定义为一个过程，在这个过程中家庭从一个阶段发展到另一阶段，且这一过程的转换概率取决于前一阶段持续的时间和当前的状态。因此他就建立了这一家庭发展理论的基础并对其进行了测试，他并不关心家庭发展的最终状态，而是更关注家庭随时间发展的动向。他的理论认可家庭发展与个人发展及其他社会过程的相互依存关系，家庭成员随着年龄的变化而变化，也会影响其他家庭和组织，同时也收到来自其他家庭和社会组织的影响。怀特在书中列出了一些重要的理论假设和命题，把家庭发展理论模型化，提出了连续时间、离散状态和半马尔可夫模型一般模型，可使用数据进行验证。可看出怀特的理论结合了家庭动力学的内容，对家庭发展理论具有重要贡献，他这本书的发表引起了学界的广泛关注，开拓了家庭发展理论新的研究领域，成为了家庭发展理论进一步发展的跳板。

（五）系统家庭发展模型(The Systemic Family Development Model)

系统家庭发展模型是莱斯特罗非（Laszloffy）结合系统理论和传统家庭发展理论提出来的，通过强调家庭的共同性、多样性及家庭系统的完整性拓展了家庭发展理论的研究。[②] 因为借鉴了系统理论的内容，系统家庭发展模型所提出来的家庭发展是过程导向的理论，这个模型认为所有的家庭都有一个相同的发展过程，但是这个过程如何体现存在很大差异。所有家庭发展的过程都会有面临压力源的经历，当一个家庭面临压力源而改变或调整时，家庭角色和家庭关系也会转变。系统家庭发展模型并不解释或限定一个家庭所面临的压力或危机的特定类型和发生时间，因为压力或危机的类型和发生时间具有复杂的相互作用，使得家庭发展具有高度差异性，因为系统家庭发展模型认可所有家庭经历一个共同的发展过程，但不限定压力源的出现时间和具体类型，从而能够反映家庭间和家庭内部的多样性。

系统家庭发展模型借鉴了系统理论“整体大于部分之和”的观点，强

---

① White J M. Dynamics of family development: A theoretical perspective. Guilford Press, 1991: 1 – 50.

② Laszloffy T A. Rethinking family development theory: Teaching with the systemic family development (SFD) model. Family relations, 2002, 51 (3): 206 – 214.

调家庭的整体性和关联性，家庭成员形成了一个整体（家庭），这个整体不能还原到其个人的任何部分，因此这个模型假定家庭是复杂的，多代同堂的系统不能分解为一个个单个的世代。总之，这个模型的重点是强调在家庭发展过程中的多样性、整体性和家庭生命周期的代际关系的复杂性。

莱斯特罗非（Laszloffy）还用分层蛋糕比喻家庭生命周期来解释系统家庭发展模型的复杂概念。家庭生命周期就像蛋糕，其整体（家庭）大于它的部分（家庭成员）总和，分层蛋糕的比喻还提供了一种直观生动的家庭多代性视觉图像。尽管所有蛋糕（家庭）都经历共同的发展过程，但每个蛋糕（家庭）在面临具体的压力和危机及代际间的关系处理都是独特的。蛋糕的成分就像家庭中的个人，当成分混合在一起就能做成一个蛋糕（家庭），虽然成分（如面粉、黄油、牛奶、鸡蛋等）都是用来做蛋糕的，但配料混合和烘培方式都能使一个蛋糕大于它的部分综合，蛋糕是一个独特的实体，不能还原成其他任何部分，这也是家庭的本质。

蛋糕的层数象征家庭中的代际数，蛋糕的圆度象征家庭随时间推移的生命周期，层的增加和损失是需要蛋糕适应的转型压力源，如果蛋糕无法转变，这些压力就会积累扭曲蛋糕使其不平衡，最终成为一个危机。因此蛋糕层需要创建新的空间来加入其他模块（如大块的巧克力）来建立新的平衡。通过蛋糕这个比喻，我们可观察到系统家庭发展模型所强调的家庭完整性和多样性。

总之，系统家庭发展模型所强调的家庭发展是非常复杂和具有高度异质性的，这个模型适用于所有家庭，可用于追踪所有家庭找到发展的基本过程，且不试图预先确定压力和危机的具体类型、性质和发生时间，避免一些错误性的判断。随着现实生活变得越来越多样化和复杂化，家庭发展理论需要如系统家庭发展模型这样的研究方向，强调家庭生活作为一个整体系统的重要性。

四、关于家庭发展理论的争论

家庭发展理论对于家庭研究具有十分重要的价值，给家庭研究做了意义重大的积极贡献，但即使如此，家庭发展理论仍具有一定的局限性，这些局限性在一定程度上限制了家庭发展的应用范围，降低了该理论研究家庭发展的有效性。

（一）家庭生命周期阶段的适用性

很多研究认为，家庭生命周期中的阶段划分并非可适用于所有家庭。随着社会的不断发展，非传统家庭数量逐渐增多，家庭类型多样化越发明显。家庭发展并非只有一种模式，而是多模式发展，每个家庭都有其独特的发展方式和阶段。虽然家庭发展的模式充分描述了家庭和家庭生命周期的变化，定义了特定的成员、类型和发展阶段的时间点，但并没有一个家庭生命周期的划分方式，能够描述所有家庭的生命周期和可能出现的变动。因此在前文提到的系统家庭发展模型中，莱斯特罗非（Laszloffy）就强调认可所有家庭经历一个共同的发展过程，但不限定压力源的出现时间和具体类型[①]，以此来反映家庭间和家庭内部的多样性。

（二）无法确定关键生命事件的发生时间

家庭发展理论被争论的另外一个方面，就是认为这一理论忽视了关键生命事件的发生时间和每个阶段的持续时间。[②] 但有学者[③]指出要研究家庭的发展特征需要结合社会和历史背景，区分不同历史时期或具体的家庭队列的特征。但概念上等效的家庭发展特征在不同的社会和历史背景下不一定是等效的，研究者需要仔细地辨认在不同历史时期的社会给相同的家庭发展路径提供的工具是否不同，或者在那个发展路径下不同历史时期的社会是否发生了一些基本变化。总之研究证明，很多经历相同发展阶段的家庭的生命历程会有很大差异，在一个家庭构成不同的发展路径之前，它的生命历程会如何发展仍是一个很难预测的问题。[④]

（三）忽略家庭的多代性

家庭是一个复杂的系统，是一个多代同堂的单位，所以很难指定家

---

① Laszloffy T A. Rethinking family development theory: Teaching with the systemic family development (SFD) model. Family relations, 2002, 51 (3): 206 -214.

② Mattessich P, Hill R. Life cycle and family development//Handbook of marriage and the family. Springer US, 1987: 437 -469.

③ Hill R, Mattessich P. Family development theory and life - span development. In P. Baltes & O. Brim (Eds.), Life - span development and behavior, Vol. 3. New York: Academic Press, 1979.

④ Mattessich P, Hill R. Life cycle and family development//Handbook of marriage and the family. Springer US, 1987: 437 -469.

庭发展所经历的具体类型和阶段时间。家庭存在无数的家庭成员间的动态互动，家庭成员在经历自己的发展轨迹，同时也会与其他家庭成员互动，从而形成了一个家庭独特的成长和发展过程，但是大多数家庭发展模式更偏向于个人或单一世代，不能反映家庭代际互动的复杂性。[①] 如一些家庭生命历程模型中的“中年家庭”或“新婚无子女家庭”就是一个单一世代的研究视角。因为家庭是一个多世代的单位，只关注一代具有局限性。

家庭研究区分于其他研究（如心理学、人类发展学）的一个关键点就是家庭研究把重点放在家庭而非个人。[②] 虽然家庭研究者也研究个体的发展，但理论上这些研究是在家庭发展的背景发生的，然而很多家庭发展模型都强调单一世代，这就很难区分家庭发展理论与个人发展理论的差异了。

尽管受到一些批评，但仍不影响家庭发展理论及其相关的家庭生命周期阶段的概念成为家庭研究领域广受欢迎的研究框架和方法之一。[③] 研究者将这一理论运用到各个方面，如家庭电脑的使用、性取向等，并且这个方法被多个地区证明了其适用性，如德国、东欧、印度、美国等。除了学术研究，这一理论还被用于一些临床治疗，如压力、创伤性脑损伤、酗酒、精神分裂症等。

第三节　家庭发展与社会发展息息相关

家庭作为社会的细胞，社会的性质和形态决定了家庭的性质和形态，家庭的发展变化也会体现出整个社会的变迁，因此家庭发展与社会发展是息息相关的，家庭发展是整个社会发展的源动力。

---

① Laszloffy T A. Rethinking family development theory：Teaching with the systemic family development (SFD) model. Family relations，2002，51（3）：206 –214.

② Laszloffy T A. Rethinking family development theory：Teaching with the systemic family development (SFD) model. Family relations，2002，51（3）：206 –214.

③ " Family Development Theory. " International Encyclopedia of Marriage and Family. 2003. *Encyclopedia. com.*（September 5，2016）. http：//www. encyclopedia. com/doc/1G2 –3406900150. html.

一、家庭与社会的关系

家庭与社会的关系可概括为：家庭是人类最早的社会关系之一，是自然关系和社会关系的统一；家庭是基本的社会群体；家庭是一种普遍的社会制度。[①][②]

家庭是以婚姻关系为基础的一种社会生活组织形式，男女两性通过婚姻结合，以婚姻为依据组成家庭，这是家庭区别于其他社会组织的基本特征之一。[③] 婚姻是男女两性的生理结合，可被视为一种自然关系，但以生理结合为自然基础的社会结合可被看作一种社会关系；男女组建家庭后，将生儿育女、养育后代，生育后形成的父子、兄弟姐妹等血缘关系是组成家庭的自然纽带，一方面其具有生物和遗传基础，是一种自然血统关系，同时其被赋予了一定的社会权利和义务，是具有社会属性的社会关系[④]，正如马克思、恩格斯所说："生命的生产，无论是通过劳动而达到的自己生命的生产，或是通过生育而达到的他人生命的生产，就立即表现为双重关系：一方面是自然关系，另一方面是社会关系。"可见家庭是建立在血缘和婚姻关系上的自然关系和社会关系的统一，同时这种社会关系也是最早的社会关系。首先在人类历史初期家庭关系是与人类的生产关系同时存在的，如马克思、恩格斯所说："不应该把社会活动的这三个方面看作是三个不同的阶段，而只应该看作是三个方面，或者把它们看作是三个'因素'。从历史的最初时期起，从第一批人出现时，这三个方面就同时存在着，而且现在也还在历史上起着作用。"其次，人是先与父母、兄弟姐妹组成家庭关系，才走向社会，形成其他社会关系网络，从家庭走向社会是人的社会关系网扩张的基本规律。[⑤]

家庭是通过血缘关系结合的初级群体，作为社会中一种最基本的群体，家庭具备了面对面接触、成员较少、有频繁的互动等初级群体的基本要素，集中体现了初级社会群体的多种特征。首先，家庭的婚姻结合、生

---

① 朱强．家庭社会学．武汉：华中科技大学出版社，2012：4－8.
② 邓伟志，徐榕．家庭社会学．北京：中国社会科学出版社，2001：20－30.
③ 邓伟志，徐榕．家庭社会学．北京：中国社会科学出版社，2001：20－30.
④ 邓伟志，徐榕．家庭社会学．北京：中国社会科学出版社，2001：20－30.
⑤ 朱强．家庭社会学．武汉：华中科技大学出版社，2012：4－8.

育子女、繁衍后代都是自然状态下发生的，这种自然的血缘关系是维系家庭存在的重要条件，本质上家庭是通过一定的宗教和法律仪式规范化的社会自然产物；其次，个人会在家庭中投入感情、展现全面的个性，家庭成员也会共同帮助、给予彼此感情慰藉和支持，且成员间的互动并非是严格按照等价交换的原则进行的，这种状态下形成的家庭成员关系是一种亲密无间的情感关系；另外，家庭成员互动和生活都遵守一定的规则，具有一定的群体规范，但这种规范并不是十分严格，个人能动性的作用更大；最后家庭是在血缘关系基础上形成的较为稳固和持续的关系，成员间的互动具有持续和稳定性。①

同时，家庭也是一种社会制度，并具有普遍性、相对稳定性、复合性等一般社会制度的特点。普遍性是指家庭普遍存在于社会中，对社会中的个人都具有制约作用；相对稳定性指家庭一旦组成就会在相当长的时间内存在，制约着家庭中个人的行为，虽然随着社会变迁家庭形态、结构都在不断发生改变，但其相对稳定的特征一直是存在的；复合性是说家庭制度是婚姻制度、生育制度、继承制度等一系列制度组成的一个行之有效的制度体系，每一种制度在家庭中都具有一定的功能，各种制度相互配合构成了整个家庭的关系和规范。② 家庭作为一种社会制度，其可以规范家庭生活，整合社会的人际关系、协调社会行为，还能传递文化，作用十分重要。

可见家庭作为人们社会生活的基本组织，和社会的关系十分密切，甚至有学者认为家庭的本质就是社会关系。③ 家庭是生命生产过程中形成的人类的自然关系和社会关系的统一体，社会决定其形态和结构，其也体现了社会的发展和变迁。

二、家庭发展与社会发展的关系

（一）社会发展决定家庭发展

前一部分分析了家庭和社会的密切关系，家庭发展与社会发展也息息

---

① 朱强．家庭社会学．武汉：华中科技大学出版社，2012：4－8.

② 邓伟志，徐榕．家庭社会学．北京：中国社会科学出版社，2001：20－30.

③ 丁文．家庭本质初探．社会学研究，1987（2）：100－107.

相关，相互影响。家庭是存在于社会大背景下的组织，是属于社会的一个部分，家庭并不能完全脱离社会而发展，社会的发展决定了家庭的发展。前面提到刺激家庭从一个阶段发展到下一个阶段的主要因素之一就是外界给予的生存压力，社会环境刺激个人习得符合社会期望的行为，刺激家庭使用文化工具（如语言、媒体等）完成发展任务，促进家庭的发展。社会是不断向前发展的，正是社会的发展促使了家庭的转型和变迁。如随着经济的不断发展，女性受教育程度提高，就业参与程度也随之提高，同时各国的生育率也在不断下降。学界一般认为妇女劳动参与率的不断提高给生育率下降做了非常大的贡献，生育率下降会引起家庭结构的变化，家庭成员数量减少，家庭趋于核心化；另外，如人口流动、社会观念变迁等都会对家庭的发展造成影响。社会发展一方面给予家庭生存压力，为保证跟上时代、适应外界的发展速度，家庭必须做出适当的调整，完成发展任务；另一方面社会发展所造成的价值观念和文化观念的转变会影响家庭中的个人，作为家庭组成部分的个人观念的变化也会对家庭的发展造成影响。

社会发展决定着家庭的发展形态，同时家庭发展也体现着社会的发展，家庭发展是整个社会发展的动态过程展示。因为人类社会不断由野蛮走向文明、由不成熟走向成熟、由片面走向全面，家庭才能不断由低级形态向高级形态发展。在人类社会发展早期，人类处于混乱杂交的状态，这种两性关系使得生育的后代无法确认生父，且早期社会生活以狩猎采集为主，女性在社会中具有较高的地位，因此女性在家庭中的地位也较高，形成了母系氏族社会；之后人类生产力逐渐发展、社会分工不断扩大，男性逐渐成为了社会中的主要劳动力，原始共产制的大家庭也逐渐转向以男女两性为基础的小家庭，男性逐渐掌握了家庭中的经济基础，女性则主要承担照料家庭的责任，并且家庭地位一般低于男性；在现代社会中女性受教育程度不断提高，走出家门从事劳动生产的女性也越来越多，女性无法兼顾照料和就业的角色，家庭中的生育数量不断减少，家庭结构不断核心化。可见家庭就如一个微型社会，时刻体现着整个社会的发展程度。

（二）家庭发展是社会发展的源动力

社会发展决定家庭发展，但家庭发展也作用于社会发展，家庭发展是整个社会发展的源动力。家庭是社会的细胞，是最早的社会关系之一和最基本的社会组织，在社会中活动的个人首先是在家庭中出生、成长，最后才步入社会中，且步入社会中仍受其所在家庭的制约。因此整个社会发展离不开家庭的健康发展，家庭发展是社会发展的源泉。

家庭是社会生活最基本的形式，是公共服务和社会政策的重要载体，家庭发展的质量是人口发展和社会发展的重要方面。家庭发展的每个阶段都相互连接、前后延续、相互作用，如果前面阶段的发展任务没有很好地执行，或者家庭面对转折性事件没有有效地进行调整，那么家庭就可能出现矛盾甚至影响到下一阶段的家庭生活。

家庭发展对社会发展的影响主要通过家庭功能发挥作用，家庭有满足家庭成员身体维护需求、承担社交、道德维护、社会控制和家庭成员的进入和离开等发展任务；满足家庭成员对于食物、衣物、住所等的需求，保证社会成员的健康、营养等方面的要求；另外家庭是个人完成社会化重要的场所，能够让人们习得社会所期待的行为，对维护社会正常运行、减少违法犯罪行为等具有不可磨灭的贡献。

因此，家庭发展不能独立于社会发展，社会的发展也离不开家庭发展，二者互为条件，相互促进，是辩证统一的关系。

第四章　社会转型背景下的家庭变迁

家庭变迁，是社会转型的重要内容。家庭在规模、结构和功能上的长期变动被称为家庭转变，与此相关的理论被称为家庭转变理论。20 世纪 80 年代以后，世界范围内的家庭转变过程更加突出，催生了家庭人口学的诞生。家庭转变理论也成为家庭人口学的三大主要理论体系之一（另外两个理论为家庭形成理论和家庭生命周期理论）①。本章首先概述新中国成立以来的社会转型，然后在此背景下从规模、结构和功能三个维度，介绍中国的家庭变迁。

第一节　1949 年以来的中国社会转型

一、社会转型的概念

社会转型与转型社会是一对共生的概念。其中，社会转型指的是社会结构和社会运行机制从一种型式向另一种型式转换的过程；而转型社会指的是一种处于转换过程中的特殊社会运行状态。② 不论是转型社会，还是社会转型，它们都包含社会结构和社会运行机制这两个方面的转换。社会转型的后果通常包括社会进步和社会代价两个不同的方面。社会变迁是与社会转型含义比较接近的概念。社会变迁既可以泛指一切社会现象的变化，又可以特指社会结构的重大变化。因此，就社会结构变化而言，社会变迁与社会转型具有相同之处。

社会转型的动因可以来自不同的方面，包括来自系统内部和系统外部

① 李竞能．现代西方人口理论．上海：复旦大学出版社，2004：228.

② 郑杭生，郭星华．中国社会的转型与转型中的中国社会——关于当代中国社会变迁和社会主义现代化进程的几点思考．浙江学刊，1992（4）：49，51－57.

的扰动。[1] 其中，内扰动指的是系统内部诸构成要素之间因利益、价值等各方面的矛盾激化而产生的冲突行为；而外扰动则是指系统外部因素通过各种形式和途径对系统本身施加影响。就外扰动而言，其形式除了战争等暴力手段外，还包括通过思想文化、科技以及生活方式等潜移默化地对系统产生侵蚀和融化的作用[2]。

二、社会转型的两个阶段

以 1949 年新中国的成立为分界点，中国的社会转型可以分为两个阶段[3]：第一个阶段为 1949 年之前的近代化阶段，第二个阶段为 1949 年之后的现代化阶段。

在中国社会转型的第一个阶段，即近代化阶段，近代化的核心是资本主义化，是传统的生产方式、传统的旧文化和落后的旧制度转向资本主义生产方式、资本主义新文化和资本主义新制度的转变过程。[4] 在明朝后期和清朝时期，资本主义萌芽在一些地区出现，商品经济得到初步的发展，如在山西等地出现了票号和账局等金融服务业；在思想上，反对理学对人性的扼杀；在政治上，反对君主专制；此外，人口可以自由流动。以上各个方面都是向资本主义社会转型的迹象。然而，1840 年以英国为代表的欧洲列强发动的鸦片战争和多次侵华战争使中国逐步沦为了半殖民地半封建社会，进入了近现代时期。在随后 100 年的时间里，中国一直在外族入侵的过程中进行着社会转型，中国的社会性质、政治制度、经济结构以及主流思想文化等各个方面都发生了翻天覆地的变化。

在中国社会转型的第二个阶段，即现代化阶段，新中国开展了轰轰烈烈的现代化建设过程。1954 年召开的第一届全国人民代表大会，第一次明确地提出要实现“工业、农业、交通运输业和国防”的四个现代化的任务；1964 年 12 月 21 日，周恩来代表中共中央在第三届全国人民代表大会

---

① 郑杭生，郭星华．中国社会的转型与转型中的中国社会——关于当代中国社会变迁和社会主义现代化进程的几点思考．浙江学刊，1992（4）：49，51 – 57.

② 郑杭生，郭星华．中国社会的转型与转型中的中国社会——关于当代中国社会变迁和社会主义现代化进程的几点思考．浙江学刊，1992（4）：49，51 – 57.

③ 郑杭生，郭星华．中国社会的转型与转型中的中国社会——关于当代中国社会变迁和社会主义现代化进程的几点思考．浙江学刊，1992（4）：49，51 – 57.

④ 高翔．论清前期中国社会的近代化趋势．中国社会科学，2000（4）：178 – 189，208.

第一次会议上提出“农业、工业、国防和科学技术”四个现代化的任务。在经历了十年“文化大革命”后，1978 年 12 月召开的党的十一届三中全会重新确立了解放思想、实事求是的思想路线，在思想、政治和组织路线上拨乱反正，把党和国家的工作重心转移到现代化建设上来，揭开了改革开放的序幕，使中国进入了社会主义建设的新时期。其中，1978 年后的社会转型具有与前 30 年不同的特点：改革开放以来，社会结构转型和经济体制转轨（即由计划经济体制向市场经济体制转轨）构成了社会转型的主要内容。①

三、经济体制转轨

如前所述，社会转型的动力通常包括内扰动和外扰动这两方面的因素。其中，外部扰动主要是经济全球化的影响将中国与世界各个国家和地区紧密地连接在一起，各国之间的利益不可分割，处于一个利益共同体之中；内部扰动则是指中国的自发和自觉的改革。因此，中国的社会转型过程与改革的过程密不可分。1978 年以来，党和国家带领全国各族、各界人民进行了包括经济体制、政治体制、文化体制、社会体制、生态文明体制和党的建设制度在内的一系列的改革，各方面的改革力度之大、影响之深远造就了史无前例的中国社会的剧烈转型。由于经济基础决定上层建筑，因此在这六方面的改革中，经济体制改革对我国社会转型的影响是最具有基础性的。

为了建设一个“统一开放、竞争有序”的市场体系，促使市场能够在资源配置中起决定性作用，党和政府对经济体制改革进行了不懈努力。

1992 年，邓小平赴南方发表了一系列谈话，明确了计划和市场都是经济手段，资本主义也有计划，社会主义也有市场。

1992 年，党的十四大报告提出我国经济体制改革的目标是建立社会主义市场经济体制。至此，人们对社会主义的认识从传统的计划经济思想中彻底摆脱出来。

1993 年，党的十四届三中全会通过了《中共中央关于建立社会主义市

① 郑杭生．改革开放三十年：社会发展理论和社会转型理论．中国社会科学，2009（2）：10－19，204.

场经济体制若干问题的决议》，进一步提出了中国社会主义市场经济体制的基本框架。

2003 年，党的十六届三中全会通过了《中共中央关于完善社会主义市场经济体制若干问题的决定》，对建立一个完善的市场经济体制进行了全面的部署。

2013 年，党的十八届三中全会通过了《中共中央关于全面深化改革若干重大问题的决定》，提出“必须加快形成企业自主经营、公平竞争，消费者自由选择、自主消费，商品和要素自由流动、平等交换的现代市场体系，着力清除市场壁垒，提高资源配置效率和公平性”①。

党和政府对市场经济体制转轨所做出的努力极大地推动了社会主义市场经济的发展，成果卓著。改革开放后建立起的市场经济体制已经完全不同于改革开放前的计划经济体制。在社会主义市场经济体制的牵动作用下，劳动、知识、技术、管理以及资本等各种生产要素的活力竞相迸发，创造社会财富的源泉充分涌流，带动了民主政治、先进文化、和谐社会以及生态文明等各个领域的发展，社会结构也由此发生了巨大的变化，中国的社会进入了一个全面转型的时代。

作为由无数个家庭组成的整体，中国社会的转型势必会对其所包含的家庭造成冲击和影响。事实上，中国的家庭在社会转型的宏观背景下的确发生了变化，其变化就构成了中国家庭的变迁。家庭变迁，或者说家庭转变主要涉及家庭规模、家庭结构和家庭功能这三个方面。由于各个影响因素的作用不同，家庭转变可以呈现为不同的变动趋势。通常而言，家庭转变可以分为前期和后期阶段：在前期阶段，家庭转变往往呈现为家庭规模扩大、大家庭的比例增加；而在后期阶段，则呈现出家庭规模缩小、结构趋于核心化的特点②。

---

① 中共中央关于全面深化改革若干重大问题的决定 . http：//news. xinhuanet. com/politics/2013 - 11/15/c_ 118164235. htm.

② 傅崇辉．家庭转变的动态过程及其环境负载研究．人口研究，2016（2）：23 - 37.

第二节　家庭规模的变化

一、家庭规模的概念

家庭规模可以被定义为家庭内部成员数量的多少。在具体使用的过程中，通常有两种策略：一是将家庭规模大小作为家庭分类的依据，比如将5人以上的家庭视为大家庭，将5人以下的家庭视为小家庭；再如把家庭分为一人家庭、二人家庭、三人家庭等。二是将家庭规模视为一个总体性和概括性的指标，表现为一个国家或者地区在某个时期的平均每个家庭的人口数。

虽然家庭规模也可以被定义为家庭数量的多少，但这不是本章所要研究的内容，另外，由于家庭成员居住在同一户内才有实际意义，因而，如无特殊说明本章将采用家庭户规模来对家庭规模进行测量。

二、新中国成立以来家庭规模的变动趋势及特点

（一）家庭规模的变动趋势

长期以来，中国数千年的文明是以农业和家庭手工业为主的经济结构和自给自足的生产方式为特征的历史，这种经济结构和生产方式使得人多的家庭具有优于人少家庭的特性，故中国历来崇尚多子女的大家庭模式。随着改革开放带来的社会经济的发展和以1980年中共中央发表的《关于控制我国人口增长问题致全体共产党员共青团员的公开信》为标志的计划生育政策的实施，我国的家庭规模发生了很大的变化，其表现是家庭的规模日趋缩小。而在20世纪80年代之前，中国的家庭户规模一直维持在较高的水平上。

1949年，新中国成立前后的中国家庭规模存在较大的差异。据中华民国内政部人口局统计，1947年中国家庭户的平均规模为5.35人①；而在1953年新中国第一次全国人口普查中，平均规模约为4.33人，相比1947

① 顾鉴塘．试论中国家庭户的数量和规模．人口与经济，1986（6）：30-35，51.

年家庭户规模平均减少了1人。这与国共两党的内战所造成的人员伤亡存在较大关系。另外，新中国成立初期，土地改革引发大量农村家庭分家立户也会造成中国家庭户数量激增、而家庭户成员的规模锐减。①

表4-1 新中国成立以来中国家庭户平均规模变化

年份	家庭户户数（万）	家庭户人口数（万）	户平均规模（人）	资料来源
1953			4.33	第一次全国人口普查
1964			4.43	第二次全国人口普查
1982			4.41	第三次全国人口普查
1987			4.2	1987年全国1%人口抽样调查
1990	27 695万	109 778	3.96	第四次全国人口普查
1995	32 211万	119 181	3.7	1995年全国1%人口抽样调查
1996			3.72	1996年全国人口变动抽样调查
1998			3.63	1998年全国人口变动抽样调查
1999			3.58	1999年全国人口变动抽样调查
2000	34 837万	119 839	3.44	第五次全国人口普查
2002			3.39	2002年全国人口变动抽样调查
2004			3.36	2004年全国人口变动抽样调查
2005	39 519万	123 694	3.13	2005年全国1%人口抽样调查
2006			3.17	2006年全国人口变动抽样调查
2007			3.17	2007年全国人口变动抽样调查
2008			3.16	2008年全国人口变动抽样调查
2009			3.15	2009年全国人口变动抽样调查
2010	40 152万	124 461	3.1	第六次全国人口普查
2011			3.02	2011年全国人口变动抽样调查
2012			3.02	2012年全国人口变动抽样调查
2013			2.98	2013年全国人口变动抽样调查
2014			2.97	2014年全国人口变动抽样调查

① 彭希哲，胡湛．当代中国家庭变迁与家庭政策重构．中国社会科学，2015（12）：113-132，207.

1964 年，第二次全国人口普查时家庭户规模为 4.43 人，相比 1953 年的平均家庭户规模提高了 0.1 人。这期间，新中国在 1952～1956 年逐步实现了农业、手工业和资本主义工商业的社会主义改造，建立起了社会主义制度，第一个五年计划提前实现，社会稳定、国民经济的发展可在一定程度上促进家庭户规模的增加。虽然不久之后陷入了 1959～1961 年的“三年困难时期”，但经过及时的“调整、巩固、充实、提高”后，我国的经济重新恢复起来，家庭也进行了补偿性生育，因而家庭户规模得以恢复至 1953 年的水平。

1982 年，第三次全国人口普查数据显示，中国的家庭户平均规模基本保持在 4.41 人。虽然这期间中国经历了十年“文化大革命”的动乱，中国的经济一度停滞，但与 1964 年第二次全国人口普查时的家庭户平均规模相比，差别并不大。

自 20 世纪 80 年代开始，中国家庭户规模一直保持着持续下降的态势。根据 1987 年全国 1% 人口抽样调查数据，1987 年中国的家庭户规模已降为 4.2 的水平，相比五年前已经下降了 0.21 人。而据 1990 年第四次全国人口普查数据显示，家庭户平均人口降至 4 人以下，约为 3.96 人。在 1995～1999 年这四年间，家庭户平均规模已经从 3.7 人的水平降为 3.6 人以下。然而，中国家庭户规模缩减的趋势并没有就此终止。

进入 21 世纪后，中国家庭户规模不断刷新更低的纪录。2000 年第五次全国人口普查数据显示，家庭户平均规模下降的趋势仍然十分显著，当年的家庭户平均规模为 3.44 人，相比 1999 年减少了 0.14 人。随后家庭户规模又从 2002 年的 3.39 人跌至 2005 年 3.13 人的水平。从图 4－1 可以看出，2005 年之后的家庭户规模仍然保持着下降的趋势，但其衰减速度已明显低于前 20 年的衰减速度。在 2006～2009 年，中国的家庭户规模从 3.17 人降为 3.15 人，相比之前的下降，这一时期的降幅并不大。

2010 年，第六次全国人口普查数据显示，家庭户规模进一步缩小，仅为 3.1 人。2013 年中国家庭户平均规模首次跌破 3 人的水平；2014 年全国人口变动情况抽样调查数据显示，2014 年全国家庭户平均规模已降至 2.97 人。从此，我国的家庭进入了成员不足 3 人的时代。

综上所述，随着时间的推移以及社会、经济的快速发展和中国政府计划生育政策的深入推进，中国家庭户的平均规模缩小幅度有增大的趋势。

改革开放以来，中国经济社会发展速度超过历史上任何一个时期，而在被称为中国“增长的奇迹”的背后，社会生活、社会结构、社会组织和社会心理等诸多方面都在经历着剧烈的变革，家庭作为社会组织的一种也被纳入到社会变革进程之中，家庭集体主义观念的淡薄和家庭所有成员休戚相关、荣辱与共的共同体格局的改变，都直接影响到了家庭规模的缩减。

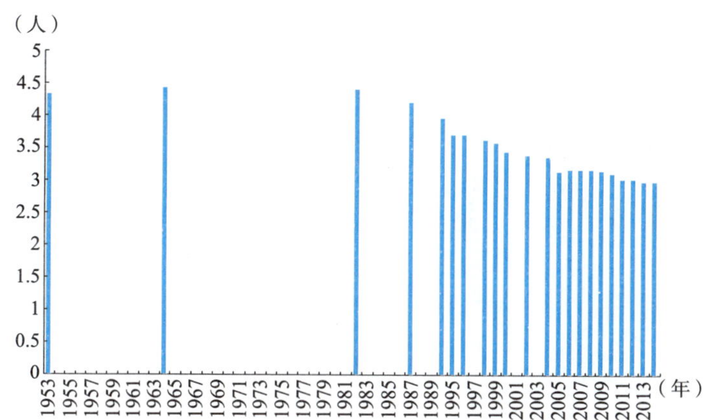

图 4－1　新中国成立以来家庭户规模变动趋势

资料来源：同表 4－1

（二）家庭规模的变动特点

在家庭规模随时间不断变化的过程中，中国家庭规模变动呈现出了一些特点。其中以下两个特点尤为明显：

其一，家庭户规模存在明显的地区差别。

由于各个地区之间的经济和社会发展状况的差异，以及各地民间习俗、宗教信仰和民族文化传统的差异，家庭户规模的大小也不尽相同。一般来说，由于不受计划生育政策的限制，边远地区和某些少数民族的家庭户规模较大；而内地的家庭户平均规模较小。

据图 4－2 所示，2013 年全国大陆 31 个省（直辖市、自治区）中，上海市和浙江省的家庭户规模最低，分别为 2.35 人和 2.54 人，远低于全国 2.98 人的平均水平。辽宁、吉林、黑龙江、内蒙古、北京、天津、山东、四川、重庆、福建这 10 个省（直辖市）的家庭户规模也低于全国平均水平，且均在 2.8 人之下。相比上述 12 个省（直辖市）而言，陕西、宁夏、山西、河北、湖北、安徽、江苏、贵州、广东这 9 个省份的家庭户规模较大，均在2.8人之上，但低于3.2人的水平。甘肃、青海、新疆、西藏、云南、广西、海南、湖南、江西、河南这10个省（直辖市）的家庭户规模在中国大陆地区是最大的，高于全国平均水平，且均在3.2人之上。其中，西藏的家庭户规模为4.05人，远远地高于排在第二位的海南（3.52人），前者每户比后者平均高出0.5人。

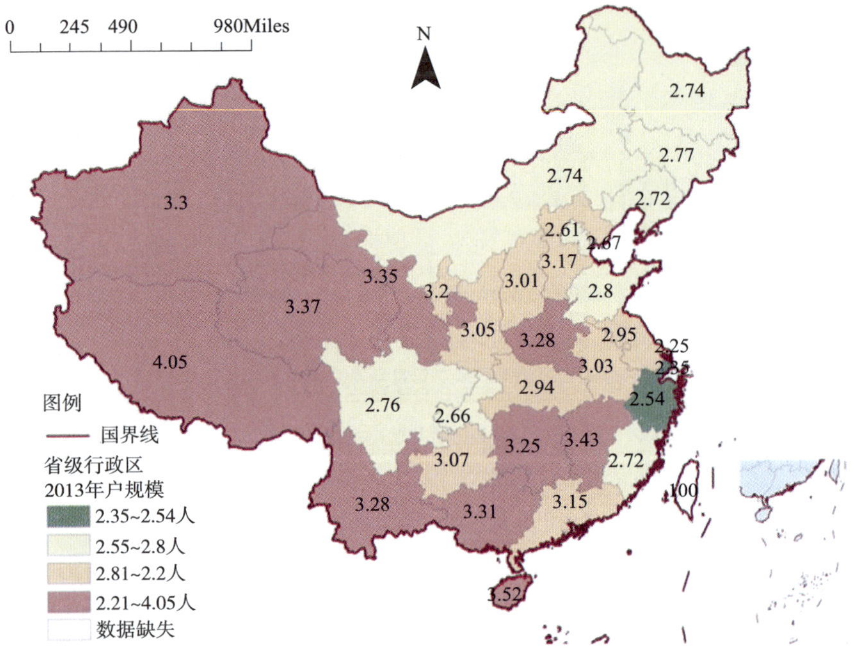

图4－2　2013年中国内陆家庭户规模的省际差异（人）

资料来源：2013年全国人口变动情况抽样调查

虽然中国大陆31个省份的家庭都经历了家庭规模缩减的普遍趋势，但是各个省份由于自身某些独特的特点而并未呈现出相似的变化水平。事实上，各省在家庭规模缩减的水平上存在巨大的差异。以进入21世纪以来各省的家庭规模变化为例，福建省在2000～2013年的变化最大，其在13年间的家庭规模从3.57人降为2.72人，平均每个家庭缩减了0.85个人，其缩减幅度明显高于居于第二位的西藏自治区。西藏自治区在13年间从4.75人缩减到4.05人的水平，虽然西藏的家庭规模缩减巨大，但由于其本来就具有很大的家庭户规模，因而，其在2013年的家庭户规模依然维持在第一的位置。另外，贵州省、甘肃省、山西省、宁夏回族自治区、海南省、内蒙古自治区、湖北省、青海省、广东省、四川省、重庆市、吉林省、陕西省、安徽省和黑龙江省在这 13 年间的家庭规模缩减都在 0.5 人以上。家庭规模缩减最少的是湖南省、江苏省和北京市，分别为 0.21 人、0.3 人和 0.3 人。其中，家庭规模缩减最低的湖南省在 2000 年和 2013 年的家庭户规模分别为 3.46 人和 3.25 人（图 4－3）。

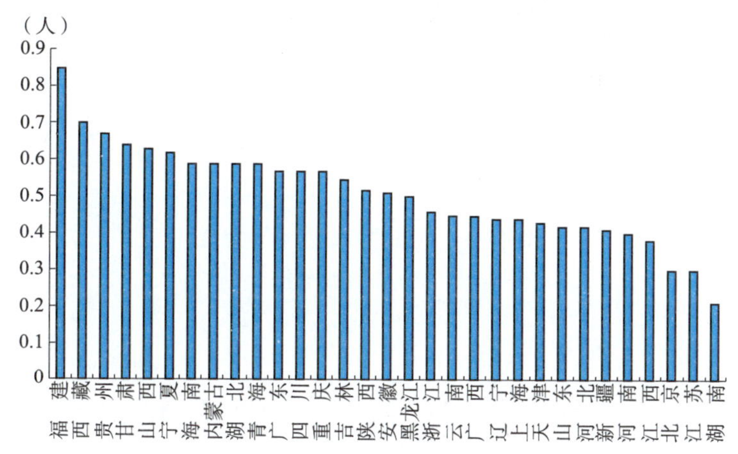

图 4－3　2000～2013 年各省户规模缩减比较

资料来源：2000 年第五次全国人口普查和 2013 年全国人口变动抽样调查

其二，家庭户规模存在明显的城乡差别。

受特定的经济发展水平和传统文化的影响，农村的家庭规模大于城市。根据 2010 年第六次全国人口普查数据，城市家庭中一人户、二人户和三人户所占比例（分别为 17.95%、27.82%、33.16%）均高于镇（分别为 14.10%、24.41%、27.78%），而农村一人户、二人户和三人户所占比例（分别为 12.44%、22.07%、22.34%）最低。相反，农村大家庭（五人及以上家庭）的比例（22.11%）最高，其次为镇（15.85%），而城市地区大家庭的比例（8.94%）最低（图 4－4）。

中国城乡家庭户之间的上述不同特点，实质上反映了不同年代、不同社会经济发展条件下城乡之间的差异程度。城乡家庭规模存在如此显著差异的原因除去城乡二元经济结构发展不均衡之外，还由于城乡人口自然增长率的差别变化所致。自计划生育政策实施以来，人口自然增长率逐渐减缓，但这种差别性的计划生育政策导致农村人口的自然增长率一直居于城市之上。

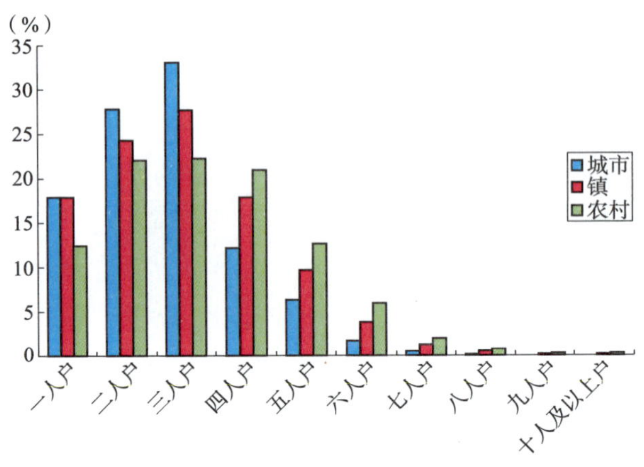

图 4－4　家庭户规模的城乡对比

资料来源：2010 年第六次全国人口普查数据

第三节　当代家庭结构基本特点

家庭结构是家庭存在的社会形式，它在一定程度上是家庭内涵的总体表现，并决定着同一职能在各个家庭中的差异，制约着家庭与其观念的变化①。合理的家庭结构直接影响到人的正常发展和成长，因此维持合理的家庭结构是为人的发展创造条件的重要环节，而引导和帮助社会成员构建良好的家庭结构是社会的责任。基于此，本节将对家庭结构的基本概念、当代家庭结构的变动趋势和新特点以及未来家庭结构的演变趋势等方面展开研究。

一、家庭结构的基本概念

结构一般反映一个整体中各组成部分之间的关系，家庭结构反映了家庭成员间的关系。因此，家庭结构是指家庭中人的构成，是家庭中人与人之间的关系的模式。

根据各家庭的特点，可以把家庭分为“核心家庭”“直系家庭”“联

---

① 李实．论我国的家庭结构及发展趋势．法学研究，1983（5）：51－56.

合家庭”和“其他家庭”等类型。其中：

（1）“核心家庭”是指由一对夫妻与未婚子女组成的家庭，在中国也被称为“小家庭”。

（2）“直系家庭”是指有二代人以上且每代只有一对夫妻组成的家庭。直系家庭包含有二代直系、三代直系、四代及以上直系以及隔代家庭。其中，三代直系家庭是最常见的直系家庭类型，它是由父母或父母一方与一个已婚子女及孙子女组成的家庭。①

（3）“联合家庭”是指由至少与二代人以上且每代有两对以上夫妻组成的家庭，已婚兄弟仍不分家，即同代人中有一对以上夫妻的称之为联合家庭。在中国直系家庭和联合家庭又被称为“大家庭”。

（4）所谓的“其他家庭”是指除了上述家庭结构以外的各种家庭的总和。

二、当代家庭结构的变动趋势和新特点

（一）当代家庭结构的变动趋势

尽管大家庭曾被普遍认为是中国历史上的主流家庭形态，但事实上核心家庭却一直是主流的家庭形态之一。② 在清朝中后期，受当时平均预期寿命较短的影响，核心家庭比例较大（约为50%），而直系家庭和复合家庭的比例则相对较低。③ 新中国成立后，特别是改革开放后，快速的人口转变与剧烈的社会变迁持续影响着中国家庭的结构。

其中，我国各类核心家庭户的总体比重在1990～2010年降幅明显。核心家庭的比例从1982年的66.9%增长至1990年的70.3%；但随后核心家庭的比例又经历了一个逐渐下降的过程：在2000年，核心家庭的比例缩减至66.2%（图4-5），大致相当于20年前的水平；到2010年该比例又进一步地降至58.3%的水平。而核心家庭比例逐年下降的贡献主要来自于二代标准核心家庭的比例下降。

---

① 王跃生．三代直系家庭最新变动分析——以2010年中国人口普查数据为基础．人口研究，2014（1）：51-62.

② 彭希哲，胡湛．当代中国家庭变迁与家庭政策重构．中国社会科学，2015（12）：113-132，207.

③ 王跃生．十八世纪中后期的中国家庭结构．中国社会科学，2000（2）：167-177，209.

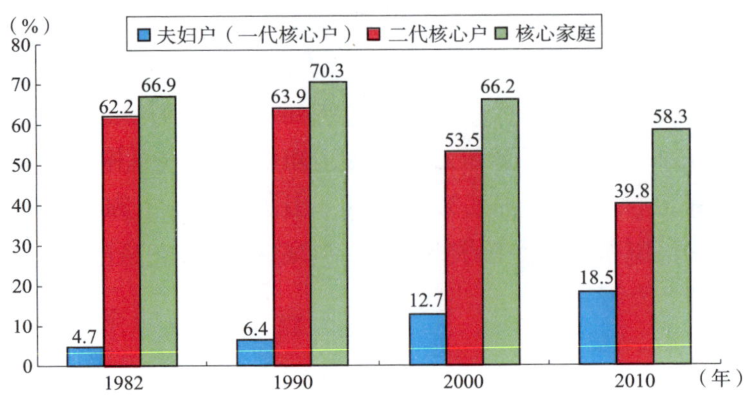

图 4－5　我国核心家庭结构变化趋势

从历次普查资料来看，一代夫妇核心家庭户和二代标准核心家庭户分别是升幅最大和降幅最大的家庭类型。夫妇核心家庭户占全部家庭户的比例从 1982 年的 4.7% 增至 2010 年的 18.5%，期间上升了近 14 个百分点。而二代核心家庭户的比重则发生了剧烈的缩减：1990 年的二代核心家庭户比例（63.9%）稍高于 1982 年的相应比例（62.2%），但事实上二者差别并不大，其比例在 2000 年锐减为 53.5%，相比于十年前下降了约 10 个百分点；在 2010 年该比例又进一步地缩减至 39.8%（表 4－2）。

表 4－2　我国家庭户结构的变动状况①　　单位：%

	1982 年	1990 年	2000 年	2010 年
一代户				
单身户	8.0	6.3	8.3	13.7
夫妇户（一代核心户）	4.7	6.4	12.7	18.5
其他一代户	1.2	0.8	1.3	1.2
一代户小计	13.9	13.5	22.3	33.4
二代户				
父母与未婚子女（标准核心户）	48.2	54.4	46.3	33.4

① 彭希哲，胡湛．当代中国家庭变迁与家庭政策重构．中国社会科学，2015（12）：113－132，207.

续表

	1982 年	1990 年	2000 年	2010 年
单亲父母与未婚子女（缺损核心户）	4.6	3.6	2.9	2.7
分居父母与未婚子女（缺损核心户）	6.9	4.0	3.2	3.3
其他二代核心户	2.5	1.9	1.1	0.5
二代核心户小计	62.2	63.9	53.5	39.8
父母与已婚子女（二代直系户）	3.8	3.3	2.3	3.1
祖父母与孙子女（隔代户）	0.7	0.7	1.9	2.3
其他二代户	0.6	0.2	1.0	3.3
二代户小计	67.3	68.2	58.7	48.5
三代及以上扩展户				
三代户	16.4	16.5	16.6	16.5
其他扩展户	2.4	1.8	2.4	1.6
扩展户小计	18.8	18.3	19.0	18.1
合计	100.0	100.0	100.0	100.0

因此，家庭结构核心化的说法只是对夫妻户而言的；就二代核心家庭（包括“夫妻+未婚子女”的标准核心家庭）而言，我国的家庭结构在20世纪80年代后并未呈现出核心化的趋势。对核心家庭整体所占比例而言，我国的家庭结构也未呈现出核心化的趋势。也就是说，“家庭结构核心化”的说法是个认识误区。虽然以夫妇或夫妇与子女构成的核心家庭已成为当代中国家庭户的主要形式，不少学者也提出了“中国家庭核心化”的论断，但对近四次全国人口普查数据分析表明：家庭规模变化并不代表家庭模式变动，户均规模缩小不能简单地等同于家庭核心化。

对于1990年以来的二代核心家庭户数量下降，部分是由单人户和夫妇核心家庭户的大量增加所致。其中，2010年的单身户的比例达到了18.5%，而该比例在此之前并未如此之高。1990年的单身户比例仅为6.4%；而2000年这一比例就翻了一倍，变成了12.7%。这些变化都充分地表现在中国人口转变和社会转型的过程中。随着低生育率的持续和城市化的推进，以及住房条件的改善和家庭观念的转变，越来越多的大家庭会“裂变”为小家庭。

当然，核心家庭户毫无疑问地仍然是中国家庭的主要形态，即使是在2010年，其比例也已过半。但尽管如此，扩展家庭户仍占较大比重，尤其是其中的三代家庭户是我国维系得最稳定的家庭类型——从1982～2010年，三代家庭户所占的比例整体保持在16.4%～16.6%。不过，今天的三代家庭户与传统的三代家庭户之间存在着一个本质的区别，那就是“共居但不共财”，而这一区别也将直接或间接地影响到我国家庭模式与功能的变迁。①

（二）当代家庭结构的新特点

不同的家庭结构类型在社会转型的背景下已呈现不同程度的变迁，主要表现出如下几个特点：

1. 核心家庭占据主导地位，空巢家庭异军突起。

家庭规模的缩小必然引起家庭内部的代际关系变化。1982～2010年四次全国人口普查的核心家庭所占比例均高于60%，说明核心家庭在改革开放之初就已经成为我国最主要的家庭类型。虽然核心家庭的主流地位难以撼动，但第六次全国人口普查时的核心家庭比例有所降低、家庭结构呈现多样化发展的倾向已经表明了现代社会的家庭核心化趋势并非不可逆转，而这变化势必会影响到家庭内部的代际关系。

与家庭核心化相对应的是，空巢老人户开始异军突起。从2000～2010年，中国的空巢老人户在家庭户中所占比例从22.8%上升到31.8%，上升了近10个百分点。其中，独居老人户的上升幅度略大于老年夫妇户的上升幅度：独居老人户的比例从2000年的11.5%上升到2010年的16.4%，上升了近5个百分点；而老年夫妇户所占的比例从2000年的11.4%上升到2010年的15.4，上升了4个百分点（图4－6）。可以看出，独居老人户和老年夫妇户在这十年间的比例相当。

2. 直系家庭总体比例保持稳定，隔代直系家庭呈高增长趋势。

直系家庭在我国的家庭结构中一直处于重要地位，且总体比例较为稳

① 彭希哲，胡湛．当代中国家庭变迁与家庭政策重构．中国社会科学，2015（12）：113－132，207.

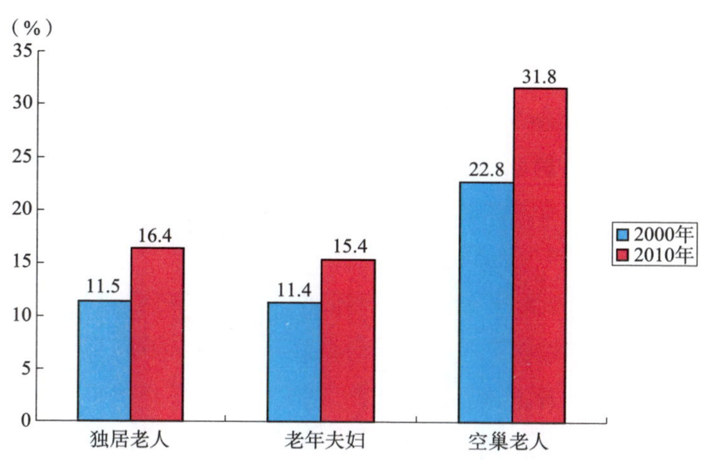

图 4-6　空巢老人（65+）户比例变化情况

资料来源：第五次全国人口普查和第六次全国人口普查数据

定，其中的三代直系家庭所占比例一直最高。但从近些年人口普查数据来看，隔代直系家庭尤其值得关注，虽然它在家庭总量中所占比例不大，但其增长速度特别快。隔代家庭所占比例在 1982 年和 1990 年均为 0.7%，而到 2000 年时，其比例已经快速上升到 1.9%；2010 年又攀升至 2.3%，是 20 年前的三倍还要多。

当然，隔代家庭的高增长趋势反映了农村劳动者在流向城镇过程中存在诸多的困难，他们迫于现实压力不得不将子女留给在老家的父母照料，因此在农村出现了大量的由祖辈和孙辈两代人组成的独特直系家庭结构。对于这种家庭结构上升所造成的家庭功能弱化问题，将在下一节进行讨论。

3. 离婚比例不断攀升，但单亲家庭比例却呈下降态势。

近年来，随着人们更强调婚姻中的平等自主，以及夫妻之间的经济依存性降低，而且传统文化对婚姻的约束力也在减弱，我国的离婚比例在不断地上升。2000 年时，我国 15 岁以上人口处于离婚状态的比例仅为 0.9%；到 2003 年，该比例已经跃升为 1.08%，上涨了 1 个百分点；虽然离婚比例在 2003～2005 年经历了轻微的下降，但未婚比例从未返回至 2000 年的水平，而且之后一直保持了增长的态势；到 2012 年时，离婚比例已经超越了 1.4% 的水平；2012～2014 年，离婚比例又加速扩大，2013 年时的离婚比例增至 1.58%，接近 1.6% 的水平；2014 年离婚比例已经跨过 1.7%，变为 1.73%（图 4－7）。

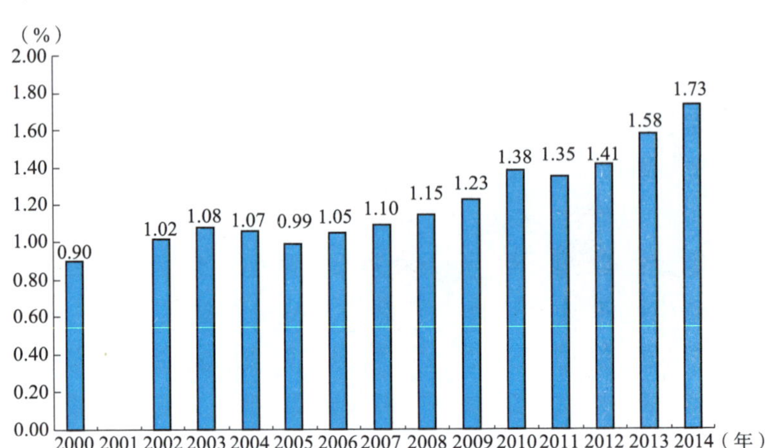

图 4－7　2000～2014 年 15 岁及以上人口离婚比例

资料来源：第五次全国人口普查、第六次全国人口普查、2005 年全国 1% 人口抽样调查及其他年份的全国人口变动抽样调查

尽管 15 岁及以上人口的离婚比例在 2000 年后经历了一个不断增长的过程，但是我国的单亲家庭比例却是呈逐渐下降的态势，2000 年和 2010 年的“单亲家庭＋未婚子女”家庭的比重分别为 2.9% 和 2.7%。其原因可能是我国离婚人群的平均年龄降低，有相当比例的夫妇在离婚时尚无子女，这样就有可能造成单身户比例的增加；而且离异后再婚的比例也在上升，由此产生的继子女的成长问题也会日益受到社会的关注；同时，近些年大城市制定的以家庭为单位的房产限购政策也会增加离婚的比例。因此在高离婚率的大背景下，单亲家庭所占比例却逐渐走低。

三、未来家庭结构的演变趋势

家庭结构是随着社会经济的发展和社会的转型而不断变化的，大家庭可以延续、也可以分化为小家庭，小家庭同样可以发展为大家庭。在旧中国可以看到，一个多代同堂的联合大家庭在家长去世以后，往往会分裂为几个小家庭；再过若干年以后，小家庭又会逐渐扩展成为多代同堂的联合大家庭……如此循环往复地由分离到联合，再由联合到分离的过程，成为旧中国家庭结构演变的一个基本特征①。

新中国成立以后，家庭的分离和联合过程发生了根本性变化。尤其是进入20世纪80年代以来，整个世界都在发生巨变，社会、经济、文化的变革挑战和震荡着原有的社会规范，新的价值观念和道德判断的层出不穷，传统意义上的大家庭已日渐被核心家庭所取代。在当今而且未来一段时间内，核心家庭仍将占据主导地位。当然，家庭结构的变化也仅仅是整个社会变迁中的一个重要环节，它的变革只能是与社会的变革相互促进、共同发展。

第四节　家庭功能的弱化与外化

家庭功能是为家庭成员健康发展提供一定的环境条件，是家庭系统中家庭成员的情感联系、家庭规则、家庭沟通以及应对外部时间的有效性，涉及物质需要、家庭成员发展和应对家庭突发事件三方面。②③ 家庭功能的实现受制于家庭结构和家庭规模的特征。因而，当家庭结构发生转变或者家庭规模发生变化时，家庭功能的发挥也会受到影响。例如，当家庭结构核心化时，某些家庭功能的实现就会受到限制，此时家庭功能被弱化。当外部的社会能够替代家庭实现某种功能时，家庭功能便得到外化。当然，家庭的某些功能也可能会因为家庭结构和规模更趋于合理而发生强化。但家庭功能的强化不是本章的重点考察范围。

一、家庭功能的弱化

人类为了生存的需要，必须延续自己的种族。种族延续指的是不断有该物种的出现，对于人类而言，就是要不断有子孙后代的产生，不能断了“香火”。若是种族得不到延续，个体的生存就会受到威胁，因为人类是群居动物，个人的生存离不开群体。中国自古以来的“养儿防老”和“人丁兴旺”说的就是这个道理。种族延续具体到个体而言便是新生命的产生，

---

① 陈玉光，张泽厚．论我国人口的家庭结构．人口与经济，1983（4）：23－29.

② 李建明，郭霞．家庭功能的研究现状．中国健康心理学杂志，2008（9）：1071－1075.

③ 高侠丽，侯春在．家庭功能理论的研究进展．社会心理科学，2008（Z1）：29－33，37.

这一目标可以通过性爱来实现。然而性爱的功能也仅限于愉悦和生殖，它并不能确保新生命能够在这个世界上存活下去，乃至存活到其有能力继续繁衍下一代进行代际更替的时间。为了确保新生命出生后能够继续存活、自己的种族得到延续，需要确立一系列的文化制度来保障新生命能够得到抚育，这些制度包括婚姻制度、生育制度和家庭制度。① 因此，家庭最根本的功能是抚幼和养老。

当社会发生急速的社会转型，家庭由于处于被动地位而未能及时适应这种社会急剧的变迁、不能立刻调整自己时，家庭的这两项功能就会难以实现②，此时便会产生一些严重的社会问题。其中，与抚育和养老两大功能相对应，最显著的两个问题就是留守儿童问题和空巢老人问题。

（一）农村留守儿童问题

伴随着改革开放的大潮，流动人口的规模在不断地增加，越来越多的人加入到流动人口的大军中来，农民工群体在这其中占了大多数。截止到2015年年末，全国大陆有流动人口2.47亿人，约占全国大陆人口总数的18%。这其中，外出农民工占相当大的比重（68%）。③ 由于农业生产成本高、收益低的特点，外出务工也成为贫困农村地区脱贫致富的重要路径。

在1.7亿个农民工外出的同时，子女的成长问题便出现了。由于面临城市生活成本高、一些城市针对农民工子女存在教育壁垒、照管困难、农民工自身的生活和工作具有较大变动性的特点等原因，多数农民工被迫选择把孩子放在农村老家由老人代为抚育。而孩子的爷爷和奶奶则变成了留守儿童抚养意义上的“爸妈”。因此，对于中国的大多数农民工家庭而言，进城打工和亲力亲为地照顾孩子这两个目标往往很难兼得。于是，亲子分离成为他们不得已的艰难决策，由此产生了大量的留守儿童。

农村留守儿童在2000～2005年经历了一个极快速的增长。据估计，

---

① 费孝通．生育制度．群言出版社，2016：20.

② 杨菊华，何炤华．社会转型过程中家庭的变迁与延续．人口研究，2014（2）：36－51.

③ 国家统计局2015年国民经济和社会发展统计公报．http：//www.stats.gov.cn/tjsj/zxfb/201602/t20160229_1323991.html.

2000 年全国农村留守儿童规模为 1 981 万人，2005 年迅猛上升为 5 861 万人[①]，五年间增加了近 4 000 万人，成为一个规模巨大的群体；到 2010 年，全国农村留守儿童为 6 103 万人[②]，五年间全国农村留守儿童增加了 242 万人，增速有所放缓。

农民工家庭在结构和关系上的变化所导致的扶养义务缺失，不可避免地会对留守儿童产生各种影响。一般而言，母亲在家庭里充当表意性的角色，而父亲则充当工具性的角色，因此农民工家庭中不同角色的功能缺失对子女的意义不同，对留守儿童产生不同的影响。父母的家庭教育不可替代，但这些儿童长期与父母分居两地，传统的双亲教养方式被祖辈的隔代教育所取代。祖辈通常更注重照顾孩子的生活起居，疏于情感层面的交流；而且他们往往不具备学业辅导的能力，许多老人对孙辈过于溺爱或者缺乏监管力，孩子容易出现逃学、早恋、沉迷于网游等不良现象，沾染吸烟等恶习，甚至出现打架斗殴、盗窃、抢劫等违法犯罪行为[③]；另一部分留守儿童则成为这部分儿童的欺凌对象。加上我国的留守儿童目前大多生活在落后地区，家庭教育的缺失加上学习环境的恶劣，这一群体未来的社会竞争力令人堪忧[④]。“打工—留守—孩子艰难地成长—长到半大—外出打工—结婚生孩子—又一代留守儿童……”似乎已经成为了留守儿童命运的轮回。

值得注意的一点是，留守儿童并不是都能得到祖辈老人的照料和看护。根据 2010 年第六次全国人口普查数据，全国乡村 2 400 万个一人户家庭中，有 168 万个是 14 岁及以下的儿童，占了 7%。其中，14 岁及以下的男孩一人户所占比重（7.1%）稍高于女孩一人户（6.7%），这意味着全国乡村有 97 万余名 14 岁及以下的男孩和 71 万余名 14 岁及以下的女孩得不到任何人的抚养和照看，面临着极大的人身安全等风险。其中，贵州省乡村儿童在乡村一人户家庭中所占比例最高，为 17.2%，明显高于居于第

---

① 段成荣，吕利丹，郭静，王宗萍．我国农村留守儿童生存和发展基本状况——基于第六次人口普查数据的分析．人口学刊，2013（3）：37－49.

② 段成荣，吕利丹，郭静，王宗萍．我国农村留守儿童生存和发展基本状况——基于第六次人口普查数据的分析．人口学刊，2013（3）：37－49.

③ 童辉杰，黄成毅．当代中国家庭结构的变迁及其社会影响．西北人口，2015（6）：81－84，88.

④ 段成荣，吕利丹，王宗萍．城市化背景下农村留守儿童的家庭教育与学校教育．北京大学教育评论，2014（3）：13－29，188－189.

二位的宁夏回族自治区的相应比例（13.3%），尤其值得关注；而上海、北京、天津这三大直辖市的乡村独居儿童在乡村独居户总数中所占比例最低，分别为0.9%、1.1%和1.3%，明显低于处于第四位的新疆维吾尔族自治区的相应比例（1.7%）（图4－8）。由此可见，留守儿童的境地在不同地区的境况存在着巨大的差异，这与社会转型造成的各地劳动年龄人口的流入、流出情况不同有密切的关系。

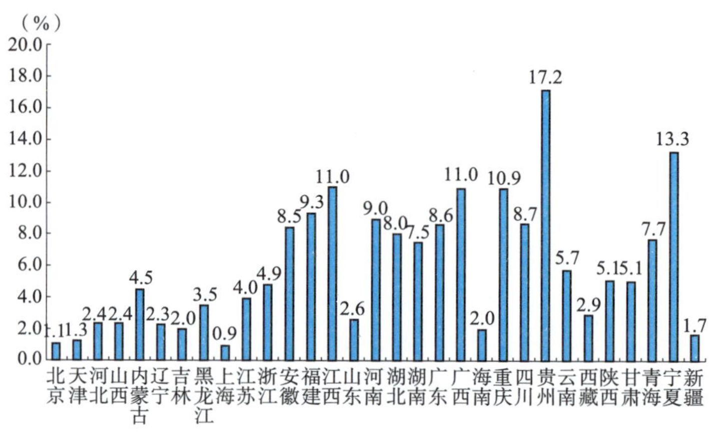

图4－8　乡村一人户中14岁及以下儿童所占比例

资料来源：第六次全国人口普查数据

（二）农村空巢老人问题

我国不仅是世界上老龄人口最多的国家，也是全世界老龄化速度较快的国家之一。与此相应的是我国的空巢老人数量在日渐庞大，成为一个不可忽视的群体。由于受到人口流动、年轻人独立意识增强以及老年人生活水平提高等影响，空巢老人的数量和比例逐渐上升。2014年，中国老年社会追踪调查（CLASS）数据显示，我国60岁及以上的老年人中有约10%的处于独居状态。

应当指出的是：光棍家庭不是空巢家庭。根据家庭生命周期理论，空巢是由于子女成年后离开家庭所产生的父母一方或父母双方留在家庭里的现象。同样，空巢父母也不一定是老年人，有可能是四五十左右的壮年劳动力。

受传统文化和社会发展的制约，家庭养老仍然是当前中国养老的主要方式。但家庭作为养老的依托和载体，其规模、类型正逐渐简单化、小型化，这势必对家庭养老资源的供给产生消极影响，对传统的家庭养老提出挑战，且对以传统家庭养老为最主要的养老支柱的农村居民的冲击更为强烈，我国传统的家庭养老功能正逐渐弱化。

空巢会给老年人带来精神生活质量下降、生活没人照料和疾病无人过问、物质生活困难等问题。随着中国空巢家庭的增加，老年人的精神慰藉与生活照顾已成为一个突出的社会问题，独居老人更是难以得到精神慰藉和生活照料。由于农村空巢老人相对缺乏足够的养老金等经济保障，因而农村空巢老人的养老问题更加严峻。

可以预见，伴随家庭规模小型化的态势和核心家庭结构占据主导地位的事实，家庭的传统养老功能将进一步弱化，依靠社会养老的人群将逐渐增加。根据2014年中国老年社会追踪调查（CLASS）数据显示，约6%的老年人希望能在养老机构或社区养老。

二、家庭功能的外化

家庭的主要功能就是养老和抚育，这两项功能逐渐发生外化。家庭功能的外化即是指当家庭功能弱化以后，原本由家庭承担的责任转移到其他非家庭的机构里面。[①] 而非家庭机构主要就是社会和市场，因此家庭功能的外化就涉及社会服务和市场服务两个方面。

（一）社会服务的概念和内容

社会服务一般是指由政府或非营利组织为公民提供的、非现金形式的、具有社会福利性质的个人或社区服务。社会服务是现代社会的产物，它产生于西方国家。作为工业化、现代化发展最早、最快的国家，英国是现代社会问题出现较早且比较突出的国家，所以社会服务在英国发展较早。19世纪时，英国政府和一些上层社会的妇女对那些流离失所者和贫民提供了一定的帮助服务，被认为是社会服务实践的初始状态。20世纪初，英国的一些医院对患者开展分发救济品和需要评估服务；随着相关培训课程的发展，英国出现了专业的社会服务员。[②]

---

① 秦智美，舒振宇．家庭抚育功能外化对青少年社会化的挑战及应对策略．山东青年政治学院学报，2012（2）：26－31.

② 王思斌．社会服务的结构与社会工作的责任．东岳论丛，2014（1）：5－11.

我国的社会服务概念是从西方传入的，燕京大学在1925年建立了社会学与社会服务系。新中国成立之后，社会工作的专业教育被取消，作为专业的社会工作也不再被提及，社会服务的概念也很少再见到。[①] 政府部门一般用狭义的社会福利概念来指称某些为无子女供养的老人、孤儿及残疾人的服务，有时也称为社会福利服务。社会服务概念的再提出，来自于改革开放以后社会工作、社会福利界学者的学术研究。

在政府方面，时任中共中央总书记胡锦涛2005年2月19日在关于加强社会建设的讲话中指出：要以服务群众为主题，增强社会服务功能，拓展社会服务领域，提高社会服务水平，形成社会服务网络化的新格局，积极开展面向特殊群体的社会救助、社会福利和优抚保障服务，面向群众的便民利民服务，面向下岗失业人员的再就业服务和社会保障服务。[②]

2012年7月11日，国务院印发了《国家基本公共服务体系“十二五”规划》，规划的范围确定为公共教育、劳动就业服务、社会保障、基本社会服务、医疗卫生、人口计生、住房保障、公共文化等领域的基本公共服务。根据该规定，“十二五”时期，政府提供的基本社会服务包括：为城乡困难群体提供最低生活保障和专项救助；为农村五保对象提供吃、穿、住、医、葬方面的生活照顾和物质帮助；为自然灾害受灾人员提供救助；为城市生活流浪乞讨人员提供救助；为残疾人、孤儿、精神病患者等特殊群体提供福利服务；为老年人提供基本养老服务；为优抚安置对象提供优待抚恤和安置服务；为城乡居民免费提供婚姻登记服务；为身故者提供基本殡葬服务。[③]

从政府所提供的社会服务内容可见，社会服务可以为家庭提供的主要是经济保障和养老服务，而这是极不全面的，难以满足家庭转变过程中家庭成员的多样化需求。而且，事实上政府提供的养老服务是低效率的，因为这不是政府的本职工作。这就需要有非营利组织的介入，为有照料服务和精神关怀需要的家庭提供相应的志愿和公益服务。

---

① 王思斌．社会服务的结构与社会工作的责任．东岳论丛，2014（1）：5－11.

② 胡锦涛在省部级主要领导干部提高构建社会主义和谐社会能力专题研讨班上的讲话．2005－02－19，http：//news. xinhuanet. com/newscenter/2005－06/26/content_ 3138887. htm.

③ 国发〔2012〕29号．国务院关于印发国家基本公共服务体系“十二五”规划的通知．2012－07－11，http：//govinfo. nlc. gov. cn/search/htmlflash4Radar？docid＝3112300.

自2016年9月1日起施行的《中华人民共和国慈善法》规定慈善服务，是指慈善组织和其他组织以及个人基于慈善目的，向社会或者他人提供的志愿无偿服务以及其他非营利服务。① 该法同时规定慈善活动，是指自然人、法人和其他组织以捐赠财产或者提供服务等方式，自愿开展的扶贫、济困；扶老、救孤、恤病、助残、优抚；救助自然灾害、事故灾难和公共卫生事件等突发事件造成的损害；促进教育、科学、文化、卫生、体育等事业的发展；防治污染和其他公害，保护和改善生态环境；符合本法规定的其他公益活动。②

作为社会服务的重要形式，社区服务是指在政府的倡导和支持下、在社区范围内实施的具有福利性和公益性的各种社会服务活动。③ 自20世纪80年代中期以来，中国的城市社区服务取得了相当大的进步。然而，并非所有的社区服务都属于社会服务的范畴，实际上，社区服务可以分为社会公共服务、社区公益服务和社区商业服务三种类型。④ 而社区商业服务实际上是属于市场服务的范畴。根据中国人民大学中国调查与数据中心于2015年12月所做的北京市城市社区服务调查，由政府在社区设立的老年人日间照料中心设施不完备，居民对此有无并不知情；托幼机构也极为缺乏，而志愿组织的服务内容主要是卫生清洁。城市尚且如此，农村更是空白。因此，由政府和非营利组织提供的社会服务仍然难以承接家庭变迁背景下家庭功能外化的要求。

（二）市场服务与市场养老服务

如本章第一节所述，经济体制改革是1978年后社会转型的重要内容。由于政府和非营利组织提供的社会服务仍然难以承接家庭变迁背景下家庭功能外化的要求，这就要求市场发挥其在资源配置中的基础性和决定性地位，通过市场化的服务来解决家庭在变迁过程中遇到的功能弱化问题。这就包括了市场养老服务、市场托幼服务等各种市场化的服务。

---

① 中华人民共和国慈善法（主席令第四十三号），2016-03-06. http：//www. gov. cn/zhengce/2016-03/19/content_ 5055467. htm.

② 中华人民共和国慈善法（主席令第四十三号），2016-03-06. http：//www. gov. cn/zhengce/2016-03/19/content_ 5055467. htm.

③ 李迎生．对中国城市社区服务发展方向的思考．河北学刊，2009（1）：134-138，144.

④ 李迎生．对中国城市社区服务发展方向的思考．河北学刊，2009（1）：134-138，144.

在家庭变迁中，家庭抚育功能并不会受到很大的影响，但全面二孩政策实施背景下家庭 0～3 岁婴幼儿的照护问题正日益变得凸显；家庭功能弱化最明显的是家庭养老功能的弱化，亟须社会力量的扶助和补充。政府所能提供的社会养老仅限于养老保障，难以有精力来提供养老服务；目前政府在养老服务体系建设中的职能定位尚不清晰，出现了“自己搭台自己唱戏”的尴尬局面，过多地直接参与养老服务市场的供给。[①] 因此，政府应将自己的社会服务限定在“公共服务”的范围之内。同时，志愿组织也没有动力提供繁重的养老照料服务，仅能偶尔去社区或养老院进行精神关怀。并且，志愿组织所提供的志愿服务业难以满足老年人的需要。例如，有养老院的老人反映，志愿者提供的爱心节目声音太吵，自己的心脏承受不了。

因此，社会养老服务还需要靠市场。养老服务归根结底是一种市场行为。[②] 发展养老服务，政府当然责无旁贷，但关键是市场，只有靠充分而有序的市场竞争才能有效地提高养老服务的数量和质量。然而，目前养老市场中的养老院鱼龙混杂，一股脑地冒进，出现了大鱼吃小鱼的现象和套利的行为，亟待政府进行监管，改革养老市场监管体系，实行统一的养老市场监管，建立相应的进入和退出机制，规范养老服务市场，清理和废除妨碍全国统一养老市场和公平竞争的各种规定和做法，严禁和惩处各类违法实行养老服务优惠政策的行为，反对地方保护主义，反对垄断和不正当的养老市场竞争，健全优胜劣汰市场化退出机制，完善养老机构破产制度，建设“统一开放、竞争有序”的养老市场服务体系，从而能够有效承接家庭功能弱化导致的外化。

总之，家庭在社会转型的背景下发生了结构和规模变迁，出现了家庭功能的弱化，迫切需要社会服务和市场服务来承接相应的功能。这应是在构建和谐社会过程中加以强调和重视的。

① 吴玉韶．养老服务热中的冷思考．北京社会科学，2014（1）：40－45．

② 吴玉韶．对老龄产业几个基本问题的认识．老龄科学研究，2014（1）：3－12．

第五章　家庭变迁的影响因素

家庭在规模、结构和功能上的变迁不是自发形成的，而是有着深刻的社会背景。中国社会的迅速转型既可以直接改变家庭的形态，又可以通过潜移默化的文化熏陶和强有力的政策实践间接地影响家庭成员的观念和行为。家庭变迁与人口转变特别是低生育水平下的第二次人口转变有着紧密的联系。由于家庭结构实质是家庭成员之间居住安排多种可能性的排列组合，因此，居住安排是家庭结构的一个重要影响因素。本章将从社会变迁、生育政策、人口转变、居住安排四个角度对影响家庭变迁的因素进行归纳和介绍。

第一节　引起家庭变迁的可能因素

随着社会转型的不断推进，一些传统观念和习俗比如“多子多福”“早婚早育”、多代同堂、“男主外，女主内”等，通常会向以低生育率、晚婚晚育、核心家庭和平等的性别分工为主要特征的现代家庭观念和形态转变，并促成家庭的变迁。本节主要讨论家庭观念和形态变化背后的社会变迁因素和生育政策因素。

一、社会变迁因素

社会变迁既泛指一切社会现象的变化，又特指社会结构的变化。[①] 其中，社会结构的变化包括城乡结构、社会垂直流动和水平流动的变化，涉及城镇化、人口流动、人的现代化等诸多方面，这些方面都会对家庭的变迁施加影响。

① 郑杭生．社会学概论新修．北京：中国人民大学出版社，2013：305.

（一）城镇化

城镇化也叫城市化，是将农村地区转变为城市地区，将农村人口转化为城市人口的过程。[①] 城镇化和现代化会改变人们的生活方式和生产方式，通过增加非农就业机会，帮助原有的农村人口（尤其是女性）获得更多的经济回报。妇女不仅仅从事家务劳动和农业劳动，而是从事更体现个人劳动价值的第二三产业，家庭和社会地位也随之提高。历史上，男性曾是家庭和社会的经济支柱，女性的经济活动只是起辅助性作用，她们在经济上多依附于男性家庭成员，这就决定了在私人领域和公领域里男尊女卑的性别文化。[②] 实际上，女性走出家门，打破"男主外、女主内"的传统分工模式，可能是几千年以来最大的家庭变化，女性依附性的减弱无疑也会影响到婚姻的形成、家庭的建立、家庭的稳定性以及家庭关系的调适。

新中国成立伊始便开始了城镇化建设的步伐，1949 年中国的城镇化水平仅为 10.64%；在 1960 年达到一个小高峰，为 19.75%，在随后十年里水平略微下降并趋于平稳，维持在稍高于 17% 的水平上；1977 年的城镇化水平为 17.55%。

改革开放后，城镇化的步伐开始加快，到 1990 年城镇化水平已经达到了 26.41%；在 20 世纪 90 年代前期，城镇化步伐开始稍微放缓，速度甚至低于 20 世纪 80 年代的增长速度。1996 年以后，中国的城镇化水平呈直线上升。这其中，1999 年 1 月 1 日起实施的《中华人民共和国土地管理法》赋予了地方政府将耕地用作建设用地的权力[③]，对于加速城镇化的步伐起了巨大的推动作用。到了 2014 年，我国的城镇化水平已经达到了 54.77%（图 5－1），这意味着全国超半数的人口为城镇人口。改革开放后城镇化水平的不断攀升通过不同的渠道促进了家庭的变迁。

首先，城镇化进程通过家庭成员的流动影响了家庭规模和结构。一部分年轻人率先离开农村进入城市，留下妇女、儿童和老人在老家留守。随着越来越多的女性也或独自或跟随丈夫离开农村，有些夫妻还携带了稍稍年长的儿童，家庭形式更为多元化。原有的三代五口或六口之家，可能呈

---

① Champion A. 1999. Urbanization and Counter－urbanization. Applied Geography. Principle and Practice, 7（6）: 347－357.

② 杨菊华，何炤华．社会转型过程中家庭的变迁与延续．人口研究，2014（2）：36－51.

③ 中华人民共和国土地管理法 . http：//zfs. mep. gov. cn/fl/198606/t19860625_ 81961. htm

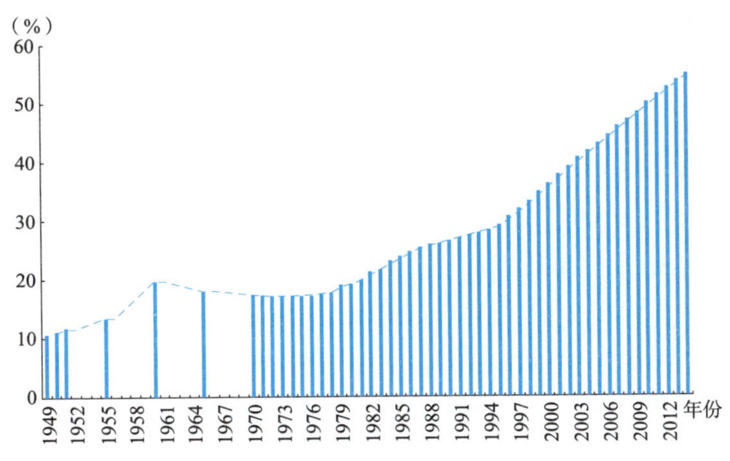

图5－1 1949～2014年城镇化水平变动趋势

资料来源：1981年及以前数据为户籍统计数；1982年、1990年、2000年、2010年数据为当年人口普查数据推算数；其余年份数据为年度人口抽样调查推算数据

现留守老人、隔代家庭、流动夫妻、流动核心家庭等多种形式。家庭规模和结构因此受到冲击。

其次，由于城镇居民的生育率一般低于农村居民，城镇化发展使得越来越多的农村居民转变为城镇居民，这样就会降低原农村居民的生育数量，缩减家庭规模。① 在全面二孩政策实施之前，从农业户籍转化为非农业户籍，本身伴随着需要遵守的生育政策规定更为严格，因此发生了“农转非”户籍变动的人口的生育水平也随之降低，家庭规模也会随之变小。与此同时，随着更多的农村人口进入城市就业、生活，其生产方式和生活方式均会受到城市氛围的影响，城镇化会通过生育观念的扩散效应和生育行为的模仿效应②，一方面降低其生育意愿；另一方面增大其生育的机会成本，使得生育率下降，家庭规模缩小。

最后，在城乡二元经济结构下的中国的城镇化仍然突出表现为人口流动现象，虽然大量的人口“流而不动”，以常住人口衡量的城镇化水平远远高于以户籍人口度量的标准，但由于城镇相关福利待遇迄今仍没有平等

① 果臻，吴正，李树茁．中国城镇化发展对生育水平的影响研究．人口与经济，2013（4）：53－62.

② 戈艳霞．中国的城镇化如何影响生育率？——基于空间面板数据模型的研究．人口学刊，2015（3）：88－101.

给予每一个在城市中生活工作的个体，流动人口在就业、住房、医疗、孩子就学等方面仍存在诸多阻碍，这些不仅影响流动人口的生活福祉，也会降低其生活的稳定性，进而影响其婚姻机会和生育水平。

（二）教育的普及与人的现代化

人的现代化对家庭规模和家庭结构也会产生影响，其影响主要是通过教育的普及来实现。新中国最大的成就之一就是极大地提高了国民的人均受教育程度。15 岁及以上人口的文盲比例从 1982 年的 22.81% 下降为 1990 年的 15.88%[①]，1995 年文盲比例进一步下降为 12.01%[②]，2000 年第五次全国人口普查时 15 岁及以上人口的文盲比例为 6.72%，2010 年第六次全国人口普查时 15 岁及以上人口的文盲比例仅为 4.08%。[③] 可见，我国的文盲比例已经降到一个非常低的水平。虽然这与不识字的老年人口不断去世有密切关系，但也反映了新生队列人口的受教育程度不断提高的过程。

教育水平的提高是现代化的重要测量指标，并从多个方面作用于家庭结构。比如，随着公共教育的扩张，越来越多的青年人离家赴外就学，使亲子之间的空间距离可能更远，观念差距可能更大，代沟可能更为凸显；子代的职业流动性得到改善，并可能形成更为自由的婚恋意愿和模式，推迟婚育年龄，产生小家庭偏好，从而侵蚀大家庭居住的传统；改变家庭居住安排，削弱亲代对子代的控制。[④] 并且受教育水平越高的地区避孕的普及率也越高，同时生育多孩的意愿也会随之下降，从而使得家庭规模变小。以上教育普及带来的多个方面的变化都会对家庭的结构和规模转变施加影响。

（三）人口流动

经济体制的改革和结构的调整使农村产生了大量的剩余劳动力，而城

---

① 第四次全国人口普查公报（第 1 号）. http://www.stats.gov.cn/tjsj/tjgb/rkpcgb/qgrkpcgb/200204/t20020404_30320.html

② 1995 年全国 1% 人口抽样调查公报. http://www.stats.gov.cn/tjsj/tjgb/rkpcgb/qgrkpcgb/200204/t20020404_30325.html

③ 2010 年第六次全国人口普查主要数据公报（第 1 号）. http://www.stats.gov.cn/tjsj/tjgb/rkpcgb/qgrkpcgb/201104/t20110428_30327.html

④ 杨菊华，何炤华. 社会转型过程中家庭的变迁与延续. 人口研究，2014（2）：36-51.

镇缺乏劳动力，户籍制度的宽松促成了人们的空间流动。近30年见证了中国规模巨大的人口流动浪潮，中国的流动人口呈持续增长态势：在1982～2010年，中国人口总量仅增长了30%，而流动人口却增长了30多倍。流动人口规模从1982的657万人升至2000年的1.21亿人，到2005年时达到1.47亿人，2005～2010年增速加快，到2010年时流动人口规模已经达到2.21亿人，从1982年占全国人口总量的约0.6%升至2010年的16.6%。虽然2010年后流动人口的增速有所放缓，但总量不断增加，2015年已经达到了2.47亿人（占全国总人口的18%）。

与城镇化和教育普及的作用不同，人口流动对家庭变迁的作用主要体现在对家庭结构的影响上。当然，人口流动对家庭的影响是全方位的。一方面，由于流入地结构性和制度性因素的制约，许多家庭成员不能一起流动，拉大了家庭成员之间的空间距离，特别是在流动初期，全部家庭成员同住的可能性很小；即便是到了流动中期，也会因为子女难以在流入地享受到均等的基本公共教育服务而将子女滞留在老家，由此便会产生夫妻两地分离或者由留守儿童和留守老人组成的隔代家庭等多种形式的家庭分离现象。而这种分离会给老年人的代际支持、子女的养育带来各种困难，这就使得家庭功能变得弱化，家庭功能的实施受到阻遏。另一方面，流动可能拓展人们的视野，改善家庭的经济环境，弱化家庭成员之间的联系和父母对子女的掌控，改变人们的婚姻和家庭观念，加速子女的独立过程，形成新的家庭理念，而这又会反过来作用于家庭结构。

二、生育政策因素

从世界范围来看，政府对于人口生育的态度大抵可以分为放任、鼓励和限制三种，相应的生育政策可以分为鼓励性和限制性两种类型。新中国成立初期，我国并没有制定明确的生育政策；随着人口基数的不断膨胀，人口与资源的矛盾日益突出，较快的人口增长速度对社会经济发展的不利影响日益呈现，国家开始采取限制性的生育政策，并在1982年将计划生育作为一项基本国策。中国的计划生育政策取得了举世瞩目的成就，遏制了人口的快速增长，为社会经济发展赢得了宝贵的机遇。20世纪90年代以来，我国的人口生育水平低于更替水平，并在较低水平上稳定下来。2013年和2016年陆续实施的“单独”二孩政策和全面两孩政策，是中国政府针对变化了的人口形势，在生育政策上的重大调整，以有利于人口的长期均衡发展。我国生育政策的实施以“家庭”作为基本单位，事实上，全世界的“家庭计划”（family planning）均是以家庭作为基本单位的，因此生育政策势必会对家庭产生影响；同时由于家庭由家庭成员组成，家庭中包含着若干个体，因而生育政策也会影响到这些家庭成员。生育政策对家庭层面和家庭成员层面的影响推动了家庭的变迁。

生育政策对家庭层面的影响主要体现在家庭规模和结构上。首先，家庭规模进一步缩小。家庭规模与家庭结构有关，如多代同堂的大家庭往往规模更为庞大；但也与孩子数量有关，一般的核心家庭由父母和未婚子女组成，计划生育政策限制了家庭中所生育的孩子的数量，会相应缩小家庭规模。20 世纪 80 年代以前，中国每对夫妇平均生育 5 ~ 6 个孩子，计划生育政策实施之后，提倡一对夫妇生 1 个孩子，生育孩子数量由于政策限制而大幅度减少。研究表明，计划生育推动了中国人口结构的巨大转变，是导致平均家庭户规模迅速缩小的主要原因：1982 年以来中国家庭户规模的缩小与少儿人口比例不断缩小相对应；1990 年之后随着生育水平的稳定，家庭分化因素对于家庭户规模缩小的作用开始凸显。① 其次，家庭结构呈现出与传统有所不同的新特点。在父系制度传统下，主干家庭是中国的主要家庭模式，一个已婚子女（特别是儿子）与老年父母共同居住，构成以从夫居为主的、三代同住的居住与养老抚幼模式。父代生育多个子女的情况下，除老年父母与成年已婚子女（主要是儿子）形成的主干家庭外，其他家庭成为分支核心家庭。然而，随着计划生育政策影响下的一代人成为父代、进入老年，有限的子代数量使得可供分离的分支核心家庭很少或干脆没有，两个独生子女结合时，更是造成了主干家庭加“空巢”家庭的局面②，从而影响到整个社会的家庭结构类型。

生育政策对家庭成员的影响主要体现于其早期社会化和婚育观念方面。每个个体一般都会经历原生家庭和新生家庭两类家庭，前者是出生成长的父母的家庭，后者则是成年后自己成立的家庭。计划生育政策使家庭子女数减少，造成很多独生子女家庭。相比较在拥有兄弟姊妹的多子女家

---

① 郭志刚. 关于中国家庭户变化的探讨与分析. 中国人口科学，2008（3）：2－10.

② 郭志刚. 关于中国家庭户变化的探讨与分析. 中国人口科学，2008（3）：2－10.

庭中出生成长起来的孩子，独生子女在早期社会化过程中缺乏与同龄人的互动，虽然可以通过与社区或幼儿园、学校等其他家庭中的孩子交往加以弥补，但家庭资源的过度集中、长辈的过分关注，都会对其成长产生一定的不利影响。另外，以“晚婚晚育、少生优生”为主要内容的计划生育政策宣传深入人心，加之以现代生活方式的推广，人们的婚育观念发生了根本性的变化。随着生育政策逐渐宽松化，如何改变人们“不愿生”和过度养育的问题，又成了新时期亟待解决的重要问题。

第二节　人口转变及其对家庭的影响

一、人口转变理论概述

人口转变理论讨论的是人口发展从高出生率、高死亡率、低自然增长率的原始阶段，向低出生率、低死亡率、低自然增长率的现代阶段转变和演进的过程，以及对这种变化背后的根源、机制和后果的分析。[①] 经典的人口转变理论由兰德里（Landry）于1909年提出，经过汤普森（Thompson）、诺斯特坦（Notestein）、寇尔（Coale）等学者的补充，对人口转变过程进行了描述和解释，提出了四个演变阶段的经典人口转变模型。

人口转变理论的出现有其深刻的社会背景。19世纪的西欧国家工业化和城市化飞速发展，这使得人口转变过程产生了相应的变化——死亡率和出生率同时下降，人口自然增长维持在低水平，这种情况无论如何也不能由马尔萨斯（Malthus）的人口原理所解释。受益于工业革命的巨轮，生活资料迅速增长，然而人口自然增长的速度反而下降了，这与马尔萨斯（Malthus）所说的生活资料增长必然为人口增长所累的观点不符。因此，迫切需要一种新的理论来解释和概括这种现象。此时，适度人口理论和杜蒙特（Dumont）的社会毛细管学说诞生了。然而，适度人口理论并未对下降的出生率和死亡率给出解释，因而并不能说明其背后的机制和根源。根

---

① 李竞能．现代西方人口理论．上海：复旦大学出版社，2004：318.

据杜蒙特的观点，人们向上流动的欲望与生育意愿是负向关系。[①②] 然而，杜蒙特的理论并未结合社会历史的现实，而只是纯粹的理论演绎。

人口转变论在 20 世纪初顺势诞生了。首先提出该理论的兰德里（Landry）将人口发展划分为三个阶段，即原始阶段、中期阶段和现代阶段，并将这种转变称为人口革命，意指这种变化事实上是质的变化。[③] 兰德里认为是经济因素影响了人口发展的过程，把人口发展过程与社会经济条件密切结合起来。美国的汤普森（Thompson）也按照死亡率和出生率的变动水平和倾向将世界人口划分为三类地区，实际上也就是人口发展的三个阶段。[④] 第二次世界大战后，诺特斯坦（Notestein）首先发展了人口转变论，从社会经济发展的视角分析了人口转变的条件和原因。诺特斯坦认为由于工业化和城市化的推进，生育孩子的成本上升而效益降低，因而小家庭和节制生育的观念首先在城市上层社会出现。他指出死亡率首先下降，随后死亡率的下降带动出生率的下降，最终实现了死亡率和出生率的平衡。[⑤] 人口转变理论认为现代社会生育率降低并稳定在更替水平便意味着人口转变的结束。

虽然上述不同学者的观点迥异，尤其是人口转变有三阶段模型、四阶段模型和五阶段模型，但是他们都有着共同的基本观点：

首先，人口发展过程与社会经济发展过程密切联系，社会经济条件的根本性转变是人口转变的前提；

其次，人口转变是通过出生率和死亡率的变化来实现的；

最后，人口在从传统社会向现代社会转变的过程中，死亡率的下降要先于生育率的下降，二者存在一个时间滞后的过程。[⑥]

第二次世界大战后，欧洲各国出现了短暂的“婴儿热”，但随后就陷入了生育率的长期低迷状态，在 20 世纪 60 年代中期，西北欧国家的生育

---

① Bejin A. Arsene Dumont and social capillarity. Population, 1989, 44 (6): 1009 – 1028.

② Ariès P. Two successive motivations for the declining birth rate in the West. Population and Development Review, 1980, 6 (4): 645 – 650.

③ Landry A. Adolphe Landry on the demographic revolution [J]. Population and Development Review, 1987, 13 (4): 731 – 740.

④ Thompson W S. The Demographic Revolution in the United States [J]. The ANNALS of the American Academy of Political and Social Science, 1949, 262 (1): 62 – 69.

⑤ Notestein F W. Economic problems of population change. London: Oxford University Press, 1953.

⑥ 李竞能．现代西方人口理论．上海：复旦大学出版社，2004：323 – 346.

率降到更替水平以下，并出现人口负增长。伴随着生育率下降的是一系列婚姻和生育制度的变迁：初婚率大幅度下降，初婚年龄上升，初婚初育间隔拉大，而总和离婚率大幅度提高，无证婚姻或同居成为一种可接受的选择；高效、无不良反应避孕药具的开发，使人们得以早结合、晚生育，甚至不生育，同时婚外生育比也大幅度上升。基于这种新的人口现象，20 世纪 80 年代中期，欧洲学者冯德卡（Van de Kaa）和列瑟跟（Lesthaeghe）提出了第二次人口转变理论①②，力图解释生育率在降到更替水平以后继续低迷甚至继续下降的原因，进而推断人口转变完成后可能的走向。

二、1949 年以来中国的人口转变

中国的人口转变同样呈现为出生率和死亡率变化所导致的自然增长率的变化：与 20 世纪 80 年代高达 15‰的自然增长率形成鲜明对比的是，到 2003 年后，我国的人口自然增长率已维持在 6‰以下的低水平，2008 年后逐渐稳定在 5‰的水平上，完成了第一次人口转变。随着 2016 年全面二孩政策的实施，自然增长率有望在未来几年内出现一个小幅度的回升。

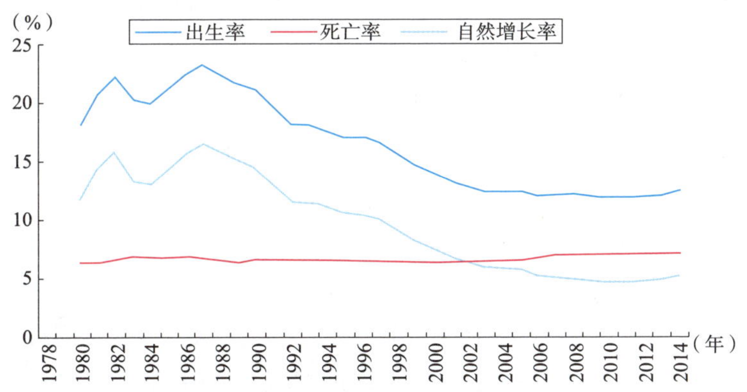

图 5-2　1978 年后的自然增长率变动趋势

资料来源：1981 年及以前数据为户籍统计数；1982 年、1990 年、2000 年、2010 年数据为当年人口普查数据推算数；其余年份数据为年度人口抽样调查推算数据

① Van de Kaa，D. Europe's Second Demographic Transition，Population Bulletin 1987，42（1）：1.

② Lesthaeghe，R. Meekers，D. Value Changes and the Dimensions of Familism in the European Community. European Journal of Population，1987，2（3）：225-268.

在出生和生育方面：1949 年后，中国的生育率经历了几次剧烈的变动，包括两次生育高峰、三次出生高峰①和两次生育率转变。20 世纪 50 年代，中国的总和生育率达到了 6 的水平；三年困难时期的总和生育率迅速滑落到 4 以下；在经历了三年困难时期后，在 20 世纪 60 年代初形成巨大的生育补偿，总和生育率一度达到 7 的水平，随后一直在 6 的高水平徘徊。与欧洲自发性的生育率下降不同，中国生育率转变与政府强力的生育政策同行，出生率下降始于 20 世纪 70 年代初，在 70 年代末稳定在低水平，这一时期，中国的生育率实现了第一次转变。整个 70 年代总和生育率迅速下降，其速度仅次于三年困难时期的下降速度；1980 年之后，总和生育率波浪式下降，最终降到 1.4 的水平，实现了生育率的第二次转变。②之后生育率下降的主导因素已经让位于社会经济原因。与西方国家不同，中国的第一次生育率转变更快，而第二次生育率转变更慢。③

虽然生育率经历大幅度的调整，但是高水平的出生性别比依然维持不变。中国已经成为出生性别比偏高时间最久、失衡程度最严重的国家。由于出生性别偏高势不可当的趋势以及其自身强烈的扩散性，由此导致的人口性别结构失衡问题已经成为影响社会稳定的重大问题。因此，家庭和谐和社会稳定都面临着来自性别比失衡的威胁。

人口死亡率超前于出生率约 20 年迅速下跌，并于 20 世纪 70 年代中期在低位稳定，死亡率在 20 世纪 80 年代后并没有什么变化。死因结构方面，中国经历了与发达国家类似的流行病转变模式，即从传染病为主转向为慢性退行性疾病。由于医疗技术的改善，女性尤其是孕产妇的死亡率和女婴的死亡率从高于男性转变为低于男性。就分年龄死亡率而言，由于婴儿死亡率的大幅度下降，已从 U 形模式转变为 J 形模式。④ 不仅婴儿的死亡概率在下降，老年人的死亡率也在下降，加之人口的健康状况和营养状况都在改善，其所产生的就是人口平均预期寿命的延长。分性别来看，女性的平均预期寿命超过男性。而且，女性的健康预期寿命比男性更短，所以女性老年人的养老问题和再婚问题更为突出和急迫。

---

① 查瑞传．我国第三次出生高峰不是一次生育高峰．人口研究，1991（3）：7－14.

② 陈卫．改革开放 30 年与中国的人口转变．人口研究，2008（6）：18－29.

③ 陈卫．改革开放 30 年与中国的人口转变．人口研究，2008（6）：18－29.

④ 陈卫．改革开放 30 年与中国的人口转变．人口研究，2008（6）：18－29.

三、人口转变与家庭转变

每一次人口转变过程，除了出生率和死亡率这样“革命性”的变化，家庭结构和类型等一系列转变也在发生。从根本上说，两次人口转变建立在不同的家庭模式基础上：第一次转变基础上的“家庭资产模式”已经让位于“个人家庭模式”，家庭功能的弱化成为第二次人口转变的主要特征之一。①

推进中国人口转变的两个内在因素——快速下降的生育率和人口预期寿命的延长，必然从底部和顶部两个方向导致老龄化的发生。生育率下降导致出生人口减少，就短期而言，会降低少儿人口比重；人口预期寿命的延长暗示着老年人比重的增多。在两者合力作用下，人口老龄化就会出现。根据65岁老人超过7%和60岁老人超过10%的标准，中国已经在1999年和2000年进入到老年型社会。具体到家庭里，就是孩子数目减少，虽然老人并没有减少，但是老年人在家庭的比重比之前更高了。这将产生的问题就是“物以稀为贵”，即孩子成为奢侈品，而老年人显得则没那么重要了。

进入第二次人口转变阶段的国家或地区表现为初婚年龄的推迟、婚姻稳定性的减弱、同居现象的增多和生育行为更倾向于个人选择。相应地，家庭的内涵和外延也随之呈现出更为明显的结构性变化，家庭在规模、结构、模式、类型、关系等方面的变迁更为突出：一方面，同质性的家庭类型转向多元化的家庭类型，即从以联合家庭为主体逐渐过渡到以核心家庭为主体，然后迅速扩展到包括单亲家庭、丁克家庭、隔代家庭等多种家庭类型②；另一方面，生育行为不再成为家庭存在的必需，在第二次人口转变过程中，公众对于婚姻和生育的价值观念显著影响了家庭构成，是否成为父母的身份选择更多是基于自我中心而非社会责任，生育孩子的决策也取决于个人的需求是否得到满足。家庭的轴心关系从“孩子至上”向“夫

---

① Van de Kaa, D. Europe′s second demographic transition. ［J］. Population Bulletin, 1987 , 42 (1): 1.

② 吴帆．第二次人口转变背景下的中国家庭变迁及政策思考．广东社会科学，2012（2）：23－30.

妻至上”倾斜。[①②] 此外，由于晚婚人群会变得更加成熟，初婚年龄的推迟可以提高婚姻的稳定性，其离婚的概率更低。在中国，家庭变迁既具有第二次人口转变所描述的共性，同时也呈现出独有的特征：人口在 20 世纪 70 年代后短时间内的迅速转变和改革开放后社会经济的快速发展共同推动着以家庭规模小型化、结构核心化和类型多元化为主要内容的家庭变迁。比如，独生子女家庭就是中国家庭变迁的一个独特现象。

中国已经逐渐显现出第二次人口转变的特征，进入了家庭变迁的关键时期。可以预见，随着第二次人口转变的进一步发展，家庭变迁将成为中国社会变迁最重要的内容，二者将会互相影响，其对社会和经济发展的影响将在更广范围内和更深层次上展开。

由于中国的社会发展和建设滞后于迅速的人口转变过程，政府的社会发展政策及行动错位甚至缺位，这一点在农村体现得尤为明显。经济的迅速腾飞加速了劳动力的迁移和流动，但是由于教育和医疗等社会服务体系的约束，导致了大量的家庭分散异地，产生了留守老人、留守妇女和留守儿童问题，使这些家庭面临着更大的脆弱性。随着老龄化程度的迅速提高、家庭生命周期的演进以及人口迁移与流动的持续活跃，加之又进入经济新常态，家庭面临的问题和挑战比以往更加严峻，对政府和社会支持的需求比以往更加强烈。虽然我们无法判断第二次人口转变的终点，但是家庭变迁及其弱化的趋势显然不是一个暂时的波动。[③] 在第二次人口转变过程中，家庭的某些自我保障能力和发展能力逐渐弱化，家庭作为基本社会制度的地位已经逐渐丧失，无法为其家庭成员提供传统意义上的有力支持。

尽管家庭功能呈现出社会化和外化的趋势，但是家庭在生殖、抚育以及养老等方面仍然承担着不可缺少的角色。因此，家庭变迁以及家庭在某些功能方面的不可替代性的明显优势，决定了家庭对社会资源具有更大的需求。毋庸置疑，无论是发达国家还是中国等发展中国家，家庭都需要相

---

① Van de Kaa, D. Europe´s second demographic transition. ［J］. Population Bulletin, 1987 , 42 (1): 1.

② 吴帆. 第二次人口转变背景下的中国家庭变迁及政策思考. 广东社会科学，2012 (2): 23 - 30.

③ 吴帆. 第二次人口转变背景下的中国家庭变迁及政策思考. 广东社会科学，2012 (2): 23 - 30.

应的家庭政策予以支持。但是，与家庭的结构和形式所发生的巨大变化相比，家庭政策显得相对滞后的问题亟须加以解决。

第三节　居住安排对家庭结构的影响

随着社会转型和第二次人口转变的不断推进，社会成员的居住安排也更加多元化，而居住安排无疑会对家庭结构产生影响。具体而言，居住安排的不同形式，包括未婚同居、分居、轮养等会对家庭结构施加不同的影响。而且，不同形式的居住安排形成的叠加作用会对家庭结构产生综合影响。

一、未婚同居

同居即共同居住，通常指长期的共同生活。依据与婚姻的关系，同居可以分为婚内同居、未婚同居和婚外同居。[①] 婚内同居是婚姻法对结为夫妻的男女双方规定的义务；而婚外同居是法律所禁止的。我国实行一夫一妻制，因此，一个男性只能与其结婚的妻子共同居住，而不能在婚外与其他人居住，否则在道德上便是出轨，在法律上就是重婚罪。婚外同居不受法律保护。

未婚同居通常指的是没有配偶和无禁婚亲属关系的两个成年男女，双方未经结婚登记而自愿、持续、公开地共同生活，这就是事实婚姻。其构成应当同时具备几个条件：

首先，同居双方须是具有完全民事行为能力的成年男女。

其次，双方须具有共同生活的意愿和事实，被强迫的不属于此类范围。

再次，须公开同居并持续达到一定期限，临时性的行为不属于此类范围。

最后，同居双方不具有直系血亲关系、三代以内旁系血亲关系、婚姻

① 何群. 婚姻、同居、生活伴侣辨析. 甘肃政法学院学报，2007（2）：132－136.

关系和其他未婚同居关系，这是为了区别于婚姻范围内的同居义务。①

从20世纪60年代中后期开始，未婚同居现象在世界范围内呈增长趋势，很多国家相继建立了未婚同居制度。② 我国的未婚同居主体须为男女双方，其同居虽不以性生活为必备内容，但包括性生活内容且有共同生育的可能。在我国，随着人口流动的增加，未婚同居现象及其纠纷在20世纪末以来也呈现出了增加的趋势，但是目前我国立法基本未予以调整，司法解释也仅对其中的财产关系和子女抚养问题有所规制。虽然我国法律未对未婚同居进行禁止，但是这也不是婚姻法所提倡的。因而，虽然未婚同居是法律上的事实婚姻，但这种同居行为却难以得到法律的保护。

事实上，未婚同居可能结成残缺型乃至完整型的核心家庭。并且，具有感情基础的未婚同居者会更容易走向婚姻的殿堂，在短期内会转化成夫妻型的核心家庭；还有未婚同居者会因为未婚先孕而“奉子成婚”，结婚不久就会诞下子代，更迅速地转化为“夫妻＋未婚子女”型的核心家庭。因此，就这种意义而言，未婚同居的增加会使家庭结构核心化的趋势更为明显。

二、分居

说到分居，人们首先想到的是夫妻双方因为感情不和而分开居住、进而事实上处于近乎离婚状态的现象。但现在越来越多的情况是夫妻因为工作地点异地的限制等原因而分开居住的现象。这种情况对外出务工的农民工和军人而言，尤为普遍。因此，总结起来看，夫妻分居有两种情况：一是夫妻双方由于某种原因而导致的感情淡漠甚至破裂所致的分栖两处，二是由于工作的需要而造成的短期或长期的夫妻两地分离。于是，原本完整的家庭就被拆分为二。中国古代传说中的牛郎和织女隔银河而遥相望的故事就是后者的典型例子。

在人口流动的初期阶段，外出人员往往是单枪匹马。如果该流动人员已婚的话，那么便与配偶（和子女）分居；如果该流动人员未婚，那么便与父母分居。这两种情况都是把原本完整的一个家庭户分成了两个家庭

---

① 焦少林．未婚同居的界定．安庆师范学院学报（社会科学版），2008（11）：101－103.

② 焦少林．未婚同居的界定．安庆师范学院学报（社会科学版），2008（11）：101－103.

户。到了流动的中期，夫妻会同时流动，这样便将子女留在家中与自己的父母一起居住，这便将直系家庭拆分为一个核心家庭和一个隔代家庭；如果夫妻两人将子女带走的话，会形成一个核心家庭和一个空巢家庭。到了流动的后期，家庭式迁居开始出现，由于流动形成的分居家庭户会重新组合在一起，形成一个完整的家庭户。

三、轮养

家庭养老在传统社会中几乎是唯一的养老方式。在1949年新中国成立后，由于单位的庞大和功能的扩展，城市职工的日常生活（如理发、洗澡）以及上学入托都可以在单位解决，养老也不例外。在改革开放后，随着社会的转型，单位的功能也更加专一化，单位不再是像北欧福利国家那样“从摇篮到坟墓”的保障。于是，单位的功能必然转移到两个方向：一个是市场，如养老院开始兴起；第二就是社区和社会。因此，各地政府纷纷制定了“90/7/3”或“90/6/4”的社会养老格局发展方向。

但是，无论社会化养老如何发展，家庭养老都是不会消失的，这对农村地区而言尤其是如此。在农村，无子女的老人可以由本村集体为其养老，一般居住在村委会大院，但这种情况在20世纪90年代后逐步消失；更多的孤寡老人居住在本乡镇的敬老院。对于有子女的老人而言，“轮养”是农村多子女的老年人进行家庭养老的一种形式。

所谓“轮养”，是指两个或两个以上儿子结婚成家后轮流赡养父母或父母一方的养老方式，其思想基础是“养儿防老”①。“养儿防老”思想蕴含着深刻的社会经济和文化背景，它要求在男娶女嫁的婚姻形式中，男性承担养老责任，同时也享有继承家庭财产的权利；而女儿一旦出嫁则没有享有和继承家庭财产的权利，被喻为“泼出去的水”，同时也不是养老责任的主要承担者。

目前，在中国的农村地区均不同程度地存在着轮养的养老方式。轮养主要有“轮吃、轮住”“轮住、不轮吃”和“轮吃、不轮住”三种方式。②轮养最突出的特点是老年人居所的不固定性，这使老人阶段性地成为诸个

---

① 杨丽，刘武安．农村轮养个案研究．法制与社会，2009（26）：294－295.

② 伍海霞．当代农村老年人口的轮养分析——以河北经验为基础．人口研究，2009（4）：68－77.

儿子家庭的一个“临时成员”①。实际中，在儿子分家时即规划未来轮养问题者相对较少；多数老人在儿子均分家后夫妇健在、具有自理能力时会单独生活，只有丧偶、健康状况恶化和自理能力下降时才会提出轮养。假如，一位 80 岁的老人在配偶去世后开始接受轮养，而其多个儿子也各自有一个儿子且已有了孙子并共同居住。这样，一个空巢家庭和 n 个三代直系家庭就会重新组合为 n－1 个三代直系家庭和一个四代直系家庭。

对于子女而言，轮流赡养使养老的照料负担减轻；但对于老年父母而言，却带来了归属感的缺乏。② 在完成分家前确立轮养决策时，老人尚有属于自己的住房、承包地等财产和经济资源，具有一定的家庭权威，制定决策时具有一定的主动权，轮养内容对老人也相对有利。多数轮养决策是老人在意识到难以由一个儿子为自己养老的情况下，不得已才做出的安排，而并非老人完全主动的选择。由于与子女分家，老人缺乏产权属于自己的住房，因劳动能力下降，承包土地也平分给儿子们。这些资源的匮乏使老人自身的养老能力欠缺，也会在一定程度上促使老人为满足吃、住等基本生活要求而接受子女的轮养。与儿子分家后提出轮养时，多数老人健康状况较差、失去劳动能力，房产、承包地等经济资源也已平均分配给儿子，丧失了家庭权威，轮养决策过程中缺乏自主权，迫于无奈被动地接受子代所做出的食宿、日常开销等安排。所以在某种程度上，多数老人失去了轮养决策的最优时机，在失去了经济资源和对子代的家庭权威的约束力后直接导致了后续开始轮养后相对较差的生活质量。③ 老人在丧失了户主地位后的境地发生了变化。

随着社会的变迁，原有的农村多代共居的大家庭观念逐步发生改变，代际间社会观念与生活方式的差异，使子女与父母分居的趋势进一步加剧，家庭结构日益简单，传统的大家庭逐步被大量的“核心家庭”与老年空巢家庭所取代。在多子家庭，已婚儿子与父母普遍分居异爨。④ 而家庭子女越多，越有可能出现子女互相推诿养老责任的现象。由于老人的子女

---

① 杨丽，刘武安. 农村轮养个案研究. 法制与社会，2009（26）：294－295.

② 杨丽，刘武安. 农村轮养个案研究. 法制与社会，2009（26）：294－295.

③ 伍海霞. 当代农村老年人口的轮养分析——以河北经验为基础. 人口研究，2009（4）：68－77.

④ 爨 cuàn，指烧火做饭.

可能也是老人，因此可能会采取雇佣村里其他经济较贫困的老人来照顾自家的老人以替代轮养的策略。

四、核心化的“逆流”

随着个人独立意识的增强，核心化似乎成为了家庭结构的潮流。越来越多的年轻人脱离父母的怀抱，建立自己的小家庭。这在赢取个人自由的同时也避免了代际矛盾的出现。然而，年轻人的自由是以上一辈的老人非正式支持的减少为代价的。在老年人离开工作单位后，更需要融入其所居住的社区和家庭，然而，子女不在身边极大地限制和约束了自身在社区和家庭之间的伸缩性。老年人难以得到家庭的温暖，为了消除孤独感，有可能会过多地与社区居民聚集在一起，但参与社区活动，并不能代替来自家庭的非正式支持。

通俗来讲，核心家庭就是子女成年后脱离原生家庭，与配偶结婚而建立的新的小家庭。这种脱离，不仅是居住关系的脱离，其连带的是对父母的经济支持、情感慰藉和生活照料的断裂。其中，最为突出的是生活照料的断裂。虽然不住在一起也可以为父母提供经济支持，只需定期或不定期地为父母提供日常生活所必需的基本物质和金钱即可；甚至对父母的精神慰藉也可以借助通信工具的沟通便利来弥补，这得益于网络通信工具的发展。但是，不住在一起是难以对父母提供日常生活照料支持的，对身体日渐衰老的父母而言极为不利，这对人口流动背景下的远距离分开居住更是如此，因为近距离的分开居住也能够为父母提供其所需要的日常照料。因此，在孝心的驱动下，成年子女也会在恰当的时间重新与日渐衰老的父母居住在一起，使其能够得到及时的照料。另一种情况是，成年子女生育了下一代，没有时间照顾孩子，需要请有闲的父母或公婆/岳父岳母来帮忙照顾孩子。这样就借助孩子这一纽带，将成年子女与父母重新拴在一起。

因此，某种意义上，父母衰老和孙辈孩子的诞生都是推动家庭“逆核心化”得以实现的动力，对于促进家庭结构的完整和家庭功能的恢复具有重要的意义。

第六章　婚育与家庭发展

新中国成立以来，我国经历了快速的人口转变，其中一个重要的内容就是婚育的转变。婚姻和生育都是以家庭为单位发生的人口过程，在家庭生命周期中，婚姻标志着家庭的形成，而生育则标志着家庭的扩展，因此婚育与家庭发展是密不可分的。本章首先阐述人口转变过程中婚育变化的特点，其次分别从婚姻和生育的转变探讨其与家庭发展之间的关系。

第一节　人口转变与婚育

一、人口转变的发展

（一）第一次人口转变

人口转变，是指在工业革命及由此带来的工业化、城市化和现代化推动下，人口再生产类型从传统人口再生产类型（即高出生率、高死亡率和低自然增长率），向现代人口再生产类型（即低出生率、低死亡率和低自然增长率）转变的历史过程。①

对人口转变的描述和解释，称为人口转变理论。人口转变理论作为最重要和经典的人口学理论之一，是以汤普森（Warren S. Thompson）、兰德里（Adolphe Landry）、诺特斯坦（Frank W. Notestein）等为代表的学者们，以西方社会人口的历史资料为依据，概括人口发展的过程、主要阶段和演变规律的理论。②③

---

① 刘爽，卫银霞，任慧．从一次人口转变到二次人口转变——现代人口转变及其启示．人口研究，2012（1）：15－24.

② 刘爽．对中国人口转变的再思考．人口研究，2010（1）：86－94.

③ 马力，桂江丰．中国特色的人口转变．人口研究，2012（1）：45－51.

近百年来，人口学家对人口转变的理解和认识，伴随着人类社会经济、人口的变迁在日趋丰富和不断深化，因而在上述人口转变理论的基础上又提出了“第二次人口转变”理论。为了有所区分，一般会将经典的人口转变理论强调为“第一次人口转变”理论。

第一次人口转变理论的一个重要内容就是描述和解释人口出生率和死亡率从高水平转变为低水平的过程，并对主要阶段进行划分。人口转变理论发展至今，提出了许多不同的阶段划分方式，包括三阶段说、四阶段说、五阶段说等。①

作为人口转变理论的先驱者，兰德里（Adolphe Landry）、汤普森（Warren S. Thompson）和诺特斯坦（Frank W. Notestein）都提出过相应的人口转变理论三阶段说。②

兰德里（Adolphe Landry）把人口转变分为原始阶段、过渡阶段、当代阶段。③ 汤普森（Warren S. Thompson）将世界各国的人口增长模式划分为三类，体现了人口转变的三个阶段④⑤：第一类是出生率和死亡率都没有得到控制，称为“马尔萨斯类型（Malthusian）”，这类国家占当时世界人口的70%～75%；第二类是出生率和死亡率都在下降，但死亡率比出生率下降得更早也更快，这类国家包括东欧和南欧；第三类是增长率下降，这类国家主要是西欧国家。⑥⑦

诺特斯坦（Frank W. Notestein）在1945年发表了Population：The long view一文，首次提出人口转变（demographic transition）这一术语，并且将汤普森提出的三类空间增长模式演绎为时间上依次发生的转变阶段。⑧⑨ 诺特斯坦（Frank W. Notestein）在1953年又提出了人口转变理论四阶段说，

① 刘传江，郑凌云．现代化进程中的人口转变：一个广义视野的考察．南方人口，2002（4）：1－7.

② 刘传江，郑凌云．现代化进程中的人口转变：一个广义视野的考察．南方人口，2002（4）：1－7.

③ 石人炳．人口转变：一个可以无限拓展的概念？人口研究，2012（2）：11－18.

④ 陈卫，黄小燕．人口转变理论述评．中国人口科学，1999（5）：51－56.

⑤ United Nations. Socio－economic development and fertility decline：a review of some theoretical approaches. United Nations Publication，1990.

⑥ 石人炳．人口转变：一个可以无限拓展的概念？人口研究，2012（2）：11－18.

⑦ Warren S. Thompson. Population. The American Journal of Sociology，1929（6）：959－975.

⑧ 陈卫．人口转变理论述评．中国人口科学，1999（5）：51－56.

⑨ Frank W. Notestein. Population：the long view. University of Chicago Press，1945.

将人口转变划分为工业化前、工业化初步发展、工业化进一步发展和工业化完成四个阶段。① 寇尔（Ansley J. Coale）和胡佛（Edgar M. Hoover）在1958年也提出了类似的四阶段说。②

布莱克（C. P. Blacker）在1947年发表的《人口增长的阶段》一文中，最早提出人口转变五阶段说，并把第五个阶段定为衰减阶段。③

（二）第二次人口转变

第一次人口转变理论认为现代社会生育率降低并稳定在更替水平便意味着人口转变的结束。④ 但20世纪60年代后，欧洲一些国家出现了长时间的生育率低迷状态，甚至有的国家出现人口负增长，总和生育率已经跌破更替水平，愈演愈烈，陷入了所谓的“低生育率陷阱”。这些现象是经典的人口转变理论没有预测到也无法解释的，欧洲长时期人口下降的现象超越了第一次人口转变理论的解释范畴。

于是，有学者开始研究这种生育率在达到更替水平后继续下降的原因。20世纪80年代，荷兰人口学家冯德卡（Van de Kaa）和比利时人口学家列瑟跟（lesthaeghe）提出了“第二次人口转变”的概念，其主要标志就是生育水平低于更替水平。此后又经过一系列的补充完善，解释生育率降到更替水平以后继续低迷甚至下降的原因，最终形成了“第二次人口转变理论”⑤。

根据这一理论，发生在19世纪到第二次世界大战前的欧洲人口转变被称为“第一次人口转变”，发生在20世纪60年代后的人口转变被称为“第二次人口转变”。在欧洲，最早开始第二次人口转变的国家是西北欧国家以及南欧的意大利，南欧的其他国家要较晚一些。东欧国家在政策体制发生巨变后，也在加速进行第二次人口转变。⑥

第二次人口转变，与第一次人口转变相比，在广度、深度和内在机制

① Frank W. Notestein. Economic Problems of Population Change. 8 th Internatinal Conference of Agricutual Economists, Oxford University Press, 1953: 13-31.

② Ansley J. Coale, Edgar M. Hoover. Population Growth and Economic Development in Low Income Countries. Princeton University Press, 1958.

③ C. P. Blacker. Stages in Population Growth. The Eugenics Review, 1947 (3): 88-101.

④ 蒋耒文．“欧洲第二次人口转变”理论及其思考．人口研究，2002（3）：45-49.

⑤ Van de Kaa. Europe's Second Demographic Transition. Population Bulletin, 1987.

⑥ 蒋耒文．“欧洲第二次人口转变”理论及其思考．人口研究，2002（3）：45-49.

方面都有很大的不同，表现了三个重要的变化：

一是国际迁移增多。在第二次人口转变中，由于生育率长期低于更替水平和老龄化程度不断加深，国际移民的涌入成为了影响欧洲一些国家人口增长的重要因素。第二次人口转变理论把这一因素纳入分析框架中，并把这个框架前推至第一次人口转变。①

二是家庭模式发生转变。家庭的弱化是第二次人口转变的主要特征之一，在这一阶段同居现象增加并被普遍接受，家庭模式也更加多元化，原有的传统家庭被“个人家庭模式”所取代。家庭在规模、结构、类型、关系等方面发生变迁：一方面表现为，生育行为不再是家庭存在的必要条件；另一方面表现为，同质性的家庭类型转向多元化的家庭类型，以往那种形式化的以一对已婚夫妇和他们的孩子组成的核心家庭已被一种更复杂的家庭模式所取代，如单亲家庭、丁克家庭、空巢家庭等多种类型的家庭。②

三是婚育模式的转变。伴随着人口转变中生育率下降的是一系列婚姻和生育制度的变迁。在婚姻方面，第一次人口转变中，人们普遍结婚，结婚比例增加而初婚年龄下降，未婚同居比例很低或下降，离婚率低，再婚的情况很多；而第二次人口转变中，结婚比例下降，初婚年龄大大推迟，独身率和离婚率上升，离婚的年龄提前，无论离婚或丧偶之后再婚的比例下降，未婚同居现象普遍化；在生育方面，第一次人口转变中，已婚生育率下降，避孕效果不好，非法生育下降，已婚夫妇中不要孩子的比例很低，生育局限在婚姻范围里；而第二次人口转变中，生育率继续下降，低于更替水平，初育年龄提高，避孕效果好，非婚同居生育增加，不要孩子的家庭增加，越来越多人选择不生育。③④

冯德卡从社会结构、文化和技术变迁的角度对第二次人口转变中的这

---

① 吴帆．欧洲第二次人口转变理论及其对中国的启示．南开学报（社学社会科学版），2013（6）：52－61.

② 吴帆．第二次人口转变背景下的中国家庭变迁及政策思考．广东社会科学，2012（2）：23－20.

③ 吴帆．第二次人口转变背景下的中国家庭变迁及政策思考．广东社会科学，2012（2）：23－20.

④ 翟振武等．城镇化发展中的经济与人口．中国人口出版社，2014：155－157.

些变化进行了解释。[①②] 首先，从社会结构变迁看，第二次人口转变的社会背景是社会制度的完善和生活水平的提高，因而家庭的重要性降低。其次，从文化变迁来看，个人主义的进程影响了人们的价值和态度，第一次人口转变中人们关心家庭利益和后代，而第二次人口转变中却更为强调自身的权益和自我实现，新的价值观念下人们摆脱了以往一成不变的行为模式，而对不同的生活方式，如离婚、同居、非婚生子等，更加宽容。最后，从技术变迁来看，交通技术的进步使得人口迁移更加容易，媒体技术的进步使得大量的新思想和新观念被传播，避孕技术的进步使得人们可以对生育进行控制和计划，也影响了人们的生育和婚姻观念。[③]

综上所述，第二次人口转变的理论分析并没有局限于直接的“人口变化”，而是将国际迁移、家庭和婚育模式转变等因素纳入研究视野中，对现代人口转变内因进行了深刻思考，在人口转变的研究中非常有启发性和价值。

但是对于是否存在第二次人口转变，即是有真正独立意义上的第二次人口转变，还是仅是第一次人口转变延伸出来的次生转变，学者们还在争论。[④⑤] 甚至有学者并不赞成他们将自己的研究内容冠以“人口转变”之名，认为将人口转变概念扩展到婚姻家庭和性，是对学术概念的泛化使用。[⑥]

目前，国际学术界在探讨人口转变理论时，已经出现了有关第三次人口转变[⑦]的声音，这意味着尽管面临着许多挑战，人口转变理论也在不断地进行发展和完善。

---

① Van de Kaa, The second demographic transition revisited: theories and expectations. NIDI/CBGS Publication, 1969.

② Van de Kaa, Second demographic transition: concepts , dimension and new evidence , address delivered at the EURESCO Conference “The second demographic transition in Europe ,” Bad Herrenalb , Germany , 2001.

③ 蒋耒文．“欧洲第二次人口转变”理论及其思考．人口研究，2002（3）：45－49.

④ 刘爽，卫银霞，任慧．从一次人口转变到二次人口转变——现代人口转变及其启示．人口研究，2012（1）：15－24.

⑤ David Coleman. Why We don't have to Believe without Doubting in the ' Second Demographic Transition' . European Population Conference, Warsaw, 2003.

⑥ 石人炳．人口转变：一个可以无限拓展的概念？人口研究，2012（2）：11－18.

⑦ David Coleman. Immigration and Ethnic Change in Low－fertility Countries: A Third Demographic Transition. Population and Development Review, 2006, 32（3）: 401－446.

二、中国的人口转变

（一）人口转变的中国模式

尽管人口转变理论提出了一些人口转变的经典模型，但是就具体情况而言，不同国家之间由于社会、经济、文化等因素的不同，人口转变的模式也有所差距。中国人口转变模式具有自身的特色。①

第一，中国人口转变速度过快。欧洲国家的人口转变是伴随着漫长的工业化进程而自发发生的缓慢的转变过程。而中国的人口转变超前于社会经济发展，新中国成立后，死亡率得益于和平稳定的社会环境、世界范围传播普及的医疗健康知识、日益提高的经济水平和技术进步，迅速大幅度下降。死亡率的迅速下降是中国人口转变进程的起点，也拉开了中国人口转变进程的序幕。

第二，人口转变过程中政策干预性强。强制性的国家政策干预和控制是中国模式的典型特点，这也是中国特殊国情背景下所选择的道路。医疗技术的进步、健康知识的广泛传播等因素使得中国的人口转变过程远比十八九世纪经历人口转变过程的欧洲国家来的迅猛，死亡率的快速下降引发了人口规模的迅速膨胀，但社会的婚育观念还未形成自发的节育意识，面对庞大的人口规模和迅速的人口增长，中国政府选择采取主动进行政策干预人口的方式加以解决。与同样有着政策干预的印度相比，中国的政策干预不仅具有很强的强制性，而且执行力度强，取得明显的政策干预成果，这是与其相区别的特色。

第三，人口转变的地区发展不均衡。由于经济状况、民族风俗习惯和人口政策实施力度的差异，各地区的人口转变状况也呈现出明显的不均衡性，东部发达地区的人口转变进程快于西部边远地区。中国幅员辽阔，因而这种地区间人口转变的不均衡性相比于欧洲模式国家更加复杂。

对中国人口转变历程的研究一般始于 1949 年新中国成立，结合不同阶段划分表述的人口转变理论，中国人口转变的历程也有着不同阶段划分的论述。

穆光宗、陈卫提出了中国人口转变的两阶段论。他们认为在过去几十

---

① 李辉. 中国人口转变研究综述. 人口学刊，2005（4）：16－20.

年里，中国的人口转变大致可以分为两个大的阶段：第一阶段是死亡率变动主导型的人口转变阶段（1949～1970年），其特点是死亡率先下降，而出生率在本质上居高不下；第二阶段是出生率变动主导型的人口转变阶段（1971年至今），其特点是死亡率已经降至较低水平并保持相对稳定，而出生率经过20世纪70年代的快速下降、80年代的波动和90年代的缓慢下降后逐渐趋向死亡率的水平，人口转变逐渐趋向完成。[①]

马力从人口发展和社会经济发展的关系看中国人口转变历程，提出了不同的两阶段论：第一阶段是2000年以前，中国人口发展主动适应社会经济发展，人口转变超前于社会经济发展；第二阶段是进入21世纪以来，人口发展与社会经济发展互动发展，人口转变与社会经济发展协调发展。[②]

宋元梁依据人口平均预期寿命逐渐延长，把我国人口转变分为四个阶段：第一阶段是静止阶段（1950～1955年），出生率和死亡率都很高，平均寿命不到45岁；第二阶段是初期增长阶段（1955～1970年），出生率很高但死亡率下降，预期寿命延长到45～55岁，人口自然增长率高；第三阶段是晚期增长阶段（1970～1980年），死亡率稳定在低水平但出生率下降，预期寿命增至55～65岁，人口自然增长率开始下降。第四阶段是稳定阶段（1980至今），出生率和死亡率都处于稳定的低水平，预期寿命高于65岁，人口甚至出现负增长。[③]

（二）中国的人口转变与婚育

中国的第一次人口转变更多地表现出出生率和死亡率的快速转变。经过若干阶段的转变历程，如今我国的总和生育率已经低至更替水平，是否开始了第二次人口转变成为了一个新的研究命题。

目前，在我国的大城市，尤其是发达地区的大城市，第二次人口转变所反映的婚育模式的变化初见端倪。近年不少的调查表明，我国城市居民在婚前性关系、同居、婚外恋、离婚、晚婚或不育、两性关系等方面的态度和行为呈现令人吃惊的变化。[④] 城镇化的加速发展，改变了传统生活方式，弱化传统生育观念，缩短生育年限，出现非婚生育、晚婚晚育、离婚

---

① 穆光宗，陈卫．中国的人口转变：历程、特点和成因．开放时代，2001（1）：92－101.

② 马力．中国特色的人口转变．人口研究，2012（1）：45－51.

③ 宋元梁．试论我国的经济转型与人口转变．人文杂志，1997（3）：49－53.

④ 蒋耒文．“欧洲第二次人口转变”理论及其思考．人口研究，2002（3）：45－49.

率上升等新情况；而社会福利制度的日益完善，父母对子女的经济效益不断降低，期望效益聚焦于精神效益，在生育子女数量方面表现为由“多”和“少”转变为“有”和“无”，不育成为一种选择。①

国外学者所描绘的第二次人口转变场景，在中国的大城市地区已露端倪。中国已经逐渐呈现出第二次人口转变的特征，进入了家庭变迁的关键时期。并且这些第二次人口转变表现出的婚育变化正在向我国其他城市日益蔓延和扩散。②③

第二节　婚姻变迁与家庭发展

一、中国的婚姻变迁

（一）初婚年龄的变迁

结婚是婚姻的起点，结婚年龄对于婚姻研究具有重要的意义，通过研究结婚年龄的变迁，尤其是研究初婚年龄的变迁，能够一定程度上反映出婚姻的变迁情况。一方面，我国的计划生育政策给初婚年龄赋予了政策意义，尤其是20世纪70年代提出的“晚婚晚育”政策，明确对初婚年龄提出了政策要求，因而我国初婚年龄的变迁与政府在全国范围内强有力地推行计划生育政策有着密切的联系。另一方面，初婚年龄的变迁是我国现代化进程的产物，与中国的社会经济发展密不可分，因而具有社会意义。

目前我国对于初婚年龄变迁的研究主要可以分为两大类，一类是利用平均初婚年龄等指标研究中国初婚年龄变迁的过程和趋势，另一类则是研究初婚年龄变迁的原因和各类影响因素。

在第一类研究中，学者对于中国不同时期的平均初婚年龄的发展状况进行了实证研究，总的来说，我国的平均初婚年龄是呈增加态势，也就是

① 马力，桂江丰．中国特色的人口转变．人口研究，2012（1）：45－51.

② 刘爽，卫银霞，任慧．从一次人口转变到二次人口转变——现代人口转变及其启示．人口研究，2012（1）：15－24.

③ 吴帆．第二次人口转变背景下的中国家庭变迁及政策思考．广东社会科学，2012（2）：23－30.

说从早婚向晚婚进行转变。一些研究还进一步分析了平均初婚年龄变化的性别和城乡差异。例如，陈友华根据 1982 年全国 1% 人口生育率抽样调查和 1988 年全国生育节育抽样调查，分析了中国 1960 ~ 1987 年女性平均初婚年龄的发展状况，发现基本呈上升的趋势，有的年份略有下降。① 叶文振根据 1985 年中国妇女生育率调查的数据研究了河北省妇女初婚年龄的历史变化，发现妇女的平均初婚年龄在波动中增长，且城市妇女比农村妇女晚结婚，推迟结婚的幅度也比农村大。② 刘娟等基于 2005 年中国综合社会调查发现，男性晚婚的变化不大，但女性的这一变化尤其明显。③ 姜玉结合 2013 年卫生计生委 120 个监测县的上报个案数据，发现 2000 年以来妇女的平均初婚年龄缓慢上升，略有提高，非农户口的平均初婚年龄要高于农业户口，且二者的差距逐步扩大。④

第二类研究则发现一些社会经济特征变量会影响初婚年龄。例如，王鹏等基于 2006 年中国综合社会调查数据，研究发现，教育、职业和家庭的社会经济特征对初婚年龄有着显著的影响。⑤ 曾迪洋利用 2012 年清华大学"城镇化与劳动力移民"项目的调查数据，通过事件史方法研究发现，劳动力迁移会对初婚年龄产生推迟效应，且迁移对初婚年龄的影响程度随世代推移呈现"倒 U 形"趋势。⑥ 刘厚莲通过 2013 年全国流动人口动态监测调查数据，也得出了类似的流动人口的初婚年龄推迟的结论，且更进一步提出乡城流动的新生代流动人口初婚年龄更多受通婚圈、配偶教育等社会融合因素的影响，而城城流动的新生代流动人口更多受自身教育水平、经济条件等因素的影响。⑦

---

① 陈友华．中国女性初婚、初育年龄变动的基本情况及其分析．中国人口科学，1991（5）：39 - 45，12.

② 叶文振．我国妇女初婚年龄的变化及其原因——河北省资料分析的启示．人口学刊，1995（2）：14 - 22.

③ 刘娟，赵国昌．城市两性初婚年龄模式分析——基于中国综合社会调查 2005 年度数据．人口与发展，2009（4）：13 - 21.

④ 姜玉．我国女性初婚年龄变动研究．中国统计，2015（10）：18 - 20.

⑤ 王鹏，吴愈晓．初婚年龄的影响因素分析——基于 CGSS2006 的研究．社会，2013（3）：89 - 110.

⑥ 曾迪洋．生命历程理论视角下劳动力迁移对初婚年龄的影响．社会，2014（5）：105 - 126.

⑦ 刘厚莲．新生代流动人口初婚年龄及其影响因素分析——基于全国流动人口动态监测调查数据．人口与发展，2014（5）：77 - 84.

（二）通婚圈的变迁

通婚圈反映的是婚姻关系，是指伴随着两性婚姻关系的确立而形成的社会圈子。[①] 其中这个圈子既可以指地域，也可以指民族，还可以指阶层等。从这个角度来看，通婚圈可以分为两类：一类是地理通婚圈，也就是通婚的地域范围；还有一类是等级通婚圈，即将择偶范围限定在一定的阶层、种族、民族、宗族和教育标准之内。这其中“范围”是一个关键词，通婚圈这一词表明了婚姻关系存在着一个圈子的范围，所以通婚圈也被称为择偶范围，可以用“社会距离”和“地理距离”两个维度来测量通婚圈的范围。[②]

通婚圈变迁研究的一个重要方面就是通婚圈范围的变迁。通婚圈范围的变化反映婚姻交往的变化，通婚圈的扩大意味着人们的择偶范围扩大，远距离交往交换的扩展；通婚圈缩小意味着人们的择偶空间变小，地域交往封闭或不对称。[③] 总的来看，相关研究认为随着时代的变迁，通婚圈的范围呈扩大趋势，尽管不同研究的关注对象有所不同：有的研究关注全国不同省份的情况，如周皓、李丁根据 2000 年全国人口普查数据，发现从全国整体形势来看，通婚圈扩大明显，20 世纪 80 年代以来呈现加速扩大的趋势；但通婚圈在不同地区之间存在差异。[④] 有的研究关注农村，例如史清华通过对浙江省三村的调查发现，随着时代变迁，平均婚嫁距离呈典型的“U”形分布，通婚圈有扩大趋势[⑤]；有的研究关注少数民族，例如柏贵喜利用人口普查数据，研究认为土家族通婚的空间范围有所扩大，族际通婚的范围也在扩大而近亲通婚在减少[⑥]；有的研究关注流动人口，例如段成荣等利用 2011 年新生代流动人口调查数据，结果发现，新生代流动人口的地理通婚圈主要在省内同县市范围内，与以往的本乡范围为主相

---

① 唐利平．人类学和社会学视野下的通婚圈研究．开放时代，2005（2）：153 - 158.

② 周皓，李丁．我国不同省份通婚圈概况及其历史变化——将人口学引入通婚圈的研究．开放时代，2009（7）：100 - 115.

③ 周皓，李丁．我国不同省份通婚圈概况及其历史变化——将人口学引入通婚圈的研究．开放时代，2009（7）：100 - 115.

④ 周皓，李丁．我国不同省份通婚圈概况及其历史变化——将人口学引入通婚圈的研究．开放时代，2009（7）：100 - 115.

⑤ 史清华．浙江省农户家庭婚姻、生育及期望研究——来自浙江省三村的调查．中国人口科学，2001（4）：44 - 54.

⑥ 柏贵喜．当代土家族婚姻的变迁．贵州民族研究，2005（2）：88 - 94.

比，通婚圈有了明显的拓展。[①] 但也有研究认为通婚圈在缩小和内卷化或者通婚圈基本不变，这种分歧状况与通婚圈的地域差异和人群差异存在一定关系，也和各调查研究的时间、地点、规模不同有很大关系。[②]

人口的迁移流动是影响通婚圈范围扩大的一个重要因素。由于经济的发展，经济体制发生了变化，以前传统农业经济占主导地位时，绝大多数人不能自由流动，交际圈很狭小，通婚圈也就很狭小；如今大量人口在迁移流动，走出了以往的封闭圈子，通婚圈也就扩大了。梁海艳等基于流动人口动态监测数据发现，迁移流动行为与通婚圈扩展具有显著的相关性。[③] 类似的，钟纯等利用中国城市青年状况调查数据，研究结果显示，人口迁移流动经历对城市未婚青年意愿通婚圈和现实通婚圈的扩大都具有明显的促进作用。[④]

（三）婚姻匹配的变迁

婚姻匹配，即谁与谁结婚，反映了婚配双方在个人、家庭社会经济特征等方面的对应关系，是理解婚姻变迁的重要方面。从婚姻匹配的对应关系是否相近或类似来看，婚姻匹配可以分为同类婚和异质婚。同类婚理论，或者说同类匹配理论，指出人们总是倾向于选择与自己的年龄、居住地、教育、宗教、社会阶级以及价值观相近或类似的异性结婚。异质婚从婚姻中男女条件对应关系的高低来看，可以分为男高女低模式和女高男低模式。婚姻梯度理论提出，男性倾向于选择条件和社会地位低于自己的女性为配偶，而女性则倾向于条件和社会地位要高于自己的男性为配偶，男高女低模式是婚姻匹配中的主要模式。[⑤]

婚姻匹配变迁的研究主要包括两大类内容，一类是研究婚姻匹配的变迁趋势和特征，另一类是研究婚姻匹配变迁的影响因素。

---

① 段成荣，梁海艳．青年流动人口通婚圈研究．南方人口，2015（3）：13－23.

② 周皓，李丁．我国不同省份通婚圈概况及其历史变化——将人口学引入通婚圈的研究．开放时代，2009（7）：100－115.

③ 梁海艳，蒋梅英．中国流动人口通婚圈研究——基于流动人口动态监测数据的实证分析．西北人口，2014（5）：1－7.

④ 钟纯，梁海艳．中国城市青年地理通婚圈变化及其影响因素研究——基于北京、保定、黄石和西安四城市的调查．人口学刊，2015（1）：63－74.

⑤ 马磊．同类婚还是异质婚？——当前中国婚姻匹配模式的分析．人口与发展，2015（3）：29－36.

第一类研究中，现代化理论预期，在现代社会，自由恋爱的观念和现代化进程使地域流动和社会地位流动日益频繁，传统的择偶观念已经难以奏效，先赋性匹配将下降。[①] 但现实可能并非如此。在实证研究中，李煜使用2006年中国综合社会调查数据发现，1949年以来，我国婚姻匹配中自致性匹配的同质性持续上升，而先赋性匹配呈现为起伏不大的倒U形波动，在20世纪八九十年代最高。[②] 齐亚强等同样使用了这一数据，却对先赋性匹配的变化有着不同的描述，他认为20世纪50年代到90年代初，我国婚姻匹配模式中以父亲职业为代表的家庭背景的匹配程度稳步下降，以个人教育程度、职业等为标志的自致性因素的匹配程度快速上升。然而，20世纪90年代初以来，随着市场经济的深入发展，以父亲职业为代表的家庭背景在婚姻匹配中的重要性出现回升，与此同时，个人自致性因素在婚姻匹配中的重要性持续上升。[③] 同样的是，这两个研究都提出了先赋性匹配的变化与市场经济的发展密切相关。

从婚姻匹配变迁的影响因素来看，影响因素是多元复杂的。微观上，诸如性别、地区、家庭的经济住房背景、结识途径、般配意识以及对方的吸引力都可能起着或多或少的作用。[④] 宏观上，传统社会中，婚姻匹配更多地受到家庭制度、社会价值和风俗习惯的制约，表现为夫妻双方家庭社会经济地位的对等，也就是所谓的“门当户对”。现代社会中，随着大众教育、城市化、现代交通和通信技术等元素的发展，家庭社会背景对子女婚姻选择的决定性作用开始削弱，婚配主体的自主性得到提升。[⑤]

二、中国婚姻变迁对家庭发展的影响

（一）“婚姻挤压”与“甲女丁男”现象

近些年，“剩男”“剩女”及其衍生的一系列词汇频繁出现于媒体报道以及各类影视作品中，展现了当代青年的婚姻困境，引起了社会广泛的

① 李煜．婚姻匹配的变迁：社会开放性的视角．社会学研究，2011（4）：122－136，244－245.

② 李煜．婚姻匹配的变迁：社会开放性的视角．社会学研究，2011（4）：122－136，244－245.

③ 齐亚强，牛建林．新中国成立以来我国婚姻匹配模式的变迁．社会学研究，2012（1）：106－129，244.

④ 徐安琪．择偶标准：五十年变迁及其原因分析．社会学研究，2000（6）：18－30.

⑤ 齐亚强，牛建林．新中国成立以来我国婚姻匹配模式的变迁．社会学研究，2012（1）：106－129，244.

关注。在人口研究中这样的婚姻现象称之为“婚姻挤压”现象。

所谓婚姻挤压，是指在婚姻市场上，婚龄男女人数相差较大，比例失调，导致一部分男性或者女性不能按现行的择偶标准找到配偶的现象。根据男女数量上的差异，如果婚姻市场中男性供给大于需求时，就会出现男性过剩和女性短缺，即为男性婚姻挤压；反之，当婚姻市场中男性供给小于需求时，就会出现女性相对过剩和男性短缺，也就是女性婚姻挤压。①

而对于这些在婚姻挤压中剩下的男性和女性，人口学研究又总结出一个现象，那就是“甲女丁男”现象。“甲女丁男”现象指的是，把婚配的男女按自身条件分为甲、乙、丙、丁 4 档，各方面条件都不错的称为“甲男”和“甲女”，以此类推，条件最差的称为“丁男”和“丁女”，那么按照普遍的择偶观念，通常是是乙女配甲男，或甲男找乙女，类推下去就是乙男配丙女，丙男配丁女，这样最后城市里剩下的就是丁男和甲女，但城市中的丁男还可以娶郊区的女性，郊区的丁男也还能娶更远郊区的女性，这种“向心递补式”的婚姻使最终剩下来的以丁男和甲女居多。② 所以“甲女丁男”一词与现在常用的“剩男”“剩女”在意义上是相近的，都是指在婚姻挤压中剩下的人，只不过“甲女丁男”更加形象地概括了剩下的人的特点，即“剩女”多为各条件不错的“甲女”，而“剩男”多为各条件较差的“丁男”。

一些研究表明中国是存在“甲女丁男”现象的。刘爽、蔡圣晗针对我国大龄未婚人口研究了“谁被‘剩’下了?”的问题，结果发现，在大龄未婚者的婚配选择中，城市大女择偶难，农村大男剩余多，且大龄未婚者的教育素质中，女高男低的特点非常突出，因此农村中低教育素质、高年龄的大龄未婚男性和城市中的高学历大龄未婚女性面临着择偶难的问题，所谓的“甲女丁男”现象确实存在。③ 杨记运用普查数据分析了各种个人和社会经济因素对再婚的影响，结果发现，职业与受教育程度对不同性别人口再婚的影响截然相反，验证了再婚市场中存在“甲女丁男”再婚难的

---

① 李树茁．中国的男孩偏好和婚姻挤压——初婚与再婚市场的综合分析．人口与经济，2006（4）：1－8.

② 高颖．北京市近年婚姻状况的特征及分析．中国人口科学，2011（6）：60－71.

③ 刘爽，蔡圣晗．谁被“剩”下了？——对我国“大龄未婚”问题的再思考．青年研究，2015（4）：76－84，96.

说法。[①] 此外，刘爽等和高颖等对北京市婚配状况的分析都表明，在北京的婚姻市场上，择偶难的大龄未婚者密集在同龄人口的两极：一极是受教育程度高、职业背景优越、个人条件出众的“甲女”，另一极是社会地位偏低、从事简单工种、各方面条件均较差的“丁男”[②③]。

“婚姻挤压”和“甲女丁男”现象为什么会形成呢？归根结底，这是婚姻匹配中“同类匹配”和“婚姻梯度”这两个原则所造成的结果。“同类匹配”是指人们倾向于选择与自己条件相当的异性为伴侣，这是一种被广泛接受的婚配原则，国内外学者对于婚配现象的实证研究验证了同类匹配的存在。在同类匹配的原则下，男女双方对于配偶的期望和要求并不一样，男性倾向于下行婚，女性倾向于上行婚，这种男高女低的婚配模式通常被称为“婚姻梯度”。正是这样“同类匹配”原则下的“婚姻梯度”使得甲女和丁男在婚配过程中处于不利地位。[④]

形象地来解释就是：农村男女数量相差悬殊，男性远多于女性，造成了婚姻挤压，待婚女性的稀缺使丁男的择偶极其困难；而在城市，尽管也是男多女少，但是数量相差不多，丁男可以通过选择年龄更小的女性择偶，甚至去农村择偶，因此选择空间较大，反而是甲女由于上行婚可以选择的对象较少，择偶难度更大。因此甲女丁男虽然同样面临着婚姻挤压，但是他们所遇到的难点是不同的。农村的丁男是缺少下行婚的对象，城市的甲女是缺少上行婚的对象。且从时代变迁的角度看，上一批剩下的甲女丁男又会挤压下一批进入婚配的男女，造成新的被挤压对象，由此循环下去。

国内一些学者利用全国人口普查数据从宏观上解读我国的婚姻挤压程度以及预测未来婚姻挤压发展的趋势，研究表明21世纪中国男性婚姻挤压矛盾将进一步加剧，2010年后将经历几十年严重的男性婚姻挤压，届时将有超过10%的适婚男性人口找不到或不能如期找到配偶[⑤]，未来婚姻市

---

① 杨记．影响再婚的个人和社会因素分析．西北人口，2007（1）：102－106.

② 刘爽，郭志刚．北京市大龄未婚问题的研究．人口与经济，1999（4）：14－20.

③ 高颖，张秀兰．北京市近年婚配状况的特征及分析．中国人口科学，2011（6）：60－71，112.

④ 高颖，张秀兰．北京市近年婚配状况的特征及分析．中国人口科学，2011（6）：60－71，112.

⑤ 陈友华．中国婚姻挤压研究与前景展望．人口研究，2002（3）：56－63.

场中终身不婚者的水平将会上升。[①] 因此我国未来一段时间里将一直存在男性婚姻挤压现象，并日趋严重。

（二）婚姻变迁与家庭发展

婚姻是男女间结成夫妻关系的行为，是家庭的基础和根据，是家庭成立的标志，也会影响到家庭发展。中国婚姻变迁对家庭发展的影响，具体表现在以下几个方面：

一是夫妻年龄差扩大，可能会影响家庭关系。婚姻挤压现象会使得夫妻年龄差被迫拉大。这是因为男性婚姻挤压现象使得一部分男性无法在目前理想的夫妻年龄差的女性群体中找到配偶，他们就只能往下一年龄段的女性中寻找，而同时这部分男性相比于下一年龄段的男性在社会地位等因素上更具有优势，所以能够成功地挤压下一年龄段的男性而在下一年龄段的女性中找到配偶。然后下一年龄段被挤压的男性又同样往下找女性配偶，这样不断向下挤压的后果就是日趋严重的“老夫少妻”现象，也即夫妻年龄差不断地扩大。然而夫妻年龄差过大，意味着夫妻间容易产生价值分歧、互动障碍，容易引起夫妻心理失衡、关系紧张，并由此可能导致家庭暴力增多和离婚率上升。[②]

二是晚婚及被动的不婚现象增加，会导致家庭结构和模式更加多元化。婚姻挤压现象造成的夫妻年龄差扩大，对于被挤压的“丁男”即意味着晚婚。在婚姻挤压的不断强化下，甚至有部分男性完全被淘汰，无法纳入婚姻关系中，形成了被动不婚的“光棍阶层”。一方面，这些被动晚婚或不婚的男性及其家庭会受到来自社会的心理和舆论压力；另一方面，非意愿形成的“光棍阶层”成为社会安全中的一种隐患，成为值得关注的社会安全问题。同时，这些晚婚家庭和单身家庭也使得社会的家庭结构和模式更加多元化。

三是离婚风险增加，导致家庭稳定性降低。在婚姻市场均衡时，婚姻市场的竞争性较弱，由此组成的家庭也相对稳定。但是婚姻挤压现象会破坏婚姻市场的这一均衡，被婚姻挤压的大龄未婚男性作为婚姻替补队员大量存在，会降低原有的两性对于婚姻的珍视和忠诚程度，使家庭解体的风

---

① 郭志刚，邓国胜．中国婚姻挤压研究．市场与人口分析，2000（3）：1－18.

② 邓希泉．婚姻挤压对社会稳定的影响研究．青年探索，2010（6）：17－21.

险加大。一方面，对于婚内女性来说，离婚后寻找新的配偶更为容易，这意味着离婚的代价和再婚的成本变低，这会更加容易引发家庭的破裂，离婚风险增加；另一方面，对于大龄未婚男性而言，为了解决自身婚姻问题，可能会介入已婚家庭，对传统的婚姻家庭造成冲击，致使家庭稳定性降低。①

四是婚姻挤压和“甲女丁男现象”对女性社会地位的提高产生了负面效果，影响家庭中女性的地位。当优秀女性被“剩”下时，在婚姻市场中她们就成为了反面教材，如今“女博士”一词在某些语言环境下便暗含着这样的贬义。婚姻挤压和甲女现象会直接影响女性对自己的期望，在外界舆论压力下动摇是不是“干得好不如嫁得好”，对女性社会地位的提高产生负面效果，同时也对女性在家庭中的地位产生了负面效果。

第三节　生育行为变迁与家庭发展

一、中国生育行为的变迁

（一）生育数量的变迁

说到生育行为，一般第一想到的就是生育数量。目前中国的学者主要通过总和生育率指标的变化来研究中国的生育数量变迁。总和生育率是衡量生育水平最常用的指标之一，它是假设一个妇女队列按照某时期年龄别生育率度过一生，每个妇女平均生育的孩子数。总和生育率虽然实质是一个时期生育率度量指标，但往往被人们用来估计妇女的终身生育水平，总和生育率 2.1 更被看作代际间的更替水平，国际社会通常将低于这个水平的生育率称为低生育率。

中国的总和生育率从 20 世纪 70 年代初期开始逐渐下降，并在 90 年代低于更替水平，这是许多研究从不同角度分析中国的生育率变迁达成的共识。然而对于现今中国生育水平的确切值，无论是政府部门还是学术界，都没有一个统一的说法。由于统计口径和数据搜集来源的不一致，国家统

① 邓希泉．婚姻挤压对社会稳定的影响研究．青年探索，2010（6）：17－21.

计部门利用全国人口普查和抽样调查得到的数据一般受调查质量的影响；以往人口计生部门统计上来的数据也被怀疑存在漏报；卫生系统利用住院分娩数据得到的出生量则难以区分流动人口的贡献，也有个别未住院分娩会被遗漏。

在学术界争论主要集中在中国生育率是否陷入极低水平方面。国际社会普遍认为总和生育率低于1.5为极低生育率，低于1.3则为超低生育率。利用2000年和2010年全国人口普查数据直接计算得到的总和生育率分别是1.22和1.18，因此有一类观点认为中国的生育水平已达到极低水平[①②]；但也有学者认为全国人口普查存在出生和低龄人口漏报问题，利用其他来源数据、统计模型或间接估计方法得到的生育率水平在1.5～1.6。[③④⑤]

随着生育政策的进一步宽松化调整，未来短期内总和生育率可能会有所上升，达到1.7左右的水平。[⑥⑦]

因此，中国生育数量的变迁主要表现为生育水平从高而低的变化，未来的发展趋势将取决于生育政策的调整及人们生育行为的表现。

（二）生育性别的变迁

生育性别更确切地说是出生婴儿的性别，通常用出生性别比指标表示。中国的出生性别比从20世纪80年代开始就呈现偏高态势，并成为一个广受关注的社会问题。近年来出生性别比在总体上出现回落态势，有学者认为促使中国出生性别比恢复正常的经济社会基础已经逐渐具备，“拐点”已经出现，未来出生性别比将进入下降的阶段[⑧⑨]，但也有学者通过第五次和第六次全国人口普查数据对比发现，我国出生性别比继续升高，

---

① 郭志刚．六普结果表明以往人口估计和预测严重失误．中国人口科学，2011（6）：2－13，111.

② 尹文耀，姚引妹，李芬．生育水平评估与生育政策调整——基于中国大陆分省生育水平现状的分析．中国社会科学，2013（6）：109－128，206－207.

③ 陈卫．2000年以来中国生育水平评估．学海，2014（1）：16－25.

④ 杨凡，赵梦晗．2000年以来中国人口生育水平的估计．人口研究，2013（2）：54－65.

⑤ 李汉东，李流．中国2000年以来生育水平估计．中国人口科学，2012（5）：75－83，112.

⑥ 翟振武，陈佳鞠，李龙．中国出生人口的新变化与趋势．人口研究，2015（2）：48－56.

⑦ 王军．生育政策调整对中国出生人口规模的影响——基于生育意愿与生育行为差异的视角．人口学刊，2015（2）：26－33.

⑧ 陈友华，胡小武．社会变迁与出生性别比转折点来临．人口与发展，2012（1）：13－18.

⑨ 王钦池．出生人口性别比周期性波动研究——兼论中国出生人口性别比的变化趋势．人口学刊，2012（3）：3－11.

呈现“五升高、四缩小、一增多”的特点[①]，以及出生性别比整体趋高、两极分化、在地市蔓延的特点。[②]

男孩偏好、实施非医学需要的胎儿性别鉴定和基于性别的选择性人工流产以及由于计划生育政策实施导致的生育空间缩小，被认为是造成中国20世纪80年代以来出生性别比持续升高的主要原因。其中男孩偏好是根本原因，虽然这一偏好古来有之，但借助于现代医学技术得以影响到生育行为，并直接导致出生性别比的失衡。计划生育政策的实施是间接原因，一方面政策对家庭生育子女的数量进行了限制；另一方面，现代化进程中人们婚育观念的变化也更倾向于小规模家庭，有强烈性别偏好的家庭不惜通过种种手段达到生育一个男孩的目的。而对胎儿性别的鉴定和选择性人工流产技术在20世纪80年代以来的普及，成为出生性别比持续升高的直接原因。非医学需要胎儿性别鉴定和人工流产技术的滥用，虽满足了单个家庭对生育性别的偏好，却使得社会整体的出生性别比严重失衡。

随着生育政策的调整和国家整治力度的加大，出生性别比不断升高的势头已得到遏制，未来走向还有待于人们性别观念和生育行为的改变，也有赖于社会政策和管理手段的健全。

（三）生育时间的变迁

生育时间的变迁主要体现为育龄妇女初育年龄的变迁以及生育间隔的变迁。

在初育年龄变迁方面，我国妇女的初育年龄总体上呈现推迟的趋势，这与当年人口政策“晚育”的要求以及社会经济发展的转变是相适应的。通过对比第五次和第六次全国人口普查的数据可以发现，2010年的平均生育年龄比2000年推迟了1.89岁，具体来看，每一孩次的平均生育年龄都有所推后[③]；晚育已成为中国城市青年普遍的观念，并且予以践行。[④] 总的

---

① 石人炳．我国出生性别比变化新特点——基于“五普”和“六普”数据的比较．人口研究，2013（2）：66－72.

② 石雅茗，刘爽．中国出生性别比的新变化及其思考．人口研究，2015（4）：35－48.

③ 傅崇辉，张玲华，李玉柱．从第六次人口普查看中国人口生育变化的新特点．统计研究，2013（1）：68－75.

④ 宋健，陈芳．城市青年生育意愿与行为的背离及其影响因素——来自4个城市的调查．中国人口科学，2010（5）：103－110，112.

来说，晚育已经成为了当今中国社会的一种趋势。

而在生育间隔变迁方面，在我国主要是指第一个和第二个孩子之间的生育间隔。20 世纪 70 年代以来伴随生育率的急剧下降，全国育龄妇女的一、二孩平均生育间隔迅速缩短，在 1980 年前后达到历史最低水平。随后我国 20 世纪八九十年代的计划生育政策法规中，不仅对初育年龄有所要求，同样对生育间隔也有着明确的限制，且绝大多数省份规定一、二孩的生育间隔是 4 年。在政策导向的作用下，以及随着社会的发展，20 世纪 90 年代以来，我国育龄妇女的一、二孩平均生育间隔与历史上的情况相比，有了较明显的变化，由减变增，且增幅相当大。①

近些年来，随着生育政策的调整完善，一些已生育一孩多年的年长妇女陆续开始生育第二个孩子，可能会在短期内拉大一、二孩之间的生育间隔。

二、中国生育变迁对家庭发展的影响

（一）生育意愿与生育行为的偏离

生育意愿指的是出于个人或家庭对子女的偏好，考虑到各种限制条件后的生育愿望表达，与生育行为相对应，包括期望生育的子女数量、性别、生育时间和间隔。② 在人口学研究领域，生育意愿不仅是研究生育观念的主要内容，也被作为预测未来生育行为的指标之一，具有重要的政策意义。③

近些年来，随着生育政策的不断调整，生育意愿研究作为政策调整依据广泛开展。一方面，发生在生育政策调整前的生育意愿研究，可以估计与政策相关人群的生育潜力，判断政策调整后可能产生的生育堆积和对本地生育水平的长期影响，为政策调整方向和幅度提供参考；另一方面，发生在生育政策调整后的生育意愿研究，可以了解人们的生育观念是否已经发生转变，是否与生育政策一致。④

① 刘爽，邹明洳．一、二孩生育间隔及其政策意义——基于国际视角与中国情境的实证分析．人口研究，2011（2）：83－93

② 顾宝昌．生育意愿、生育行为和生育水平．人口研究，2011（2）：43－59.

③ 郑真真．生育意愿的测量与应用．中国人口科学，2014（6）：15－25.

④ 郑真真．生育意愿的测量与应用．中国人口科学，2014（6）：15－25.

尽管对生育意愿的概念有着较为明确的界定，但是在实际研究中，将概念操作化为具体测量指标时却一直存在着不同的看法和讨论。这些测量指标可以概括为理想子女数、期望子女数、生育意向这三类指标，这些指标都与生育意愿相关，却又存在细微差异①：理想子女数这个指标对生育率变化的反应滞后且变化缓慢，因此，理想子女数适合于用来总结群体生育观念的变化趋势，但不是预测生育水平的合适概念，也不是测量生育需求的有效指标；相比于理想子女数，期望子女数更加接近于生育水平，因此可以用来预测潜在最高生育率。生育意向比期望生育子女数又更加接近短期决策，更适用于预测妇女短期的生育行为，是预测近期生育行为最为有效的指标。

总的来说，理想子女数、期望子女数和生育意向是逐步接近现实的三个生育意愿指标，但无论是哪种指标测量的生育意愿，生育意愿和生育行为之间都会存在差异，正如愿望与现实之间总会存在差距一样。因此生育意愿既可能等于生育行为，也可能大于或小于生育行为，甚至后者的情况更为常见。

对于这种生育意愿和生育行为的偏离现象，邦戈茨（Bongaarts）提出了后来广被引用的解释。他提出会使生育水平高于生育意愿的影响因素有非意愿的生育、替代孩子死亡的生育以及性别偏好，而会使生育水平低于生育意愿的影响因素包括生育年龄的推后、非自愿性的不孕不育以及竞争性因素。在发展中国家，前三个因素的影响更大所以生育行为会高于生育意愿；而在发达国家，后三个因素的影响加强，使得生育行为会低于生育意愿。②③

中国是否存在着生育意愿和行为之间的偏离关系？答案是肯定的。由于中国存在着强有力的生育控制政策，情况甚至更为复杂，并不能简单地因为发展中国家这一身份而进行判断。大量研究均发现中国的生育意愿高

① 郑真真．生育意愿的测量与应用．中国人口科学，2014（6）：15－25

② Bongaarts. Fertility and Reproductive Preferences in Post－Transitional Societies. Population and Development Review 2001，27（2）：260－281.

③ Bongaarts，J. The end of the fertility transition in the developed world. Population and Development Review 2002（3）：419 － 443.

于生育行为，即呈现出与发达国家类似的现象[①②③]；但也有学者发现生育意愿低于生育行为。[④]

生育意愿和行为的偏离说明在生育意愿转化为生育行为的过程中还存在诸多的阻碍因素，如政策因素、经济因素、就业因素、教育因素等。我国生育政策近年来在不断地调整，其中一个目标就在于要尽可能满足人民群众的生育意愿，缩小生育意愿与行为之间的差距，因而这些阻碍因素反映的正是我国生育变迁中面临的挑战。

（二）生育变迁与家庭发展

目前我国生育变迁所造成的现状是：生育水平较低、出生性别比偏高、晚育成为趋势。这种状态对中国的家庭发展造成了一定的影响，具体表现为以下几个方面：

首先，婚育行为模式和家庭结构与类型发生转变。20 世纪 50 年代，人们的平均结婚年龄是 18 岁，2010 年则达到了 23 岁。[⑤] 同样的，女性的生育年龄也表现出类似的增长和转变。此外，较低的生育水平意味着家庭规模的缩小，家庭类型从主干家庭模式向核心家庭模式转变。研究发现，20 世纪 70 年代中期以来，中国的平均家庭户规模始终在缩小，尤其在 20 世纪 90 年代后期至 2005 年间出现了“阶梯式的骤降”[⑥]。

其次，家庭资本和经济发生改变。低生育在短期内会降低家庭养育孩子的成本，但是长期来看，会影响家庭的收入和人力资本、家庭社会网络、家庭土地数量等资本。但是这种长期影响具有不确定性，一方面家庭人口数量减少意味着家庭劳动力减少，会减少家庭收入；另一方面，从人力资本的角度来看，其生产能力又有所提高。此外，子女数量的减少，会影响人们对自身投资以及对子女投资的权衡，包括对时间和金钱的重新分

---

① 杨菊华．意愿与行为的悖离：发达国家生育意愿与生育行为研究述评及对中国的启示．学海，2008（1）：27－37.

② 茅倬彦．生育意愿与生育行为差异的实证分析．人口与经济，2009（2）：16－22.

③ 宋健，陈芳．城市青年生育意愿与行为的背离及其影响因素——来自 4 个城市的调查．中国人口科学，2010（5）：103－110，112.

④ 陈卫，靳永爱．中国妇女生育意愿与生育行为的差异及其影响因素．人口学刊，2011（2）：3－13.

⑤ 王仲．结婚年龄之制约性条件研究——平均初婚年龄为什么推迟了．西北人口，2010（1）：37－41.

⑥ 郭志刚．关于中国家庭户变化的探讨与分析．中国人口科学，2008（3）：2－10，95.

配，父母会有更多的时间和资源实现自身的价值。[①]

最后，家庭抵御风险的能力减弱。家庭发展能力的一种体现就是承受外力冲击和损失，以及从这些影响中得以恢复的能力，可以理解为家庭抵御风险的能力。这些外力冲击包括突然的自然灾害、经济萧条、家庭成员健康或生命受到威胁以及政府政策的调整。[②] 家庭规模越小的家庭，一般来说其家庭抵御风险的能力越低。这是因为，一方面从承受的冲击和损失的角度看，家庭规模小的家庭失去一个家庭成员所承受的心理冲击和经济损失总是更加严重，如计划生育特殊困难家庭所遭受的痛苦远远强于一般家庭，其他类型的外力冲击也是同理。另一方面从恢复能力的角度看，家庭规模小的家庭在家庭内部提供给家庭成员的支持和资源一般也更少，在家庭外部能得到的社会网络支持一般也更少，这会使得恢复能力减弱。正是因为家庭抵御风险能力的弱化效应，人们储蓄、购买商业保险的行为增多，用来弥补这部分的家庭保障。[③] 综上，婚育行为与家庭发展息息相关，结婚和生育是传统家庭形成发展的基础和前提，婚育观念和婚育行为的改变，正在对家庭的界定、家庭规模、家庭结构和家庭功能产生潜移默化的影响，应对此加以重视和引导。

---

① 石智雷．计划生育政策对家庭发展能力的影响及其政策含义．公共管理学报，2014（4）：83－94，115，142－143.

② 石智雷．计划生育政策对家庭发展能力的影响及其政策含义．公共管理学报，2014（4）：83－94，115，142－143.

③ 石智雷．计划生育政策对家庭发展能力的影响及其政策含义．公共管理学报，2014（4）：83－94，115，142－143.

第七章　计划生育与家庭发展

计划生育是极具中国特色的社会实践。虽然世界很多国家都实行了被称作家庭计划（family planning）的类似实践，但中国庞大的人口基数、独特的社会制度，以及成功的实践结果，使中国的计划生育不仅闻名于世，而且也成为深刻改变中国社会的不容忽视的重要因素。本章特别关注中国计划生育对家庭发展的影响。

第一节　中国计划生育对家庭发展的影响

一、家庭与家庭发展能力

作为社会的基本单位，“家庭”是连接“个人”和“社会”的初级组织。随着现代化的推进，家庭逐渐由传统型转变为现代型，表现为规模缩小，结构核心化，功能弱化、转化以及社会化，家庭关系由纵向的亲子关系为轴心转变为以横向的夫妻关系为轴心。在家庭转变的宏观背景下，学界、政府和社会对家庭发展能力的关注度也在不断提升。《中华人民共和国国民经济和社会发展第十二个五年规划纲要》提出要“完善计划生育家庭优先优惠政策体系，提高家庭发展能力”。

什么是家庭发展能力？这一概念学界目前尚未形成共识。有些学者认为，家庭发展能力是家庭凭借所获取的资源，满足每一个家庭成员生活与发展需要的能力，可以通过家庭内部建设与外部社会支持两个途径得以实现。[①] 也有学者认为，家庭发展能力就是家庭促进自身功能不断优化升级，有效满足其成员合理需要，以及实现自身结构稳定与生命周期可持续演进

① 吴帆，李建民．家庭发展能力建设的政策路径分析．人口研究，2012（4）：37－44.

的各种手段方式的总和。[①] 有学者在家庭生命周期和家庭可持续生计理论基础上对家庭发展能力进行阐释，认为家庭发展能力是家庭根据所处的不同生命周期阶段和发展任务，利用自身拥有的禀赋、权利和可能的策略三个核心要素，去追求更高生活水平和家庭发展可持续性的综合能力，家庭发展能力是建立在家庭发展权利、家庭禀赋和家庭策略三个核心要素的基础之上的，以实现家庭生活状况的改善和家庭发展的可持续性为根本目标。[②]

家庭发展能力其实是一个综合性指标，关于如何对其进行测量和操作化，目前学界采取的方法也不一而足。有学者将家庭发展能力分为支持、经济、学习、社会交往与风险应对等六个方面的能力[③]；也有的学者将其划分为七个维度，即生活供给、优生优育、健康长寿、接受教育、劳动致富、抵御风险和资源整合。[④] 或者将家庭发展能力进行分级测量，认为家庭发展能力包括一个一级指标（家庭发展能力综合指数）、五个二级指标（家庭支持能力指数、家庭经济能力指数、家庭学习能力指数、家庭社会交往能力指数与家庭风险应对能力指数）和若干三级指标（抚幼、养老、照护、精神慰藉等）。[⑤]

相信随着对家庭发展的重视程度日益提高，相关实践活动和研究的不断深入，中国国情和政策语境下的家庭发展能力，将会在理论和实践互相促进的基础上，在概念和操作化方面最终取得共识。

二、计划生育政策的演变：从控制个体到关注家庭发展

现代化背景下的家庭变迁导致的家庭结构、功能、关系等显著的变化是影响家庭发展能力的根本原因。由于受到严格计划生育政策的影响和控制，中国的人口转变和家庭转变具有一定的特殊性。那么具有中国特色的计划生育政策如何影响家庭发展能力？

中国的计划生育政策是具有多样性的一揽子政策。从出台以来，计划

① 谭云勤．提高家庭发展能力研究综述．清江论坛，2014（3）：8.

② 石智雷．计划生育政策对家庭发展能力的影响及其政策含义．公共管理学报，2014（4）：83－94.

③ 吴帆，李建民．家庭发展能力建设的政策路径分析．人口研究，2012（4）：37－44.

④ 谭云勤．提高家庭发展能力研究综述．清江论坛，2014（3）：8.

⑤ 吴帆，李建民．家庭发展能力建设的政策路径分析．人口研究，2012（4）：37－44.

生育政策不断经历着调整和完善。表 7 - 1 是对中国过去及现在计划生育政策进行的回顾和总结。

表 7 - 1　中国计划生育政策总结和回顾

时间(年)	政策文件	主要内容
1953	《避孕及人工流产办法》	明确了国家提倡避孕的主张
1955	《关于节制生育问题向中央的报告》	"我们党是赞成适当地节制生育的"
1956	《关于避孕工作的指示》	"政府应准备一切条件，来指导并解决群众对于避孕的需求，以使广大群众能有计划地生育，调节生育密度，保证妇女和儿童的健康"
1957	《一九五六年到一九六七年全国农业发展纲要》	"除了少数民族地区以外，在一切人口稠密的地方，宣传和推广节制生育，提倡有计划地生育子女"
1962	《关于认真提倡计划工作指示》	明确要求在城市和人口稠密的农村提倡节制生育，适当控制人口自然增长率
1963	《第二次城市工作会议纪要》	根据该文件精神，河北、辽宁、天津、上海、广东、新疆等省区相继制定了节制生育规划，提出了生育调节的具体目标
1964	《关于计划生育经费开支问题的规定》	对城乡群众放环、人工流产和结扎产生的相关费用施行减免
1971	《关于做好计划生育工作的报告》	第一次明确提出了人口自然增长率逐步降低的目标
1973	全国计划生育工作汇报会	"晚、稀、少"计划生育政策
1978	《关于国务院计划生育领导小组第一次会议的报告》	"提倡一对夫妇只生育一个孩子的要求。生育子女数最好一个，最多两个。生育间隔三年以上"
1979	《政法工作报告》	"订出切实可行的方法，奖励只生一个孩子的夫妇"

续表

时间(年)	政策文件	主要内容
1980	《关于控制我国人口增长问题致全体共产党员、共青团员的公开信》	明确了“提倡一对夫妇只生一个孩子”“为了控制人口增长，党和政府已经决定采取一系列具体政策。在入托儿所、入学、就医、招工、城市住房和农村住宅基地分配等方面，照顾独生子女及其家庭”
1984	《关于计划生育工作情况的汇报》	“开小口，堵大口”计划生育政策调整
1997	《国家计划生育委员会、国务院扶贫开发领导小组关于“九五”期间进一步做好扶贫开发与计划生育工作相结合工作的意见》	“使贫困地区实行计划生育的农户尤其是独生子女户、双女户优先得到扶持，率先摆脱贫困，真正起到少生、优生、快富的示范和榜样作用”
2002	《中华人民共和国人口与计划生育法》	“独生子女发生意外伤残、死亡，其父母不再生育以及收养子女”以及“实行计划生育的贫困的家庭”，“地方人民政府应当给予必要的帮助”
2003	《关于开展关爱女孩行动试点工作的通知》	“努力遏制出生人口性别比升高的势头”，并营造“有利于女孩成长和计划生育女儿户的社会经济政策和社会保障制度”
2006	《关于全面加强人口和计划生育工作 统筹解决人口问题的决定》	“‘十一五’时期，人口和计划生育工作进入稳定低水平、统筹解决人口问题、促进人的全面发展的新阶段”
2012	《国家人口“十二五”规划》	将提高家庭发展能力纳入国家总体部署，意味着计划生育利益导向政策在“十二五”时期将以“提高家庭发展能力”为重要调整内容
2013	《中共中央关于全面深化改革若干重大问题的决定》	“坚持计划生育的基本国策，启动实施一方是独生子女的夫妇可生育两个孩子的政策，逐步调整完善生育政策，促进人口长期均衡发展”

续表

时间(年)	政策文件	主要内容
2014	《中华人民共和国国民经济和社会发展第十二个五年规划纲要》	完善计划生育家庭优先优惠政策体系，提高家庭发展能力
2014	《中共中央关于全面深化改革若干重大问题的决定》	单独二孩政策
2015	中共十八届五中全会公报	全面二孩政策

从表 7 -1 我们可以发现，中国计划生育政策的演变有三个主要的特征。第一，计划生育政策由严格到逐渐宽松；第二，计划生育政策的利益导向由以个体为中心向以家庭为中心转变；第三，计划生育政策由单一化向多样化演变。从计划生育政策演变的趋势，我们可以推断，计划生育政策对于家庭发展能力的影响并非是单一不变的，而是随着计划生育政策的演变而发生相应的变化。

三、计划生育政策对家庭发展的影响

计划生育政策的内容主要围绕着人口要素展开，尤其是生育要素；因此计划生育政策主要通过影响人口要素，间接对家庭发展产生影响。

总体而言，计划生育政策缓解了人均资源紧张的矛盾，从中观和微观层面均有利于家庭发展。中国的计划生育政策是应时代所需，为了缓解人口与资源紧张的突出矛盾而采取的权宜之计。1953 年第一次全国人口普查后，当时中国人口规模接近 6 亿人，迅速下降的死亡率①和居高不下的出生率②造成了人口的快速增长。就业和吃饭成为政府面临的两大难题。经过“文化大革命”等特殊时期，中国的人口数量进一步攀升，人口与资源矛盾进一步凸显，生活资料不得不长期采取票证制度限量供应。在此背景下计划生育的成功实施，对于家庭而言，减少了待抚育的幼儿人口，使父母能够有更多精力投入社会生产，也能够将有限资源集中起来给予现有子女更好的照顾。更重要的是，生育子女数的减少，极大解放了妇女生产

① 从 1949 年的 20‰降至 1954 年的 13‰，1965 年起更降至 10‰以下。

② 1949 ~1954 年每年都维持在 37‰以上。

力，使她们有更大的可能性参与社会并追求自我价值的实现，这不仅有益于改善家庭经济水平，更有助于提高孩子教育质量。对于社会而言，计划生育成功降低了人口增长率，缓解了人口过多与资源有限的压力，能够争取更多的空间发展经济，改善人民生活。由于生育率下降所引致的人口红利，使中国得以在过去的几十年间快速发展经济，近年来更是成长为世界第二大经济体。

毋庸讳言，计划生育政策也对家庭发展存在不利影响。家庭子女数量的减少，家庭规模缩小，提高了家庭的不确定性风险；家庭关系变得简单，可供使用的非正式支持网络也随之减小，加之家庭成员居住方式的变化（迁移流动或立户分住等）都削弱了代际之间的直接照料支持，使家庭中老年人的赡养问题日益凸显。计划生育特殊困难家庭的问题更为突出。

从2000年以来，国家对增强家庭发展能力的关注度不断提升，出台了相应的致力于增强家庭发展能力的社会政策。2013年以来生育政策的日渐宽松化改革等，均会在未来对家庭发展产生积极的推动作用。

第二节　独生子女与父母的代际互动

一、代际关系的变迁

现代化进程下家庭的变迁主要体现在家庭规模、家庭结构、家庭关系和家庭功能几个方面。其中中国家庭的代际关系在改革开放以来发生了诸多改变。本节所述家庭代际关系是狭义的代际关系，指家庭中父母辈与子女、孙子女辈之间的关系①，其中父母与子女的关系是代际关系的核心内容。②

中国改革开放以来代际关系的改变可以被归纳为几个方面③：第一，从价值观念来看，现代亲子关系更注重追求独立、平等与和谐，传统的家

① 邓伟志，徐榕．简论家庭的起源和演化．上海交通大学学报：哲学社会科学版，2004（6）：20－26.

② 王跃生．中国家庭代际关系的理论分析．人口研究，2008（4）：13－21.

③ 关颖．改革开放以来我国家庭代际关系的新走向．学习与探索，2010（1）：110－113.

长制权威逐渐减弱。第二，现代亲子关系的重心逐渐向下转移。在多子女家庭中，父母同子女之间的互动是多点的，而在子女较少家庭特别是独生子女家庭中，父母与子女之间的互动是单点式的；因此，与多子女家庭相比，独生子女家庭的亲子互动更为直接，更为集中，频率更高，作用也更大。独生子女成为家庭的中心，成为全家关注和家庭生活的主轴。第三，代际之间的资源交换失衡，资源和支持更多地流向子代，出现了广受社会关注的“啃老”现象。但与此同时，出现文化反哺现象。子代是在新时期成长起来的一代人，他们更早、更多地接受了新的想法、知识和技术，因此在许多问题上面，父代需要向子代学习，亲子传承出现了新的特征。

除了上述变化之外，代际关系的发展也面临以下问题①：城市化进程中，随着人口流动现象的增加，家庭成员之间分离现象凸显，亲子分离会导致监护缺失；人口老龄化社会养老问题比较突出；现代社会父辈权威也面临新的挑战。

二、独生子女与父母的代际互动

1. 代际关系理论

在讨论独生子女与父母的代际互动之前，我们首先介绍一下国内外关于代际关系的几种相对成熟的理论。费孝通先生②认为中国家庭的代际关系与西方社会父母单向抚养子女的“接力模式”存在区别，中国家庭的代际关系是以“反馈模式”为特点的，父母年轻时抚养未成年子女；成年子女反过来要赡养父母，因此这种“反馈模式”也可以被称为“抚养—赡养模式”。王跃生③认为这一模式没有体现代际中的情感互动，而且没有体现青年子女和中年父母之间的代际关系。他认为解释中国家庭代际关系更为合适的理论是“交换理论”，即交换关系存在于家庭关系当中，个体或者群体为了获得回报或者回报所形成的关系而彼此交往，回报既可以是有形的物质回报，也可以是无形的情感回报。交换关系多存在于成年子女与他

① 关颖．改革开放以来我国家庭代际关系的新走向．学习与探索，2010（1）：110－113.

② 费孝通．家庭结构变动中的老年赡养问题——再论中国家庭结构的变动．北京大学学报（哲学社会科学版），1983（3）：7－16.

③ 王跃生．中国家庭代际关系的理论分析．人口研究，2008，32（4）：13－21.

们的父母之间，体现两代人之间相互协作的关系[①]，交换关系不一定是等价的，而是一种取决于子女和父母需求的互助互惠的过程。以交换关系衡量，近代以来亲代义务、责任和亲情付出不断强化，而子代的义务和责任呈现弱化的趋势。[②] 解释代际关系比较常见的理论还有考德威尔的“财富流理论”[③]，该理论认为在不同时代或不同生命时期，子女与父母之间的财富流的流向存在差异。利他模式或合作群体模式则指出，家庭成员的行为、互动基于个人利益最大化动机[④]，家庭中须有一个公正的成员来领导整个家庭，控制家庭资源的分配，以实现个人和家庭利益的最大化。[⑤]

2. 独生子女与父母之间的代际互动

与多子女家庭的多点式互动模式不同，独生子女与父母之间的代际互动是单点式的，独生子女是代际交换、亲子互动的唯一对象，也是父母养老保障的唯一对象。[⑥] 因此，独生子女与父母之间的代际互动与非独生子女之间存在一定的差异性。

代际互动其实是一种双向互动，既包括子女向父母的互动，也包括父母向子女的互动；代际互动一般体现为以下四个方面，即居住关系、经济互动、生活照料和情感交流，其中居住关系本身会影响代际互动的其他方面，比如情感交流和生活照料[⑦]；不同内容和不同方向的代际互动，其强度可能会存在差别。以往研究表明，影响代际互动的微观因素包括子女的特征、父母的特征以及家庭特征，比如子女的数量和性别，子女和父母的年龄、就业状况、婚育状况、教育程度、健康状况、经济状况等都是经常被考虑到的重要因素。[⑧]

---

① 王跃生. 中国家庭代际关系的理论分析. 人口研究，2008，32（4）：13－21.

② 王跃生. 中国家庭代际关系的维系，变动和趋向. 江淮论坛，2011（2）：122－129.

③ Caldwell J C. Toward a restatement of demographic transition theory. Population and development review，1976：321－366.

④ Becker G. A theory of social interactions. Journal of Political Economy. 1974，82（6）：1063－1093.

⑤ Lee Y J，Parish W L，Willis R J. Sons，daughters，and intergenerational support in Taiwan. American journal of Sociology，1994：1010－1041.

⑥ 风笑天. 浅谈独生子女在家庭中的角色特点. 学术评论，1991（5）：59－61.

⑦ 杨菊华，李路路. 代际互动与家庭凝聚力——东亚国家和地区比较研究. 社会学研究，2009（3）：26－53.

⑧ 张文娟，李树茁. 农村老年人家庭代际支持研究——运用指数混合模型验证合作群体理论. 统计研究，2004（5）：33－37.

从居住关系方面来看，父母与子女的实际居住方式与他们的居住意愿存在一定的差别，这种差别主要受到双方的资源和需求的影响，比如住房条件、健康状况和经济能力等[①][②]。子女可能需要亲代帮忙照料自己年幼的子女，亲代则需要子代提供照料支持等，因此代际之间的交换关系显著影响了居住关系。[③] 以往研究发现独生子女与父母同住的可能性整体上要高于非独生子女。就业、结婚和生育等重大生命事件会提高子女与父母分开居住的可能性，但存在明显的性别差异，结婚和生育等生命事件更有利于男性子女与父母居住。[④] 子女的资源不足是决定其与父母共同居住的重要原因，不在业、不在婚、未生育、年龄小的子女更可能与父母同住。[⑤]

从经济互动方面来看，以往研究主要关注亲代向子代提供的经济帮助，子代向亲代提供的经济支持，以及经济支持或者帮助在亲代和子代的净流方向。田青[⑥]等基于 CHARLS 数据的实证研究表明，中国的家庭代际财富呈现向亲代转移的特征，但同时也存在年轻一代的“啃老现象”；农村父代对子代的财富转移存在性别差异，父代对子代的财富转移偏向儿子；与非独生子女相比，独生子女获得的财富转移的规模更大；帮忙照顾孙子女会促进父母对子女家庭财富转移的可能性和规模，交换理论对这种现象具有比较强的解释力。宋健和黄菲的研究表明独生子女得到父母更多经济帮助并接受父母经济“净帮助”的可能性高于非独生子女，但给予父母更多经济支持和给予父母经济“净支持”的可能性与非独生子女没有差异；生命事件会显著降低子女对父母的经济依赖，相反会提高子女对父母的经济支持；子女的收入状况是决定其与父母经济来往水平和方向的重要因素。当然，研究结论在一些具体的方面也存在一定的分歧，有研究表明

① Logan J R, Bian F, Bian Y. Tradition and change in the urban Chinese family: The case of living arrangements. Social Forces, 1998, 76 (3): 851－882.

② Logan J R, Bian F. Family values and coresidence with married children in urban China. Social Forces, 1999, 77 (4): 1253－1282.

③ 王磊．第一代独生子女婚后居住模式——基于江苏省的经验研究．南方人口，2012 (4)：16－24.

④ 宋健，范文婷．中国城市家庭的代际情感交流——基于独生子女生命历程视角的实证分析．南方人口，2016 (2)：26－35，80.

⑤ 宋健，黄菲．中国第一代独生子女与其父母的代际互动．人口研究，2011 (3)：3－16.

⑥ 田青．中国家庭代际财富转移的现状与影响因素．吉林大学社会科学学报，2016 (4)：16－27.

儿子对父母的经济支持的贡献更大。[①②] 独子（可能有姐妹）与非独生子女相比，提供给父母的经济支持和其他支持的可能性更低。[③]

从情感交流来看，以往研究表明独生子女与父母的情感交流更频繁，但与非独生子女的差异不是非常明显。[④⑤] 子女的生命事件对代际情感交流有重要的影响，结婚、生育会削弱未与父母同住的子女与父母间的联系；居住距离的作用非常重要，居住近有利于子女和父母在情感上的互动。[⑥] 就业会加强子女与父母见面的频率；就业、结婚则会加强子女与父母通信联络的频率。[⑦] 有研究发现儿子、女儿在代际支持的过程中存在分工效应和替代效应；儿子更多地与父母见面，女儿因为“从夫居”的关系，更可能通过电话联络父母。[⑧]

第三节　从“老年空巢”到“中年空巢”

“空巢家庭”一般是指随着家庭生命周期的展开，当所有子女离开父母，只剩下老年夫妇的“老年空巢”家庭阶段和类型。然而，随着家庭规模的缩小，家庭子女数从过去的五六人下降为一两人，当子女离家求学、就业或者结婚单独立户，家中剩下的夫妇尚处中年，因此“中年空巢”家庭应运而生。许多人还不到 50 岁就开始了空巢家庭生活，并且随着人口预期寿命的延长，空巢期可能会长达二三十年。“中年空巢”家庭与“老年空巢”家庭存在一些区别：中年父母的劳动经济能力要强于老年父母，身体还很健康或较健康，因此对经济支持、照料支持的需求没有那么高。

---

① 徐勤．儿子与女儿对父母支持的比较研究．人口研究，1996（5）：23－31.

② Zimmer Z，Kwong J. Family size and support of older adults in urban and rural China：Current effects and future implications. Demography，2003，40（1）：23－44.

③ 杨菊华，李路路．代际互动与家庭凝聚力——东亚国家和地区比较研究．社会学研究，2009（3）：26－53.

④ 宋健，黄菲．中国第一代独生子女与其父母的代际互动．人口研究，2011（3）：3－16.

⑤ 宋健，范文婷．中国城市家庭的代际情感交流——基于独生子女生命历程视角的实证分析．南方人口，2016（2）：26－35，80.

⑥ 宋健，黄菲．中国第一代独生子女与其父母的代际互动．人口研究，2011（3）：3－16.

⑦ 宋健，范文婷．中国城市家庭的代际情感交流——基于独生子女生命历程视角的实证分析．南方人口，2016（2）：26－35，80.

⑧ 张航空．儿子，女儿与代际支持．人口与发展，2012（5）：17－25.

空巢期会对家庭结构、家庭关系（亲子关系、夫妻关系）产生一定冲击，有必要探究“中年空巢”家庭的产生机制，并解读其可能面临的困境。

一、家庭生命周期与“空巢家庭”

对空巢家庭的定义有两个比较常用的标准：一是依据家庭生命周期中的“空巢期”来定义，即从子女全部离开，父母共同居住开始，到夫妇中的一方去世为止。另外一种关于空巢的界定，是建立在空巢比喻的基础之上，意指子女长大成人后纷纷离去，只剩下父母留守空巢的家庭。这种以空巢的比喻意义为基础界定的“空巢家庭”，不仅包括了空巢期的家庭，也包括解体期的家庭。[①]

对“空巢家庭”的界定与家庭生命周期的概念密不可分。经典的家庭生命周期理论是将核心家庭按照其形成发展的历史，从结婚至配偶死亡导致解体，划分为形成、扩展、扩展完成、收缩、收缩完成和解体六个阶段。1947 年，格里克（Glick）第一次提出了清晰且相对完整的家庭生命周期，也是被社会人口学家们视为最基础和传播最广泛的家庭生命周期模型。[②] 他认为家庭生命周期中最为重要的事件包括结婚、第一个子女出生、最后一个子女出生、第一个子女离开父母家（结婚）、最后一个子女离开父母家（结婚）、配偶一方死亡、残存一方死亡七个事件，并将家庭生命周期按照核心家庭的历史，从结婚至配偶死亡导致解体，划分为形成、扩展、扩展完成、收缩、收缩完成和解体六个阶段。其中，空巢家庭与最后两个阶段（即收缩完成和解体）相关联。

二、“中年空巢”家庭产生的机制

从家庭生命周期的视角来看，“空巢家庭”是以子女全部离开家为标志，而影响子女离家时间点的核心因素主要有两个：一个是子女离家年龄；另一个是子女的数量。研究表明，中国家庭生命周期的变化受后者的影响更大。田丰[③]使用 1982 年、1990 年和 2000 年全国人口普查数据计算

---

① 李芳，李志宏．农村空巢老年人权益保障的策略选择——城镇化视域中的再思考．社会保障研究，2014（3）：51－55.

② Glick P C. The family cycle. American sociological review，1947，12（2）：164－174.

③ 田丰．当代中国家庭生命周期．社会科学文献出版社，2011.

得到子女离家的预期年龄为 27.73 岁，1990 年为 27.36 岁，2000 年为 25.60 岁，在近 20 年的时间里，子女离家的年龄只减少了两岁左右。相比较而言，1982 年 30 岁男性进入家庭空巢期的预期年龄为 64.16 岁，30 岁女性进入家庭空巢期的预期年龄为 64.69 岁；1990 年 30 岁男性进入家庭空巢期的预期年龄为 63.69 岁，30 岁女性进入家庭空巢期的预期年龄为 63.49 岁；2000 年 30 岁男性进入家庭空巢期的预期年龄为 58.23 岁，30 岁女性进入家庭空巢期的预期年龄为 57.81 岁，子女全部离家的时点在近 20 年内提前了 7 年以上。

家庭中年空巢是社会经济发展和社会转型的必然结果。社会经济加速发展，人口流动性增强，居住方式发生变化，子女因为异地求学、就业或者结婚，更早地离开了原生家庭。在人口转变和家庭转变的背景下，家庭结构核心化、家庭规模小型化，生育数量降低是一种全球性的必然趋势，但中国的严格计划生育政策加速了生育数量的降低，也加快了“空巢期”的提早来到。此外，中国城乡二元的经济体制导致农村家庭的空巢现象更为凸显。田丰①使用 1982 年、1990 年和 2000 年普查数据计算得到，从 1982 年到 2000 年父母保持在空巢期的年限增加了 10 年左右，除了与子女离家年龄提前、子女数量减少之外，还与人口预期寿命的延长有关，三者的综合作用使得家庭收缩期完成阶段持续年数有很大的增长。

三、“中年空巢”家庭的特点

与老年空巢家庭相比较，“中年空巢”家庭具有一些独特性，主要表现为以下几个方面。

第一，中年夫妇在子女离家后相处的时间更长。老年空巢家庭已经接近家庭生命周期的尾声，当子女全部离家，老年夫妇也面临生命即将谢幕的前景，厮守时间不长；但中年空巢家庭当子女离家之时，夫妇甚至各自还未退休。从结婚育儿到孩子离家后重新面对两人世界，夫妇均需要进行一定的时间安排和心理预期的调整，特别是女性，以往更多的时间和精力会倾注在孩子身上，退休时间又相对男性更早，当孩子离家后需要重新调整安排生活的重心，以避免无所适从或夫妻产生矛盾。

① 田丰．当代中国家庭生命周期．社会科学文献出版社，2011.

第二，中年空巢家庭的“空巢期”往往与父母的“中年危机期”重叠。大部分女性会在45～50岁进入更年期，这一时期妇女的生理和心理状态会发生不同程度的变化，一些妇女会产生焦虑、烦躁、失落甚至抑郁的情绪。与此同时，男性步入40～50岁会面临“中年危机”，婚姻、事业和健康等方面均需要重新调整适应。

第三，中年空巢家庭的亲子关系更难把握。在中国家庭中，子女往往成为家庭的重心。父母的期望与活动通常围绕孩子发生。子女离家之前，亲子之间的互动是面对面的，比较直接，频率更高，强度更大。子女离开家之后，亲子关系的互动是非面对面的。这时亲子关系可能会出现两种问题，第一种是父母过于担心子女，希望时刻掌握子女的生活动态，因此对子女的生活干涉更多，子女可能会产生逆反心理；另外一种情况是父母对子女的生活关注太少，甚至不闻不问，子女会感到孤立无援；这两种情况都需要尽量避免。

第四节 计划生育特殊困难家庭

计划生育特殊困难家庭是指由于独生子女疾病、意外事故等原因，成为独生子女伤残死亡家庭，在生活保障、养老照料、大病医疗、精神慰藉等方面遇到一些特殊困难的家庭。接下来本节会对计划生育特殊困难家庭的现状、风险及其解决策略进行阐述。

一、计划生育特殊困难家庭的现状

2013年，《国家卫生计生委等5部门关于进一步做好计划生育特殊困难家庭扶助工作的通知》中明确说明，计划生育特殊困难家庭指“独生子女发生伤残或死亡、未再生育或收养子女的家庭”，《中华人民共和国人口与计划生育法》第二十七条则规定“获得《独生子女父母光荣证》的夫妻，独生子女发生意外伤残、死亡的，按照规定获得扶助”。因此计划生育特殊困难家庭不仅包括被社会关注较多的“失独家庭”，也包括独生子女伤残家庭。

自1980年以来，计划生育政策对于控制人口过快增长发挥了重要作用。中国的生育率大幅度下降，家庭规模逐渐缩小，独生子女家庭的数量也日益增多。对我国独生子女规模进行的测算主要依据不同时期的调查或普查数据，如张二力、陈建利利用“1988 年生育节育抽样调查”和“1992 年生育率调查”等资料来估计独生子女数量，结果表明，截至 1995 年我国独生子女数量已达到 8 000 万人次[①]；杨书章、郭震威[②]结合全国人口普查原始数据和国家计生委 1997 年全国人口与生殖健康调查（DRHS），估计出 1997 年独生子女规模约为 0.88 亿人；宋健利用 2000 年第五次全国人口普查原始数据，测算出 2000 年活产子女口径的全国独生子女数约 9 292万人，存活子女口径的独生子女约为 9 346 万人[③]；杨书章、王广州[④]还根据生育率和生育间隔计算的“一孩独生概率”公式进行了间接估计，认为 2000 年年末 0～17 岁独生子女数量已达 9 547 万人，2007 年年末 30 岁以下独生子女数量已超过 1.5 亿人，其中 0～17 岁独生子女为 1.14 亿，18～28 岁独生子女为 3 640 万人；另外，王广州[⑤]不仅估计 2005 年我国 0～18 岁独生子女总量在 1.1 亿人左右，还根据孩次递进人口预测模型对未来独生子女的发展进行了测算，预测 2020 年前我国独生子女保持在 1.1 亿～1.2 亿人，60 岁以下独生子女母亲总量在 1.3 亿人左右，预计 2020 年 60 岁以下独生子女母亲总量将达到 1.5 人左右。

从理论上看，庞大的独生子女家庭基数下，必将产生一定数量的计划生育特殊困难家庭。截至目前，已有多位学者对这一类家庭进行了探究。翟振武[⑥]利用 1990 年的生命表测算出中国 8 000 万独生子女家庭中，至少有 432 万家庭的独生子女在 25 岁以前夭折，有 968 万家庭的独生子女在 55 岁以前夭折；王广州和郭志刚[⑦]以 1990 年、2000 年的全国人口普查数据为主，同时以其他来源的数据作为参考和补充，用孩次递进的人口预测方法，估算出 2007 年 49 岁以上全国独生子女死亡的母亲总量在 30 万以

① 张二力，陈建利．现行生育政策下的模拟终身生育水平．中国人口科学，1999（5）：63－64.

② 杨书章，郭震威．中国独生子女现状及其对未来人口发展的影响．市场与人口分析，2000（4）：10－17.

③ 宋健．中国的独生子女与独生子女户．人口研究，2005（2）：16－24.

④ 杨书章，王广州．一种独生子女数量间接估计方法．中国人口科学，2007（4）：58－64.

⑤ 王广州．中国独生子女总量结构及未来发展趋势估计．人口研究，2009（1）：10－16.

⑥ 翟振武．全面建设小康社会与全面解决人口问题．人口研究，2003（1）：1－4.

⑦ 王广州，郭志刚．对伤残死亡独生子女母亲人数的初步测算．中国人口科学，2008（1）：37－42.

内，之后不断增长，于2038年达到峰值110万人左右，2007年全国49岁以上伤残独生子女母亲总量在22万人左右，2017年之前不断增长，2017年达到峰值，规模为40万人左右；王广州[①]通过2005年1%抽样调查数据和计算机仿真模型，估计2010年全国独生子女总量在1.45亿人左右，累计死亡独生子女超过100万人；也有学者分城乡估计得到2010年全国计划生育特殊困难家庭规模农村为158.57万户，城镇为82.69万户，其中49岁以上的计划生育特殊困难家庭父母农村为55.3万人，城镇为26.8万人；到2030年相应规模分别达到85.1万人和57.2万人。[②]

一些学者也通过区域性的专题调查数据和资料对计划生育特殊困难家庭的结构特征进行了探究。如尹志刚[③]对北京市宣武区的大龄独生子女伤残家庭进行了深度访谈和问卷调查，发现这类家庭比例较低，但风险大且难以补偿。赵仲杰[④]基于同样的数据，发现这类家庭的父母受到的精神打击大，很难走出独生子女伤残的伤痛，另外家庭养老支持弱化或丧失，老年生活质量缺乏保障，独生子女伤残、死亡甚至可能导致父母提前离世或夫妻关系破裂。张必春、江立华[⑤]对湖北省8个县市丧失独生子女的父母进行了调查，发现这些家庭表现出经济脆弱、心理脆弱、生理脆弱等多重脆弱性。

综上可见，从已有的估算来看，我国已产生数量较大的计划生育特殊困难家庭，且这类家庭受到的精神打击大，家庭功能缺损较为严重，面临着较高的经济和精神压力，养老和医疗保障堪忧，整体呈现相对弱势的状态。2001年年底颁布的《中华人民共和国人口与计划生育法》第二十七条明确规定："独生子女发生意外伤残、死亡，其父母不再生育和收养子女的，地方人民政府应当给予必要的帮助。"之后各省也分别制订了扶助制度方案，但一般都只聚焦经济扶助，且存在着扶助标准过低的问题。事

---

① 王广州．独生子女死亡总量及变化趋势研究．中国人口科学，2013（1）：57－65.

② 周伟，米红．中国失独家庭规模估计及扶助标准探讨．中国人口科学，2013（5）：2－9，126.

③ 尹志刚．北京市宣武区独生子女伤残死亡家庭风险及保障调查报告（摘要）//第四届中国人口学家前沿论坛论文集．2008：199－206.

④ 赵仲杰．城市独生子女伤残、死亡给其父母带来的困境及对策——以北京市宣武区调查数据为依据．南京人口管理干部学院学报，2009（2）：55－59.

⑤ 张必春，张立华．丧失独生子女父母的三重困境及其扶助机制——以湖北省8市调查为例．人口与经济，2012（5）：22－31.

实上，除了经济风险之外，计划生育特殊困难家庭还面临着养老就医、生活照料、精神慰藉等方面的风险，需要得到政府和社会的更多关注。

二、计划生育特殊困难家庭的风险及其解决策略

计划生育特殊困难家庭相比较一般家庭，具有较高的风险性。主要表现为：①贫困风险。一方面，计划生育特殊困难家庭中由于子女伤残，可能需要耗费大量的金钱和时间成本，有些疾病难以根治，因病致贫会成为这类家庭最大的风险；另一方面，一般家庭中父母在青壮年抚育子女时，待子女长成后会成为家庭财富的主要创造者，回馈家庭、回报父母也是中国家庭代际经济传递的传统方式。但计划生育特殊困难家庭由于子女缺失或伤残，代际间的经济流动中断或者没有反馈的可能性，会造成家庭在父母年迈后陷入贫困。②养老风险。“养儿防老”是中国家庭生育子女的主要功能之一，但计划生育特殊困难家庭得不到来自子女的养老帮助，当他们失去劳动能力或生活不能自理时，则面临极大的养老危机。

伴随着计划生育特殊困难家庭问题日渐显现，我国政府与社会均及时做出了反馈。中央政府于 2007 年第一次出台了计划生育特殊扶助条件，明确了对计划生育特殊困难家庭和独生子女家庭进行经济补助的政策导向，此后各省市纷纷颁布相应的政策予以跟进。随着近年来我国经济的发展，我国面向计划生育特殊困难家庭的政策扶持力度不断加大，专业化程度不断加深，民间力量不断加入，社区资源亦得到了较好的利用，逐渐形成了多样化的帮扶体系。

从帮扶主体来看，当前主要有四种力量：其一是各级政府，以发放计划生育家庭特殊扶助补贴为主要手段；其二是基层社区，以发动社区群众，调动社区资源，为计划生育特殊困难家庭提供精神抚慰服务为特色；其三是公益组织，以提供多样化的养老公益服务，保障计划生育特殊困难家庭老人生活质量为主要特征；其四是社会企业（Social Enterprise），主要指一些以市场化运作的公益性帮扶机制，通过“投保—赔付”的“商业保险”运营方式，为计划生育特殊困难家庭老人提供养老与医药保障。

而从帮扶内容上看，总体上来说，全国对计划生育特殊困难家庭帮扶从以前单一地关注经济帮扶逐渐转变为经济与精神帮扶并重，帮扶方式和帮扶队伍也日趋多样化及专业化，有些较发达省市已逐渐形成了颇具特色

的“政策帮扶、经济帮扶与精神慰藉相结合”的“三位一体”新模式。

在2013年发布的《国家卫生计生委等5部门关于进一步做好计划生育特殊困难家庭扶助工作的通知》中，明确提出了要提高计划生育特殊困难家庭的医疗保障水平，“要将符合条件的低收入计划生育特殊困难家庭成员纳入城乡医疗救助范围，给予相应的医疗救助，并帮助其参加城镇居民基本医疗保险或新型农村合作医疗”，并“对有再生育意愿的独生子女伤残死亡家庭，参加生育保险或城镇职工基本医疗保险、城镇居民基本医疗保险的，要将其接受取环、输卵（精）管复通等计划生育手术及再生育服务的医疗费用按照规定纳入支付范围；免费向农村居民提供取环、输卵（精）管复通等计划生育手术服务，并给予住院分娩补助；对确需实施辅助生殖技术的，要做好咨询指导工作，并给予必要的帮助”，另外还鼓励和支持各级医疗结构为计划生育特殊困难家庭开通绿色通道，建立社区医疗服务巡诊制度，为计划生育特殊困难家庭提供便利的就医条件。

针对计划生育特殊困难家庭面临的风险今后可能的解决策略包括以下几个方面。

第一，继续完善计划生育政策，降低计划生育特殊困难家庭形成的可能性。

2014年“单独”二孩政策以及2016年全面二孩政策的实施标志着中国计划生育政策的逐渐宽松。宽松的计划生育政策对于降低计划生育特殊困难家庭形成的可能性具有关键的作用。除了放宽计划生育政策，增加政策对增强家庭发展能力和家庭可持续发展能力的侧重对于解决计划生育特殊困难家庭的困境非常重要。

第二，完善计划生育特殊困难家庭相关的法律体系和扶助体系。

对计划生育特殊困难家庭最有效和直接的保障就是完善相关立法，使针对这一类家庭的基本经济保障、社会保障甚至精神保障成为成系统的、具体的法律条文。此外，针对扶助体系所涌现的各种问题进行有效地解决。完善扶助内容、提高保障水平、扩大制度覆盖面和引入多元主体等方面来完善计划生育特殊困难家庭扶助制度，以缓解这些家庭父母的后顾之忧，促进社会和谐发展。①

第三，完善针对计划生育特殊困难家庭的社会支持。

对计划生育特殊困难家庭的社会救助需要融入社会工作的价值理念和专业方法，将现有的注重经济支援的“生存型救助”策略转向关注家庭成长的“发展型救助策略”，针对家庭个体情绪、家庭发展以及社会再适应等生存困境，从微观、中观和宏观三个系统进行介入，帮助这些家庭挖掘自身潜能、恢复家庭功能，最终走出多重困境，实现社会再适应和自我实现的目标。②

---

① 谢勇才，王茂福．失独家庭扶助制度的问题与出路研究——基于全国22个省《失独家庭扶助制度实施方案》的分析．江淮论坛，2015（5）：131－135.

② 王文静，王蕾蕾，闫小红．从生存型救助到发展型救助——社会工作视角下失独家庭的救助策略．新疆社会科学，2015（5）：119－123.

第八章　城市化与家庭发展

城市化是世界各国现代化进程中社会结构改变的一个普遍过程，是指农业人口向城市集中实现非农化转移、城市数量在空间上增加以及城市人口规模扩大的过程，意味着人类生产方式、生活方式和居住方式的重大变迁。[①] 改革开放以来，飞速的经济发展极大地推动了我国城市化进程，2011 年我国城市化率已经超过 50%。然而，城市化获得快速发展的同时，在城乡二元经济结构和城乡二元户籍管理制度的作用下，大量农业人口向城市集中却无法在城市立足，完成非农化转移，对家庭尤其是农村家庭的正常生活和家庭稳定都带来极大的冲击。本章将对城市化与家庭发展相关问题进行阐述和讨论。

第一节　人口流动与农村“空心化”

一、人口流动

（一）人口流动的概念

人口流动与人口迁移不同，是与我国户籍管理制度相伴存在的特殊概念。在我国，地区之间的人口位移可以分为人口迁移和人口流动，相对应的人口则为迁移人口和流动人口。其中，人口迁移是指跨越一定空间范围的、并且伴随着户口变动的人口移动；人口流动则是指只发生了一定范围的空间移动、而并没有伴随户口变动的情况。因此，我国的人口流动可以定义为：跨越一定地理空间范围的，外出超过一定时间长度的，没有发生户口变动的空间位移过程，发生人口流动的主体则称为流动人口。

---

① 童玉芬，武玉．中国城市化进程中的人口特点与问题．人口与发展，2013（4）：37－45.

（二）人口流动的主要理论

1. 推—拉理论

“推—拉”理论最早由唐纳德·丁·博格（D. J. Bogue）等人提出，主要着眼于分析人口迁移流动的原因，该理论认为每一个地区都同时存在着某些吸引人的因素和排斥人的因素，正是在这种综合因素的作用下发生了人口迁移。在此基础上，李（E. S. Lee）对该理论进行了完善发展，将人口迁移流动的原因纳入包括迁出地影响因素、迁入地影响因素、中间障碍因素和个体特征因素四个方面在内的综合分析框架中。[①] 人口迁移的“推—拉”理论在人口迁移理论中得到广泛的认同和应用。

2. 二元经济模型

刘易斯（W. A. Lewis）的二元经济模型对于解释劳动力的转移有重要的意义。该理论认为，在传统农业部门中，劳动力相对于资本和土地过于丰富，而现代部门提供的就业机会是无限的，同时两大部门工资也存在着较大的差别，两种因素共同作用促使劳动力不断从传统农业部门向现代部门转移。随着农村剩余劳动力不断向现代部门的转移，在边际生产率递减规律的作用下，二元经济结构转化为一元，农村剩余劳动力被全部吸收，这个时点也被称为“刘易斯拐点”。二元经济模型对于解释我国劳动力的大规模从农村地区流向城市地区有一定的帮助。[②]

3. 托达罗模型

刘易斯的二元经济模型发表之后，拉尼斯和费景汉对该模型进行了修正，扩大了该模型的解释力，但是该模型无法解释为何农民向城市流动会不顾城市事实上存在的失业而继续进行。托达罗（Michael P Todaro）针对该问题提出了预期收入理论。该理论认为城乡劳动力迁移时会选择能够获得最大预期收入的流入地，迁移的动力是劳动力在城市获得的预期收入，而并非绝对收入，因此人们在迁移之前不仅考虑短期的收入和成本，而且会考虑长期预期收入和成本，如果长期收入能够弥补短期损失，他们仍然会做出迁移的决定。[③] 该理论对于解释中国城市地区存在大量失业的前提

---

① 朱杰．人口迁移理论综述及研究进展．江苏城市规划，2008（7）：40－44.

② 王培安．流动人口理论与政策综述报告．北京：中国人口出版社，2010.

③ 王培安．流动人口理论与政策综述报告．北京：中国人口出版社，2010.

下，仍有大规模乡城人口流动现象较有说服力。

除上述理论模型以外，还存在许多解释人口流动现象的理论和模型。舒尔茨的“投资—收益”理论、伊斯特林的相对经济地位变化假说、库兹涅茨的人口迁移理论等都是该领域著名的理论①，这些理论从不同的角度解释了人口迁移流动现象。

（三）人口流动的现状及特点

改革开放后，受沿海城市经济快速发展、城乡差距不断拉大、人口流动限制不断宽松等综合因素的影响，我国流动人口规模持续不断上升，给我国城乡经济发展带来了巨大的影响。改革开放以来，我国人口流动呈现出以下几个方面的基本特征。

1. 规模持续增长，人口流动高度活跃

改革开放初期到20世纪80年代末，随着户籍严控的制度松动，我国流动人口规模开始不断增加，从1982年的657万人增加到1990年的2 135万人，但人口流动相对来讲并不活跃。20世纪90年代以后，随着经济改革重心向城市转移以及沿海开放城市的发展，城乡经济发展差距迅速拉大，流动人口规模迅速上升，从1990年的2 135万人迅速发展到2000年的1亿人。进入21世纪后，随着改革开放的深入发展以及户籍制度的不断改革，人口流动进入高度活跃期，2000～2010年，流动人口规模翻了一倍多；2015年，我国流动人口规模已经达到2.47亿人，占总人口的比重接近20%。

2. 新生代流动人口超过半数，流动人口素质明显提升

流动人口主要是年轻劳动力外出打工，在城市中寻求更高的经济收入。因此，流动人口始终以青壮年劳动力为主，劳动年龄人口在流动人口中的占比始终超过80%。随着时间的推移，流动人口内部的结构也在发生变化，最显著的是1980年以后出生的新生代流动人口规模及占比大幅度提升。第六次全国人口普查数据显示，新生代流动人口规模已经达到1.8亿人，占全部流动人口的53.64%，比2005年增加了13个百分

① 王培安．流动人口理论与政策综述报告．北京：中国人口出版社，2010.

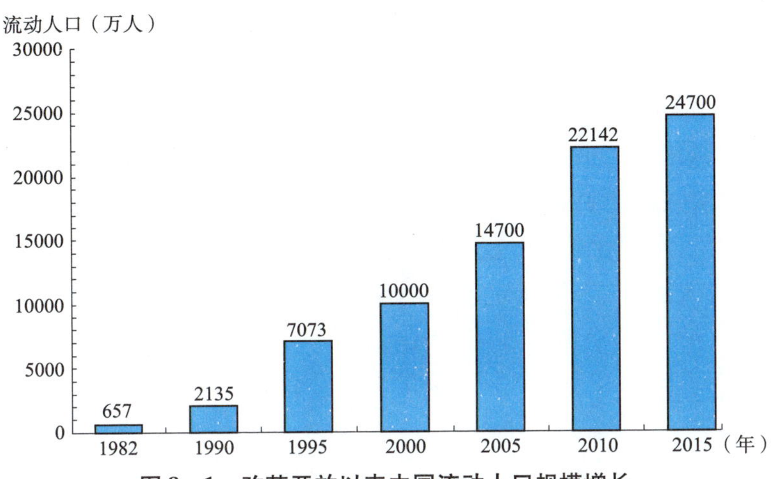

图 8－1　改革开放以来中国流动人口规模增长

数据来源：1982～2010 年数据引自段成荣，袁艳，郭静．我国流动人口的最新状况．西北人口，2013（6）：1－7，12. 2015 年数据来自《2015 年国民经济与社会发展统计公报》

点，新生代流动人口已成为我国流动人口的主体。① 流动人口受教育水平提高明显，2010 年流动人口平均受教育年限达到 9.9 年；受过专科及以上教育的人口从 2005 年的 1 076 万人增加到 2010 年的 3 330 万人，增加了两倍多的数量。②

3. 乡城流动占据主导，人口向东南沿海集中

人口流动中，乡城流动占据主导，并且增加迅速。2000 年，在乡城流动、城城流动、城乡流动和乡乡流动四类流动人口中，乡城流动的人口占比达到 53.1%，到 2010 年，乡城流动的人口比例上升到 63.3%。③ 过去30 多年来，我国流动人口的流入地分布经历了一个明显的集中化过程，流动人口越来越集中地流向沿海城市。2010 年，东部地区的流动人口占流动人口总量的比重达到 56.86%，其中南部沿海地区和东部沿海地区吸纳了全部流动人口总量的 40.77%。④

---

① 段成荣，吕利丹，邹湘江：当前我国流动人口面临的主要问题和对策——基于 2010 年第六次全国人口普查数据的分析．人口研究，2013（2）：17－24.

② 段成荣，袁艳，郭静：我国流动人口的最新状况．西北人口，2013（6）：1－7，12.

③ 马小红，段成荣，郭静：四类流动人口的比较研究．中国人口科学，2014（5）：36－46，126－127.

④ 段成荣，吕利丹，邹湘江．当前我国流动人口面临的主要问题和对策——基于 2010 年第六次全国人口普查数据的分析．人口研究，2013（2）：17－24.

4. 人口流动家庭化趋势明显

人口流动的过程一般将经历三个阶段，即先锋阶段、家庭化阶段和大众化阶段。[①] 目前，我国人口流动在经历了浩浩荡荡的先锋阶段以后，已然进入了家庭化的阶段。[②] 第六次全国人口普查数据显示，流动人口家庭中，两代户家庭占所有流动人口家庭户的38.52%，三代户家庭也占据了一定的比重，为5.04%，一代户中大部分流动人口也是同配偶或兄弟姐妹等一起流动，独自一人流动的只占家庭户的26.25%，流动人口家庭化特征十分明显。[③]

二、农村空心化

（一）农村空心化的概念

农村空心化的概念多用于地理学研究，早期研究对农村空心化的定义多基于典型的空心村案例，近年来才逐渐变得一般化。王成新等认为农村空心化是改革开放以后，随着农村经济的迅速发展，农民不断新建住房，导致乡村建设用地外延内空、村庄中心衰败、外围扩展无序的现象。[④] 刘彦随对此概念进行了完善发展，认为农村空心化本质上是城乡发展转型过程中，由于农村人口非农化引起的“人去楼空”以及宅基地普遍“建新不拆旧”，新建住宅不断外扩，村庄用地规模扩大，原宅基地闲置废弃加剧的一种“外扩内空”的村落演化过程。[⑤] 但也有学者认为农村空心化不只是村落空间变化形态，指出农村空心化是由农村人口外流引起的农村经济社会功能整体退化的过程，表现为农村人口数量下降、人才流失严重，农业生产废弃、耕地抛荒严重，农村宅基地闲置、土地资源浪费等方面，继续发展则出现总体性衰败的现象。[⑥] 周祝平也根据农村空心化的概念提出

---

① 段成荣．我国人口流动趋向家庭化．南方农村，2003（6）：44.

② 陈卫，刘金菊．人口流动家庭化及其影响因素——以北京市为例．人口学刊，2012（6）：3－8.

③ 段成荣，吕利丹，邹湘江．当前我国流动人口面临的主要问题和对策——基于2010年第六次全国人口普查数据的分析．人口研究，2013（2）：17－24.

④ 王成新，姚士谋，陈彩虹．中国农村聚落空心化问题实证研究．地理科学，2005（3）：3257－3262.

⑤ 刘彦随，刘玉，翟荣新．中国农村空心化的地理学研究与整治实践．地理学报，2009（10）：1193－1202.

⑥ 饶静．我国农村空心化的成因及对策．农村工作通讯，2013（12）：41－43.

了农村人口空心化的概念，指出农村人口空心化是20世纪90年代以后出现的，农村青壮年劳动力大量流入城市，导致农村青壮年人口数量和比例下降，剩下的都是老人、妇女和儿童等群体的现象。①

可以看出，农村空心化是改革开放后特别是20世纪90年代以后，在城市化和工业化快速发展进程中，大量农村年轻劳动人口流向城市地区而导致一种村落发展的不良现象。但以往地理学研究多关注农村空间发展形态上的“空心化”，忽视了人口、家庭、社区以及农村整体生产发展的“空心化”。因此，本书认为，农村空心化是城市化和工业化发展进程中，由于农村人口外流导致的农村整体衰退的过程，在村落空间布局上表现为“人去楼空”“外扩内空”等宅基地闲置的现象，在人口变化上表现为人口减少、人口结构老化以及人口素质的下降，在社区发展上表现为农村管理和服务水平的下降，在生产方面表现为耕地抛荒、农业生产废弃。

（二）农村空心化的人口特征

农村空心化是在我国城乡二元经济体制下，农村人口大规模向城市流动而造成的农村整体衰退的现象，其有多个维度的表现，既有空间布局上的表现也有人口方面的表现。农村空心化在人口方面的特点集中表现为农村人口规模下降、人口结构老化和人才流失严重三个方面，它不仅影响着农村家庭的发展，也影响着农村地区整体的经济发展。

1. 农村人口规模快速下降

我国城乡二元经济结构明显，农村地区与城市地区经济社会发展水平差距较大，农村地区的生育水平相对城市来讲较高，人口自然增长速度远高于城市地区。但是，大规模的人口流动改变了城乡人口分布的态势，20世纪90年代中期以后，随着人口流动进入高度活跃的时期，农村人口规模变化迎来了历史性的转折点。农村人口在1995年达到峰值8.59亿人之后开始持续下降，到2010年下降至6.74亿人，比峰值人口下降了1.85亿人，平均每年下降1 700万人。②

2. 农村人口年龄结构老化

老龄化是经济发展到一定程度的结果，按照老龄化与经济发展水平的

① 周祝平．中国农村人口空心化及其挑战．人口研究，2008（2）：45－52.

② 周祝平．中国农村人口空心化及其挑战．人口研究，2008（2）：45－52.

关系，城市地区经济发展水平高，老龄化水平应该高于农村地区。但这只是封闭人口状态下的规律，我国接近2.5亿的流动人口规模极大地改变了城乡老龄化水平的对比关系。农村人口外出流动主要是到城市就业以获取更高的收入，因此青壮年劳动年龄人口是流动人口的主力军，占全部农村流动人口的80%以上，大量年轻劳动力的流失使得我国老龄化呈现明显的城乡倒置的特点。2000年第五次全国人口普查数据显示，城市和农村60岁及以上人口的比例分别为9.68%和10.91%，到2010年同一比例分别上升为11.68%和14.98%，农村地区老年人口比例增长速度明显快于城市地区。①

3. 农村人才流失严重

“数量大、素质偏低”是我国农村地区人力资源长期以来的基本特点，也是束缚我国农村经济发展的重要因素。过去几十年，随着经济社会的发展，农村人口的受教育水平有了一定的提高，1990～2005年的15年间，我国农村地区人口平均受教育年限上升了1.3年。② 然而，在城市较好的就业机会和收入条件的吸引下，大部分受过良好教育的青壮年都选择外出打工，农村地区高素质人才流失严重，留守在农村地区的妇女和老人往往受教育水平较低，难以促进农村地区农业生产效率的提高。

第二节 城市化背景下的中国农村家庭

一、中国城市化现状与问题

改革开放以前，我国城乡经济发展经历了众多曲折，走了许多弯路，城市化发展也不断出现反复以至长期没有得到实质性发展，从新中国成立到改革开放政策实施的近30年内，我国城市化水平始终没有超过20%。改革开放以后，随着经济社会的发展，中国的城市化进程也步入正轨。

① 邹湘江，吴丹．人口流动对农村人口老龄化的影响研究——基于“五普”和“六普”数据分析．人口学刊，2013（4）：70－79.

② 黄晨熹．1964～2005年我国人口受教育状况的变动——基于人口普查/抽查资料的分析．人口学刊，2011（4）：3－13.

2000年，我国城市化水平从1978年的17.9%迅速上升到36.2%，2011年进一步上升到51%，城市人口首次超过农村人口，标志着我国城市化发展取得了重大成就和突破。

然而，我国城市化水平的快速发展是建立在绝对水平较低的基础上的。与世界主要发达国家相比，中国城市化率还处于相当落后的水平。中国目前的城市化率为56.1%，低于世界平均水平，与日本1980年的水平相当，比美国1980年的城市化水平还低了20多个百分点。此外，中国在城市化过程中还面临着其他诸多问题。首先，中国的城市化进程落后于工业化进程。有学者指出，中国城市化水平至少落后工业化水平10个百分点。[①] 其次，土地城市化快于人口城市化，土地利用粗放。2000～2011年，中国城镇建成区面积增长高达76.4%，远高于城镇人口50%的增长水平。[②] 最后，大量农业转移人口难以融入城市也是城市化进程中面临的重要问题。中国的城市化率已经超过50%，很大程度上得益于我国超过2.5亿人的进城农民工，但实际上，在城乡二元经济体制下，进城农民工虽然居住在城市、工作在城市，却根本无法享受到与城市居民相等的公共服务，这部分人并没有完全融入城市，成为城市人口。根据计算，如果不将进城农民工包含在内，也即按照户籍人口计算城市化率，中国2012年的城市化水平只有35%左右。[③]

在二元经济体制背景下，农业转移人口市民化困难，一方面进城务工的流动人口在住房、教育、医疗等多方面的基本权利得不到保障，在城市安不了家；另一方面留守农村的家庭长期缺乏主心骨，家庭功能日益衰退。可见，城市化发展进程中的诸多问题不仅是宏观层面的经济发展问题，更是密切关系到人民群众特别是农村人民的切身利益与家庭幸福的社会问题。

二、城市化背景下的农村家庭

（一）城市化背景下的农村流动家庭

近年来，流动人口规模在不断扩大的同时，流动人口家庭化的趋势也

① 李力行．中国的城市化水平：现状、挑战和应对．浙江社会科学，2010（12）：27－34，42，125．

② 数据引自：国家新型城镇化规划（2014—2020年）．农村工作通讯，2014（6）：32－48．

③ 国家新型城镇化规划（2014—2020年）．农村工作通讯，2014（6）：32－48．

日益明显。流动人口逐渐摆脱了孤身一人闯荡天涯的状态，进入了携妻带子、携老扶幼共同流动的状态。[①] 然而，尽管流动人口已经不再是只身一人外出，而是以家庭的形式集体外出，但他们并没有真正在城市安身立命，他们的户籍身份决定了他们单独外出是农村人，集体外出也是农村家庭。流动人口及其家庭成员的“半城市人口”的尴尬身份使得流动人口家庭面临着诸多问题。

1．流动人口家庭居住状况差

流动人口进入城市的主要原因是为了务工，但只有安于所居，才能乐其所业。有一个良好的居住条件，才能使安心工作和家庭幸福有稳定的保障，才能为逐步融入城市奠定基础。近年来，政府部门对流动人口居住问题的关注程度日益提高，采取了多项措施来推进“居者有其屋”的目标。但是，由于经济和制度等因素的制约，流动人口的居住现状十分堪忧，集中表现为流动人口住房拥有率低、居住面积小、住房设施差三个方面。[②] 2006 年，全国农民工租房比例约占 60%，用人单位提供住宿的占 30%，全国农民工自购房的比例不足 5%，90% 的人依靠租房或用人单位提供宿舍解决居住问题；调查显示，北京的城中村中，40% 的住户人均住房使用面积不足 5 平方米，90% 以上的住房缺乏独立厕所和厨房。[③]

2．流动人口及其家庭成员社会保障水平低

社会保障是重要的社会安全阀，但是，流动人口进入城市以后的社会保障情况并不理想，多数流动人口及其家庭成员在流入地没有相应的社会保障，被排斥在社会安全网之外。2005 年全国 1% 人口抽样调查数据显示，流动人口中有超过 70% 的人在流入地没有参加任何社会保险。2011 年流动人口动态监测调查数据显示，劳动年龄流动人口中，75% 流动人口仍未参加工伤保险，95% 未参加失业保险，85% 未参加城镇基本养老

① 段成荣，吕利丹，邹湘江．当前我国流动人口面临的主要问题和对策——基于 2010 年第六次全国人口普查数据的分析．人口研究，2013（2）：17－24.

② 何炤华，杨菊华．安居还是寄居？不同户籍身份流动人口居住状况研究．人口研究，2013（6）：17－34.

③ 何炤华，杨菊华．安居还是寄居？不同户籍身份流动人口居住状况研究．人口研究，2013（6）：17－34.

保险。[①]

3. 流动人口子女教育问题突出

首先，学龄前儿童学前教育问题突出，由于户籍身份的限制，流动人口子女很难进入城市的公立学校，为了让孩子获得学前教育，流动人口家庭只能花更大的价钱让他们进入私立学校，极大地增加了流动家庭的经济负担。其次，流动人口随迁子女的异地高考问题重大而紧迫，据估计，每年约有 30 万流动人口子女面临着异地高考的问题，如此大规模的人口问题已经不再是只关系到当事人的个人问题，而是关系到社会稳定和国家发展的大事。[②] 再次，流动人口子女随迁进入城市以后，由于流动人口的职业具有不稳定性，多数流动家庭经常要更换住处，其子女刚刚适应了一个环境，又不得不因此随家庭进入另一个新的环境，原有的关系网络不断遭到中断，对孩子的正常的成长和社会化造成了极为不利的影响。最后，流动人口家庭进入城市以后，其经济功能占据了绝对主导地位，极大地削弱了家庭的教育功能，家长在城市地区工作繁忙，往往无暇顾及子女的教育，不仅不利于孩子学习表现的提升，也不利于孩子心理健康的发展。[③]

4. 流动人口家庭社会融合状况差

虽然流动人口及其家庭成员融入当地社会的意愿较高，但是往往缺乏社会参与的渠道，导致融入的实际状况不佳。调查显示，大多数流动人口表示关心现居住地的发展和变化，乐意参与工作单位的管理活动，愿意参加居住社区的社区选举活动，逐渐融入当地社会。但从实际情况来看，流动人口在流入地的交往范围往往局限于亲缘和地缘关系，与流入地其他群体尤其是本地人的交流不足，参加现居住地社会活动的比例很低，有 35% 的流动人口从未参加现居住地举办的任何活动。

5. 流动人口的失业问题需要引起重视

长期以来，农村流动人口劳动力对我国城市化的发展发挥了极为重要

① 段成荣，吕利丹，邹湘江．当前我国流动人口面临的主要问题和对策——基于 2010 年第六次全国人口普查数据的分析．人口研究，2013（2）：17－24.

② 段成荣，吕利丹，邹湘江．当前我国流动人口面临的主要问题和对策——基于 2010 年第六次全国人口普查数据的分析．人口研究，2013（2）：17－24.

③ 李伟梁．试论流动人口子女家庭教育问题的成因及特点．中南民族大学学报（人文社会科学版），2005（2）：136－139.

的作用。过去流动人口整体素质低，农民工作为廉价劳动力到城市就业具有价格优势，因此失业问题并没有受到关注和重视。近年来，随着新生代农民工群体扩大并逐渐成为流动人口的主力军，流动人口对工资的要求逐渐提高，失业问题也随之而来，流动人口的失业率表现出上升的迹象。流动人口的失业问题之所以值得关注，是因为流动人口及其家庭成员在城市没有与当地居民同等的社会保障，失业对于个人及家庭的打击更为巨大。尤其对于新生代流动人口来说，农村已经成为他们食之无味、弃之可惜的“鸡肋”，他们从一开始就到城市务工，没有农村务农的经验，失业后返回农村也没有发展希望可言，一旦失业，他们极有可能面临农村回不去、城市留不住的尴尬境地。①

（二）城市化背景下的农村留守家庭

农村家庭成员异地分隔是中国城市化发展和人口流动导致的一个突出问题，一半是进城务工的流动人口家庭，一半是留守在农村的留守家庭，无论是哪一部分人群，都被迫承担着与家人异地分隔的痛苦。流动家庭在城市地区承受着来自居住、社会保障、子女教育、社会融入、就业等多方面的压力，而留守家庭在农村地区也面临着其独有的困境。

1. 农村留守家庭的生产经济功能下降

研究表明，农村家庭成员外出流动获取了更高的收入，他们大都会寄钱回家，改善家庭的整体生活状况作用显著。调查显示，被访的留守家庭有一半以上的年收入来源于外出务工人员，这些收入大大改善了家庭的整体生活状况，提高留守家庭成员的生活满意度。② 然而，农村经济收入增加的同时，农村留守家庭的生产经济功能却急剧下降。由于家庭中成年男性人口外出流动，老人、妇女和儿童成为留守家庭的主体，而这部分人在劳动能力和素质等方面都不如男性，进而弱化了农村家庭的生产经济功能。③

2. 留守人群的生活状况堪忧

城市化发展和人口流动对农村家庭最主要的影响是产生了大规模的留

---

① 段成荣，吕利丹，邹湘江．当前我国流动人口面临的主要问题和对策——基于2010年第六次全国人口普查数据的分析．人口研究，2013（2）：17－24.

② 杜鹏，李一男，王澎湖，林伟．流动人口外出对其家庭的影响．人口学刊，2007（1）：3－9.

③ 王培安．流动人口理论与政策综述报告．北京：中国人口出版社，2010：49－54.

守群体，包括留守老人、留守妇女和留守儿童，我们形象地称之为“386 199 部队”。国家统计局数据显示，2010 年我国农村留守老人规模达到 4 000 万人，留守妇女规模达到 4 700 万人，留守儿童规模达到 6 103 万人，全部留守人群合计 1.4 亿人，相当于俄罗斯的人口总数。[①]

老年人由于年龄的增长和身体的衰弱，劳动能力逐渐消失，但是多数留守老人仍然需要通过自身的劳动获取生活来源，有调查显示，80% 的留守老人生活来源仍然主要依靠自身劳动。此外，留守老人生活起居缺乏照料，精神生活缺乏，对留守老年人的身体和精神健康造成了不利的影响。调查显示，农村留守老人身体健康状况自评为非常好或者较好的比例只有 32.9%，而自评为较差或者非常差的比例接近 42.7%，留守老人的身体健康状况不容乐观。[②]

丈夫外出以后，农村家庭的所有事务都留给了妻子，农业生产劳动、家务劳动、子女教育、赡养老人等责任由留守妇女一人挑，极大地增加了留守妇女的负担。此外，村留守妇女长期与丈夫分离，无法享受正常的性生活，还容易遭到男性的性侵犯，对留守妇女的生理和心理健康都带来了极为不利的影响。[③]

留守儿童是农村留守人群中最受关注的群体，由于儿童身体和心理发育都尚不健全，因此更容易受到侵害或者误入歧途。研究表明，农村留守儿童在学习教育、道德品行、人身安全以及心理健康等多方面都面临着诸多问题。

3. 农村家庭稳定性遭遇冲击

对于夫妻双方一方外出流动的家庭来说，夫妻双方只能偶尔团圆，聚少离多、精神交流缺乏、生理需求不足等问题长期得不到解决，对农村夫妻关系和家庭稳定构成了极大的威胁。一些留守妇女长期承担过多的家庭责任，精神上缺乏慰藉，夫妻感情淡化，婚姻关系即使不破裂也名存实亡。

---

① 李强．大国空村：农村留守儿童、妇女与老人，北京：中国经济出版社，2015：1－2.

② 李强．大国空村：农村留守儿童、妇女与老人．北京：中国经济出版社，2015：165－166.

③ 李强．大国空村：农村留守儿童、妇女与老人．北京：中国经济出版社，2015：159－161.

第三节　农村留守儿童与隔代抚养

一、留守儿童和隔代抚养的概念

留守儿童的概念最早是在1994年被提出来的，当时是特指父母在国外工作、学习而被留在国内的儿童，如今留守儿童的概念则指的是父母外出打工而被留在家乡的儿童。在以往的研究中，关于留守儿童的严格定义存在以下三个方面的分歧：

一是关于父母外出的人数的分歧，究竟是父母均外出的儿童才算留守儿童还是父母双方至少一方外出的儿童则算留守儿童。针对该问题，虽然有少数学者认为父母仅有一方外出的儿童不能包括在留守儿童的范围内，但是大多数学者都认为父母双方至少一方外出的儿童就称为留守儿童。笔者也认为，父母双方在儿童的成长过程中的职责和作用是不同的，都是不可或缺的，因此将父母双方至少一方外出的儿童定义为留守儿童更为科学。

二是关于父母外出时长的问题，也即父母外出多长时间才能称为留守儿童。对于这个时间长度，有研究将其定义为3～4个月，也有研究定义为半年，还有研究将其定义为一年甚至两年。但由于留守儿童与人口流动密切相关，参考流动人口定义中的时间规定，多数研究将留守儿童概念中父母外出的时间长度也定义为半年。

三是关于留守儿童年龄的争议。对该问题的观点则更缺乏一致定论，主要是因为我国并没有对“儿童”这个概念做出明确的界定。因此，已有研究中将18周岁、16周岁、15周岁等年龄作为分界的都有。本书将采用《联合国儿童公约》中对儿童年龄的界定标准，也即将儿童定义为18周岁以下的人口。

由此，本书定义未满18周岁的，由于父母双方或其中一方外出打工半年及以上而留守家中儿童成为留守儿童。留守儿童包括了城市留守儿童和农村留守儿童，由于农村留守儿童占绝大多数，其存在的问题更复杂，是被关注的焦点，因此，本书也只关注农村留守儿童。

一般来讲，留守儿童的父母在外出之前会将其子女托付给他人照顾，据此可以将留守儿童划分为不同类型，具体划分方法不尽相同。王伊欢、叶敬忠将其划分为四类，即隔代（祖父母或外祖父母）监护、单亲（父亲或母亲）监护、上代（亲戚或邻居）监护和同辈（哥哥姐姐或自己）监护。[①] 段成荣、周福林则将其划分为六类，即儿童单独留守、儿童与父亲留守、儿童与母亲留守、儿童与父亲及其他亲属留守、儿童与母亲及其他亲属留守、儿童与其他亲属留守。[②] 全国妇联则根据父母外出的数量以及留守儿童抚养人的情况将其划分为七类，儿童单独留守、儿童与祖父母留守、儿童与其他人留守、儿童单独与母亲留守、儿童与母亲及祖父母留守、儿童单独与父亲留守、儿童与父亲及祖父母留守。

上述各种划分方法或笼统或具体，或简略或详尽，各具优点，本书不再做划分。本书关注的是各种类型中儿童与祖父母留守的情况，这种情况也即隔代抚养。父母一方外出的留守儿童，尚能获得父母一方的抚养和教育，产生的问题相对较少。独自留守的儿童在全体农村留守儿童中比重很小，这部分儿童的年龄也一般较大，自我行为能力较强，所以受到的关注也相对较少。隔代抚养是父母均外出后最为普遍的家庭抚养模式，这种儿童抚养模式往往由于祖辈年龄较大、文化程度低、观念保守而产生更多更复杂的问题，因此也更加受关注。

二、农村留守儿童的基本情况

（一）农村留守儿童的数量和年龄结构

关于留守儿童群体数量的问题，目前较为权威的数据来自全国妇联的估计，根据全国妇联分别于2008年和2013年发布的《全国农村留守儿童状况研究报告》和《全国农村留守儿童、城乡流动儿童状况研究报告》，2000年我国留守儿童数量就已经达到了2 954万人，其中农村留守儿童占比为82.72%，也即为2 443万人。2005年，全国农村留守儿童数量上升为约5 860万人，比2000年增加了约140%。2010年，全国农村留守儿童

① 叶敬忠，王伊欢，张克云，陆继霞．对留守儿童问题的研究综述．农业经济问题，2005（10）：75－80，82.

② 周福林，段成荣．留守儿童研究综述．人口学刊，2006（3）：60－65.

数量进一步增加到6 100万人以上，占全部农村儿童的比重接近40%。

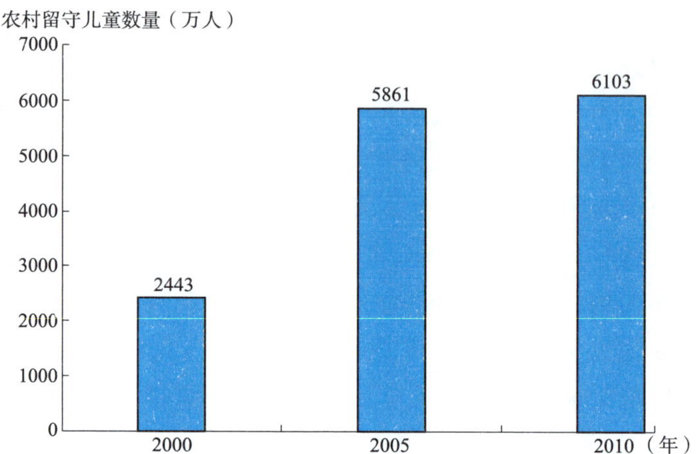

图8－2　2000～2010年中国农村留守儿童数量

近年来，农村留守儿童的年龄分布发生了较大变化，留守儿童中学龄前儿童的规模和比例快速上升。根据全国妇联《全国农村留守儿童、城乡流动儿童状况研究报告》，2010年，农村学龄前留守儿童（0～5岁）的规模达到约2 340万人，占全部农村留守儿童的比例为38.4%。与2005年相比，农村学龄前留守儿童规模增加757万人，占全部农村留守儿童的比例增加了约11个百分点。与此同时，义务教育阶段和高中教育阶段的农村留守儿童的规模则相应的有所下降，其中义务教育阶段的农村留守儿童规模下降315万人，高中教育阶段农村留守儿童规模下降约200万人（表8－1）。

表8－1　2005年和2010年全国农村留守儿童的年龄构成

年龄段	年龄构成百分比（%）	
	2005年	2010年
0～5岁	27.05	38.37
6～11岁	34.85	32.01
12～14岁	20.84	16.30
15～17岁	17.27	13.32

数据来源：引自全国妇联课题组，《全国农村留守儿童、城乡流动儿童状况研究报告》，《中国妇运》，2013（6）：30－34

与年龄较大的留守儿童相比，学龄前留守儿童面临的安全和健康风险更大，需要更多更细致的照顾，学龄前留守儿童规模和比例的增加将给留守儿童的抚养者带来更大的负担，使农村家庭变得更加脆弱，制约农村家庭发展能力的提高。

（二）农村留守儿童的分布

留守儿童问题因人口流动而起，留守儿童的分布自然与人口流动的分布呈现很强的相关关系，劳动力流出大省往往也是留守儿童集中分布的地区。2010 年数据显示，我国农村留守儿童分布集中在中南部的劳务输出大省，以四川、河南、安徽、广东、湖南和广西六省最为集中，六个省份农村留守儿童数量合计超过了全部农村留守儿童数量的一半，达到 52%。其中，四川、河南的农村留守儿童规模最大，占全国农村留守儿童比例最高，分别达到 11.34% 和 10.73%。其次是安徽、广东、湖南和广西等地区。此外，农村留守儿童规模排名前十的省份还有江西、江苏、贵州和湖北，也属于留守儿童规模较大的省份。

在农村留守儿童最为集中的十个省份当中，除广东和江苏以外，都属于中西部的劳动力输出大省。之所以广东和江苏的农村留守儿童规模也比较庞大，是因为广东和江苏省内区域发展不平衡的情况较为严重，省内流动的人口规模较大，从而也造成不少农村儿童留守。

农村留守儿童占全部农村儿童的百分比可以反映一个地区农村儿童留守现象的严重程度。2010 年全国人口普查数据显示，重庆市农村儿童留守现象最为严重，农村儿童留守已经成为普遍现象，有 2/3 的农村儿童都是留守儿童；其次，四川、安徽、江苏、江西和湖南五个省份农村留守儿童占全部农村儿童的比例也超过 50%，农村儿童留守现象也较为普遍（表 8－2）。

表 8－2　各省 0～17 岁农村留守儿童分布状况

省份	农村留守儿童规模（万人）	占全国留守儿童百分比（%）	占该省份农村儿童百分比（%）
北京	6.10	0.10	19.47
天津	6.71	0.11	12.41
河北	198.94	3.26	21.39

续表

省份	农村留守儿童规模（万人）	占全国留守儿童百分比（%）	占该省份农村儿童百分比（%）
山西	83.60	1.37	18.66
内蒙古	32.95	0.54	16.58
辽宁	56.14	0.92	18.67
吉林	37.23	0.61	17.14
黑龙江	51.26	0.84	17.95
上海	7.93	0.13	29.92
江苏	296.58	4.86	51.56
浙江	116.56	1.91	30.35
安徽	443.05	7.26	53.49
福建	125.71	2.06	38.07
江西	371.65	6.09	51.47
山东	216.03	3.54	22.21
河南	654.08	10.72	39.46
湖北	270.34	4.43	48.61
湖南	435.11	7.13	51.14
广东	438.16	7.18	42.56
广西	404.60	6.63	48.59
海南	23.80	0.39	19.84
重庆	217.25	3.56	66.52
四川	692.03	11.34	54.25
贵州	314.28	5.15	40.26
云南	209.93	3.44	24.53
西藏	18.92	0.31	26.11
陕西	147.07	2.41	30.09
甘肃	140.36	2.30	28.42
青海	23.19	0.38	26.17
宁夏	12.82	0.21	13.49
新疆	49.43	0.81	12.73
全国	6 102.55	100.00	37.73

数据引自：段成荣，吕利丹，郭静，王宗萍．我国农村留守儿童生存和发展基本状况——基于第六次人口普查数据的分析．人口学刊，2013（3）：37－49

（三）农村留守儿童的居住状况

2010年数据显示，在全部农村留守儿童中，父母双方均外出的比例为46.7%，与2005年相比下降了约5个百分点，父母双方仅一方外出的比例则由2005年的47.1%上升为2010年的53.3%。

2010年，在父母均外出的农村留守儿童中，多数由祖父母照顾抚养，在全体农村留守儿童中占比为32.7%，约有10%则由祖父母以外的亲属抚养，仍然存在3.4%的儿童没有任何人抚养，只能独自生活。虽然农村留守儿童中独自生活的比例不高，但是对应的留守儿童规模却达到200万人以上，仍然是需要特别关注的问题。

在父母一方外出的农村留守儿童中，儿童与母亲留守的占绝大多数，在全体农村留守儿童中占比为36.4%，其中又有16.1%的儿童与母亲及祖父母共同生活。与父亲留守的占比较低，约为16.1%，其中约有一半与父亲及祖父母共同生活。

三、农村留守儿童面临的问题

农村留守儿童家庭不全，缺乏父母的照顾和教育，监护人往往心有余力不足。因此，相对非留守儿童来说，农村留守儿童在安全、学习、心理健康等诸多方面都存在较为明显的问题。不少学者就农村留守儿童面临的问题进行了概括总结，周福林、段成荣通过文献梳理归纳了留守对儿童带来的影响，包括教育、儿童行为及社交、心理及情感、人身安全、父母期望五个方面。[①] 辜胜阻等人将农村留守儿童问题归纳为学习滞后、心理失衡、行为失范、安全堪忧四个方面。[②] 此外，还有不少学者就农村留守儿童教育、心理、安全等某一方面问题进行专门研究。从以往研究中的总结来看，农村留守儿童存在的问题基本都包括教育学习、心理健康、人身安全以及道德品行几个方面。

（一）留守儿童学习成绩较差，学习兴趣较弱

针对留守儿童的学习问题，一般认为留守儿童学习成绩相对非留守儿

---

① 周福林，段成荣．留守儿童研究综述．人口学刊，2006（3）：60－65.

② 辜胜阻，易善策，李华．城镇化进程中农村留守儿童问题及对策．教育研究，2011（9）：29－33.

童更差，父母外出流动会导致留守儿童学习成绩的下降。根据全国妇联2006年调查数据，农村留守儿童学习成绩一般或较差的比例为50%，比非留守儿童高6个百分点，学习成绩优秀的比例为13%，比非留守儿童低6个百分点。全国青少年研究中心2014年调查数据也表明，留守儿童不想学习或对学习不感兴趣的比例比非留守儿童高出约9个百分点。可见，农村留守儿童的学习成绩和学习兴趣都不如非留守儿童。

但父母外出是否造成留守儿童学习成绩的下降，调查数据并没有表现出直接的证据。全国妇联2006年调查数据显示，被调查的留守儿童中，有9%的人表示自己的成绩相对父母外出打工前下降了，但也有13%的人表示自己的成绩相对以前上升了。可见，父母外出流动对农村留守儿童成绩变化的影响存在着两种方向，正如有学者指出的“父母外出导致父母与孩子间沟通频率的减少和沟通方式的单一化，这会影响家庭在子女教育上作用的发挥；但与此同时，外出流动会开阔父母的眼界，从而有利于孩子的教育”①。

（二）父母外出对留守儿童心理健康影响大

亲子分离往往导致留守儿童情感受挫以及人格发展产生偏差，留守儿童在心理上表现更为孤僻，具体体现为性格内向、独来独往、人际关系差等；此外，留守儿童的自私心理、逆反心理以及攻击性都表现得更为突出。② 林宏对福建省留守儿童的调查数据显示，55.5%的留守儿童表现出任性、冷漠、内向和孤独的特点，超过70%的人都表示非常思念父母。③赵苗苗等人对宁夏留守儿童的调查数据表明，留守儿童在合群度、幸福感以及综合心理健康等方面的得分都低于非留守儿童。④

（三）留守儿童存在更大的人身安全风险

留守儿童由于缺乏父母的看护，作为监护人的其他亲属尤其是非祖父母的亲属往往精力有限，对留守儿童的关心不足，生活上采取放任自流的

① 周福林，段成荣．留守儿童研究综述．人口学刊，2006（3）：60－65.

② 卢利亚．关注与关爱——农村留守儿童问题研究．湖南：湖南人民出版社，2012：55－57.

③ 林宏．福建省“留守孩”教育现状的调查．福建师范大学学报（哲学社会科学版），2003（3）：132－135.

④ 赵苗苗，李慧，李军，李林贵，王翠丽，Stephen Nicholas，孟庆跃．父母外出务工对农村留守儿童心理健康的影响研究．中国卫生事业管理，2012（1）：60－63.

监管方式，导致留守儿童面临着更高的人身安全风险。全国妇联2006年调查数据显示，农村留守儿童遭受过他人欺负的比例约为50%，而非留守儿童遭受过他人欺负的比例只有35%，远低于留守儿童。全国青少年研究中心2014年调查数据也显示，过去一年，接近50%的留守儿童遭受过意外伤害，比非留守儿童高8个百分点。

（四）留守儿童品德行为问题较为突出

儿童的身心发展还不够健全，判断能力低下，在缺乏父母引导、监护人监管不严的情况下，留守儿童遇到问题常常要自己面对，因此容易受到不良文化的影响，产生越轨行为，甚至走上犯罪的道路。全国青少年研究中心2014年调查数据表明，留守儿童的不良学习行为，如没完成作业、迟到、逃学等，都比非留守儿童更多，感觉到校园周围有不良帮派团伙的比例也高于非留守儿童。

当然，也有人认为父母外出对留守儿童的影响并非完全是负面的，“出席‘中国农村留守儿童社会援助研讨会’的代表指出，目前的研究对于父母外出对孩子行为的负面影响强调过多。实际上，父母外出对孩子也是有正面影响的，孩子独立性增强就是最突出的正面影响”①。

四、隔代抚养对留守儿童的影响

2010年第六次全国人口普查数据显示，1/3的农村留守儿童都由祖父母抚养，也即隔代抚养，在父母均外出的家庭中占据绝大多数。由于隔代抚养家庭中，留守儿童的监护人往往年龄较大、精力有限、文化水平较低，因此相对其他留守儿童家庭存在着更为突出的问题。

首先，隔代抚养家庭的监护人，也即祖父母，容易溺爱孩子，对孩子的成长造成不利的影响。全国妇联2006年调查数据显示，在问及监护人与父母的区别排名时，第一位回答农村留守儿童认为监护人比父母更疼爱自己的比例最高，达到35.7%，而在这些监护人当中，最主要的就是祖父母，这间接反映了祖父母比父母更加疼爱孩子。但祖辈对孩子的疼爱往往是疼爱有余、管教不足，对孩子的要求过多的满足和纵容，缺乏道德和行为上的约束和管教，容易导致孩子形成自私、任性、蛮横的

---

① 周福林，段成荣．留守儿童研究综述．人口学刊，2006（3）：60－65.

性格特征。

其次，隔代抚养家庭监护人在教育上的胜任能力不足。全国妇联2006年调查数据显示，农村留守儿童监护人的受教育程度偏低，受过高中及以上教育的不足9%，仅受过小学及以下教育的人数占比超过50%，而在文化水平较低的监护人中，大部分都是年龄较高的祖父母辈。隔代抚养家庭监护人文化水平低下，使得他们在孩子的学习和思想教育上心有余而力不足，对留守儿童的学业有不利的影响，也不利于儿童正确人生观、价值观的形成。

再次，隔代抚养的监护人年龄较大、观念陈旧、思想保守、行为老套，与儿童喜欢追求新鲜刺激的想法格格不入，祖辈们如果固执地用自己的成长经历来教育并要求儿童，容易适得其反，产生严重的“代沟”。长此以往，孩子遇到问题不愿意与监护人沟通，遇到困难不愿意向监护人求助，性格上容易变得压抑和封闭，行为上容易亲近更理解自己的同辈群体，如果缺乏监督引导，很有可能误入歧途。

最后，隔代抚养家庭中，虽然大部分祖辈监护人并非年迈体弱，但他们年龄偏大，身体健康水平下降是不可否认的。数据显示，儿童和祖父母一起留守的隔代家庭中，80%左右的家庭祖父母身体都比较健康，但与此同时，祖父生活不能自理的家庭比例占5.8%，祖母生活不能自理的家庭比例占6%。这部分留守儿童不但不能得到祖父母良好的照顾，反而需要在生活上花费更多的时间和精力去照顾祖父母，形成逆向抚养的局面。逆向抚养家庭的儿童过早地承担成年人的责任，生活上比其他儿童更为艰辛，心理上也承受了更大的压力，这对他们的健康成长和全面发展极为不利。

留守儿童与隔代抚养的问题，集中反映了我国社会转型过程中产生的矛盾和问题，体现了城市化建设任务的复杂性和艰巨性，需要全社会给予更多的关注和支持。解决留守儿童与隔代抚养家庭的问题是一项系统的、长期的工程，需要各个部门的积极参与和紧密配合，共同推进。

第四节　有利于家庭发展的城市化模式

由于我国在行政区划分类上有城市和城镇的区分，而无论城市还是城镇，都属于产业结构非农化程度高，人口较为密集，人们的生产生活方式较为现代化的地区，二者都吸纳了大量的农业转移人口，因此对我国而言，城市化和城镇化是可以互换的概念。

城市化模式是社会、经济结构转变过程中的城市化发展状况及动力机制特征的总和。[①] 城市化模式的内涵极其丰富，是城市化发展的主要动力、城市化发展的机制、城市化发展的路径各方面的总和，从不同的侧面着眼就能够将城市化模式分为不同的类别。比如从城市化的主导力量着眼，可以将城市化模式分为政府主导型和市场推动型；从城市化发展与工业化之间的关系着眼，可以将城市化模式分为超前城市化、滞后城市化和适度城市化；从城市化发展的道路着眼，可以将城市化分为大城市道路、小城镇道路和各级城市相结合的道路。

一、我国城市化模式的演变过程

我国自封建社会直到新中国成立之前都是一个典型的农业社会，城市化水平相当低并且城市化发展过程十分缓慢，城市只是我国广袤“乡土大地”上的零星点缀，这些城市对周边经济的辐射作用也相当有限，因此在新中国成立之前我国并不存在城市化模式。新中国成立以来，随着我国大规模现代工业的建立和发展，我国的城市化进程开始步入稳步发展的新阶段，尤其是改革开放后放松对人口流动的限制，我国的城市化过程进入加速发展阶段，城市数量不断增加、城市规模不断扩大，城市人口和经济占总人口和GDP的比重也不断上升，也正是在快速发展的城市化过程中，我国才形成了一定的城市化模式，并且城市化模式出现了一些演变。

（一）城市化主导力量的演变

在新中国成立后，我国经历了从计划经济体制向市场经济体制的重大

① 姜斌，李雪铭．世界城市化模式及其对中国的启示．世界地理研究，2007（1）：40－45.

转变，在经济体制转变的背景下，城市化的模式也从政府主导型逐渐演变成了市场推动与政府主导并重。

在计划经济体制下，所有的经济活动都是被各级政府精心计划和控制的，城市化的过程也是如此，完全由政府主导。各个年度的新增城市人口、新增工业、新增的城市建设资金和土地都是由经济计划规定的，政府是我国城市化的设计者和推动者，市场因素基本被排除在城市化过程之外。我国在这一时期还建立了较为严格的户籍制度，限制了农民向城市地区流动，更是加大了政府对于城市化进程的控制力度。

改革开放后，随着我国逐步对计划经济体制进行改革，市场因素在城市化过程中发挥的作用越来越大，但是政府对城市化的进程也依然有很大的影响力，我国的城市化模式从政府完全主导逐渐转变成了政府和市场共同推动。

一方面，改革开放之后，城市地区非公有制经济快速发展，对劳动力的需求增大，并且这些需求并不在政府的计划之内；农村地区随着家庭联产承包责任制的实施，生产效率大幅度提高，出现了大量的剩余劳动力；农村地区和城市地区的收入差距较大，城市地区收入水平明显高于农村地区，城市地区对农村地区的剩余劳动力有巨大的吸引力，我国也逐步放松了对人口流动的限制，允许农村剩余劳动力流向城市。在这样的背景下，大量农村剩余劳动力得以自由合法地进入城市寻找工作，并逐渐在城市定居，转化为城市人口，城市经济不断壮大，城市数量不断增加，城市建成区面积也不断扩张，城市化过程发展迅猛。

另一方面，改革开放后政府虽然不能再直接计划城市化过程，但也是影响城市化发展进程的一股重要力量。首先，政府依然是我国城市建设用地的一级市场上的唯一供应者，政府供应的土地位置和数量在一定程度上也就决定了城市发展的方向和速度。其次，户籍制度依然存在，尤其是在特大城市当中，政府最终决定了外来务工人员能否获得城市户籍，完成在户籍层面上的城市化过程。最后，政府可以通过编制地区发展规划、调整产业政策等手段影响城市化的走向。

（二）城市化与工业化之间关系的演变

我国城市化与工业化之间的关系也可以改革开放为界大致分为两个阶段：第一个阶段是改革开放前的城市化滞后于工业化的阶段；第二个阶段

是城市化开始与工业化齐头并进的阶段。

在改革开放之前，我国借鉴了苏联的工业化和城市化模式，在城市重点发展重工业，忽视了轻工业和服务业的发展，工业化吸纳农村剩余劳动力的能力并不强；同时为了最大限度地积累工业化所需资金，还通过严格的户籍制度限制农民流向城市，以减轻政府的财政压力。在这样的背景之下，城市化严重落后于工业化。据研究，1980 年世界平均城市化水平为 42.2%，发达国家为 70.2%，发展中国家为 29.2%，而我国城市化水平仅为 19.4%[①]，突出反映了我国城市化水平的滞后性。

在改革开放以后，随着我国农村出现大量剩余劳动力和对农村人口流动管制的放松，以及城市经济产业与所有制结构的调整和加速发展带来的对劳动力需求的大幅度增加，我国大量农业人口开始流向城市并转变为非农人口，城市化过程迅速加快，城市化开始赶上工业化的脚步，二者呈现出齐头并进的趋势。甚至从“土地城市化”的角度来看，一些地区出现了城市化超越工业化的过度城市化现象。这些城市往往只有住宅，而没有产业和公共服务设施与之配套，也无法聚集起足量的人口，只披上了城市的外壳，并不具备城市的实质，“土地城市化”严重超前于当地的工业化发展进程。

（三）城市化发展道路的演变

20 世纪 80 年代以来，我国学界对我国城市化发展应该走怎样的道路进行了丰富的讨论，先后形成了小城镇道路、大城市道路、中等城镇道路和各类城市相结合的中间道路，这些讨论不仅在学界产生了影响，也在一定程度上指导了我国城市化的实践。

在上述城镇化道路中首先被提出的是小城镇道路，并且我国城市化进程的实践要领先于这一观点在学界引起反响。在 1980 年，胡耀邦同志最早提出了小城镇问题；同年，国务院批转《全国城市规划工作会议纪要》，制定了“控制大城市规模、合理发展中等城市、积极发展小城市”的方针[②]，这说明我国城市化进程已经实践了小城镇道路。1983 年，费孝通在

---

① 姜斌，李雪铭．世界城市化模式及其对中国的启示．世界地理研究，2007（1）：40－45.

② 王琼．改革开放以来我国城市化道路选择的若干观点述评．上海经济研究，2002（9）：62－66.

“江苏省小城镇研究讨论会”上发表了《小城镇 大问题》这一文章之后[①]，学界对于小城镇道路的讨论才逐渐热烈起来。后来的学者们认为这一道路可以有效缓解我国大量农民进城的财政和基础设施压力，并且可以以小城镇为桥梁，较好地沟通城市和乡村，还可以避免城市规模过大的“城市病”[②]。这种讨论也在一定程度上指导了我国的城市化进程，最突出的就是乡镇企业的异军突起，形成和带动了一批小城镇的发展。

在小城镇道路之后紧接着被提出来的是大城市道路。持这种观点的学者普遍认为小城镇道路过于分散，不利于充分利用我国本就已经十分稀缺的土地资源，并且不能充分发挥城市规模扩大带来的集聚效应。根据相关学者的研究，只有100万人以上的特大城市才能达到城市生产效益平均水平，生产效益最好的是200万人以上的城市。[③] 大城市道路和小城镇道路一样也指导了我国的城市化进程实践，从20世纪90年代后期到现在，我国出现了多个人口破千万甚至是两千万的超级城市，人口总量超过百万的城市更是遍地开花。

随着城市规模的迅速扩大和城市常住人口的大量增加，很多城市出现了交通拥堵、空气污染、住房紧张这些典型的“城市病”。这些“城市病”促使人们思考大城市道路存在的问题，在分析了大城市道路的弊端，并且综合了之前大城市道路者对小城镇道路的批评之后，一批学者们逐渐又形成了所谓的中等城市道路。这条道路的本质就是既不重点发展小城镇，也不过分强调建设大城市，而是在两者之间折中，重点支持中等城市发展，既避免小城镇道路的过度分散化造成的资源浪费，又避免大城市道路带来的“城市病”问题。

二、城市化与我国的家庭发展

城市化是我国改革开放以来社会巨变的一个侧面，无论是走的哪一条道路，哪一种模式，都深深影响着每一个参与其中的家庭。

（一）城镇化给家庭带来的福利

城市化的过程给我国家庭带来福利是主要的方面，无论是对农村家庭

---

① 吴楠．学界纪念《小城镇 大问题》发表30周年．中国社会科学报，2013－10－21 A03.

② 姜斌，李雪铭．世界城市化模式及其对中国的启示．世界地理研究，2007（1）：40－45.

③ 饶会林．试论城市规模效益．中国社会科学，1989（4）：3－18.

还是对城市家庭来说都是如此。

对农村家庭来说，家庭中的剩余劳动力在城市化的过程中流入到城市赚取了更高的收入，改善了家庭的经济状况，无数在城市劳动的务工者都依靠自己的务工收入在家乡建起了现代化的住宅，购置了与城市居民相同的耐用消费品，使得自己家庭的生活方式也走向了现代化。另外，这些来到城市打拼的务工者还增长了自己的见识，使得自己的观念也更加符合社会发展的主流看法（比如会更加重视子女的教育），为自己家庭的进一步发展打下了良好的基础。在这些务工者中，更有一些佼佼者凭着自己的努力将整个家庭都带到了城市，彻底实现了整个家庭的非农化，甚至带动了自己家乡很多农民的致富。

对城市家庭来说，他们享受了大量流动人口为城市经济发展带来的巨大活力和生活便利，在城市化推动整个经济前行的过程中，他们不仅提高了收入，更依靠城市房产的增值获得了巨大的财产性收益，同时城市家庭居民的生活方式也更加现代化和国际化。

（二）城市化给家庭带来的冲击

城市化对家庭总体带来大量福利的同时，也带来了一些冲击。

1. 家庭成员的离散

对农村家庭来说，虽然家庭成员外出务工为家庭带来了更高的收入，但是却付出了家庭长期处于分裂状态的代价。一个完整的家庭被城市化裹挟着分成了好几个部分，妇女、儿童和老人被迫留守乡村，青壮年劳动力则为了提高家庭收入而孤单地漂泊在外。一些处于中小城市的家庭也面临着同样的问题，家庭内的独生子女往往要到发展水平更高的大城市学习和就业，使得这些家庭提前进入了老年空巢阶段，整个家庭也被迫分裂成了两部分。

2. 家庭功能的弱化

我国家庭功能弱化是有目共睹的事实，城市化则加剧了这一过程，而实际上这一问题和家庭结构的破裂相关，长期处于分裂状态对家庭功能的削弱很大。本章前述的留守儿童问题就是最生动的体现，父母一方或双方的缺失给他们的成长带来了一系列的问题，削弱了家庭照料儿童的功能；留守老人也因子女无法在身边照料而面临更大的生活压力和健康风险，削弱了家庭的养老功能，对于城市的空巢老年人来说也是如此；年轻夫妇长期分居两地也极有可能造成夫妻关系的不稳定，削弱家庭的精神慰藉功能。

3. 公共服务不均，增大家庭发展的风险

城市化带来的这类冲击，主要影响的是参与到城市化过程中的农村家庭。由于户籍制度的区隔，很多流动到城市的农民工根本无法享受到流入地提供的基本公共服务，大部分农民工没有完整的“五险一金”，子女在流入地接受教育也面临着重重困难。在享受不到这些公共服务的情况下，这些家庭要依靠自己的力量承担可能发生的疾病、失业、工伤、生育等一系列的风险，对这些家庭的发展十分不利。

三、加快推进新型城镇化，促进家庭与城镇化发展

从新中国成立到现在，我国的城市化取得了巨大的成就，给亿万家庭带来了巨大的福利，但是也对家庭的发展带来了一些冲击，为此我国需要探索出一套对家庭更为友好的城市化发展模式，而这套模式就是新型城镇化道路。新型城镇化道路是党和国家从我国城镇化发展的新趋势、新特点以及城镇化面临的风险与挑战出发对我国未来城镇化持续健康发展提出的宏观性、战略性、基础性规划。新型城镇化道路要坚持以人为本、四化同步、优化布局、生态文明和文化传承的基本原则①，在推进过程中把家庭摆在更加重要的位置，促进家庭的发展。

（一）形成合理的城市布局

在推进新型城镇化过程中促进家庭的发展，首先要在全国范围内形成合理有序的城市布局。既要发展现有的特大城市和大城市以及周边的城市群，提升这些城市的国际竞争力，也要发展数量更多的中小城市和城镇，在多个地区培育区域中心城市，提高这些城市的人口吸引力和经济发展活力，使城市布局合理化。如果中小城市得不到好的发展，势必会造成人口向大城市和特大城市过度集中，既给这些大城市和特大城市带来严重的“城市病”问题，也拉长了很多家庭为了实现城市化所需要跨越的地理距离，增加了他们实现自身家庭城市化的难度，也就必然会加剧城市化过程对这些家庭的冲击。而如果全国各地能形成多个区域中心城市，中小城市

---

① 国家新型城镇化规划（2014~2020年），http：//www.gov.cn/zhengce/2014-03/16/content_2640075.htm，2016年9月30日检索.

也能够得到充分发展的话，那么大量的农业转移人口就可以就近选择合适的城市定居，降低自己家庭完成城市化的成本和难度，也能减轻大城市和特大城市在接纳农业转移人口过程中的压力。

（二）加快推进户籍制度改革

户籍制度一直是制约我国城镇化进程的一大顽疾，2012 年我国的常住人口城镇化率已经达到了 52.6%，而由于户籍制度的限制，很多城市常住人口并没有取得居住地的户籍，因此户籍人口城镇化率只有 35.3%，两者之间的差距达到 17.3 个百分点。[①] 那些无法在居住地取得户籍的家庭面临着尴尬的境地，一方面这些家庭无法在城市扎根，也看不到明确的未来，另一方面长期离开自己原来生活的农村，这些家庭也已经无法适应家乡的生活了，留不下的城市和回不去农村就是他们尴尬境地的最好说明。即使勉强在城市留下，由于户籍制度的区隔，也比户籍家庭面临更大的风险。

未来在新型城镇化推进过程中要促进家庭的发展，就必须对户籍制度进行改革，有序放开中小城市的落户限制，合理确定大城市的落户条件，引导家庭在各类城镇落户的预期和选择。只要这些家庭有了预期，就能够在心理上对城市产生归属感，也可以更好地安排家庭的发展方向，朝着最终在制度层面扎根城市而努力。

（三）推进公共服务均等化

城市公共服务分配不均，只覆盖了城市户籍家庭，而将非户籍常住家庭排除在外，也是我国城市户发展过程中对家庭非常不友好的一个侧面。因此，在新型城镇化的过程中促进家庭的发展，还应该推进公共服务的均等化，将城市公共服务的覆盖人群从户籍家庭逐步扩大到所有常住家庭。具体来说，要做到以下三个方面：第一，保证所有家庭的子女都能够在居住地接受高质量的教育，并逐步实现所有家庭的子女都能在居住地参加升学考试；第二，要扩大社会保障的覆盖面，将所有家庭纳入养老、就业、工伤、生育保险的覆盖范围之内，有效降低家庭发展的风险，也明确家庭在城市发展的预期；第三，通过多种方式改善城市非户籍家庭的住房条件，逐步将这些家庭纳入城镇住房保障体系。

---

① 国家新型城镇化规划（2014～2020 年），http：//www.gov.cn/zhengce/2014－03/16/content_2640075.htm，2016 年 9 月 30 日检索.

第九章　老龄化冲击下的家庭发展

人口老龄化会给一个国家或地区的社会、经济、文化等各个方面带来持续、深刻的影响和挑战。家庭作为社会基本单位无疑会受到人口老龄化进程的影响而呈现出新的发展特点与趋势，比如“有老家庭”和“纯老家庭”的增多，不同类型的“有老家庭”会呈现出不同的特点和需求；家庭的消费与支出也会受到老龄化的影响等。本章首先介绍当前世界和中国的人口老龄化的特点与问题以及未来的发展趋势，在第二节重点介绍人口老龄化对中国家庭形态、类型等方面带来的改变以及不同的“有老家庭”有着怎样的特点和需求，最后在第三节阐述老龄化对家庭消费带来的影响并对中国老龄产业在满足老年家庭需求方面提出几点建议。

第一节　世界与中国的人口老龄化

如果说 1982 年在维也纳举办第一届世界老龄问题大会的当时，主要是一些发达国家经历着人口老龄化所带来的一系列问题，那么到了 21 世纪，人口老龄化已经成为全球化的现象了。世界人口老龄化现状是怎样的？有何特点？其发展趋势如何？中国，作为老年人口规模居世界第一的国家，人口老龄化的现状、特点和发展趋势又是怎样的呢？这一节我们将主要围绕以上这些问题进行介绍和讨论。

一、世界人口老龄化

（一）世界老年人口持续快速增长，老龄人口比重高和规模大的国家数量越来越多

2010 年，世界人口约为 69.3 亿人，65 岁及以上的人口为 5.29 亿人，占比 7.6%；到 2015 年，仅 5 年时间，全球老年人口①增加了 7913.6 万人，占全球总人口的比例增长到了 8.27%。② 伴随着美国第二次世界大战后婴儿潮一代进入老年阶段、欧洲老龄化程度进一步加剧以及亚洲和拉丁美洲老年人口的加速增长，在未来 10 年里，全球老年人口将增加 2.4 亿；到 2030 年，全球大约有将近 10 亿的老年人口，占全球总人口的 11.7%；到 2050 年，全球老年人口将达到 15.59 亿人，占全球总人口的 16%。③

就总人口超过 100 万的国家来看，1950 年只有 9 个欧洲国家的老年人口比重超过 10%；1975 年有 26 个国家；2000 年这类国家数增加到 44 个；到 2050 年，将有 105 个国家的老龄人口比超过 10%；2100 年，预计将有 198 个国家老龄化人口占总人口比重超过 10%。④ 从老年人口规模方面来看，1950 年全世界只有 6 个国家的老年人口数达到或超过 500 万；2000 年，这类国家数量增加到 14 个；2025 年将有 28 个国家、2050 年将有 42 个国家、2100 年将有 71 个国家老年人口超过 500 万人。⑤ 这一过程中，将不断有更多的发展中国家加入这一行列。

（二）全球生育率和粗死亡率均呈下降趋势，预期寿命和中位年龄均明显提高

老龄化的重要原因是生育率、粗死亡率的下降和预期寿命的提高。全

---

① 如未特殊说明，本节“世界人口老龄化”部分里的“老年人口”均指 65 岁及以上的老年人口。

② 资料来源：United Nations，Department of Economic and Social Affairs，Population Division（2015）. World Population Prospects：The 2015 Revision，DVD Edition.

③ 资料来源：United Nations，Department of Economic and Social Affairs，Population Division（2015）. World Population Prospects：The 2015 Revision，DVD Edition.

④ 资料来源：United Nations，Department of Economic and Social Affairs，Population Division（2013）. World Population Prospects：316 – 353.

⑤ 资料来源：United Nations，Department of Economic and Social Affairs，Population Division（2013）. World Population Prospects：316 – 353.

球每个女性的总和生育率将从1950年的4.97下降到2050年的2.24。[①] 从各大洲看，非洲地区生育率最高，但也呈现出显著的下降趋势，将从1950年6.59下降到2050年的3.09；亚洲2050年前递减趋势明显，将从1950年的5.83下降到2050年的1.89；欧洲、拉丁美洲、北美洲都先是呈现递减趋势，到最低点后开始略有增加。[②]

“粗死亡率”通常指一个国家或地区在一定时期（通常为一年）内死亡人数与同期平均人口数的比值。从粗死亡率看，全球也都呈现下降趋势。20世纪人们经历了历史上最快的粗死亡率下降的过程。1950年，全球粗死亡率为19.11‰，2000年下降到8.41‰，2050年将为9.95‰。[③] 随着全球粗死亡率的下降，全球预期寿命明显提高。从1950年的46.9岁提高到2000年的67.1岁，2050年将提高为75.9岁。[④] 随着预期寿命的普遍延长，全球人口中位年龄不断上升，从1950~2100年的150年间，将增长接近1倍。1950年，全球中位年龄是23.5岁，2050年将为36.1岁，2100年则为41.2岁。[⑤]

（三）欧洲老龄化程度进一步加剧，亚洲、拉丁美洲老龄化进程加速，影响日益凸显

不同的地区在人口转变的阶段和人口老龄化速度方面差异很大。如果用老年人口比例作为衡量老龄化程度的指标的话，那么欧洲算得上历史上“最老”的地区了。但是，亚洲和拉丁美洲也正在快速地经历着人口转变和人口老龄化。

与亚洲和拉美地区相比较，欧洲很早就开始了人口转变的进程，并且到2050年以前都将一直是老龄化最严重的地区，但其老龄化速度明显减缓。2015年，欧洲65岁及以上老年人口比例为17.4%，且欧洲绝大多数

---

① 资料来源：United Nations, Department of Economic and Social Affairs, Population Division (2013). World Population Prospects: 214－223.

② 资料来源：United Nations, Department of Economic and Social Affairs, Population Division (2013). World Population Prospects: 96－97.

③ 资料来源：United Nations, Department of Economic and Social Affairs, Population Division (2013). World Population Prospects: 236－245.

④ 资料来源：United Nations, Department of Economic and Social Affairs, Population Division (2013). World Population Prospects: 258－297.

⑤ 资料来源：United Nations, Department of Economic and Social Affairs, Population Division (2013). World Population Prospects: 258－297.

国家老年人口比例都超过了14%。到2050年，欧洲将有超过四分之一的人口是老年人，而且除了法罗群岛和科索沃以外的所有欧洲国家老年人口比例至少达到20%。[①]

2015年，亚洲65岁及以上老年人口比例不到8%，但这一地区平均值掩盖了其内部巨大的分化。目前，亚洲有大约一半的国家老年人口比例低于5%，但是也有一些国家老龄化程度处在世界前列，如处于世界上“最老”国家之列的日本，老年人口比例达到26.6%。预计到2030年，亚洲老年人口比例将会达到12.1%，2050年达到18.8%。[②] 虽然目前亚洲人口老龄化程度比不上欧洲或者北美，但是其巨大的人口规模是不能忽视的。到2050年，将有97 530万，也就是将近2/3的世界老年人口会生活在亚洲。

目前，世界上“最老”[③] 的国家大部分都在欧洲，但是亚洲和拉丁美洲的国家正在快速赶追。在2015年全球25个“最老”的国家和地区中，有22个国家在欧洲。伴随着亚洲快速的老龄化进程，到2050年以前，韩国、中国香港和中国台湾也会进入到全球“最老”国家和地区之列。到那个时候，像德国、意大利这样的“老牌”国家仍旧会在“最老”国家之列，但排名会有所下降，而之前排名很靠前的瑞典将会被快速老龄化的国家和地区赶超，降到第84位。

（四）独特的非洲：现在以及在可预见的未来内非洲仍会很“年轻”

不像世界其他地区，非洲，“最年轻”的地区，仍处于人口转变的早期阶段，有着高出生率和年轻的人口结构。如今，绝大多数的非洲国家65岁及以上老年人口比例不到5%，有21个国家老年人口比例是3%或低于3%。非洲不仅在当前（2015年）很“年轻”，由于撒哈拉以南的非洲国家的持续高出生率导致的年轻型人口结构，整个非洲在接下来的几十年内仍然会保持“年轻”下去。预计到2050年，非洲老年人口比例仍旧低于7%。

虽然非洲是一个人口结构很年轻的地区，但是部分非洲国家的老年

---

① 数据来源：U. S. Census Bureau，2013；International Data Base.

② 数据来源：U. S. Census Bureau，2013；International Data Base.

③ 用65岁及以上老年人口比例来衡量。

人口数量已经很高了。在 2015 年，非洲有 11 个国家老年人口超过 100 万人；到了 2050 年，多于一半的非洲国家老年人口数量将超过 100 万，其中有 3 个国家老年人口数量超过 1 000 万，有 6 个国家老年人口数量超过 500 万人。①

二、中国人口老龄化

（一）中国人口老龄化的现状和特点

1999 年，我国 60 岁及以上老年人口超过总人口的 10%，标志着我国从此进入老年型社会。中国是较早进入老年型社会的发展中国家之一，由于中国人口多、底子薄、资源不足、地区经济文化差异大等一系列特殊国情，中国人口老龄化过程中呈现出了以下一些较为突出的特征：

1. 老年人口规模大，老龄化发展迅速

2015 年年末，我国 60 周岁及以上的老年人口约 2.22 亿人②，位居全球各国首位，约占世界老年人口总量的 24.3%。中国不仅老年人口规模大，老龄化的速度也很快。通常 65 岁及以上老年人在总人口中所占比例翻一番所需的时间可用于衡量一个国家或地区老龄化发展速度（占比翻番取两年中最为接近的年份）。根据联合国《人口老龄化与发展（2015）》中的数据显示，65 岁以上老年人占总人口的比例从 7% 提升到 14%，法国用了 114 年，美国用了 65 年，俄罗斯用了 52 年，而中国只需要 27 年就可以完成这一历程。回顾过去六十多年来中国老年人口数量及比例的发展变化（表 9－1），我们也可以发现，我国老年人口规模和比例都有了迅猛增长。到 2015 年年底，我国 60 周岁及以上的人口为 2.22 亿人，占总人口的 16.1%，65 周岁及以上人口约为 1.44 亿，占总人口的 10.5%，分别比 2010 年人口普查时上升了 2.8 和 1.6 个百分点，比 1953 年第一次全国人口普查时增加了 8.8 和 6.1 个百分点（表 9－1）。

---

① U. S. Census Bureau，2013；International Data Base.

② 国家统计局. 2015 年国民经济和社会发展统计公报.

表 9－1　中国老年人口数量及比例变化趋势　单位：年；万人；%

年份	总人口	60 岁及以上人口		65 岁及以上人口		80 岁及以上人口	
		数量	比例	数量	比例	数量	比例
1953	56 745	4 154	7.3	2 504	4.4	185	0.3
1964	69 458	4 225	6.1	2 458	3.5	181	0.3
1982	100 391	7 664	7.6	4 927	4.9	505	0.5
1990	113 051	9 697	8.6	6 299	5.6	768	0.7
2000	126 583	13 012	10.3	8 837	7.0	1 200	1.0
2010	133 973	17 765	13.3	11 883	8.9	2 096	1.6
2015	137 462	22 200	16.1	14 386	10.5	—	—

数据来源：1953～2010 年数据根据姜向群、杜鹏主编《中国人口老龄化和老龄事业发展报告》计算整理，中国人民大学出版社，2015；2015 年数据来自国家统计局《2015 年国民经济和社会发展统计公报》

2. 老龄化城乡倒置严重

人口老龄化的城乡倒置，是指在一个国家或地区的农村经济发展水平远低于城镇的情况下，农村人口老龄化水平却高于城镇，即农村老年人口在农村总人口数中所占比例要大于城市老年人口在城市人口总数中所占的比例。[①] 人口老龄化城乡倒置现象是一个国家或地区经济社会发展与人口发展相互影响和作用的综合结果。之所以称为倒置，是说城市并没有由于经济发展水平更高而反映出有更高的老年人口比例，反而是农村的老年人口比例高于城市的现象。[②]

从 1982 年第三次全国人口普查以来，随着中国人口老龄化的发展，农村人口老龄化程度日益高于城市。1982 年人口普查显示，城市地区 60 岁及以上老年人占总人口的比例为 7.4%，农村地区为 7.8%，二者相差仅 0.4 个百分点，而第六次全国人口普查数据显示城市和农村老年人在总人口中的比例相差 3.5 个百分点，差距比 1982 年提高了 3.1 个百分点，是 1982 年差距的近 9 倍。因此我国人口老龄化城乡倒置的情况不仅存在而且

① 李辉，王瑛洁．中国人口老龄化城乡倒置现象研究．吉林大学社会科学学报，2012（1）：154－158.

② 杜鹏，王武林．论人口老龄化程度城乡差异的转变．人口研究，2010（2）：3－10.

日益加剧。

3. 地区发展不平衡

中国人口老龄化发展具有明显的由东向西的区域梯次特征，东部沿海经济发达地区明显快于西部经济欠发达地区，以最早进入老年型人口行列的上海（1979 年）和最迟进入老年型人口行列的宁夏（2012 年）比较，时间跨度长达 33 年。①

4. 女性老年人口比例高于男性老年人口比例

2000 年，我国老年人口中男女比例分别为 48.76% 和 51.24%，男性老年人在所有老年人中的比例低于女性 2.48 个百分点；2010 年老年人口中男女比例分别为 49.01%、50.99%，男性老年人在所有老年人中的比例低于女性 1.98 个百分点。虽然我国女性老年人口比例仍然高于男性老年人口比例，但近年来差距正在不断缩小。2010 年不同性别老年群体的占比差异较之 2000 年降低了 0.5 个百分点。这反映出，近年来我国男性老年人的健康状况较之前有所改善，使群体中男性的占比略有提升。

5. “未富先老”

“未富先老”最早是由中国人民大学人口研究所邬沧萍教授提出的。邬沧萍教授在 1986 年出版的《漫谈人口老化》一书中指出：发达国家的人口老化是在工业化、现代化出现以后，人口出现明显老化时，这些国家工业化程度、劳动生产率和人均国民收入都已达到相当高的水平。② 而中国则是在尚未实现现代化，经济尚不发达的情况下就进入老龄社会的，属于未富先老。2000 年年末的时候，我国 65 岁及以上老年人口比例达到 7%，0～14 岁少儿比例为 22.89%、年龄中位数为 30.8 岁③，这些指标均已达到《人口学方法与资料》中确定老年型人口的各项指标体系的要求，这表明我国人口年龄结构“已老”。然而与此同时，同其他发达国家进入老龄社会时的经济与社会发展水平相比，我国人均 GNP、工业化水平、城市化水平和社会保障水平都与之有很大差距，中国确实还“未富”。但“未富先老”只是对中国人口老龄化现阶段特点的描述，随着中国社会经济的持续发展，这一特点是不可能长期存在的，相信我国肯定会变得“又

① 2006 年中国人口老龄化发展趋势预测研究报告．全国老龄办，2006.

② 邬沧萍．漫谈人口老化．沈阳：辽宁人民出版社，1986：36－37.

③《人口研究》编辑部．中国“未富先老”了吗?．人口研究，2006，30（6）：23－37.

富又老”①。

（二）中国人口老龄化发展趋势

1. 老年人口规模持续增大，老龄化程度持续加深

21世纪的前半叶是中国老年人口规模大幅攀升的时期。② 目前，中国60岁及以上的老年人口规模大约2.22亿人；到2025年时，中国老年人口规模将达到大约2.94亿人，约占世界老年人口总量的24.2%；到2035年时，中国老年人口规模将达到大约4.098亿人，约占世界老年人口总量的25.9%；到2050年，中国老年人口规模将会达到4.9亿人，约占世界老年人口总量的23.5%。③

中国老年人口规模不断增长的同时老年人口比例也在不断提高。目前，中国60岁及以上的老年人口已占中国人口总量的16.1%；到2025年时，这一比例将达到20.77%；到2035年时，中国老年人口比例将达到29.1%；到21世纪中叶，中国老年人口比例可达36.46%。④

2. 老年人口年龄结构不断老化，高龄老年人口规模快速扩大

中国未来老龄化的总体趋势不仅表现为老年人口总体规模的膨胀，还突出地表现为老年人口内部年龄结构的快速老化。从2015～2050年，全国60岁及以上老年人口中，60～79岁的中、低老年人所占比重从89.31%缩减至75.47%，而80岁及以上高龄老年人所占比重则从10.69%持续扩大至24.53%。⑤ 也就是说，到21世纪中叶，大约每4个中国老年人中就有近1个人年龄高达80岁及以上。

除了高龄化程度不断提高，中国高龄老年人口的绝对规模也加速膨胀，从2000年时的1 205万人，到2015年时达到2 235.9万人，2035年将达到5 997.2万人，在2050年将攀升至1.205亿人。⑥ 21世纪中叶的高龄

① 《人口研究》编辑部．中国“未富先老”了吗?．人口研究，2006，30（6）：23－37.

② 翟振武等．中国人口老龄化的大趋势、新特点及相应养老政策．山东大学学报（哲学社会科学版），2016（3）：27－35.

③ 数据来源：United Nations，Department of Economic and Social Affairs，Population Division（2015）．World Population Prospects：The 2015 Revision，DVD Edition.

④ 数据来源：United Nations，Department of Economic and Social Affairs，Population Division（2015）．World Population Prospects：The 2015 Revision，DVD Edition.

⑤ 根据World Population Prospects：The 2015 Revision，DVD Edition数据计算得来.

⑥ 数据来源：United Nations，Department of Economic and Social Affairs，Population Division（2015）．World Population Prospects：The 2015 Revision，DVD Edition.

老年人口规模将为21世纪初的10倍，而21世纪中叶60岁及以上全部老年人口规模将为21世纪初的2.35倍。中国高龄老年人口规模的膨胀速度远高于全部老年人口规模的增速。

3. 中国当前的老年人口支助比不算严重，但未来的老年抚养负担将会进一步加剧。

老年人口支助比是指每一个65岁及以上的老年人口有多少个15～64岁的劳动力人口来赡养，它用来衡量劳动力人口赡养老年人口的负担。根据2013年联合国关于人口老龄化的统计汇总数据（表9－2），关于平均一个老年人需要多少个劳动年龄人口赡养，2013年最少的是日本（2.5人），最多的是印度（12.4人），中国在这九个国家中居于第7位，2013年有8.2个劳动人口赡养1个老人，但到2030年下降到4.2个，2050年进一步下降到2.6个劳动力赡养1个老人，与当前的日本相当。也就是说，在未来30多年里我国的劳动力人口赡养老年人的负担将大大加剧。

表9－2　1980～2050年各国老年支助比的变化

单位：人

国家	1980年	2013年	2030年	2050年
日本	7.5	2.5	1.9	1.4
德国	4.2	3.1	2.1	1.7
法国	4.5	3.6	2.6	2.3
美国	5.9	4.8	3.0	2.8
俄罗斯	6.7	5.5	3.6	3.0
韩国	16.1	6.0	2.7	1.5
中国	11.7	8.2	4.2	2.6
巴西	13.7	9.1	5.0	2.8
印度	15.7	12.4	8.3	5.3

数据来源：根据联合国《Profiles of Ageing 2013》数据计算

翟振武等人通过对比2015～2050年期间中国少儿抚养比和老年抚养比的数值也发现，中国的少儿人口规模在整个21世纪前半叶虽然有一定的波动，但大致稳定在2亿多的水平上，而老年人口规模虽然在近期与少儿人口规模基本相当，但随后将出现明显膨胀，并大大超过同期的少儿人口规模，“养老”负担逐渐成为中国最主要的社会抚养负担。①

第二节　“有老家庭”与“纯老家庭”

随着中国人口老龄化进程的推进，家庭老龄化、空巢化的趋势日益明显，“有老家庭”与“纯老家庭”数量都在不断增加。什么是“有老家庭”和“纯老家庭”呢？这样的家庭有着怎样的特点呢？不同类型家庭中的老人有着怎样的不同需求和作用呢？这又导致不同类型的家庭面临怎样的问题呢？本节内容将主要围绕以上这些问题进行介绍与讨论。

一、“有老家庭”“纯老家庭”的概念和分类

“有老家庭”即家庭成员中至少有 1 位 60 岁及以上老年人的家庭。“纯老家庭”是指全部由 60 岁及以上的老年人组成的家庭，主要包括独居老年人家庭、老年夫妇家庭（空巢家庭）、低龄老人与高龄老人组成的二代纯老家庭（一般是低龄老人与自己的高龄父母同住）和老人与其年老的兄弟姐妹同住的一代纯老家庭。从严格意义上讲，“有老家庭”是包含“纯老家庭”的，但因为“纯老家庭”在家庭特点、老人需求各方面存在很大的特殊性，所以在这里我们单提出“纯老家庭”这一类型。除去“纯老家庭”这一类型剩下的“有老家庭”可以按照家庭中老人的数量划分为有 1 个老人的有老家庭、有两个老人的有老家庭和有 3 个及以上老人的有老家庭；也可以从子女的角度进行划分，分为与未婚子女同住的有老家庭，与已婚子女同住的二代有老家庭，与子女、孙子女同住的三代有老家庭和与孙子女同住的隔代有老家庭等。

二、“有老家庭”和“纯老家庭”的发展状况

伴随着中国人口老龄化进程的推进，家庭户人口中老年人口的比重不断上升，有老年人的家庭户数量不断增多。第六次全国人口普查数据显

---

① 翟振武等．中国人口老龄化的大趋势、新特点及相应养老政策．山东大学学报（哲学社会科学版），2016（3）：27－35.

示，2010 年，我国有 65 岁及以上老年人口的家庭户户数为 8 800 余万，占总户数的 21.9%；其中约有 2/3 的家庭中有 1 个老年人，已有近 34 万户家庭中有 3 个或者 3 个以上的老年人；“纯老家庭”户约有 3 000 万户，约占家庭总户数的 8.1%，并且传统中少见的 3 人及以上的“纯老家庭”户（年轻老人与自己的父母辈同住，老人与配偶、兄弟姐妹及其他同辈同住等）也在不断增多。①

表 9－3 进一步呈现出我国“有老家庭”内部各种家庭类型的变动趋势。2000～2010 年，独居老人家庭和空巢老人家庭比例都有很大提高。2000 年，我国 65 岁及以上独居老人家庭占 9.6%，2010 年比例提高到 12.5%；65 岁及以上空巢老人家庭比例由 2000 年的 23.9% 提升至 2010 年的 29.2%。由于独居老人家庭和空巢老人家庭是“纯老家庭”中的两个主要家庭类型，这也进一步证明这些年我国“纯老家庭”的比例在不断提高。与此同时，老人与子女同住的比重降幅明显，高龄老人尤甚。还需要注意的是，65 岁及以上的老年隔代户的比例在不断提高。

表 9－3　1982～2010 年我国老年人的居住安排模式　　单位：%

居住安排	1982 年	1990 年	2000 年		2010 年	
	65 +	65 +	65 +	80 +	65 +	80 +
独居老人	12.2	9.6	9.6	12.4	12.5	17.5
老年夫妇（一代核心户）	13.7	17.1	23.9	11.2	29.2	16.8
老年夫妇与未婚子女（标准核心户）	6.9	6.6	5.0	1.7	3.6	1.7
单个老人与未婚子女（缺损核心户）	4.6	3.8	3.1	4.6	2.3	3.1
其他二代核心户(扩大核心户等)	3.4	2.7	2.3	2.1	2.8	2.0
老年人与已婚子女(二代直系户)	3.5	3.7	5.2	12.3	6.9	13.6
老年人与孙子女(隔代户)	3.8	3.7	5.2	6.2	5.6	5.0
老年人与子女及孙子女(三代直系户)	47.2	47.4	41.4	38.0	32.8	30.0
其他扩展家庭户	3.8	4.8	3.6	10.9	3.2	8.4
独老和老年夫妇小计	25.9	26.7	33.5	23.6	41.7	34.3
老人与子女同住小计	73.2	72.7	62.2	75.8	57.2	63.8

注：①“65 +”即 65 岁及以上，“80 +”即 80 岁及以上。②数据来源于 1982～2010 年人口普查抽样数据。③本研究中的“老年夫妇”不仅包括夫妇双方均为老年人的情况，也包括仅一方为老年人的情况

① 胡湛，彭希哲．中国当代家庭户变动的趋势分析——基于人口普查数据的考察．社会学研究，2014（3）：145－166，244.

三、不同家庭类型的特点、需求和问题

（一）有老家庭和无老家庭

顾名思义，无老家庭就是没有老人的家庭，有老家庭就是有老人的家庭。和无老家庭相比，家里有老人意味着什么呢？“老人”不是仅仅用年龄达到60周岁或者65周岁这一社会标准单纯地衡量出的一群人。对于一个家庭来讲，每一位老人都是带着一个时代的烙印，有着不同于当下子女的思想观念、为人处世方式甚至是生活习惯的个体。当子女与老年父母生活在一起的时候，代际冲突很容易产生。这就需要子女与老年父母之间相互尊重、体谅与包容，多沟通。在与子女、孙子女同住的三代直系有老家庭中，老年父母与子女在教育孩子的理念和方式上也容易出现分歧，老年父母可能会过分溺爱孩子、也可能采用传统的教育方式教育孩子。如何能在体谅父母爱孙子女心切的基础上引导父母采用适当的方式教育孩子，还需要子女在生活中不断地摸索尝试。

虽然年龄的增长未必与衰老同步，但是随着老人年龄的不断增长，老人的身体功能会慢慢发生改变，可能会出现记忆力减退、反应能力降低等问题，甚至患上各种各样的老年疾病，丧失生活自理能力。当家里有老人，特别是身体状况不好的老人的时候，子女要给予父母细心周到的照顾，除了照顾生活起居、给老人治病以外，还要给予老人足够的情感慰藉和心理关怀，多问候、陪伴老人，减少老人的无助感和孤独感，预防其因为身体上的不适导致心理方面的疾病。

尽管在人们的印象中老年人多是需要别人照顾的人，但事实上，大量的老年人在家庭中扮演的是照顾者而不是被照顾者的角色。[①] 2005年中国老年人口健康状况调查显示，在65～69岁的低龄老人中，几乎每天做家务的占71.45%，70～74岁老年人每天做家务的占65.81%，即使是80岁以上老年人每天做家务的也占到四分之一以上。中国的老年父母通过为子女、孙子女提供照顾帮助，并承担大量的家务劳动，为确保子女安心工作、积极投入工作劳动发挥了不可替代的作用。除了帮子女做家务、照顾孙子女这种生活照料方面的支持外，随着社会经济发展水平和社会保障水

① 孙鹃娟，梅陈玉婵，陈华鹏．老年学与老有所为．北京．中国人民大学出版社，2014：94.

平的提高，老年父母，特别是城市的老年父母对子女的经济支持也越来越多。这种经济支持不仅仅指直接的物质上的支持，也包括父母一辈子积攒下来的社会资本。老年父母对子女情感上的支持也很普遍。由于情感上的交流一般具有双向性，父母与子女在互相关心的沟通互动中都能得到情感上的慰藉与满足。老年人处于人生成熟或者总结阶段，他们可以用自己的丰富的人生经验或教训给年轻人的生活以启迪、教导和借鉴。在生活中，老年父母往往能给予子女很多建议，给子女精神上的支持与鼓励。

（二）特殊的有老家庭

1. 独居家庭和空巢家庭

独居家庭是指家里只有一个单独生活居住的老年人。首先从人数上来说，是老年人一个人居住生活，其次是身边没有子女或他人照料，老人可能没有子女也可能是与子女分开居住。① 空巢家庭是指子女长大成人后从父母家庭中相继分离出去、只剩下老人独自生活的家庭。② 在家庭生命周期理论中，空巢期一般被看作家庭生命周期发展的最后一个阶段，到了空巢阶段，家庭的代际关系发生了重要的变化，父母与子女在居住上开始分离。细分的话，空巢家庭可以分为纯空巢家庭和类空巢家庭。其中，纯空巢家庭包括单身空巢家庭和配偶空巢家庭；类空巢家庭包括虽然子女不在身边但其他亲属在身边的空巢家庭。③ 很多时候，人们将独居老人也并入空巢家庭里。但实际上，空巢家庭是从家庭发展周期理论衍生出的家庭类型，是家庭发展周期中的一个阶段。严格意义上讲，把那些从未结婚、从未组建过家庭和从来没有过子女的独居老人归入到空巢家庭是不太合适的。

独居的老人和空巢家庭的老人有一个共同点，即没有子女同他们一起居住生活。但是不与子女共同居住不代表一定得不到子女的照顾。譬如，“分而不离”的代际居住模式同样可以满足赡养和照料老人的需求，而且这种“分而不离”的代际居住模式既可以照顾到老人还能让两代人保持相对独立的生活空间与行事自由。真正具有挑战的是那些与“高龄化”和

---

① 彭亮，王裔艳，上海高龄独居老人研究．南方人口，2010（5）：24－31.

② 李建新，李嘉羽．城市空巢老人生活质量研究．人口学刊，2012（3）：31－41.

③ 穆光宗．家庭空巢化过程中的养老问题．南方人口，2002（1）：33－36.

“又分又离”的代际居住模式相联系的空巢家庭。子女对老人的照料处在“心有余而力不足”的状态，随着老人年龄的增加，老年父母的自理能力越来越差，他们需要得到生活上各方面的照料，而子女却无法提供。独居老人除了要面临没有子女在身边照顾的现实外，他们缺少配偶的陪伴与照料，更容易产生心理的孤独感，特别是在生活上遇到困难时，他们自己一个人很难应付突发性或常见性的困难，还会产生焦虑。

目前我国的各种老年福利服务通常以空巢、独居的老年人为对象，但是已有研究表明，独居老人和空巢家庭中纯夫妻户中老人表现出两极化的特点。经济条件较好、受教育程度高、身体健康的老人生活中夫妻户的比例更高，这种空巢家庭中的老人独立性更强；而那些没有配偶、不健康、以低保为主要收入来源的老年人独居的比例更高。可见，独居的老人比空巢家庭中夫妻户老人更需要得到社会支持。

2. 有高龄失能老人的家庭

“高龄”在不同国家有不一样的界定。如日本认定的是 75 岁及以上，美国认定的是 85 岁及以上。在中国，“高龄”一般指 80 岁及以上。失能老人指的是年龄在 60 岁及以上，因患慢性疾病、躯体损伤、心理失调等导致身体功能受损，其基本日常活动必须在他人的协助下才能完成的老人。[①] 日常生活自理能力（ADL）量表一直是学术界和研究部门常用的反映老年人基本日常生活自理能力状况的测量工具，最早是由卡茨（Sidney Katz）于 1963 年提出的。卡茨指数量表包括吃饭、穿衣、上下床、上厕所、室内走动和洗澡 6 项指标。将每项分成“不费力”“有些困难”和“做不了”3 个级别。如果老人回答都“不费力”，就判定为完全自理；只要有一项回答“有些困难”，就判定为部分自理；只要有一项回答“做不了”，则判定为不能自理。对于不能自理的老年人，有 1～2 项“做不了”的，定义为“轻度失能”，有 3～4 项“做不了”的定义为“中度失能”，有 5～6 项“做不了”的定义为“重度失能”[②]。高龄失能老人即年龄在 80 岁及以上的失能老人。

随着医疗卫生保健水平的提高，高龄老人降低了慢性病的死亡风险，

---

① 肖云等．高龄失能老人居住方式及影响因素的实证研究．南方人口，2016（3）：46－56.

② 中国老龄科学研究中心课题组．全国城乡失能老年人状况研究，残疾人研究，2011（2）：11－16.

却转而面临“失能”或“残障”的危机，成为失能率较高的群体。当高龄与失能结合在一起时便出现了高龄失能老人。高龄失能老人在生活上必须依赖他人，在心理上也特别脆弱，他们渴望亲情，需要家人的照顾，希望亲人的慰藉，大多数高龄失能老人理想的居住方式是与家人同住。但是一般高龄失能老人需要长期专业化的生活照料与医疗护理，这不仅要求家人长期的陪伴与照顾，还需要请更加专业的医疗护理人员尽可能地恢复老人部分身体功能或防止身体功能进一步衰退。当现阶段家庭很难满足这一需求的时候，高龄失能老人则不得不选择到养老机构居住。

另外，高龄失能老人很有可能遇到丧偶危机，甚至随着子女年龄的不断增长、也逐步进入老年阶段，高龄老人还有可能承受丧子之痛。当子女也步入老年，同样需要养老支持的时候，可能这两代人就组成了一个二代“纯老家庭”也可能和孙辈一起居住，由孙辈担起照顾两代老人的重担。但不管怎样，有高龄失能老人的家庭总是意味着子女或孙辈们的辛劳与付出，国家也应该出台相应的政策措施给予支持，尽可能地让高龄失能老人能够在家安度晚年。

3. “四二一”家庭

所谓“四二一”，指的是我国社会中一种“特定的”的“家庭代际结构”①。“特定的”体现在其仅仅指的是我国社会中那些由双独夫妇与其独生子女构成的那个小家庭所有的代际结构。在这种特定的家庭代际结构中，“双独夫妇”是“二”，其独生子女是“一”，“双独夫妇”的双方父母是“四”，而不论“双独夫妇”的双方父母（即四位老人）是否与小家庭居住在一起。

严格来讲，“‘四二一’家庭”这种叫法是不成立的。所谓家庭，指的是人们“由婚姻、血缘或收养关系所组成的社会生活的基本单位”。这个定义中包含了两个关键的要素：一是成员之间经由婚姻关系、血缘关系或收养关系直接相连；二是生活共同体。但是在“四二一”家庭代际结构中，独生子女夫妇的双方父母之间既无血缘关系，也无婚姻关系，而是通过子女之间的婚姻关系为纽带形成的“亲家”关系，明显不属于直接的亲

① 风笑天．“四二一”：概念内涵、问题实质与社会影响．社会科学，2015（11）：71－81.

属关系。[①] 另一方面，现实生活中，很少有四个老人同一个三口核心家庭共同生活的情况。在三代人都存活的前提下，这种亲属关系所形成的家庭形式比较现实的应该是以下两种：①一个核心家庭（即由作为独生子女的夫妻双方及其唯一的孩子组成的家庭）+两个空巢家庭（即两对老年夫妇各自组成的家庭）；②一个主干家庭（即由其中一对老年夫妇、作为独生子女的夫妻双方及其唯一的孩子组成的家庭，或称“221”家庭）+一个空巢家庭（未与子女共同居住的一对老年夫妇组成的家庭）。[②] 但“四二一”这种家庭代际结构确实反映出了“双独夫妇”家庭老年父母的沉重养老负担问题。随着全面二孩政策的实施，双独夫妇可能会要两个孩子，那么他们可能要面临同时养四位老人两个孩子的巨大压力。

4. 老年隔代家庭

隔代家庭作为一种较为特殊的居住方式在老年人中尤其是农村老年人中较为常见。隔代家庭虽然可分为多种，但对于老年人来说与孙子女同住的方式是主体，在这类家庭中老年人更多的是作为照顾提供者的角色照顾孙子女。第六次全国人口普查数据显示，2010 年隔代家庭比例为 2.26%，相比 2000 年增加了 0.37 个百分点，更是 1990 年和 1982 年的 3.37 倍和 3.23 倍；有 16.6% 的隔代家庭在城市、32.1% 在建制镇、51.2% 在农村。[③] 隔代家庭明显集中在农村地区，这说明当前农村中青年夫妇二人一同外出务工并将子女留给家乡父母照看的情形越来越多。正是由于中青年一代的缺失使得隔代家庭中的老年祖父母成为照管孙辈的主要角色，不但要照顾孙子女的日常生活，还承担着教育的重要职责，需要投入大量的经济、时间、精力，对老年一代和青少年儿童一代都有深刻影响，农村隔代家庭更是集中体现了留守老人和留守儿童的双重问题，在我国城镇化过程中引发的农村隔代家庭问题值得引起有关部门的重视。

---

① 梁秋生．“四二一”结构：一种特殊的社会、家庭和代际关系的混合体．人口学刊，2004（2）：61－65.

② 孙鹃娟，邬沧萍．稳定低生育水平是缓解“四二一”担忧的一个安民告示．西北人口，2008（1）：17－20.

③ 胡湛，彭希哲．中国当代家庭户变动的趋势分析——基于人口普查数据的考察．社会学研究，2014（3）：145－166，244.

第三节　老龄化对家庭消费与支出的影响

人口老龄化对一个国家或地区的影响是持久和深远的，其带来的挑战会影响到社会经济发展的各个领域，消费领域就是其中之一。那么，具体到微观的家庭消费层面，人口老龄化对家庭消费会产生怎样的影响？这种影响又是如何产生的？面对人口老龄化背景下家庭消费的可能性转变，中国的老龄产业如何能够满足老年人消费需求实现蓬勃发展？接下来本节将主要围绕以上问题进行介绍和讨论。

一、家庭消费理论

（一）绝对收入消费理论

凯恩斯于20世纪30年代提出了绝对收入的消费理论。凯恩斯认为，影响消费的因素有很多，但起决定作用的是收入，人们的消费水平取决于绝对收入，并与现期收入之间有稳定的函数关系。他认为在短期内，人们的当期消费主要取决于当期收入，随着收入的增加，人们的消费也会增加，但是消费增加的速度没有收入增加的速度快，且消费的增量是在递减的，从而揭示了边际消费倾向递减的规律。

（二）持久收入消费理论

美国经济学家弗里德曼（Milton Friedman）提出了持久收入假说。弗里德曼把消费者的实际收入分为持久收入和暂时收入，持久收入是消费者可预料到的、连续的稳定收入，暂时收入是瞬时的、非连续的偶然收入。该理论认为：第一，两种收入具有不同的特性，对消费起着不同的作用。第二，消费支出不是由消费者的暂时收入决定的，而是由其持久收入决定的。持久收入的边际消费倾向总是大于暂时收入，即消费主要取决于持久收入①。

理性的消费者为了实现效用最大化，不是根据现期的暂时收入，而是

① 陈承明，李巍．消费经济学概论．上海：上海财经大学出版社，2012：40.

根据持久收入来作出决策的。消费者不会对所有的收入变化作出相同的反应，如果收入的变动具备持久性，那么人们才可能增加或减少消费。

（三）生命周期消费理论

生命周期假说，是由莫迪利安尼在1954年首先提出来的，其基本思想是应用跨时选择的思路，去说明在个人的生命历程中，消费是如何随年龄而演化的①。莫迪利安尼认为，个人现期消费将取决于现期收入、预期收入、开始时的资产和个人年龄。消费者是有理性的，总是根据一生的收入来安排最佳的消费和储蓄。一个具体时期的消费不仅取决于当期的收入，而且取决于对一生收入的预期。由于消费者当期收入和预期收入不相等，消费者必须进行储蓄，以实现跨时期的均匀消费②。

家庭也是具有生命周期的，随着家庭生命周期的变化，家庭的需求结构、经济能力和消费水平也相应变化。比如处于生育期的家庭，年轻的夫妇由于有了孩子，家庭开支增大，家庭开始需要与儿童相关的一系列产品和服务，并且随着孩子的成长而不断发生变化；而处于鳏寡期的家庭，人已到老年，两老之中有一方先谢世，即独居老人家庭，老人一般已经退出生产领域，家庭收入明显减少，再失去了配偶的经济支持，他们的消费水平会降低，在进行购买决策时，更加缜密、更加稳健。

（四）预防性储蓄理论

未来收入的不确定性既可能来自个人情况的不确定性，也可能来自经济环境的不确定性，前者被称为个人风险，后者被称为系统风险。与确定性情况相比，居民在不确定性的情况下一般会增加储蓄，居民所增加的储蓄被称为预防性储蓄。预防性储蓄理论的核心是：不确定性同财富积累之间有相关性，不确定性越高，财富的储蓄就越多③。

二、人口老龄化对家庭消费支出的影响

人口老龄化对家庭层面的影响主要表现在有老家庭和纯老家庭的增多、家庭内老年抚养比上升、老年人预期寿命延长等方面。当老龄化给家

---

① 陈承明，李巍．消费经济学概论．上海：上海财经大学出版社，2012：39.

② 陈承明，李巍．消费经济学概论．上海：上海财经大学出版社，2012：40.

③ 陈承明，李巍．消费经济学概论．上海：上海财经大学出版社，2012：41－42.

庭带来的这些影响与老年人自身的特点如退休后收入降低、身体健康状况变差、更加注重保健等相结合时，便会对家庭消费的支出和消费结构产生一系列的影响。

（一）从消费能力角度看

家庭内老年抚养比上升意味着家庭劳动就业人口比例降低，这会导致家庭收入水平下降，收入水平下降会使得家庭消费能力、消费倾向下降，传导至家庭消费支出、消费结构决策层面，则表现为家庭消费支出下降、消费内容安排以必需品和急需品消费为导向。

传统观念认为，老年人在退休后收入会减少，因此消费水平也会降低。但乐昕和彭希哲的研究指出，老年阶段的人均消费水平在整个生命周期中并不低，甚至老年人均消费水平已高于居民人均消费水平。[①] 从生命周期角度来看，退休对于大部分人来讲是一个可以预期的事件，人们知道退休后收入水平会下降，所以人们会在退休前进行储蓄，等到退休后人们会动用储蓄来消费，因此退休导致的收入下降应该不会对消费水平产生影响。并且，随着老年人预期寿命的延长，特别是健康寿命的延长，老年人劳动参与率逐渐提高、老年阶段经济收入不断改善、再加上个人财富积累的增加、社会保障水平的提高，老年人的持久收入水平受退休和自身年龄增加的影响在减小，因此退休后的老年人的消费水平并不一定就会降低。再者，步入老年后，子女相继成家立业，父母不再需要在经济上支持子女，从养育子女的经济负担中摆脱出来的老年父母可能要开始为了满足自身的需求而增加消费，比如外出旅游等。

但西方众多学者在这一领域的研究得出的一个基本共识是退休确实会导致消费支出的非连续下降。哈默梅什（Hamermesh）利用退休历史调查数据（RHS）研究发现美国的消费者在退休后的几年中会消减支出水平[②]，施沃特（Schwerdt）使用德国社会经济面板数据（GSOEP）发现德国家庭

---

① 乐昕，彭希哲．老年消费新认识及其公共政策思考．复旦学报（社会科学版），2016（2）：126－134.

② Hamermesh，Daniel. 1984. Consumption During Retirement：The Missing Link in the Life Cycle. The Review of Economics and Statistics，pp. 1－7.

的消费在退休时大约下降8.5%[①]，若林（Wakabayashi）同样发现日本存在着退休消费时大幅下降的现象。[②]对于如何解释这种下降现象在西方学术界存在着巨大争议，“其最根本的争议在于消费支出随退休的非连续下降究竟是消费者理性选择的结果还是由于非理性、未预期的负面冲击或者市场不完备造成的（如缺少有效的年金市场和保险市场）”[③]。耿德伟利用中国社会科学院经济研究收入分配课题组的2002年城镇居民生活调查数据，发现在中国通常也存在着所谓的“退休—消费之谜”[④]，并指出，退休导致的家庭消费支出下降主要是由退休导致的工作相关的支出下降导致的。这是因为退休会带来家庭消费需求的改变。

（二）从消费需求角度看

家庭老年人口增加，家庭生活方式发生变化，相应的消费种类以及各消费种类的需求程度都会受到影响。由中国健康与养老追踪调查（CHARLS）2013年调查结果计算得到，在老年人均消费构成中，食品占51.1%、医疗保健占16.2%、交通通信占12.2%、衣着占2.8%、居住占6.3%、家庭设备和用品占4.4%、文教娱乐占6.2%。和中青年人比起来，老年人社会参与率以及参与频率都会降低，社交半径也会缩短，从而导致外出就餐、衣着等方面的支出比重下降。随着老人年龄的增长，老年人口的慢性病患病率和伤残率上升，对维持健康所需的医疗保健方面的需求比其他年龄段更为强烈。为了维持健康水平，老年人的医疗保健消费支出在家庭总消费中占据了较高的比例。

同时，预期寿命的延长使得老年家庭可预期到家庭内老年人口的高龄化甚至是失能化，家庭的医疗消费支出特别是大额、长期的支出可能性上升。由于老年人的医疗消费支出总量存在很大的不确定性，对于一些难以抵御、转移医疗消费支出风险的有老家庭来说，家庭为了确保风险来临

---

① Schwerdt, Guido. 2005. Why does Consumption Fall at Retirement? Evidence from Germany. Economics Letters, 89, pp. 300 – 305.

② Wakabayashi, Midori. 2006. The Retirement Consumption Puzzle in Japan. Journal of Population Economics, pp. 983 – 1005.

③ 耿德伟．中国城镇老龄人口的收入、消费及储蓄研究．北京：中国友谊出版公司，2014：140.

④ 家庭消费支出在退休时有非连续的下降现象与生命周期模型的预测不符，因此被称之为“退休—消费之谜”．

时，能够有足够的资源和能力进行应对，而倾向于在当前采取增加储蓄、降低消费支出比例、改变消费结构等预防性措施。特别是独居、空巢老人，他们既要考虑到自身抵御大病风险的能力有限，又因为没有子女在身边而更加缺乏安全感，所以他们可能会更倾向于通过“把钱攥在手里”来获得一定的安全感。具体来说，这些预防性措施首先是减少当前的消费、增加储蓄，以抵御将来的支出风险；其次是，在消费支出额基本不变的情况下，优先保证生活必需品消费和必要的医疗保健支出，减少其他非必需品消费的支出。这就使得老年人的消费支出中食品支出所占比例最高，医疗消费支出比例也比较高。

老年人的消费习惯和观念也会直接影响其消费需求。中国的老年人消费往往被贴上“消费行为节俭”“消费观念保守”的标签。这主要是因为，中国当前的老年人在生命历程早期都经历过三年自然灾害事件、长时间生活于物资匮乏的年代，“在消费储蓄决策时会表现出异常的节约倾向，以及对维持基本生存需要的特定商品的偏好”[①]。但是老年消费是有生命周期变化和代际之间的变化的，而且老年群体同样是一个多元化的群体，不同老年家庭甚至是同一老年家庭内的不同老人都可能有不同的消费理念与习惯，老年人同样有多元化的消费需求。

三、中国老龄产业的发展

（一）中国的老龄产业

老龄产业是一个目标服务对象为老年人口的产业体系，包括所有为老年人提供产品、服务以及就业机会的经济实体，如满足老年人口衣、食、住、行、用、医疗保健、照料护理、精神慰藉等各方面需求的多方面行业部门总称，它并不是传统意义上的一个独立产业部门，而是由老年消费市场需求带动而形成的国民经济中一个新兴产业集群，是许多相关产业部门的通称。[②]《中国老龄产业发展报告（2014）》中将老龄产业界定为“面向全体公民老年期生产提供产品和服务的各项相关产业部门组成的业态总

① 程令国，张晔．早年的饥荒经历影响了人们的储蓄行为吗？——对我国居民高储蓄率的一个新解释．经济研究，2011（8）：119－132.

② 陆杰华等．中国老龄产业发展的现状、前景与政策支持体系．城市观察，2013（4）：5－13，21.

称，包括四大板块，即老年金融业、老龄用品业、老龄服务业和老龄房地产业四个有机组成部分”[①]。中国老龄产业的起步可以上溯至20世纪80年代，在计划经济体制的强烈影响下，当时老龄产业发展比较缓慢。20世纪90年代是我国老龄产业最初提出及兴起的重要阶段。进入21世纪以后，随着政府、企业以及社会的介入和学界研究的拓展，中国的老龄产业日渐兴起与发展，正成为国民经济中一个不容忽视的产业。[②]

《中国老龄产业发展报告（2014）》指出，中国未来将成长为全球老龄产业市场潜力最大的国家。“预测表明，从2014～2050年，中国老年人口的消费潜力将从4万亿元左右增长到106万亿元左右，占GDP的比例从8%左右增长到33%左右，即占GDP的比例从不到一成增长到三成。”[③] 中国老年人口消费潜力增长速度也比较快，而且城镇老年人口消费潜力远远大于农村。报告还预测，从当前到2020年是我国老龄产业发展的成长期，从2021～2030年是我国老龄产业发展的高峰期，从2031～2050年则是我国老龄产业发展的成熟期。作为老龄社会条件下的基础性产业、支柱性产业和战略性产业，发展老龄产业将是未来中国经济发展的新的增长引擎。[④]

中国老龄产业的发展有着广阔的前景，但是目前中国老龄产业开发刚刚起步，中国老龄产业的发展还“存在有效需求不足、产业结构不合理、产业组织发育迟缓、产业政策不明晰、体制机制不顺畅等诸多问题”[⑤]。陆杰华等人对当前中国老龄产业发展的主要特点和问题有更为具体的总结与归纳：第一，中国老龄市场规模迅速扩张，但产业劳动经济和就业局面尚未形成；第二，老龄产业发展相对较为集中，产业发展区域间失衡；第三，养老服务和产品发展势头良好，但产业扶持和规范性的政策欠缺；第四，老龄产业福利色彩浓厚，社会力量参与力度亟待增强；第五，产品与服务销售渠道单一，促销手段极为落后；第六，传统产品为主的局面仍未

---

① 吴玉韶，党俊武主编．中国老龄产业报告（2014）．北京：社会科学文献出版社，2014：2.

② 陆杰华等．中国老龄产业发展的现状、前景与政策支持体系．城市观察，2013（4）：5－13，21.

③ 吴玉韶，党俊武主编．中国老龄产业报告（2014）．北京：社会科学文献出版社，2014：33.

④ 吴玉韶，党俊武主编．中国老龄产业报告（2014）．北京：社会科学文献出版社，2014：1.

⑤ 吴玉韶，党俊武主编．中国老龄产业报告（2014）．北京：社会科学文献出版社，2014：1.

打破，市场研究和产品开发相对脱节。[①]

（二）发展老年产业，满足老年人家庭的需求

1. 深入挖掘老年人口消费潜力

“放眼老龄化程度更深的发达国家，如北欧诸国、日本和韩国等，资本与财富向‘婴儿潮’一代老年人口聚集，相反年轻人属于相对‘贫困’群体。这意味着，在人口结构逐渐老化的社会经济形态中，老年人口是掌握更多财富与资本的消费群体，老年人口的消费特征、消费态势对居民消费数量与结构的影响力正在并将逐渐增大，居民消费市场的发展将更多地受到老年消费者的影响。”[②] 伴随着我国老年人口占总人口比重的逐步提高，老年人口在消费群体中的重要角色日渐凸显，我国老龄产业有着广阔的发展前景和快速的增长规模。但我国老龄产业仍处于发展的初级阶段，还需要更深层次地挖掘老年人消费市场的发展潜力，满足老年人群的消费需求。

2. 满足老年人消费需求

老年人口有着不同于其他年龄人口的特殊性，这就导致了“老年人口消费有其自身的结构特征，与其他年龄消费群体的消费方向侧重不同，这也意味着老龄社会的消费结构、消费形态将会与年轻社会有所不同”[③]。随着老年人口比例的不断上升，老年消费者的影响力会逐步扩大，居民消费会逐渐展现出老年人消费的特点。例如，和居民人均消费构成相比，老年人均消费构成中食品和医疗保健两类消费明显占很大比重，而在衣着、居住和文教娱乐方面比例相对较低。因此，随着老年消费群体影响力的扩大，居民消费市场中食品和医疗保健的份额将会上升；相对而言，在衣着、居住以及文教娱乐领域的份额会有所下降。老龄产业的发展应该以老年人真正的需求为导向，真正做到了解其消费的需求特点，做到“投其所好”，老龄产业的发展才能有不竭动力。

---

① 陆杰华等．中国老龄产业发展的现状、前景与政策支持体系．城市观察，2013（4）：5－13，21.

② 乐昕，彭希哲．老年消费新认识及其公共政策思考．复旦学报（社会科学版），2016（2）：126－134.

③ 乐昕，彭希哲．老年消费新认识及其公共政策思考．复旦学报（社会科学版），2016（2）：126－134.

3. 多元化需求是发展方向

老年人口与其他年龄段的人口一样具有多样化的特征，而并非是单一的人口群体，老年群体内部同样呈现出多样化的消费需求。从低龄到高龄，不同年龄段的老年人有着不同的消费需求，城市和农村的老年人消费需求也存在巨大差异，不同地区之间的老年人也会呈现出不同的消费特点。老年人自身的生活经历、消费观念、当前的生活水平以及家庭、社区、社会的发展环境都会对其消费需求和行为产生影响从而产生分化。而在过去相当长的一段时间里，老年人口在人们的观念中是经济收入低下、思想观念陈旧、健康状况衰退、疾病逐渐堆积、需要社会照顾的人群，老年消费也往往由此而被贴上“消费需求低下、支付能力有限、消费观念保守”等标签。但是随着时代的发展变化，老年群体的多元化日益凸显，随之而来的是多元化的老年群体消费需求。老龄产业发展应与时俱进，着眼于不同老年群体的不同需求，紧跟老年群体需求变化，努力朝着多元化方向发展。

第十章　中国家庭的经济状况

家庭经济是一个家庭赖以生存和发展的基础条件和基本保障。家庭财产、家庭收入、家庭消费与支出是家庭的基本经济活动，也是家庭发展的物质资源。家庭财产、收入和消费水平直接反映了一个家庭的福利水平，会影响到家庭中每一个成员的生存、发展及幸福感。家庭贫困则是在财产和收入不足、消费得不到满足情况下陷入的一种困境。作为家庭成员生活的基础单位，家庭是个人的“避风港”，是国家推行反贫困政策的切入点。贫困会影响到家庭中每个成员的生存、发展能力，甚至会进行代际传递，影响到下一代人的生存和发展。本章分析中国家庭的经济状况，涉及家庭财产水平、结构与不平等程度，家庭收入水平、增长、结构与不平等，家庭消费水平、结构和时期变动。同时，也分析了影响家庭财产、收入和消费的主要影响因素。还将进一步关注贫困人口，分析家庭贫困现状、形成的原因及特点。通过对我国家庭几个主要经济指标的梳理，为未来家庭政策的完善提供数据基础和政策启示。

第一节　家庭财产水平与分布

当今社会，财富已经成为社会流动、婚姻匹配、政治活动的关键经济资源，是欧美发达国家社会分层的重要维度①，具有深远的社会影响，涉及阶级认同、子女教育、婚姻匹配、政治观点等各个方面。以往，由于数据的缺乏，对家庭财产的讨论和研究相对较少，近年来，随着一些大型社会调查专门收集财产信息，比如中国家庭追踪调查（CFPS）、中国家庭金融调查（CHFS）、中国居民收入调查（CHIP）等为家庭财产研究奠定了

① Xie Y, Jin Y. Household Wealth in China. Chinese Sociological Review 2015 (3): 203 -229.

良好的基础，家庭财产研究陆续出现。根据已有的研究和数据，本节将梳理和分析我国家庭财产水平、分布现状、结构以及主要的影响因素。

一、家庭财产的概念界定

财产容易与收入混淆，甚至社会学领域中很多研究都以收入代表家庭财产，但实际上，财产与收入是截然不同的两个经济指标。财产是某一时点的存量，而收入则是某一时期的流量。财产与收入不仅有着不同的经济功能，也有着不同的特征。

在英文中，wealth，asset 和 capital 一般交替使用表示一个国家、地区、公司或个体等的财产或财富，可以用来在市场上交易、转让，私人拥有的称为私人财产，政府部门拥有的则称为公共财产。① 简而言之，财产或财富就是在假设可以进行市场交易的前提下，在一个时点上任何个体或政府拥有的东西的市场价值。② 存款、股票、基金、债券等毋庸置疑是典型的金融资产，生产用的工厂、机械等则属生产性固定资产，房产（不包括现住房）多为投资性质的，也属于重要的财产。

根据通常的划分方法，将家庭财产分为以下几类：现住房资产和其他房产，金融资产（如存款、股票、基金、债券等），生产性固定资产（包括农业机械、公司资产等），耐用消费品价值和土地。家庭净财产中还应扣除家庭负债，城市家庭的主要负债来源于住房，农村家庭则来源于一些开支项目，如教育、医疗等。

二、家庭财产水平

从新中国成立到改革开放以前，中国实行严格的计划经济体制，物资由国家统一调配，私人财产严格受限，全社会处于吃“大锅饭”的平均主义状态，家庭私有财产很少。③ 1978 年 12 月起，中国开始实行对内改革和对外开放的政策。1980 年，国家开始实行有计划的市场经济体制，市场经济的一个重要特征是财产私有。随着市场经济的逐渐深化，城市中私人财产积累也越来越多，家庭财产快速增长。根据谢宇、靳永爱的估计，2012

① Thomas P. Capital in the Twenty - First Century. MA：Harvard University Press. 2014：39 - 139.

② Thomas P. Capital in the Twenty - First Century. MA：Harvard University Press. 2014：39 - 139.

③ Xie Y，Jin Y. Household Wealth in China. Chinese Sociological Review，2015（3）：203 - 229.

年全国家庭净财产均值为42.2万元，中位值为15.8万元，而20岁及以上人口的平均财产是17.4万元，全国家庭总财产存量为181.3兆元。[①] 目前也有一些其他研究估计中国的家庭财产，各个估计可能由于口径不同，结果有一定的差异。夏洛克斯（Shorrocks）等在《世界财富报告》中估计了中国的国家总财产、20岁以上成年人的平均财产、财产结构和财产分布以及基尼系数。2013年，成年人人均财产是22 230美元，全国总资产为22.2兆美元，基尼系数为0.695。[②] 有研究者使用中国家庭金融调查数据，得到的结果高于前两项研究，李凤等估计2013年全国家庭资产的平均值为80.7万元，2015年家庭资产均值为87.6万元。[③] 总体而言，受数据限制，关于中国家庭的财富存量的基本状况仍然存在较大争论，还需要更翔实的数据、更多的研究去探索真实现状。但已有研究为我们了解目前中国家庭财产水平和状况提供了基本信息，是家庭财产研究的开端。尽管收集真实的财产数据有重重困难，但未来随着收集数据的增多、研究的深入和方法的进步，将能够掌握更准确的家庭财产信息。

同时，研究表明，我国的家庭财产水平存在巨大的城乡差异和区域差异。城乡财产差距大，城市家庭净财产水平远远高于农村[④⑤⑥]，而且，城乡差距的急剧扩大是导致全国财产不平等程度加深的重要原因。[⑦⑧] 除了城乡差异，我国财产水平也存在较大的区域差异，东部地区家庭财产高于中

① Xie Y, Jin Y. Household Wealth in China. Chinese Sociological Review, 2015（3）：203 –229.

② Shorrocks A, Davies J, Lluberas R. 2013. Credit Suisse Global Wealth Databook. Credit Suisse Reseach Institute：P86, P98.

③ 李凤，罗建东，路晓蒙，邓博夫，甘犁．中国家庭资产状况、变动趋势及其影响因素．管理世界，2016（2）：45 –56.

④ Xie Y, Jin Y. Household Wealth in China. Chinese Sociological Review , 2015（3）：203 –229.

⑤ 陈彦斌，邱哲圣．高房价如何影响居民储蓄率和财产不平等．经济研究，2011（10）：25 –38.

⑥ 李凤，罗建东，路晓蒙，邓博夫，甘犁．中国家庭资产状况、变动趋势及其影响因素．管理世界，2016（2）：45 –56.

⑦ 李实，魏众，丁赛．中国居民财产分布不均等及其原因的经验分析．经济研究，2005（6）：4 –15.

⑧ Li S, Zhao R. 2008. Changes in the Distribution of Wealth in China, 1995 – 2002. pp. 93 – 111. In Personal Wealth From A Global Perspective, Edited By James B. Davies, New York, NY：Oxford University Press.

西部地区[①]，省际差异大，上海的财产水平遥遥领先，而西部地区的省份如甘肃的家庭财产水平则较低。[②]

三、家庭财产分布

一些研究表明，中国的财富不平等问题已经凸显，财富两级分化格局相当严重，财富不平等程度在迅速加深。[③] 那么，中国的财富不平等到底达到了什么程度？

众多研究表明，中国的财产不平等程度在迅速加深，尤其是2000年以来财产差距持续扩大[④]，大量的财富集中在极少数人的手中。20世纪90年代中期，中国财产基尼系数为0.4[⑤]，不到20年的时间，2012年，基尼系数已经上升到0.73，顶端1%的极富家庭占有了全国1/3以上的财产，而底端25%的家庭只占了全国财产的1%左右。[⑥] 财产不平等上升的速度远快于收入。根据谢宇和周翔的计算，2005年我国收入基尼系数为0.483，2012年上升到0.55左右。[⑦] 财产不平等由最开始的低于收入不平等，到目前为止，已远远高于收入不平等。根据其他国家的发展经验，随着市场经济的深入发展，未来财富不平等程度还会进一步加深。

区域差异是造成我国财产不平等的重要结构性因素。分城乡看，城市不平等程度远高于农村。研究者使用中国家庭收入调查分析表明，中国居民的财产不平等快速扩大，而其中的主要原因来源于城乡差距的急剧拉大[⑧]，而城乡差距扩大又主要源于住房制度改革，住房私有化极大地促进

① 李凤，罗建东，路晓蒙，邓博夫，甘犁．中国家庭资产状况、变动趋势及其影响因素．管理世界，2016（2）：45－56.

② Xie Y，Jin Y. Household Wealth in China. Chinese Sociological Review，2015（3）：203－229.

③ 李实，魏众，丁赛．中国居民财产分布不均等及其原因的经验分析．经济研究，2005（6）：4－15.

④ 李实，魏众，丁赛．中国居民财产分布不均等及其原因的经验分析．经济研究，2005（6）：4－15.

⑤ Li S，Zhao R. Changes in the Distribution of Wealth in China，1995－2002. 2008；93－111. In Personal Wealth From A Global Perspective，NY：Oxford University Press.

⑥ Xie Y，Jin Y. 2015. Household Wealth in China. Chinese Sociological Review 3：203－229.

⑦ Xie Y，Zhou X. 2014. Income Inequality in Today's China. Proceedings of The National Academy of Sciences 111（19）：6928－6933.

⑧ 李实，魏众，丁赛．中国居民财产分布不均等及其原因的经验分析．经济研究，2005（6）：4－15.

了城镇家庭财富的积累，全国财产不平等加深的另外一个原因是农村土地价值的下降。也有研究者对财产不平等进行了量化分解，发现财产的城乡差异对财产不平等的贡献率在10%以上。李实、万海远使用2002年CHIP数据和2010年CFPS数据估计了中国财产水平和分布的变化趋势，并且得出城市房价上升是推动中国财产不平等上升的重要因素。[①] 除城乡差异外，省际差异是造成财产分配不平等的重要因素，使用泰尔指数分解得到省际差异和省内差异对财产不平等的贡献。结果显示，各省内部差异解释了总体差异的76.6%，各省之间的差异解释了总体差异的23.4%。[②]

四、家庭财产结构

在我国家庭财产的构成中，房产占绝对主导地位。“中国家庭金融调查数据”结果显示，2013年住房资产占家庭资产的比重为70.1%[③]，中国家庭追踪调查数据显示，2012年家庭房产在家庭平均财产中占了73.9%。两项调查共同反映了一个结果，住房资产是中国家庭资产的重要组成部分。我国家庭住房资产配置明显高于欧美等发达国家，而股票、基金之类的金融资产配置明显较低。虽然其他国家房产也是家庭财产的主要组成部分[④⑤]，但比例远低于中国，如澳大利亚2002年房产所占比例为54.2%，意大利2000年房产所占比例为37.7%[⑥]，美国2002年房产所占比例为52%。[⑦] 我国房产占家庭财产的比例在不断上升，1995年我国房产占家庭

① Li S, Wan H. 2015. Evolution of wealth inequality in China. China Economic Journal 8.3: 264 - 287.

② Xie Y, Jin Y. 2015. Household Wealth in China. Chinese Sociological Review 3: 203 - 229.

③ 李凤，罗建东，路晓蒙，邓博夫，甘犁．中国家庭资产状况、变动趋势及其影响因素．管理世界，2016（2）：45 - 56.

④ Gottschalck Alfred O. 2008. Net Worth and the Assets of Households: 2002. In US Department Of Commerce and US Census Bureau (Http: //www. Census. Gov/Prod/2008pubs/P70 - 115. Pdf).

⑤ Jäntti, Markus, Eva Sierminska. 2008. Survey Estimates of Wealth Holdings in OECD Countries: Evidence on The Level And Distribution Across Selected Countries. pp. 27 - 41 In Personal Wealth from a Global Perspective, Edited By James B Davies. New York, NY: Oxford University Press.

⑥ Jäntti Markus, Eva Sierminska. 2008. Survey Estimates of Wealth Holdings in OECD Countries: Evidence On The Level And Distribution Across Selected Countries. pp. 27 - 41 In Personal Wealth from a Global Perspective, Edited By James B Davies. New York, NY: Oxford University Press.

⑦ Gottschalck A. O.. 2008. Net Worth and the Assets of Households: 2002. In US Department Of Commerce and US Census Bureau (Http: //Www. Census. Gov/Prod/2008pubs/P70 - 115. Pdf).

财产的比例仅为35.4%，2002年为57.9%①，目前已达到70%以上。这主要是由20世纪90年代推动的住房私有化改革和2000年以来房价迅速升高而且居高不下的市场环境导致的。

金融资产在我国家庭财产结构中占的比例较低，仅在10%左右②③，与其他国家的差距也比较大。很多发达国家的金融资产占家庭财产的比例都在30%以上。④ 其他各项财产比如生产性固定资产、耐用消费品等占家庭财产的比例都较小。

无论从财产结构还是分项财产对不平等的贡献率来看，房产都是财产不平等的主要贡献者，房价的上涨、房产的增值成为我国城市家庭财产增加的主要来源。这实际上是一种结构畸形的表现，潜伏着许多结构性的问题，不利于财产的健康增长。

五、家庭财产水平的影响因素

根据财富积累的生命周期理论，整个生命周期过程中，以下几个重要因素影响着财富水平，即收入、消费和储蓄。⑤ 收入与支出之间的差距就是储蓄或者负债。所以分析家庭财产水平的影响因素应该从这三个要素出发。一般意义上，财富积累主要依赖于收入。而代表人力资本的因素——教育水平的提高会带来收入的增加。家庭的消费支出行为随着家庭生命周期的变化而变化，家庭支出包括基本的衣食住行支出、医疗支出、娱乐支出、社会交际支出（或人情往来支出）、教育支出等。⑥ 在不同的阶段，家庭的支出项目和支出结构是不同的，进而影响到家庭的财富积累。第三个

---

① Li S, Zhao R. 2008. Changes in the Distribution of Wealth in China, 1995 – 2002. pp. 93 – 111. In Personal Wealth From A Global Perspective, Edited By James B. Davies, New York, NY: Oxford University Press.

② Xie Y, Jin Y. Household Wealth in China. Chinese Sociological Review 2015 (3): 203 – 229.

③ 李凤，罗建东，路晓蒙，邓博夫，甘犁．中国家庭资产状况、变动趋势及其影响因素．管理世界，2016（2）：45－56.

④ Jäntti Markus, Eva Sierminska. 2008. Survey Estimates of Wealth Holdings in OECD Countries: Evidence on The Level And Distribution Across Selected Countries. pp. 27 – 41 In Personal Wealth from a Global Perspective, Edited By James B Davies. New York, NY: Oxford University Press.

⑤ Hao L. Color Lines, Country Lines: Race, Immigration, and Wealth Stratification in America. New York, NY: Russell Sage Foundation, 2007.

⑥ Hao L. Color Lines, Country Lines: Race, Immigration, and Wealth Stratification in America. NY: Russell Sage Foundation, 2010, 72 (2): 396 – 397.

因素则是储蓄，人们的储蓄动机在不同生命周期是不同的，但自始至终有一个重要的储蓄动机——预防性储蓄，预防性储蓄主要是为了防止经济不稳定带来的收入不稳定。家庭也会为孩子教育、可能的医疗需求、养老需求等储蓄。

分析家庭财产水平的影响因素，实际上也就是分析收入、消费和支出的影响因素。通常研究发现对家庭财产水平有影响的变量包括年龄、受教育程度、家庭结构、家庭成员身体健康状况、工作单位、职业、家庭的政治资本、家庭背景（比如父母的社会经济地位）、家庭成员的金融/投资知识和行为等。比如，年龄对家庭资产的影响呈倒“U”形曲线①；家庭成员受教育程度越高家庭资产越高②③；户主越健康家庭资产越高，同时家庭背景也影响资产积累④；熟悉金融知识、风险偏好型家庭财产更高。⑤⑥

在影响中国家庭财产积累的因素中，最值得讨论的是结构性因素和制度性因素。结构性因素就是区域差异，区域差异不仅影响整体经济不平等水平，也影响经济不平等的变化幅度，区域不平等是中国经济不平等的主要特征。⑦ 城乡的二元分割在新中国成立初期形成，在城市住房私有化以后，伴随着市场经济的深入发展，城乡差距迅速扩大。同时，改革开放初期，“让一部分人先富起来”的政策深深地影响了之后的经济资源分配格局。东部沿海地区发展速度远远超过内地，东中西之间、特大城市与中小城市之间、各省之间等在经济发展水平上都有相当大的差距，区域差距逐渐拉开。

---

① 李凤，罗建东，路晓蒙，邓博夫，甘犁．中国家庭资产状况、变动趋势及其影响因素．管理世界，2016（2）：45－56.

② Xie Y，Jin Y. 2015. Household Wealth in China. Chinese Sociological Review. 47，3，203－229.

③ 李凤，罗建东，路晓蒙，邓博夫，甘犁．中国家庭资产状况、变动趋势及其影响因素．管理世界，2016（2）：45－56.

④ 李凤，罗建东，路晓蒙，邓博夫，甘犁．中国家庭资产状况、变动趋势及其影响因素．管理世界，2016（2）：45－56.

⑤ 肖争艳，刘凯．中国城镇家庭财产水平研究：基于行为的视角．经济研究，2012（4）：28－39.

⑥ 李凤，罗建东，路晓蒙，邓博夫，甘犁．中国家庭资产状况、变动趋势及其影响因素．管理世界，2016（2）：45－56.

⑦ Zhou X. 2014. Increasing Returns To Education，Changing Labor Force Structure，And The Rise of Earnings Inequality In Urban China，1996－2010. Social Forces 2：429－455.

制度性因素同样是影响我国家庭财产水平的重要因素，在党政机关、事业单位工作的家庭其财产水平要高于其他家庭，有党员的家庭其财产水平要高于没有党员的家庭。[①②] 制度性因素影响财产积累实际上要从财产积累的历史说起。我国家庭财富积累开始于1978年改革开放以后，真正的快速积累在20世纪90年代以后。在中国城市，住房作为家庭最重要的财产，随着1980年国务院提出“住房商品化”，住房改革启动，住房逐渐朝私有化发展。1998年，国发23号文件“国务院关于进一步深化城镇住房制度改革加快住房建设的通知”促进了城市住房的大幅度私有化，城市普通工薪阶层从单位低价购得现有的公共住房。[③④] 住房的私有化实际上是将公共财产转化为私有财产的过程，在这个过程中，单位类型和在单位中的职位高低直接决定了住房的面积、质量和地理位置等[⑤]，体现了“在职优势”（incumbency advantage）。2000年以来，在市场经济的推动下，房价不断攀升。住房私有化和房价上升从根本上改变了中国家庭的财富结构，住房在总财富中所占比例越来越高。而从房价上涨过程中获利最多的是在改革前的制度体系中占有优势的人，比如干部[⑥⑦]、在体制内工作的家庭、有党员的家庭。[⑧]

另外，市场经济由起步、发展到成熟和不断完善，新兴的资本积累形式如股票、基金、债券等渐渐兴起，成为一些家庭的重要财产构成部分。私营经济繁荣发展，中国的极富人群绝大部分都是企业家，企业资产成为家庭财富水平的重要构成部分。这些新兴的市场经济因素也影响着中国家庭的财富水平和分布。

纵观我国家庭财产积累历史可以发现，从1978年改革开放以来，我

---

① 谢宇，靳永爱. 中国城市家庭财富水平的影响因素研究. 劳动经济研究，2015（5）：3－27.

② Xie Y，Jin Y. Household Wealth in China. Chinese Sociological Review，2015（3）：203－229.

③ 李斌. 中国住房改革制度的分割性. 社会学研究. 2002（2）：80－87.

④ 贾康，刘军民. 我国住房改革与住房保障问题研究. 财政研究，2007（7）：8－23.

⑤ Walder A. G，He X. Public Housing into Private Assets：Wealth Creation in Urban China. Social Science Research ，2014（46）：85－99.

⑥ Logan John R，Fang Yiping，Zhang Zhanxin. The Winners in China's Urban Housing Reform. Housing Studies，2010（25）：101－117.

⑦ Walder Andrew G，He X. Public Housing into Private Assets：Wealth Creation in Urban China. Social Science Research ，2014（46）：85－99.

⑧ Xie Y，Jin Y. Household Wealth in China. Chinese Sociological Review ，2015（3）：203－229.

国家庭财产水平经历了一个快速增加的过程。在家庭财产水平迅速上升的同时，我国家庭财产不平等程度也随之加深。城乡差距扩大、城市房价上涨是我国家庭财产差距拉大的重要原因。从财产结构来看，房产是我国家庭财产的主要组成部分，其在家庭财产中所占的比例超过了70%，房产增加而且是家庭财产增加的主要因素。与其他发达国家较高的金融资产比例相比，我国金融市场还并不完善，目前金融资产占家庭财产的比例仅在10%左右。结构性因素（主要是区域差异）和制度性因素（主要是政治资本）是影响我国家庭财产水平的两大重要因素。不过随着市场经济的发展，一些市场力量，比如私营经济也在影响着中国家庭财富水平和分布。

第二节　家庭收入的增长与差异性

自改革开放以来，随着我国社会经济的快速发展，城乡居民的家庭人均收入实现了快速增长，自1978～2014年城市人均可支配收入和农村人均纯收入都增加了10倍以上。与此同时，教育回报的增长和就业单位性质的不同也逐渐拉大了群体间家庭人均收入的差异，这种差异主要表现在区域经济水平的差异和城乡发展水平的差异。

一、家庭收入的测量

在讨论家庭收入时，我们所使用的家庭的概念与家庭成员的居住、收支核算的方式有关。在不同的调查中，研究者对于在计算家庭收入时所定义的家庭的概念根据研究的需要略有不同。随着市场经济的快速发展，居民的收入来源也日益多样，因此，不同研究或同一研究在不同时间上开展的调查对于收入的定义和范围也略有不同，但差异不大。

自2012年年底起，国家统计局对之前分别进行的城乡住户调查进行了一体化改革，统一将居民可支配收入定义为居民可用于最终消费支出和储蓄的总和，包括现金收入和实物收入。但是，由于我国近几十年来长期存在的城乡差别，城乡居民的生产方式和收入类型有着较大的差异，因此本节在讨论我国家庭收入变化时，仍然将城镇家庭和农村住户的收入分别定义和描述。

依据中国国家统计局的标准，城镇家庭的家庭人口是指居住在一起、经济上合在一起共同生活的家庭成员，凡计算为家庭人口的成员其全部收支都包括在本家庭中。2012 年及以前年份，对于城市居民而言，主要关注的是可支配收入，是指家庭总收入扣除交纳的个人所得税和个人交纳的各项社会保障支出后的收入水平。其中，家庭总收入包括家庭成员得到的工资性收入、经营净收入、财产性收入、转移性收入，不包括出售财物收入和借贷收入①。

对农村而言，其计算的对象是农村住户和住户成员从各种来源渠道得到的收入总和。随着我国人口流动性的增强，特别是农村—城市流动人口的增多，农村住户的定义与时间有关。在国家统计局的统计工作中，农村住户是指长期（一年以上）居住在乡镇（不包括城关镇）行政管理区域内的住户，以及长期居住在城关镇所辖行政村范围内的农村住户；有本地户口，但举家外出谋生一年以上的住户，无论是否保留承包耕地都不包括在本地农村住户范围内。2012 年及以前年份，计算的农村居民纯收入，是指农村住户当年从各个来源得到的家庭总收入扣除有关费用性支出后，最终归农村居民所有的收入总和。其总收入的构成与城镇居民略有不同，在包括工资性收入、财产性收入、转移性收入之外，还强调其家庭经营性收入是以家庭为生产经营单位进行生产筹划和管理而获得的收入。需要扣除的费用性支出，包括家庭经营费用支出、税费支出、生产性固定资产折旧以及赠送农村内部亲友的支出。②

中国国家统计局公布的城乡居民的收支数据来自于城乡居民收支调查。2010 年，国家统计局通过随机抽样的方式，分别在城镇和农村按照收入排序或生活水平排序等距抽样，在城乡居民中分别选取 6.6 万户和 7.4 万记账户，采用问卷调查的方式收集居民家庭的常住人口的收支，进行记录、汇总，再得出城乡居民的人均收入和支出数据。③ 但是，从 2013

① 统计数据指标解释．国家统计局，2013. http：//www. stats. gov. cn/tjsj/zbjs/201310/t20131029_449516. html（2016 年 10 月 1 日访问）．

② 统计数据指标解释．国家统计局，2013. http：//www. stats. gov. cn/tjsj/zbjs/201310/t20131029_449516. html（2016 年 10 月 1 日访问）．

③ 统计数据是如何产生的——城乡居民收入与支出．国家统计局，2011. http：//www. stats. gov. cn/tjzs/spdb/tjxcycb/201109/t20110915_57082. html（2016 年 10 月 1 日访问）．

年起，国家统计局开始采用城乡一体化住户收支及生活状况调查，抽取约16万个住户参与记账调查。其计算口径发生了一些变化，包括计算城镇居民人均可支配收入时加入了在城镇地区常住的农民工，而计算农村居民时则不包括这些在城镇地区常住的农民工；同时在计算时包括了自有住房折算租金。

二、家庭收入水平的增长与结构变化

改革开放以来，我国城乡居民的可支配收入都经历了快速的增长（图10－1）。按当年价格计算，城镇居民人均可支配收入从1978年的343.4元增长至2015年的31 790元；农村居民人均纯收入从1978年的133.6元增长至2015年的10 772元。从增长指数上看，城乡差异并不大。若以1978年为基数，城镇居民人均可支配收入在2015年达到1978年的14倍，而农村居民人均纯收入为15倍。但是，由于城市居民的人均水平在1978年就远高于农村居民，城乡居民人均收入的绝对差异在不断拉大。

随着收入的增长，城乡居民家庭收入的结构也发生了变化。[①] 根据国家统计局公布的数据计算，城镇居民人均收入中[②]，工资性收入在21世纪初占70%左右，这一比例至2012年下降到了64%，而经营性收入从2000年的占比4%增加到了2012年的9%。在农村居民人均收入中[③]，经营性收入则从2000年的63%下降到了2012年的45%，而工资性收入的比例从31%增长到了44%，此外，转移性收入的比例也从2000年的3%增长至2012年的9%。这种差异性变化分别表现了城镇和农村地区的不同发展特点。市场经济在城镇地区所带来的收入的多元性，私营企业、个体工商户的发展使得城镇居民家庭人均收入中经营性收入的比例增加；而在农村地区，随着城镇化进程的加速，越来越多的农村居民从事职业性工作，使得工资性收入的占比在提高。

① 由于2013年以后统计计算口径的改变，我们只使用了截至2012年的数据。

② 城镇居民人均各单项收入/城镇居民人均总收入。

③ 农村居民人均各单项收入/农村居民家庭人均纯收入。

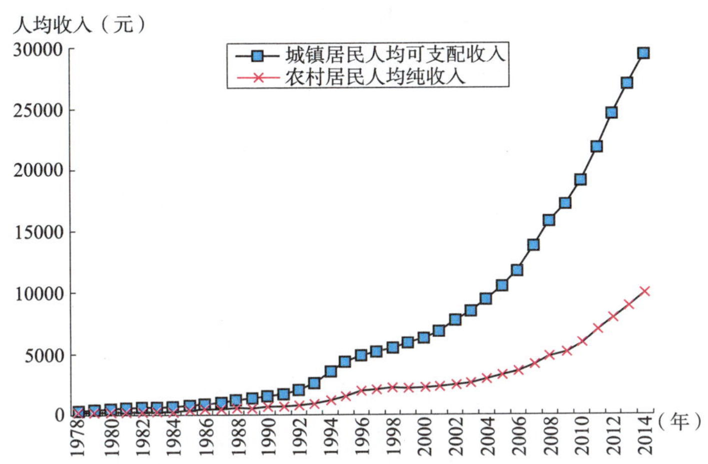

图 10－1　1978～2015 年我国城镇（农村）居民家庭人均可支配收入（纯收入）

数据来源：中华人民共和国国家统计局编.《中国统计年鉴 2016》

注（依据统计年鉴）：1978～2012 年数据来源于分别开展的城镇住户调查和农村住户调查，2013～2015 年数据根据城乡一体化住户收支与生活状况调查数据按可比口径推算获得

三、家庭收入不平等及影响因素

（一）日益加剧的收入不平等

收入不平等是关于收入在不同阶层家庭或人口中的分布情况。[①] 随着我国经济不断发展、经济体制改革的日益推进，社会资源的分配格局发生了变化，同时，教育扩张、城乡迁移改变了劳动力市场的结构，使得收入差距不断拉大。根据库兹涅茨曲线的理论[②]，经济增长与收入不平等随着经济发展水平呈现倒“U”形的关系，即不平等性在经济发展过程中会经历先增长后降低的过程。而我国改革开放所遵循的“鼓励一部分地区、一部分人先富起来，也正是为了带动越来越多的人富裕起来达到共同富裕的

① 谢宇，张晓波，许琪，张春泥．收入分配．//谢宇，张晓波，李建新，于学军，任强等著．中国民生发展报告（第 1 版）．北京大学出版社，2014：27－53.

② Kuznets S. Economic Growth and Income Inequality. The American Economic Review，1955（45）：1－28.

目的[①]”的理念，也与这一理论相契合。但是，随着我国贫富差异的拉大，越来越多的学者开始关注收入不平等的问题。

根据美国中央情报局对145个国家和地区的基尼系数由高到低（即从最不平等到最平等）排序[②]，中国大陆2014年的基尼系数为0.469，位列第28位，低于中国香港的第10位和巴西的第16位，高于美国的第45位。

许多研究表明，地区间的差异和城乡差异是造成中国收入不平等高的最主要原因。[③④⑤] 这些差异一部分来自于各地原有的工业基础水平不同，另一部分则来自于改革开放时对沿海地区的优惠性发展政策。沿海省份在优先发展起来以后，依赖其发展水平较高的优势，进一步吸引了内陆的劳动力，并保持较高的经济发展速度。此外，城乡之间的收入不平等性也较为明显，这种差异一部分来自于过去较长时间的城乡二元分割性，另一部分则来自于首先集中资源发展城市的政策导致。随着我国户籍改革力度的加大和城市化进程的日益推进，这一差异的扩大可能会得到适当缓解。

在城市或农村内部，其收入不平等性也较大。一项针对2011年状况的全国性调查显示，城镇居民家庭人均年收入的基尼系数为0.420，而农村则高达0.568。[⑥] 这与“中国家庭追踪调查”公布的2012年城镇基尼系数为0.48，农村为0.5，存在一定差异，但结论相同，即农村的收入不平等性相较城市更大。2012年“中国家庭追踪调查”还显示，无论城镇还是农村，低收入家庭与中高收入家庭的差距在扩大。不过，农村家庭比城镇家庭的收

---

① 允许一部分人、一部分地区先富起来．人民网．2009. http：//cpc. people. com. cn/GB/64162/82819/143371/8818525. html（2017年2月3日访问）．

② 排序是依据不同年份的基尼系数的估计值排列的，各个国家的基尼系数值不一定是同一年的数据。https：//www. cia. gov/library/publications/the – world – factbook/rankorder/2172rank. html（2016年10月2日访问）．

③ 杨善华，沈崇麟．改革以来我国大城市居民家庭收入格局的变化．中国社会科学，1996（3）：52 – 65.

④ Hauser S M，Xie Y. Temporal and Regional Variation in Earnings Inequality：Urban China in Transition between 1988 and 1995. Social Science Research ，2005（34）：44 – 79.

⑤ Xie Y，Zhou X. Income Inequality in Today's China. Proceedings of the National Academy of Sciences，2014（111）：6928 – 6933.

⑥ 孙敬水，黄秋虹．中国城乡居民收入差距主要影响因素及其贡献率研究——基于全国31个省份6937份家庭户问卷调查数据分析．经济理论与经济管理，2013（6）：5 – 20.

入变动性更大，城镇的收入不平等格局相较农村有更强的固化倾向。[①]

（二）家庭收入差距变大的影响因素

由于数据的采集和可获得性等原因，已有的大多数研究讨论的都是城市居民的家庭收入的不平等性及其变化，较少涉及农村居民。

尽管过去的一些研究指出，由于当时中国劳动力市场的发展还不够成熟，城市地区对教育的回报在很大程度上被低估了[②③]，但是这种状况随着社会主义市场经济的不断发展和人力资本被逐渐重视而改变。许多研究表明，对教育回报的提高是城市地区收入不平等性提高的重要因素[④⑤]，户主文化程度差异对城乡居民收入差距的贡献率最大。[⑥⑦⑧]

与此同时，也有研究表明，在经济体制改革过程中，个体所在的工作单位的性质（所有制形式）对收入差距也有较大的影响。[⑨] 根据 2012 年“中国家庭追踪调查”的结果显示，家庭成员工作单位的性质影响了家庭工资性收入的水平。即便将“体制内”[⑩] 工作的定义放宽到家庭成员中最少有一人在“体制内”的工作单位就业，家庭中有人在“体制内”工作的家庭人均工资性收入也远高于没有家庭成员在“体制内”单位就业的家

① 谢宇，张晓波，许琪，张春泥．收入分配．//谢宇，张晓波，李建新，于学军，任强等著．中国民生发展报告（第 1 版）．北京大学出版社，2014：27 – 53.

② Hauser S M，Xie Y. Temporal and Regional Variation in Earnings Inequality：Urban China in Transition between 1988 and 1995. Social Science Research ，2005（34）：44 – 79.

③ Xie Y，Hannum E. Regional Variation in Earnings Inequality in Reform – era Urban China. American Journal of Sociology ，1996（101）：950 – 992.

④ Zhou X. Economic Transformation and Income Inequality in Urban China：Evidence from Panel Data. American Journal of Sociology ，2000（105）：1135 – 1174.

⑤ Zhou X. Increasing Returns to Education，Changing Labor Force Structure，and the Rise of Earnings Inequality in Urban China，1996 – 2010. Social Forces ，2014（93）：429 – 455.

⑥ 孙敬水，黄秋虹．中国城乡居民收入差距主要影响因素及其贡献率研究——基于全国 31 个省份 6937 份家庭户问卷调查数据分析．经济理论与经济管理，2013（6）：5 – 20.

⑦ Xie Y，Zhou X. Income Inequality in Today's China. Proceedings of the National Academy of Sciences，2014（111）：6928 – 6933.

⑧ 谭飞燕，李孟刚，吴伟．基于微观调查数据的城乡家庭收入差距分解．统计与决策，2015（8）：64 – 67.

⑨ 杨善华，沈崇麟．改革以来我国大城市居民家庭收入格局的变化．中国社会科学，1996（3）：52 – 65.

⑩ “体制内”的单位定义为：①政府部门/党政机关/人民团体/军队；②国有/集体事业单位/院/科研院所；③国有企业/国有控股企业。

庭人均工资性收入。[①] 另一方面，从不同性质的工作单位内部的教育回报来看，状况略有不同，市场部门的工作对于劳动者的教育回报更高，而低效益的国有部门比高效益的国有部门的教育回报更高。[②] 不过，这种差异在很大程度上受到劳动者自身的潜在收入能力的选择性影响，即有更高收入潜力的人更容易进入市场部门[③]，导致了在市场部门中的收入差异远大于国有部门。但无论在各种性质的工作单位中，单位之间的效益和财政状况的差异在很大程度上也导致了收入的不平等性。[④]

此外，在控制了地区和所有制差异之后，城市有职业者性别间的收入差别都是显著存在的，男性在业者较女性在业者有相对较高的收入，丈夫的工资逐渐与妻子的工资拉开差距。[⑤] 这种在劳动力市场上的收入性别差异（同时也是家庭内部夫妻间收入的差异）在很大程度上是因为在市场经济不断发展的情况下，缺乏男女公平的就业机会和支持家庭发展的公共政策导致的，本书第十五章将对这一点进一步讨论。

总的来看，自改革开放以来，我国家庭人均收入在不断快速增加的同时，城乡差异、地区差异也在不断拉大，对教育回报的增加是这种不平等性变大的最重要原因，家庭成员工作单位的性质也对收入有较大影响。这种变化一方面是由市场经济的运作方式造成的，另一方面也与我国的经济发展政策和历史因素相关，随着我国逐渐深化各方面的改革，出台政策以缩小城乡、地区差异，我们有理由相信这种不平等性不会继续扩大，且有可能在未来得以缓解。

---

① 谢宇，张晓波，许琪，张春泥．收入分配．//谢宇，张晓波，李建新，于学军，任强等著．中国民生发展报告（第1版）．北京大学出版社，2014：27－53.

② Wu X. Work Units and Income Inequality：The Effect of Market Transition in Urban China. Social Forces，2002（80）：1069－1099.

③ Wu X，Xie Y. Does the Market Pay off? Earnings Returns to Education in Urban China. American Sociological Review，2003（68）：425－442.

④ Xie Y，Wu X. Danwei Profitability and Earnings Inequality in Urban China. The China Quarterly，2008（195）：558－581.

⑤ 杨善华，沈崇麟．改革以来我国大城市居民家庭收入格局的变化．中国社会科学，1996（3）：52－65.

第三节　家庭消费水平变化和结构变迁

改革开放以来，我国城镇与农村家庭的消费支出不断增加，消费结构也发生了很大变化，由生存型消费向享受型消费转变。与此同时，收入、人口结构、制度和经济等因素也导致了我国家庭消费的总体和结构上的差异。本节将梳理和分析我国家庭消费水平、结构、差异性及主要的影响因素。

一、家庭消费的概念

与家庭收入相对应的概念是家庭支出，在家庭经济行为中，支出是家庭作为一个“经济体”所做出的一系列经济决策，而家庭消费便属于家庭支出的一部分。从家庭经济结构的角度，家庭收入、家庭消费和家庭投资（积累）构成了家庭经济的三个重要经济变量，在一定时期内，居民家庭首先通过各种渠道获取全部收入，当扣除个人所得税等项目后的实际收入成为可支配收入，进而便是对收入的使用或支出，一方面是消费性支出，另一方面是对消费支出剩余后的储蓄部分进行积累和投资选择。[①] 我们通常所说的家庭消费，指的便是消费性支出。

国家统计局每年开展的城乡居民家庭收支抽样调查的统计口径中，从家庭收入的使用将家庭支出分为消费性支出、非消费性支出以及借贷支出三个部分。消费性支出和非消费性支出这两个部分构成了城镇家庭总支出，是指家庭除借贷支出以外的全部实际支出，包括现金消费支出、财产性支出、转移性支出、社会保障支出、购房与建房支出，其中城镇家庭现金消费支出，即通常所说的消费性支出，是指家庭用于日常生活的全部现金支出，包括食品、衣着、居住、家庭设备及用品、交通通信、文教娱乐、医疗保健、其他八大类支出。[②] 农村家庭总支出指农村住户用于生产、生活和再分配的全部支出，包括家庭经营费用支出、购置生产性固定资产

① 程兰芳．中国城镇居民家庭经济结构研究．首都经济贸易大学博士论文，2004.

② 统计数据指标解释．国家统计局，2013. http：//www. stats. gov. cn/tjsj/zbjs/201310/t20131029_449516. html.（2016 年 11 月 1 日访问）.

支出、税费支出、消费支出、财产性支出和转移性支出[①]，其中的消费支出便为家庭消费支出的部分，与城镇家庭消费性支出结构一致，同样包括食品、衣着等八大类支出。

广义的家庭消费包括了消费性支出和非消费性支出两部分，在我国的统计中，家庭消费一般仅指消费性支出，即家庭收入中用于日常生活消费的全部现金支出，其数值和结构反映出居民家庭经济行为。家庭消费不仅直接反映了家庭的消费水平、特点和发展趋势，还在一定程度上决定了各类消费（如教育、住房、交通、娱乐等）的变动规律，也是体现家庭的社会经济状况的重要变量。

二、家庭消费水平的增长与结构变化

改革开放以来，中国家庭的消费行为发生了很大的变化，表现为消费支出不断增加，消费结构发生巨大转变。

如图 10－2 所示，按当年价格计算，城镇居民家庭人均消费支出从 1978 年的 311.2 元上升至 2012 年的 16 674.3 元，农村居民家庭人均消费支出从 1980 年的 162.2 元上升至 2012 年的 5 908 元，无论是城镇家庭还是农村家庭，消费支出均有大幅度的提升。从消费的绝对数值上看，城乡居民家庭的消费水平差异在逐渐增大，但二者的比值自 2003 年开始便逐渐缩小，2003 年城乡居民人均消费支出比达到最高值 3.35，至 2012 年已下降到 2.82。2012 年，城镇居民家庭人均现金消费支出是 2000 年的 3.3 倍，剔除价格因素影响后，年均实际增长 8.1%；农村居民家庭人均消费支出是 2000 年的 3.6 倍，剔除价格因素影响后，年均实际增长 8.1%。实际上，农村家庭的消费支出增速在近几年已经超过城镇家庭，据统计，截至 2013 年第三季度末，城镇居民人均现金消费支出 13 319 元，剔除价格因素影响后，比 2012 年同期实际增长 5.1%；农村居民家庭人均消费支出 4 385 元，剔除价格因素影响后，比 2012 年同期实际增长 11.1%，但城乡居民消费水平差距依然较大。[②]

除了消费支出在不断增长之外，我国居民家庭的消费结构也发生了重

---

① 统计数据指标解释．国家统计局，2013. http：//www. stats. gov. cn/tjsj/zbjs/2013/0/t2013/029_449516. html.（2016 年 11 月 1 日访问）

② 吕庆喆．2013 年中国城乡居民收入和消费状况．社会科学文献出版，2013：27－42.

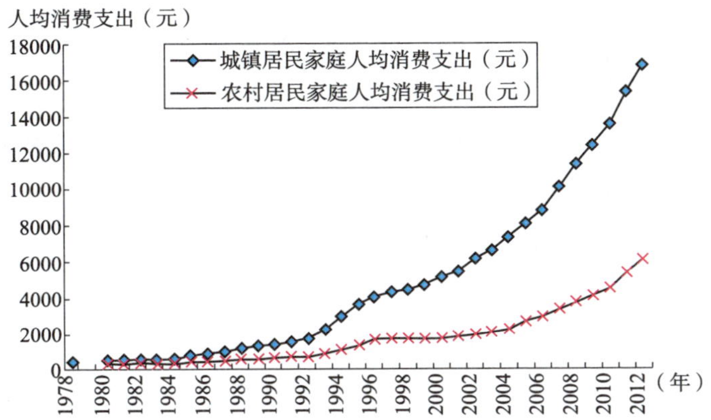

图 10－2　1978～2012 年我国城镇（农村）居民家庭人均消费支出

数据来源：国家统计局城镇住户调查和农村住户调查数据，http：//data. stats. gov. cn/easyquery. htm？ cn = C01&zb = A0A0501&sj = 2014.（2016 年 11 月 1 日访问）

大调整，主要表现为“商品”类消费支出占比明显下降，“服务”性消费支出份额大幅度上升①，从生存型消费转变为服务型消费。如前所述，按照现行的国家统计局的消费结构构成划分法，居民家庭消费构成划分为八大项：①食品，包括粮食、副食品、烟、酒、糖及其他食品和服务；②衣着，包括服装、衣料及衣料加工费、鞋、袜、帽及其他衣着；③家庭设备用品及服务，包括耐用消费品、家庭日用品及家庭服务等；④医疗保健，包括医疗器具、医药费、保健用品和保健服务费等；⑤交通和通信，包括家庭交通工具及维修、交通费、通信工具、邮电费等；⑥娱乐教育文化服务，包括各类教育费用、文化娱乐费用、书报费等；⑦居住，包括房屋建筑、购买、房租、水、电、燃料等；⑧其他商品和服务，包括个人用品、理发、美发用品、旅游、服务费等其他商品和服务。其中食品、衣着两类消费主要构成了居民家庭的商品类消费（或称基础性消费），是家庭用以维持基本生存的消费支出。我国农村家庭的食品和衣着两类消费占所有消费支出的比重从 1980 年的 74. 1% 逐渐下降至 2012 年的 46%，而医疗保健、交通通信和娱乐教育三项主要服务性消费支出占比则从 7. 6% 上升至 27. 3%；城镇家庭的商品类消费占比从 1993 年的 64. 4% 下降至 2012 年的

① 袁志刚，夏林锋，樊潇彦．中国城镇居民消费结构变迁及其成因分析．世界经济文汇，2009（4）：13－22.

47.2%，服务性消费支出占比则从15.7%增至33.3%。[①]

国际上常用“恩格尔系数”来反映消费结构，该指数于19世纪由德国统计学家恩特斯·恩格尔提出，指食品支出在现金消费支出中所占的比例，他认为随着收入水平的提高，食物消费支出占总消费支出的比重将逐步下降，即“恩格尔定律”。恩格尔系数可用于衡量居民家庭生活水平高低，随居民家庭收入和生活水平的提高而下降，通常认为恩格尔系数达59%以上为贫困，50%～59%为温饱，40%～50%为小康，30%～40%为富裕，低于30%为最富裕，图10－3反映了我国居民家庭的恩格尔系数的变化。我国农村与城镇家庭的恩格尔系数皆在逐渐降低，二者的差距也不大，都从1990年的50%以上降低到2012年的40%以下，这在一定程度上体现出我国的居民家庭整体来看已从温饱型向富裕型转变。

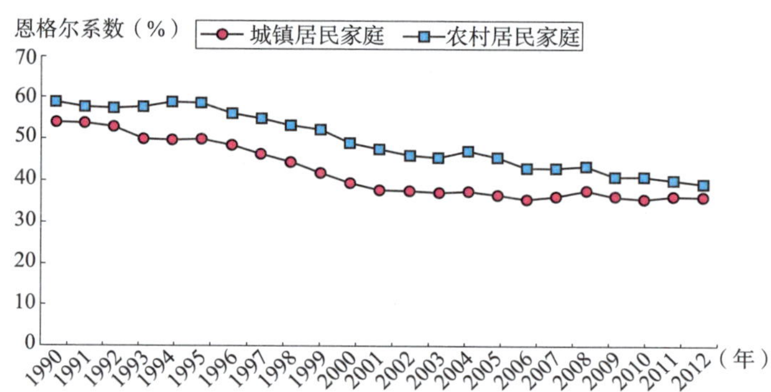

图10－3　1990～2012年我国城镇（农村）居民家庭消费的恩格尔系数

数据来源：根据国家统计局城镇住户调查和农村住户调查数据计算得到. http://data.stats.gov.cn/easyquery.htm? cn = C01&zb = A0A0501&sj = 2014.（2016年11月2日访问）

三、家庭消费不平等及其影响因素

（一）家庭消费不平等

与收入不平等相对应，消费不平等指的是消费在不同阶层或人口中的分布，大量研究将视角集中在收入分配方面的不平等现象，而关注消费不

① 根据国家统计局数据计算得到. http://data.stats.gov.cn/easyquery.htm? cn = C01&zb = A0A0501&sj = 2014（2016年11月2日访问）.

平等的较少。然而，一方面，与收入相比，消费才能为个体和家庭带来效用和满足感，更能准确地刻画民生和福利水平①②；另一方面，在估测不平等时，收入指标比消费指标更容易受到短期性的外部冲击影响，导致异常波动和估计的偏误③④；此外，消费差异在反映结果不平等状况的同时，也将直接影响到人力资本差异，从而影响对机会的把握和获取机会的回报，形成下一轮的起点不平等⑤，因此消费不平等在某种层面上具有更大的研究意义。

家庭消费不平等包括两个层面：一是总消费不平等，体现为家庭的所有消费支出在不同人口或家庭中的分布差异；二是消费结构的不平等，体现为不同家庭中各种类别消费支出的差异。消费不平等可以通过家庭消费水平的标准差（或对数标准差⑥）和消费基尼系数来衡量，消费基尼系数由收入基尼系数发展而来，同样将人口按消费支出由低到高排列，然后将人口累计百分比和消费累计百分比的对应关系描绘在图形上，即得到消费的洛伦兹曲线。⑦ 受限于数据的可获性等因素，我国关于消费不平等的研究多集中于城镇家庭，较少分析农村居民家庭消费不平等。

从城镇家庭的人均消费支出的对数标准差来看，我国城镇家庭的总消费不平等在 1995 ~2007 年呈上升趋势，2007 年达最大值 0. 82，到 2012 年下降为 0. 771⑧；从消费基尼系数来看，2008 年我国城镇家庭的消费基尼系数为 0. 3708，2011 年为 0. 3645，呈逐年下降的趋势，但不同地区的消费不平等现象差异较大，2011 年，东部地区城镇家庭的消费基尼系数为

① Deaton A，Paxson C. Intertemporal Choice and Inequality. Journal of Political Economy ，1994（3）：437 –467.

② Fisher J. D. ，Johnson D. S. ，Smeeding T. M. Measuring the Trends in Inequality of Individuals and Families：Income and Consumption. American Economic Review ，2013（3）：184 –188.

③ 邹红，李奥蕾，喻开志. 消费不平等的度量、出生组分解和形成机制——兼与收入不平等比较. 经济学（季刊），2013（4）：1231 –1254.

④ Slesnick D. T. The Standard of Living in the United States. Review of Income and Wealth ，1991（4）：363 –386.

⑤ 刘毅. 城镇居民消费基尼系数变动及其分解——对不平等的一种解释. 广东社会科学，2013（2）：56 –63.

⑥ 余玲铮. 中国城镇家庭消费及不平等的动态演进：代际效应与年龄效应. 中国人口科学，2015（6）：69 –79.

⑦ 谭召辉. 消费基尼系数的因素分解分析. 统计与决策，2013（7）：2，189.

⑧ 余玲铮. 中国城镇家庭消费不平等的动态演进：代际效应与年龄效应. 中国人口科学，2015（6）：69 –79.

0.3252，中部地区为0.1711，西部地区为0.2135，纵向看东部地区的消费基尼系数有一定的下降趋势，而中部和西部地区的消费基尼系数呈现上升趋势。[①] 整体来看，我国居民家庭存在明显的消费不平等，且经济水平较低的地区，居民家庭的消费水平也较低，其消费不平等也显著低于消费水平高的地区，这与收入不平等与经济发展呈现的倒“U”形规律一致，“一部分人先富起来”的发展方针在事实上导致了贫富差距日益增大，由此产生了收入与消费的共同不平等。但近些年，我国家庭的消费不平等正逐渐缩小，这与国家在收入分配和惠民政策方面的改善紧密相关。

从消费结构上看，不同类别的消费中存在的不平等现象差别很大。食品作为满足人们生活的最基本需要，其消费不平等最小；家庭用品、医疗保健、教育文化消费在不同人群的消费不平等较大，反映了一部分先富裕起来的家庭或中产阶层率先分享经济增长成果，享受发展型消费尚未遍及低收入家庭；文教娱乐消费已逐步成为影响居民总体消费差距的重要力量。[②] 住房消费不平等在2007年达到峰值，随后开始下降，这在一定程度上反映了近年来随着中国房地产投资和房地产市场的发展，不论高低收入阶层的家庭住房支出都明显增长[③]。另外，由于各类消费占总消费的比重不同，它们对总消费不平等的影响效应也不尽相同，食品支出的减少有助于降低总消费的不平等，而居住和服务型支出的增加却增大了总消费的不平等。

（二）家庭消费差异的影响因素

从微观的家庭层面上，消费来源于收入，家庭消费不平等的最直接原因便是家庭收入的差距，很多研究对收入不平等和消费不平等的关系进行了实证分析。普遍的观点是，收入公平决定消费公平，消费问题实质上是分配问题的延伸或最终体现[④]，收入分配上的差异越大，相应的消费支出

---

① 谢贤芬，王斌会，李雄英．城镇居民消费能力区域差异的基尼系数测度．统计与信息论坛，2014（6）：80－85.

② 刘毅．城镇居民消费基尼系数变动及其分解——对不平等的一种解释．广东社会科学，2013（2）：56－63.

③ 余玲铮．中国城镇家庭消费及不平等的动态演进：代际效应与年龄效应．中国人口科学，2015（6）：69－79.

④ 赵玲．政府调控与消费公平——兼论和谐社会建设中政府消费政策的价值导向，中国行政管理，2006（3）：44－46.

上的差异也越大，但在生存型消费支出和服务型消费支出上的影响不同[①]，且收入不平等的水平和增长速度高于消费不平等。[②③] 也有的学者认为，消费不平等不会一直伴随收入不平等的增加而增加，因为消费是有一定的限度的。[④⑤] 户主的性别、婚姻状况、健康状况、宗教信仰以及家庭人口结构等因素也是导致我国城镇家庭消费不平等产生的显著原因。[⑥] 除收入因素之外，我国家庭消费的城乡和地区差异，也与区域的配套设施和家庭的消费观念有关。[⑦]

人口结构是在讨论消费不平等时经常被提到的影响因素。学者对消费不平等形成原因的分析主要将其分解为出生组效应、年龄效应和时间效应，不同年龄阶段的人由于自身生命周期不同而对消费品（包括不同类型消费品）产生不同需求，这就导致消费的年龄效应[⑧]，而在同一代人中，如果消费差距随着年龄的增长而扩大，那么人口年龄结构老化将是导致消费不平等扩大的一个重要原因。不同出生队列人口的消费行为及偏好选择存在系统性差异，研究发现出生组内消费的不平等随着年龄的增加而增加。[⑨⑩] 约翰逊（Johnson）和希普（Shipp）根据家庭类型和教育程度分解消费不平等，认为消费不平等增长的3/4可由组间不平等和人口结构的变化解释。[⑪] 有学者认为，少子化降低了我国城镇家庭的消费，老龄化增加

---

① 杭斌．基尼系数在居民消费需求分析中的应用．统计与决策，1985（2）：5－8.

② 刘毅．城镇居民消费基尼系数变动及其分解——对不平等的一种解释．广东社会科学，2013（2）：56－63.

③ Jappelli T，Pistaferri L. Does consumption inequality track income inequality in Italy. Review of Economic Dynamics ，2010（1）：133－153.

④ 廖进中．公平消费与消费公平．消费经济，2006（2）：6－7.

⑤ Krueger D. Does Income Inequality Lead To Consumption Inequality——Evidence And Theory. Review of Economic Studies ，2006（1）：163－193.

⑥ 李涛，么海亮．什么导致了中国城镇家庭的消费不平等．经济理论与经济管理，2013（9）：31－40.

⑦ 张军．我国城乡家庭消费差距问题研究——基于1998～2007年数据的实证分析．农村经济，2010（7）：62－65.

⑧ 李奥蕾．中国居民消费不平等．西南财经大学，2013：5－6.

⑨ Deaton A，Paxson C. Inter－temporal Choice and Inequality. Journal of Political Economy ，1994（3）：437－467.

⑩ Ohtake F，Saito M. Population aging and consumption inequality in Japan. Review of Income and Wealth ，1998（3）：361－381.

⑪ Johnson D，Shipp S. Trends in Inequality Using Consumption－Expenditures：The U. S. from 1960 to 1993. Review of Income and Wealth ，1997（2）：133－152.

了我国城镇家庭的消费，受少子化影响较大的消费支出为食品、衣着、医疗保健和教育文化娱乐服务支出，受老龄化影响比较大的消费支出为医疗保健、交通通信、教育文化娱乐服务和居住支出[①]，而研究表明，城镇居民在教育、医疗和购房支出的扩大上造成了消费差距的扩张。[②]

另外一些研究从宏观的制度和经济角度探索我国居民家庭消费不平等扩大的成因。对于迅速转型的中国社会，居民消费演变深深嵌入制度变迁中，消费不仅与个体在市场转型过程中的经历有关，而且与国家消费政策和制度安排密切相关。[③] 林毅夫、陈斌开等研究认为，重工业优先发展战略、市场化和经济开放等转型因素加剧了消费不平等，同时政府行为也会影响城乡消费差距，地方政府支出占 GDP 的比重越高，城乡消费差距越大[④]，这是因为政府财政支出往往是城市偏向的，这种城市偏向的投入拉大了城乡消费差距。[⑤] 社会保障支出尤其是医疗基金支出，作为社会保险机制的主要组成部分，通过促进低收入群体的消费，拉近高收入群体与低收入群体的消费距离，从而有助于缩小居民家庭间的消费差距。[⑥]

综上，改革开放以来，不论是城镇家庭还是农村家庭，消费支出均在快速地提升，尽管农村家庭的消费增速自 2003 年以来便逐渐超过城市家庭，但城乡居民家庭的绝对消费水平差异依然在扩大。不同地区的消费不平等程度有所不同，但整体来看，由于国家在收入分配和惠民政策方面的投入，我国城镇家庭的消费不平等有所减小。收入不平等是消费不平等的最重要影响因素，微观层面上，家庭的社会人口经济特征，如户主的性别、婚姻状况、健康状况、宗教信仰以及家庭人口结构等因素都会导致家庭的消费差异；宏观层面上，国家的社会保障制度和经济体制对消费不平等的产生也存在一定的影响，重工业优先发展战略、市场化和经济开放等

---

① 郑妍妍，李磊，刘斌．“少子化”“老龄化”对我国城镇家庭消费与产出的影响．人口与经济，2013（6）：19－29.

② 田青，马健，高铁梅．我国城镇居民消费影响因素的区域差异分析．管理世界，2008（7）：27－33.

③ 林晓珊，张翼．制度变迁与消费分层：消费不平等的一个分析视角．兰州大学学报（社会科学版），2014（1）：8－15.

④ 林毅夫，陈斌开．重工业优先发展战略与城乡消费不平等——来自中国的证据．浙江社会科学，2009（4）：10－16.

⑤ 陆铭，陈钊．城市化、城市倾向的经济政策与城乡收入差距．经济研究，2004（6）：50－58.

⑥ 李奥蕾．中国居民消费不平等．西南财经大学，2013：51－52.

转型因素加剧了消费不平等，地方政府支出占 GDP 的比重越高，城乡消费差距越大，而社会保障支出则有助于缩小居民家庭间的消费差距。

第四节　家庭贫困

缓解和消除贫困一直是中国政府致力解决的重要民生问题，也是学者们关注的核心民生议题之一。改革开放以来，随着经济社会的持续发展，政府反贫困政策的作用，人民生活水平不断提高，贫困状况得到明显改善。过去的 30 年，农村绝对贫困人口从 1978 年的 2.5 亿人降至 2014 年的 7017 万人。[①] 尽管中国减贫工作取得了巨大的成就，但我国贫困人口规模庞大，新的贫困问题已经出现。[②] 收入不平等、财产不平等扩大，对贫困的改善起到了负向作用，城镇大批职工下岗或失业导致城镇贫困问题日益突出，农村家庭因大病致贫，农村“光棍”数量持续上升等，农村的贫困问题依然任重而道远，反贫困工作依然是未来中国发展的重要内容之一。

一、贫困的概念与测量

贫困，顾名思义，是因为资源的贫乏而进入的一种困境。对于贫困的认识随着人类社会发展在不断演进、丰富。从经济学角度，贫困是因为个人或家庭没有足够收入满足其基本需要，是一种资源的稀缺，是不平等的一种表现形式。

在最初的测量过程中，收入贫困一直是各国最广泛使用的贫困标准。英国是最早制定收入贫困标准的国家，最开始使用贫困线这样的绝对贫困标准，20 世纪 70 年代以后开始采用低于收入中位数 60% 这样的相对贫困标准。[③] 20 世纪 80 年代，世界银行开始对各个国家进行收入和消费贫困测算，在 33 个国家贫困线的基础上，确定了按 1985 年购买力平价美元（PPP）1 天 1 美元标准的贫困线。2008 年，世界银行根据 75 个国家的贫

---

① 中华人民共和国国家统计局编．中国统计年鉴，中国统计出版社，2015.

② 张晓波，张春泥，谢宇．贫困与失业．//谢宇，张晓波，李建新，于学军，任强等著．中国民生发展报告（第 1 版）．北京大学出版社，2014：54 – 91.

③ 王小林．贫困标准及全球贫困状况．经济研究参考，2012（55）：41 – 50.

困线数据对 1985 年的贫困线进行了修订，根据估算，15 个最不发达国家贫困线的平均数为 1.25 美元/天。75 个国家的中位数贫困线相当于每天 2 美元；除去 15 个最不发展的国家，贫困线的中位数相当于 2.5 美元/天。[①]

随着对贫困理解的深入，收入在衡量贫困时表现出了较大的局限性，比如在同等收入下，农民工和本地居民的生活环境和经济状况就很不一样，很多农民工生活在城乡接合部脏乱差的环境中。越来越多的学者指出，贫困是一个多维的概念。很多穷人在描述自己的贫困状态时，往往会包含缺乏教育、健康、住房、权利等，而不仅仅限于收入或者消费。[②] 阿玛蒂亚·森（Amartya Sen）提出贫困的多维视角，贫困不仅仅是收入低下，更是一种对基本生活能力的剥夺，除了收入外，应该包括饮用水、道路、卫生设计等客观指标和福利的主观感受。[③] 2011 年起联合国开始使用多维贫困指数（MPI），多维贫困指数包括 3 个维度共 10 个指标[④]：健康（营养、儿童死亡率），教育（成年人受教育年限、适龄儿童在学情况），生活标准（做饭用燃料、厕所、饮用水、电、屋内地板、耐用消费品）。这些指标识别了家庭层面的叠加剥夺，反映了贫困人口平均受剥夺的人数以及贫困家庭中所遭受的剥夺维度。[⑤] 在多维思想提出后，研究者们纷纷采用多维指标测算贫困程度，微观家庭上考虑到的指标有教育、健康、生活水平、收入等[⑥]，宏观层面有收入、教育、预期寿命、国内生产总值等。[⑦]

二、中国贫困现状与特点

（一）贫困人数与贫困率变动

估计全国贫困人数和贫困水平，最常用的方法还是以绝对贫困线为标

---

① 王小林．贫困标准及全球贫困状况．经济研究参考，2012（55）：41－50.

② 高艳云．中国城乡多维贫困的测度及比较．统计研究，2012（11）：61－66.

③ Sen，A. A Decade of Human Development. Journal of Human Development，2003，17－23；Sen，A. Capabilities，Lists，and Public Reason：Continuing the Conversation. Feminist Economics，2004，77－80.；Sen，A.' Elements of a theory of human rights'，Philosophy and Public Affairs. 2004，315－356.

④ Sabina Alkire and Maria Emma Santos，Acute Multidimensional Poverty：A new index for developing Countries，OPHI working paper No. 38.

⑤ 王小林．贫困标准及全球贫困状况．经济研究参考，2012（55）：41－50.

⑥ 张全红，周强，蒋赟．中国省份多维贫困的动态测度——以中国健康与营养调查中的 9 省为例．贵州财经大学学报，2014（1）：98－105.

⑦ 邹薇，方迎风．关于中国贫困的动态多维研究．中国人口科学，2011（6）：49－59.

准进行计算，比如每人每天 1 美元或 1.5 美元。我国民政部门在制定扶贫政策时在城乡也有不同的标准，2011 年 11 月底中央扶贫开发工作会议决定将农民人均纯收入 2 300 元（2010 年不变价）作为新的国家扶贫标准①，城镇最低生活保障线在各个城市有不同的标准。

表 10－1 反映了我国农村贫困状况变动情况，我国减贫政策取得了很大的成效，农村贫困人口在不断减少。当然，随着社会的发展，贫困标准也需要调整。按照 2010 年的标准，我国农村地区 2014 年有 7 000 万贫困人口，贫困发生率为 7.2%。国家并没有公布城镇的贫困人口和贫困水平，研究者按照每天每人 1 美元或 1.5 美元以及各省的城镇最低生活保障标准进行估计，估计城镇贫困发生率低标准在 3%，高标准在 5%～9%，城市贫困人口在 1 997 万～5 990 万人。②

表 10－1　农村贫困状况

年　份	1978 年标准		2008 年标准		2010 年标准	
	贫困人口（万人）	贫困发生率（%）	贫困人口（万人）	贫困发生率（%）	贫困人口（万人）	贫困发生率（%）
1978	25 000	30.7				
1980	22 000	26.8				
2000	3 209	3.5	9 422	10.2		
2001	2 927	3.2	9 029	9.8		
2002	2 820	3	8 645	9.2		
2003	2 900	3.1	8 517	9.1		
2004	2 610	2.8	7 587	8.1		
2005	2 365	2.5	6 432	6.8		
2006	2 148	2.3	5 698	6.0		
2007	1 479	1.6	4 320	4.6		

① http：//news.163.com/11/1130/03/7K318PS600014AED.html（2016 年 11 月 1 日访问）.

② 张晓波，张春泥，谢宇．贫困与失业．//谢宇，张晓波，李建新，于学军，任强等著．中国民生发展报告（第 1 版）．北京大学出版社，2014：54－91.

续表

年　份	1978 年标准		2008 年标准		2010 年标准	
	贫困人口（万人）	贫困发生率（%）	贫困人口（万人）	贫困发生率（%）	贫困人口（万人）	贫困发生率（%）
2008			4 007	4. 2		
2009			3 597	3. 8		
2010			2 688	2. 8	16 567	17. 2
2011					12 238	12. 7
2012					9 899	10. 2
2013					8 249	8. 5
2014					7017	7. 2

数据来源：《2015 中国统计年鉴》，1981 ~ 1999 年数据省略

从多维角度看，中国城市和农村都存在收入之外的多维贫困，2006 年城市和农村有接近 20% 的家庭存在收入之外的任意 3 维度的贫困，卫生设施、健康保险和教育对多维贫困指数贡献最大①，这既反映了贫困的表现方式，也能够挖掘贫困背后的原因。总体而言，极端贫困有很大的改善，2000 年城市和农村同时存在多维贫困（如 7 维和 8 维）的家庭，在 2009 年已几乎没有了。②

（二）贫困的特点

1. 农村贫困程度高于城市，且城乡贫困表现存在差异

长期以来，在城乡二元分割体制下，我国城乡发展速度和水平呈现出巨大的差异。实际上，城乡差异是我国收入不平等和财产不平等的重要贡献因素，其贡献率在 10% 左右。③ 这种结构性因素造成的不平等当然也使得城乡贫困程度表现出差异。农村的贫困程度比城市要严重得多。

农村和城市在贫困表现上也是不一样的。农村贫困主要集中于卫生设

① 王小林，Sabina Alkire. 中国多维贫困测量：估计和政策含义．中国农村经济，2009（12）：4 －23.

② 高艳云．中国城乡多维贫困的测度及比较．统计研究，2012（11）：61 －66.

③ Xie Y，Jin Y. Household Wealth in China. Chinese Sociological Review，2015；3：203 －229；Xie Yu，Zhou X. Income Inequality in Today's China. Proceedings of the National Academy of Sciences，2014，111：6928 －6933.

施、做饭的燃料来源、家庭成员的疾病负担和长期照料等问题，城市贫困主要集中于医疗健康保险、住房、教育负担等。[①]

从20世纪90年代以来，大规模的流动人口形成了除农村居民、城市市民的第三个群体。这个群体的存在使得我国贫困出现了一些新的特征，出现了“离土又离乡”的贫困人口，具体表现为：收入低，劳动时间长，社会保险缺乏，特别是短期或非固定工作形式导致农民工群体贫困率发生高。[②]

2. 贫困程度的区域差异大

除了城乡差异巨大外，我国社会经济发展的另外一个特征就是区域差异巨大。区域差异是造成收入不平等和财产不平等的重要因素，据计算，省际差异对财产不平等的贡献率达到了20%以上。[③] 各地区在地理位置、自然资源、社会经济发展水平上的不同也带来了贫困程度的差异。根据现有研究，我国各省的贫困程度是不同的。比如，研究者利用2006年中国健康与营养调查数据测算得出，贵州的多维贫困指数最高，是9个样本省份中多维贫困最为严重的；河南和广西分别位居9个样本省份的第二位和第三位。[④]

贫困程度的区域差异对国家扶贫工作提出了更高的要求，“精准扶贫”要求公共管理者在扶贫政策和措施上因地制宜、因时制宜。

3. 贫困具有代际传递性

早在20世纪60年代，布劳（Blau）和邓肯（Duncan）就发展出地位代际传递模型，提出父亲的职业通过影响子女的受教育程度进而影响到子女的职业。[⑤] 依据代际地位传递理论，贫困也具有较强的代际传递性，即家庭贫困状态以及导致贫困的相关条件和因素，在家庭内部由父母传递给子女，使子女在成年后重复父母的境遇——继承父母的贫困和不利因素并将贫困和不利因素再次传递给后代的循环遗传链，也指在一定的社区或阶

① 高艳云．中国城乡多维贫困的测度及比较．统计研究，2012（11）：61－66.

② 朱晓，段成荣．“生存－发展－风险”视角下离土又离乡农民工贫困状况研究．人口研究，2015（3）：30－44.

③ Xie Y，Jin Y. 2015. Household Wealth in China. Chinese Sociological Review 3：203－229；Xie Yu，Zhou X. 2014. Income Inequality in Today's China. Proceedings of the National Academy of Sciences 111：6928－6933.

④ 王小林，Sabina Alkire. 中国多维贫困测量：估计和政策含义．中国农村经济，2009（12）：4－23.

⑤ Blau，P. M，Duncan，O. D. The American Occupational Structure. New York：Wiley，1967.

层范围内，贫困以及导致贫困的相关条件和因素在代际之间延续，使后代重复前代的贫困境遇，是对贫困的复制和重复。[①] 出生成长在贫困的家庭，子女得不到同样的经济资源、健康资源和教育机会，以至于成年后在就业中处于劣势，再次陷入贫困，周而复始。我国贫穷落后的农村地区、城市的失业家庭等很多就处于贫困的恶性循环状态。

教育是破除贫困代际传递的根本途径，政府关注贫困地区子女的教育，加大对贫困家庭子女的教育投入力度，以提高贫困家庭子女的人力资本水平，从根本上提高他们的生存和发展能力。就业则是促使贫困家庭摆托贫困的直接途径，尤其是在城镇地区，家庭的主要劳动力处于失业状态是造成贫困的主要原因，政府应努力创造就业机会，加大就业技能培训，直接改变贫困家庭的贫困现状，阻止贫困的代际延续。

三、贫困原因与城乡差异

贫困的原因是复杂的，自然环境、资本投入、个人能力、社会制度、耕地土地条件、家庭人口特征等都是导致贫困的重要因素。[②③] 从导致贫困的直接因素看，主要有以下几大因素：收入低、因病致贫、失业。在致贫原因上，城市和农村又有一定差异。比如，城市中最直接、最主要的致贫原因是失业，而农村原因则比较多样，比如农业收入低、遭遇健康问题特别是大病、农村老年人没有劳动能力并且又没有收入来源等。

（一）收入低

收入低是城乡贫困家庭共同的特征，是致贫的直接原因。在城市地区，完全依靠非农就业收入维持生计，并且衣食住行各类生活必需品都需要从市场购买，如果收入低则会直接影响对各类生活必需品的需求和购买，影响生活质量。有研究利用中国西部地区 3 个城市的数据分析表明，不仅贫困家庭青年的就业机会低（相当于非贫困家庭的 22%），而且平均

---

① 王爱君，肖晓荣．家庭贫困与增长：基于代际传递的视角．中南财经政法大学学报，2009（4）：24－29.

② 王金营，李竞博．连片贫困地区农村家庭贫困测度及其致贫原因分析——以燕山—太行山和黑龙港地区为例．中国人口科学，2013（4）：2－13.

③ 曾志红．新扶贫标准下集中连片特困地区致贫因素分析——基于武陵山湖南片区 300 农户的调研．经济体制改革，2013（6）：55－58.

小时工资也只相当于非贫困家庭同龄人的45%。[①]

农村家庭多依靠的是单一型收入来源，即农业收入，而农产品受到自然条件和市场环境的影响大，如果遇上天灾，则对农村家庭是致命性的打击。而且，农村的社会保障覆盖面和覆盖率都较低，最基本的保险——医疗保险和养老保险对农村家庭所起的保障作用有限。特别是农村老年人，没有能力直接参与经济生产活动，收入水平降低，生活稳定性大大降低，更容易陷入贫困。[②] 另外一个值得关注的群体是农村的“光棍”群体，这个群体因为身体健康、自身能力、家庭条件等多方面的原因，没有能力娶妻生子，特别是进入老年以后，缺乏收入来源，生活无人照料，大多生活在极度贫困的状态。整体而言，农村家庭的抗风险能力低，更容易进入贫困状态。

（二）因病致贫

身体不健康是家庭致贫的一个重要原因。家中主要劳动力身体健康出现问题，首先是直接影响到就业，最终反映在收入上，即失去收入来源；其次是大病开销大，对一个家庭的经济可能产生毁灭性打击。特别是对医疗保障体系并不完善的农村和城镇地区被排除在保障体制外的家庭，一旦遇到灾难性疾病，则家庭会陷入贫困。因为社会保险缺位，农民工也成为一个脆弱的群体。

研究表明，因病致贫是导致农村居民贫困的重要原因。在农村地区，因病丧失劳动力，自付医疗费用过高、报销比例过低。一项针对西部农村地区50个贫困线186个贫困村的调查表明，因病致贫率达到65.4%，这些疾病可能是突发性的重大疾病（如癌症、白血病、尿毒症等），也可能是长期慢性病（如糖尿病、高血压）。[③] 对于农村老年家庭，因病致贫更为普遍。

可见，疾病增加了家庭的脆弱性，提高了家庭面临的经济风险，要减

---

① 高梦滔．城市贫困家庭青年就业与收入的实证研究——基于西部三个城市的微观数据．管理世界，2016（6）：51－58.

② 乐章，刘二鹏．家庭禀赋、社会福利与农村老年贫困研究．农业经济问题，2016（8）：63－73.

③ 汪辉平，王增涛，马鹏程．农村地区因病致贫情况分析与思考．经济学家，2016（10）：71－81.

少“因病致贫”现象，需要从政策和制度层面入手，建立健康城乡医疗保障制度和大病救助制度。

（三）失业致贫

因失业致贫主要发生在城镇地区。中国城镇的失业性贫困是20世纪90年代中期出现的社会现象，伴随着国家产业结构调整和市场转轨，出现了竞争性失业以及国企改革出现了一批下岗人员。[①] 城镇失业和半失业导致一些家庭陷入贫困。

根据研究者估算，2012年我国城镇人口失业在4.4% ~9.2%，16~59岁的城镇失业人口规模在1 500万~3 160万人。[②] 庞大的失业人口也就是贫困风险人口。近些年，大学生“就业难”和“民工荒”同时出现[③]，催生了两个新的贫困群体——贫困大学生和贫困农民工。面临找工作难、工作不稳定和隐形失业问题，加上城市地区房价飙升，大学生贫困化成为一个新现象，被称为“蚁族”，生活在城乡接合部等一些环境非常差的地区。而受金融危机的影响，农民工失业也非常普遍，有些滞留在城市的农民工，缺乏就业机会，失去生活来源，陷入贫困。[④]

失业保险并不能从根本上解决失业问题，治标不治本，可以通过创造就业机会、给失业人员提供职业技能培训等一系列提高贫困人员生存发展能力的措施解决因失业致贫问题。

当然，很多贫困家庭并不是单一维度的贫困，而是多维度的贫困，比如失业、疾病、收入低等可能同时存在。在制定扶贫政策和扶贫措施时，应具体问题具体分析。

综上，本节讨论中国的家庭贫困问题，研究发现，我国贫困呈现出城乡差异大、区域差异大的特点，并且贫困具有代际传递性。导致贫困的直接原因有收入低、因病致贫、因失业致贫等。尽管我国的反贫政策取得了一定成效，但贫困人口规模仍然巨大，反贫仍是任重而道远。

---

① 佟新．城镇失业性贫困及家庭生存战略．学海，2009（1）：62－68.

② 张晓波，张春泥，谢宇．贫困与失业．//谢宇，张晓波，李建新，于学军，任强等著．中国民生发展报告（第1版）．北京大学出版社，2014：54－91.

③ 翟振武，杨凡．是刘易斯拐点还是伊斯特林人口波谷．经济理论与经济管理，2011(8)：5－13.

④ 张晓波，张春泥，谢宇．贫困与失业．//谢宇，张晓波，李建新，于学军，任强等著．中国民生发展报告（第1版）．北京大学出版社，2014：54－91.

第十一章　家庭健康

家庭健康是家庭发展的基础，是家庭幸福最重要的组成部分。如果将家庭发展比喻成一棵树，那么家庭健康无疑是这棵树的主干，而家庭发展的其他方面则是这棵树的枝杈，如果没有了主干，枝杈将立刻枯萎。本章主要讨论家庭健康的基本含义，以及个体健康、人口健康与家庭健康的关系。

第一节　家庭健康的含义

虽然家庭健康对于家庭发展和家庭幸福至关重要，但是在学术界却鲜有对家庭健康的权威定义，这种状况为探讨家庭健康问题带来了较大的困难。为此，本章将从家庭的属性和对健康问题的其他研究中总结出家庭健康的概念。

家庭成员是组建家庭最基本的要素，因此家庭健康概念应当首先包含每一位家庭成员个体的健康。本章将先从家庭成员个体健康的层面来探讨家庭健康。

家庭并不是所有家庭成员的简单拼凑，而是所有家庭成员共同生活、相互扶持、同舟共济的有机系统，家庭成员之间在家庭系统内部有丰富的互动和亲密的关系，因此家庭健康的概念绝不等同于所有家庭成员个体健康的简单相加，而是在所有家庭成员个体健康的基础上包含整个家庭内部关系的健康和家庭成员之间互动的健康。本章将在完成个体健康层面对家庭健康的探讨后，再从家庭关系和互动等方面探讨家庭健康的概念。

一、个体健康概念的演变

随着社会经济的发展，对疾病和人类身体构造的认识不断深化，人们对健康的理解不断加深，对个体健康的要求也不断提高，个体健康的概念也随之发生变化。

在原始社会和奴隶社会早期，生产力和医学水平都十分低下，人们不了解各种疾病产生的原因，也较少掌握治疗疾病的有效方法，对人类的身体结构和功能的认识较为肤浅，因此那时人们普遍认为人类的寿命和健康都是由神明决定的，遭遇疾病则是因为触犯了神明而受到惩罚，或者是因为遭遇了魔鬼的诅咒，人们没有形成所谓健康的概念。在这种对疾病和健康的认知框架下，人们往往通过向神明或者部族中的祭司忏悔求得神明宽恕，或者通过某些仪式驱赶魔鬼来治疗疾病，通过向神明祈祷求得神明的祝福让自己延年益寿。虽然那时人们也会采用一些自然界中有效的植物或矿物作为药物治疗疾病①，但是人们使用这些药物时较少了解这些药物治疗疾病的内在机制，而是把它们当成神明给自己的祝福和庇佑的一部分，这是当时的人们和现代人使用药物治疗疾病的本质区别。

从奴隶社会后期一直到整个封建社会时期，随着生产力和科技水平的提高，人们对自然世界的认知逐渐深化，通过对医疗活动不断总结经验，人们对生命的过程和疾病发生的原因也有了一定的了解，并将疾病的发生与所处的自然环境联系起来，逐渐形成了一种朴素的、原始的健康概念。这种健康概念或者强调人与环境之间的统一和协调，认为只要人与环境之间相协调则可以保持健康，人与环境相冲突则会产生疾病；或者是将人体简化成几类主要成分，将之与自然界常见的事物对应起来，强调人体内部各成分之间的平衡，平衡得到保持则是健康，失衡则会产生疾病。这种健康概念在我国传统医学思想和西方医学思想中都有具体的体现。我国早期的医学典籍《黄帝内经》在道家认识世界的阴阳五行学说基础上，建立了中医学上的阴阳五行学说，认为人体内部阴阳调和，五行平衡则可以保持健康。在道家的阴阳五行学说中，世界由金、木、水、火、土五种基本要素组成，人体内部与上述五行物质对应的脏器分别是肺脏、肝脏、肾脏、心脏、脾脏（也即五脏），五行之间是相生相克的关系，人体内部对应五行的脏器也是如此，各脏器之间保持平衡相生，则能够保持健康，各脏器之间失衡相克，则会产生疾病。《黄帝内经》中还有一个重要的观点是

---

① 宁蔚夏．医学模式与健康观的变迁．生命世界，2012（3）：36－39.

“治未病”，即在疾病尚未发生时进行预防，以及在疾病发生的初期对其进行有效的控制，防止进一步的病变。这表明我国古人已经认识到健康不应该仅仅局限于在疾病出现时被动地进行治疗，还应该包括主动采取预防措施尽可能避免疾病的发生，从而使人体长久地保持健康的状态。古希腊医学家希波克拉底提出的“四体液”学说也是这种原始朴素健康概念的表现。在“四体液”学说体系中，希波克拉底认为人体内部存在血液、黏液、黄胆汁和黑胆汁四种体液，人体能否保持健康在于体内的这四种体液能否互相协调，疾病是由四种体液之间失衡造成的。“四体液”学说还将个人依据四种体液在体内所占比例的差异分为胆汁质、多血质、黏液质和抑郁质四种类型，每种类型的人性格特征不尽相同，这种划分为后来的学者将健康领域概念从生理层面扩展到心理层面奠定了一定的基础。整体来看，原始的朴素的健康概念虽然对健康和疾病之间的关系提出了一套见解，但并没有正确认识疾病产生的原因，也没有提出较为完整和明确的健康定义，而更多的是给出了一些保持健康的建议和法则。

工业革命之后，人类进入工业社会阶段，随着现代科技的发展，生物医学也得到了长足进步，人类对疾病的产生和传播过程有了充分的了解，取得了一系列的卫生成就，夺取了第一次卫生革命的伟大胜利，逐步形成了健康的明确概念，认为健康就是一种“身体没有疾病，不虚弱的状态”。这一健康概念的形成与工业社会时期医学的发展是密不可分的。在 19 世纪 40 年代，法国化学家巴斯德（Pasteur）在细菌学方面进行了开创性的研究，奠定了疾病的细菌学病因理论[①]。德国病理学家魏尔肖（Virchow）在 1858 年出版了其著作《细胞病理学》，认为所有的疾病都源于细胞出现了病变，将人类对疾病的认识提升到了细胞层面。随着对疾病产生原因认识的不断深化，一大批基础医学如病理学、遗传学、免疫学、解剖学、组织胚胎学、生理学、微生物学和生物化学等都逐步创立和发展，推动了医学发展由经验走向科学的阶段，促进了对人体生理活动和疾病的定量研究，并推动了特异性诊断及治疗技术的发展[②]，对每一种疾病都找到其对应的生理或生化原因，然后采取相应的治疗手段，极大地提高了疾病的治

---

① 龚幼龙，严非主编．社会医学（第三版），上海：复旦大学出版社，2009：17.

② 龚幼龙，严非主编．社会医学（第三版），上海：复旦大学出版社，2009：17.

愈率。在这一时期，人类还依靠杀菌灭虫、预防接种和抗菌药物这三项重要的手段取得了以控制和消灭传染性疾病和寄生虫病为主要目标的第一次卫生革命的伟大胜利，彻底消灭了天花，基本控制了麻风、霍乱和鼠疫等烈性传染病以及一些地方性的传染病（比如曾长期在我国长江中下游地区流行的血吸虫病）。在这样的大背景下，人类似乎能够战胜所有疾病，而只要战胜了疾病，人类就能够保持健康，因此才会形成“健康就是没有疾病和不虚弱的状态”这样的健康概念。这种健康概念仍然存在很大的问题，一方面，过度地集中于生理上的健康或完好状态，而忽视了个体其他方面是否完好（比如心理方面）；另一方面，并不能适应人类疾病谱改变后对健康要求的提高。因此，这种健康概念逐步受到挑战，并逐步被更加符合时代要求的健康概念所取代。

1948 年，世界卫生组织成立，在《世界卫生组织宪章》中提出了“健康不仅是没有疾病或虚弱的状态，而是生理、心理和社会适应上的完好状态”的健康概念，这一生理、心理和社会适应“三位一体”的健康概念可以称之为现代的健康概念。世界卫生组织提出的“健康概念”中的生理健康，不仅纳入了之前健康概念没有疾病的含义，还包含了身体各部分功能完好的内涵，这主要是回应第一次卫生革命胜利后，各种退行性疾病给人类健康带来的巨大威胁。在第一次卫生革命胜利后，传染病已经不再是人类健康的主要威胁，各种退行性疾病（如心脏病、脑血管病、糖尿病等）开始占据疾病谱的主要位置，这些疾病的致病原因非常复杂，通过生物医学手段通常较难根治（如糖尿病患者需终身服用或注射降糖药物，还需要配合饮食控制等手段），某些退行性疾病虽不会使患者的身体出现明显的病理变化，却会严重影响患者身体患病部位功能的正常发挥，降低患者的生活质量，这样的状态肯定是不健康的。世界卫生组织提出的健康概念中包含了心理健康的含义，明确地将个体的健康扩展到了心理层面，这意味着一个健康的个体在心理方面也应该处于完好状态，应该能够正确地认识自我，积极向上，保持一种心理平衡状态。个人即使在生理上没有任何疾病，但是如果整日郁郁寡欢，不能保持积极的心理状态的话，也不能称之为健康。世界卫生组织提出的健康概念中还包括个体在社会适应层面的完好状态，这主要是要求个体能够与社会进行良好的互动，遵守社会规范，积极地参与社会生活，并且能够在社会系统中运用自己的能力发挥积极的作用。在世界卫生组织提出了这一健康概念后，各国纷纷采用，目前其已经是世界上传播最广、认可度最高和最权威的健康概念，很多研究者试图对这一健康概念进行补充，但也始终没有脱离心理、生理和社会适应三个层面“三位一体”的框架。

至此，本节已经较为详细地介绍了个体健康概念的演变过程。本章开始就已经明确，家庭健康首先应该包括所有家庭成员个体都处于健康状态，而借用目前权威的个体健康概念，家庭健康应该首先包括所有家庭成员个体在生理、心理和社会适应三个层面上都处于完好的状态。

二、家庭健康的概念

目前还没有关于家庭健康的权威定义，各个学科的学者们都试图从本学科的视角出发对家庭健康进行探讨。

医学领域的学者们将世界卫生组织提出的个人健康概念推广到家庭层面，从而提出了家庭健康的概念。他们认为，家庭健康是家庭成员在生理、心理和社会适应方面均处于完满的状态，家庭本身没有出现功能失调或衰竭的表现。角色执行模式则认为家庭健康是家庭能够有效地执行家庭功能和完成家庭发展的任务。美国护理学理论家罗伊（Roy）创立了护理学中的适应模式并用于探讨个人对周围环境的适应问题，后来也逐渐被学者们用于探讨家庭健康问题，学者们在这一模式下将家庭健康定义为家庭能够有效、灵活地与所处的环境相互作用，完成家庭的发展，适应家庭的变化。秉承幸福论模式的学者们也提出了对家庭健康的定义，他们认为家庭健康是家庭能够持续地为家庭成员保持最佳的健康状况和发挥最大的健康潜能提供资源、指导和支持。①

纵观上述对家庭健康的定义，我们可以发现各个学科的学者们各有侧重。角色执行模式的家庭健康概念和适应模式的家庭健康概念都是将家庭视为一个整体来考虑，认为家庭健康就是家庭本身处于一种良好的状态，忽略了家庭中的个体。幸福论模式的家庭健康概念则突出了个人主义的色彩，强调家庭系统为保持家庭成员个体的状况应该发挥应有的功能，最终还是在某种程度上将家庭视为了帮助家庭成员追求个人幸福的工具。本书

① 卢祖洵，姜润生主编．社会医学．北京：人民卫生出版社，2013：312.

认为应该用系统的观点来研究家庭健康，既要关注家庭内部成员个体的健康，也要关注家庭这个系统本身的健康，两者不可偏废，因而无论是角色执行模式下、适应模式下，还是幸福论模式下的家庭健康概念都还不够完善。医学领域的学者们提出的家庭健康概念就是从家庭成员个体和家庭系统本身两个层面来对家庭健康进行定义的，这与本章之初确立的总结家庭健康概念的思路不谋而合。

综上，本书将家庭健康的概念总结如下：家庭健康是家庭内部的所有成员在生理、心理和社会适应三方面都处于完好状态，并且整个家庭系统内部能够实现家庭成员的良性互动，家庭功能得以正常发挥，并且能够与所处的自然及社会环境保持良性互动的一种状态。在这样的定义下，一个健康的家庭应该具有一些典型的特征，比如家庭成员之间能够保持良好的沟通氛围，能够积极地面对遇到的外部问题并及时解决内部出现的矛盾，能够促进家庭成员的健康并保持家庭关系的和谐，发挥正常的家庭功能，保持良好的社会适应状态。

第二节　我国居民健康水平的变化与挑战

第一节提出的家庭健康概念可以分为两大部分，一部分是所有家庭成员个体保持健康，另一部分是家庭系统内部关系的健康和成员之间互动的健康，还有家庭系统与环境相适应。本节将重点介绍我国家庭健康定义的第一部分，即家庭成员个体层面健康水平的变化。平均预期寿命、死亡率和疾病与死因模式是衡量某个国家或地区人口内部个体健康水平的主要指标，本节也将以这些具体的指标为载体来介绍我国居民个体健康水平的变化。

一、人口平均预期寿命的变化

人们常说健康长寿，说明寿命延长确实是健康水平提高的表现，因此本节将先从我国居民平均预期寿命的变化来说明我国居民个体健康水平的变化。

我国人口的平均预期寿命在两千多年的封建社会一直是在低水平上波动，在王朝更迭的烽火乱世时期大批士兵战死，农业生产凋敝，人民流离失所，大量人口死亡，人口平均预期寿命往往会降到很低的水平，在所谓的太平盛世时期人口平均预期寿命则会相对较高，但是受制于封建社会的生产力水平和医疗卫生水平，人口平均预期寿命也不可能提升到很高的水平，因此我国才会有“人到七十古来稀”的说法，即活到70岁从古到今都是非常少见的一件事情。

到了近代以后，我国屡遭帝国主义国家入侵，长期处于战乱状态，其中又夹杂着或大或小的自然灾害和流行病暴发，与此同时，当时的清政府、北洋政府和随后的国民党政府依然维持着对广大人民群众的横征暴敛，人民群众维持基本的生存都很困难，更谈不上普遍得到基本的公共卫生服务，因此我国居民健康状况在这一时期较之于古代非但没有改善，甚至出现恶化，表现在平均预期寿命上就是和我国古代水平相比非但没有上升，甚至还有所下降。虽然这一时期的统计资料较为缺乏，但是学界的共识是直到新中国成立前夕，我国人口的平均预期寿命仍然停留在30~40岁的水平上，根据相关统计资料，这一水平仅仅相当于瑞典在工业革命之前（大约18世纪后期到19世纪早期）的水平。从图11-1可以清晰地看到这一过程，从1900年一直到清王朝统治中国的最后一年，即1912年，我国人口的平均预期寿命始终保持在大约32岁的水平。在民国建立后，我国人口的平均预期寿命仍然围绕着32岁的水平上下波动，最低时甚至下降至不足25岁，在抗日战争前夕达到的最高水平也没有超过37岁，随后由于日本侵略我国导致的大量伤亡，平均预期寿命又下降到1945年时不足30岁的水平。

新中国的成立改变了我国人口平均预期寿命的变化趋势，摆脱了在低水平波动的陷阱，进入快速上升的通道。从图11-1可以很清楚地看到这一过程，1949年时我国人口平均预期寿命大约为40岁，到1955年上升到了大约48岁，随后受到“三年自然灾害”的影响，平均预期寿命又有所下降，这大致可以看成是新中国成立后，我国人口平均预期寿命变化的第一阶段。在三年自然灾害结束之后，我国的平均预期寿命又开始迅速提升，在60年代末期超过了60岁，在1970年更是达到了约62岁的水平，此时距离新中国成立仅仅过去了20年时间，但人口的平均预期寿命却提高很快，这大致可以看成新中国成立后我国人口平均预期寿命变化的第二阶段。1970年至今可以看成新中国成立后我国人口平均预期寿命变化的第三阶段，这一阶段我国人口平均预期寿命除在“文化大革命”结束前出现

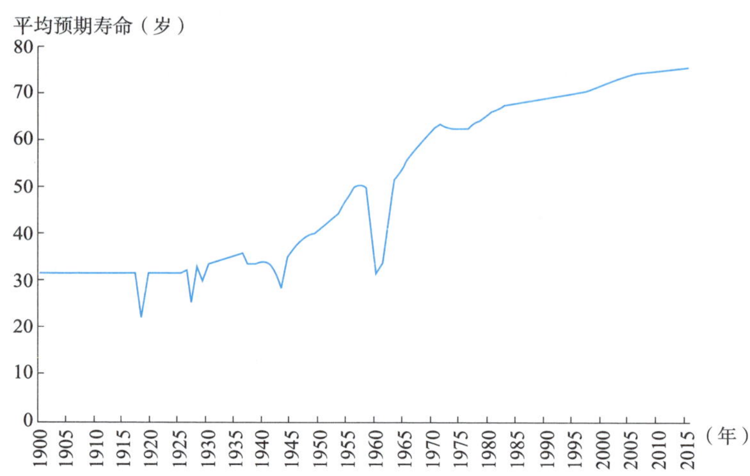

图 11－1　我国人口平均预期寿命 1900～2015 年变化趋势

资料来源：Gapminder World，“Life expectancy at birth in Gapminder World：data，metadata and notes”，www. gapminder. org/world，2016.

了小幅下降外，继续保持了稳步上升的趋势，但是由于 1970 年时我国人口的平均预期寿命已经不低了，在这个水平上继续提升更为困难，因此平均预期寿命上升的速度有所放缓，从 1976～2015 年，平均预期寿命从 62 岁左右增加到了 76 岁左右，大约每年增加 0. 35 岁。新中国成立后，我国的人口平均预期寿命上升如此之快，反映了我国居民健康水平的大幅提升。居民健康水平的大幅提升，一方面得益于我国在朝鲜战争之后安定和平的发展环境和工农业生产的稳步发展，极大地提高了人民群众的营养和生活水平；另一方面也得益于我国大力改善了居民的基本医疗卫生条件，消灭和控制了很多传染性疾病和寄生虫病，完成了属于我国的“第一次卫生革命”。

新中国成立后，我国人口平均预期寿命如此大幅度地提升，不能不说是人类健康史上的一个奇迹，我们可以通过国际对比来说明这一点。以人口平均预期寿命从 40 岁上升到 60 岁耗费的时间为例，美国人口的平均预期寿命在 1880 年左右达到了大约 40 岁的水平（也即新中国成立时的水平），但是美国人口的平均预期寿命直到 1930 年左右才超过 60 岁，足足花了 50 年左右的时间（实际上在 1800 年之后美国人口的平均预期寿命就一直徘徊在 39 岁上下，但一直没有超过 40 岁，如果把这一段时间算上，美国人口平均预期寿命从 40 岁提升到 60 岁的历时超过百年），而我国只用了 20 年左右的时间。英国和法国人口的平均预期寿命从 40 岁至 60 岁的跨越都耗费了上百年的时间。实际上很多发展中国家在第二次世界大战结束之后都经历了人口平均预期寿命的大幅上升，但是没有哪个发展中国家人口平均预期寿命的上升有我国这么迅速。通过对比我国人口平均预期寿命的变化和“金砖国家”中其他四国人口平均预期寿命的变化就能清楚地发现这一点。图 11－2 展示的是“金砖国家”人口平均预期寿命在 1950～2015 年的变化趋势。从图 11－2 中可以发现，我国在 1950 年时的人口平均预期寿命排在“金砖国家”中的第四位，仅高于印度；到 1990 年左右，我国人口的平均预期寿命已经位列“金砖国家”之首，并且将这一“宝座”保持到了 2015 年。在整个 1950～2015 年，只有我国（除了“三年自然灾害”时期）、巴西和印度三国的平均预期寿命保持了稳步增长，分别从 40 岁左右、50 岁左右和 35 岁左右增加到了 76 岁左右、74 岁左右和 67 岁左右，巴西和印度人口的平均预期寿命上升速度明显慢于我国。俄罗斯（苏联）人口的平均预期寿命则先从 1950 年的 57 岁左右增加到 1965 年的 70 岁左右，并开始围绕这一水平波动，在 20 世纪 90 年代经历苏东剧变后剧烈下降至 63 岁左右，随后开始波动上升，但直到 2015 年都没有恢复 70 岁的水平。南非人口的平均预期寿命在 1950 年时为 44 岁左右，并且稳步增长到 1990 年的 62 岁左右，随后又逐渐下降到 2005 年时的 52 岁左右，随后缓慢上升，但直到 2015 年都没有超过 60 岁。

从以上的分析中可以看出，我国人口平均预期寿命在新中国成立以来上升的过程，无论是与发达国家历史上人口平均预期寿命的变化过程相比，还是与同时期发展中国家人口平均预期寿命的变化过程相比，都呈现出上升幅度大、速度快的特点，很好地说明了新中国成立以来我国居民个体健康水平的大幅度提升，堪称人类健康史上的一个奇迹。

二、死亡率的变化

我国人口平均预期寿命在新中国成立后彻底摆脱了在低水平波动的陷阱，除个别年份外都保持了稳定快速的提高，与人口平均预期寿命的提高同时发生的是我国人口整体死亡率的稳定下降，二者之间犹如一枚硬币的正反面。

衡量人口整体死亡水平最常用的指标是粗死亡率。粗死亡率一般按年

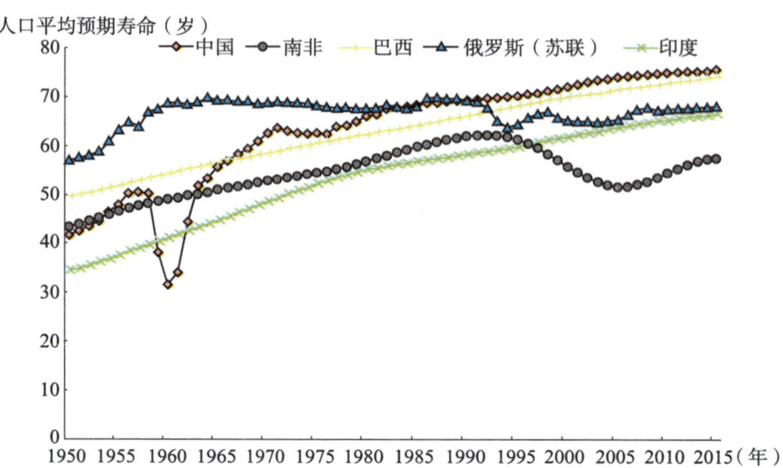

图 11－2 “金砖国家”人口平均预期寿命 1950～2015 年变化趋势

资料来源：Gapminder World，“Life expectancy at birth in Gapminder World：data，metadata and notes”，www. gapminder. org/world，2016.

度计算，计算方式是将这一年内的死亡人口总数除以这一年内的生存人年数，在实际的计算中还可以用这一年内的平均人数来代替生存人年数。新中国成立以来我国人口的粗死亡率的变化大致可以按时间划分为三个阶段，第一阶段是新中国成立到 1965 年，第二阶段是 1965～1980 年，第三阶段是 1980 年至今。

第一阶段，我国人口粗死亡率变化的特征是持续稳定地下降，但是下降速度并不算快。从图 11－3 中可以看到，1950～1955 年，我国人口的粗死亡率平均每年大约 23. 1‰，1955～1960 年，我国人口的粗死亡率下降到了平均每年大约 21. 7‰，1960～1965 年，我国人口的粗死亡率进一步下降到了平均每年大约 21. 0‰，下降的趋势很稳定，15 年的时间里，粗死亡率只下降了 2. 1 个千分点，下降的速度并不算快。两方面的原因造成了我国粗死亡率在这一阶段呈现出稳定下降，但是下降速度缓慢的变化趋势。一方面，新中国成立后，我国的工农业生产都逐步恢复，人民群众的生活水平逐步提高，并且在全国范围内建立了有效的基本卫生服务体系，消灭和控制了许多高致死率的传染病和寄生虫病，这些原因都可以带来粗死亡率的稳步下降。另一方面，新中国成立后直到 1965 年我国还面临着一些困难，这些困难包括对内为了实现全国大陆地区的彻底解放还经历了一些小规模的地方战争，对外为了赢得和平稳定的发展环境又被迫参与了朝鲜战争，以及在20世纪50年代末到60年代初经历的“三年自然灾害”。这些困难都会造成人口整体死亡水平的上升，从而在一定程度上抵消了新中国成立以后降低我国人口整体死亡水平的因素的作用，从而拖慢了我国死亡水平下降的速度。

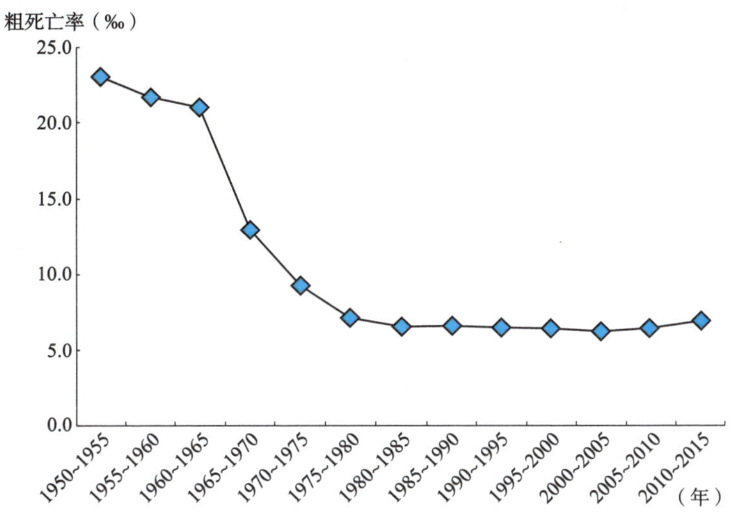

图11－3　新中国成立以来我国粗死亡率的变化

资料来源：United Nations，World Population Prospects：The 2015 Revision，2015.

第二阶段，我国人口粗死亡率变化的特征是持续、稳定、快速地下降。1960～1965年，我国人口每年的粗死亡率大约为21.0‰，1965～1970年就迅速下降到了大约每年13.0‰的水平；1970～1975年更是下降到了大约每年9.3‰的水平，第一次降到了10.0‰关口之下；1975～1980年，我国人口的粗死亡率进一步下降到每年7.2‰左右，已经属于低死亡水平国家。这一阶段我国粗死亡率从超过20‰下降到了不足8‰，下降幅度接近2/3，下降速度明显快于第一阶段。这一阶段我国人口粗死亡率的持续快速水平的下降应当归功于这一时期我国基本卫生服务水平的进一步提高。

第三阶段，我国人口粗死亡率变化的特征是在低水平上波动，近年来还有略微上升的趋势。1980～1985年，我国人口粗死亡率水平已经下降到了6.6‰左右；随后直到2005～2010年，我国人口粗死亡率水平都一直在6.5‰的水平上下波动，最低为6.2‰，最高为6.7‰。这一时期我国人口粗死亡率之所以呈现出在低水平上波动，是因为我国彼时的粗死亡率已经很低，再出现明显降低的空间有限，因而只能在低水平上波动。在2010年之后，我国人口的粗死亡率又重新上升到了7.0‰左右。这一阶段我国粗死亡率水平的上升主要是由我国人口年龄结构老化造成的。粗死亡率由各年龄段人口死亡率以年龄结构为权数加总得到，因此当一个人口内部各个年龄段死亡率都已经降到较低水平并且保持稳定后，人口中老年人比例的大幅度上升就会提升粗死亡率中老年人口死亡率的权重，而老年人口的死亡率又要绝对地高于其他年龄段人口的死亡率，因而粗死亡率就会随之上升。需要指出的是，这一阶段粗死亡率的上升并不能说明我国人口的健康水平出现了滑坡，相反我国人口的健康水平在这一时期还是稳步提高的，这点可以由我国人口平均预期寿命不断提高来说明。世界其他人口老龄化国家也经历过年龄结构老化导致的人口粗死亡率上升，与此同时，人口平均预期寿命也不断提高的过程。以日本为例，其人口粗死亡率在1975～1980年就已经下降到6.2‰左右，随后受到人口年龄结构老化的影响，其人口粗死亡率在持续上升，到2015年时已经达到了10.0‰，与此同时，日本人口的平均预期寿命却从75.31岁提高到了83.30岁，说明其人口健康水平在这期间得到了稳步提升。

除了粗死亡率之外，婴儿死亡率和孕产妇死亡率也是衡量人口健康水平的良好指标。图11－4展示了自新中国成立到2015年我国婴儿死亡率的变化趋势。从图中可以看出我国的婴儿死亡率在1950年时大约为130‰，并且在1950～1965年，婴儿死亡率还出现了小幅度的上升，在1965年时大约为135‰。1965年之后，我国的婴儿死亡率则开始快速下降，1970～1975年降到了80‰以下，1995～2000年降到了40‰以下，2010～2015年已经下降到了12‰左右。我国目前的婴儿死亡率虽然已经大大低于全球平均水平(36‰)，但是和主要发达国家相比还有比较大的差距（以七国集团中的美国、英国、德国、法国、日本、意大利和加拿大为例，他们在2010～2015年的婴儿死亡率分别为6‰、4‰、3‰、3‰、2‰、2‰、5‰)，反映出我国人口的健康水平和主要发达国家相比仍然有一定的差距。

在新中国成立前，我国孕产妇死亡率相当高，妇女生育孩子十分危险，因此也有妇女每生育一个孩子就是闯一次“鬼门关”的说法。根据学者们对民国时期遗留下来的卫生统计资料的研究，我国北平市（今北京

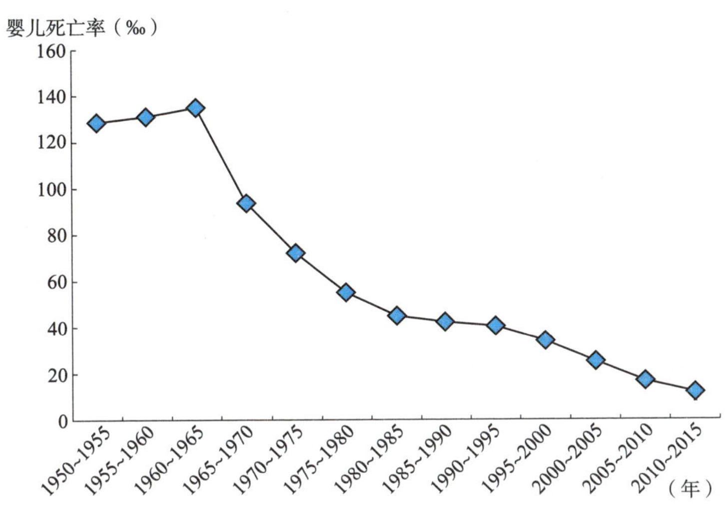

图 11－4　新中国成立以来中国婴儿死亡率的变化

资料来源：United Nations，World Population Prospects：The 2015 Revision，2015.

市）的孕产妇死亡率在 1933～1937 年一直保持在 10‰以上，1933 年更是高达 18.5‰，甚至超过了当年北平市人口的粗死亡率。[①] 当时的北平市是我国较为发达的地区，人口的健康水平应该高于全国平均水平，因而孕产妇死亡率则会低于全国平均水平，因此我们可以推测，当时我国人口的孕产妇死亡率一定会高于 10‰。图 11－5 展示了 1990 年以来我国不同统计口径下的孕产妇死亡率变化趋势。从图中可以看到，我国整体的孕产妇死亡率自 1990 年以来呈现出波动下降的态势，在 1990 年时孕产妇死亡率大约为 80/10 万，到 2014 年时，孕产妇死亡率降至 20/10 万左右。农村地区和城市地区孕产妇死亡率在 1990～2014 年都是在波动中下降，不同之处在于农村地区初始的孕产妇死亡率较高并且下降速度快，城市地区初始的孕产妇死亡率较低但下降的速度较慢，城乡之间的孕产妇死亡率差距鸿沟逐渐弥合，近年来二者已经基本没有差异，农村地区孕产妇死亡率下降是带动我国整体孕产妇死亡率下降的主要原因。具体来看，城市地区的孕产妇死亡率在 1991 年时的孕产妇死亡率稍稍高于 40/10 万；直到 2002 年，城市地区的孕产妇死亡率才在曲折中下降到 20/10 万左右；随后，城市地

① 饶克勤，陈育德．民国时期北平市居民医学人口资料的分析研究．中国卫生统计，1995（6）：27－33.

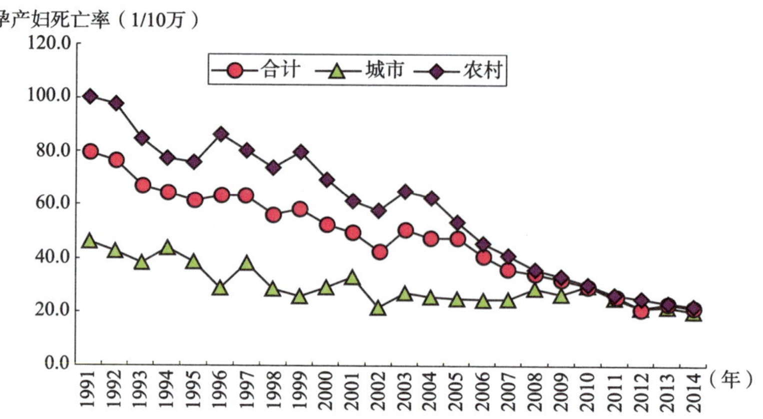

图 11－5　1991 年以来我国孕产妇死亡率的变化

资料来源：国家卫生和计划生育委员会主编．中国卫生和计划生育统计年鉴 2015．北京：中国协和医科大学出版社，2015 年

区的孕产妇死亡率则开始围绕着 20/10 万的水平上下波动。农村地区 1991 年的孕产妇死亡率在 80/10 万左右，大约是城市地区的两倍；到 2002 年，农村地区的孕产妇死亡率已经下降到了 40/10 万左右，与 1991 年相比，降幅接近一半；随后，农村地区孕产妇死亡率在经历了小幅度的反弹后再次迅速下降，到 2010 年左右已经和城市地区基本持平，基本达到 20/10 万的水平。城乡之间孕产妇死亡率差距的逐渐弥合，从一个侧面反映出我国为城乡居民提供基本医疗服务方面逐渐走向平衡。

本节以粗死亡率、婴儿死亡率和孕产妇死亡率三个指标为载体，介绍了我国居民健康水平在新中国成立以来逐步提高的过程和目前我国居民健康水平的现状。但同时也应该看到，我国居民的健康水平与主要发达国家相比还有一定的差距（比如婴儿死亡率还远高于主要发达国家），进一步提高居民的健康水平也还面临着新的问题和挑战。

三、我国居民健康水平面临的挑战

我国居民的健康水平在新中国成立后得到了大幅度提升，但是目前在传染病防控、居民健康素养状况和公共卫生服务体系等方面遭遇了新的挑战。

（一）传染病防控方面的挑战

在传染病防控方面，虽然传统的高致死率传染性疾病得到了有效的控制，但是新型的传染病如 SARS、禽流感、猪流感等时有发生，各类性传播疾病又开始重新蔓延，严重威胁居民的健康。以艾滋病在我国的传播状况为例，2002 年时，我国艾滋病发病人数不足 800 人，死亡人数仅有 257 人；但到 2007 年时，我国艾滋病发病人数已经突破万人大关，达到 10 835 人，死亡人数增加到 3 964 人，艾滋病发病人数和死亡人数在短短五年之内分别增长了 13.1 倍和 14.4 倍；2007 ~ 2014 年，艾滋病发病人数和死亡人数依然快速增加，特别是在 2012 年，我国艾滋病发病人数首次突破 4 万人，死亡人数首次突破 1 万人，和 2011 年相比分别增长了约 105% 和 25%；到 2014 年，我国艾滋病发病人数和死亡人数已经分别高达 45 145 人和 12 030 人（图 11 - 6）。虽然 2014 年艾滋病发病人数在我国所有甲乙类法定报告传染病中不是最多的，但是由于其病死率显著高于其他传染病，所以艾滋病死亡人数从 2007 年以来就是我国所有传染病致死

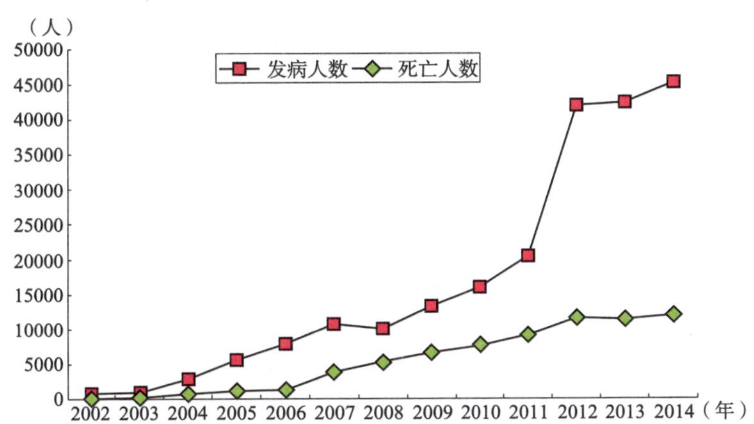

图 11 - 6　2002 ~ 2014 年我国艾滋病发病人数及死亡人数[①]

资料来源：国家卫生和计划生育委员会主编．中国卫生和计划生育统计年鉴 2003 ~ 2015. 北京：中国协和医科大学出版社，2003 ~ 2015.

人数中最多的。艾滋病发病人数和死亡人数快速增加也迅速拉高了同一时期我国艾滋病发病率和死亡率，我国 2002 年的艾滋病发病率和死亡率分别为 0.06/10 万和 0.02/10 万，2014 年的艾滋病发病率和死亡率分别为

① 2008 ~ 2014 年发病人数及死亡人数直接来自于《中国卫生和计划生育统计年鉴》，2002 ~ 2007 年发病及死亡人数由《中国卫生和计划生育统计年鉴》公布的发病率、死亡率和人口数计算得到。

3.33/10 万和 0.89/10 万，12 年之间分别上升了 54.5 倍和 43.5 倍（图 11 - 7）。艾滋病发病率和死亡率的快速上升，说明目前我国的艾滋病防控形势不容乐观，梅毒等其他性传播疾病的变化趋势也是类似，有关部门应该对此保持高度警惕，采取有效的防控措施，为居民健康保驾护航。

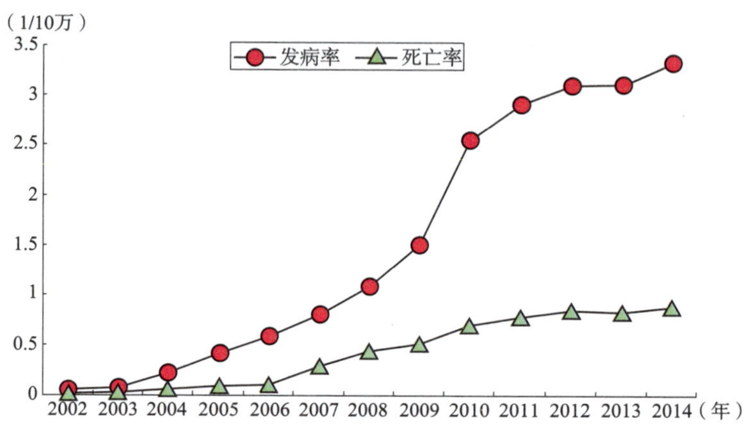

图 11 - 7　2002 ~ 2014 年我国艾滋病发病率及死亡率

资料来源：国家卫生和计划生育委员会主编．中国卫生和计划生育统计年鉴 2015. 北京：中国协和医科大学出版社，2015.

（二）居民健康生活方式的挑战

目前我国很多居民没有养成符合现代健康要求的生活习惯。居民膳食结构失衡，普遍摄入过多高油、高盐食物，摄入蔬菜数量则明显不足，威胁居民健康。

根据国家卫生计生委疾控局发布的《中国居民膳食指南 2016》，我国居民每天的食盐、食用油、蔬菜、禽畜肉和奶及其制品的推荐摄入量分别为 6 克以下、25 ~ 30 克、300 ~ 500 克、40 ~ 75 克和 300 克。《中国卫生和计划生育统计年鉴 2015》数据表明，2012 年我国居民平均每人每天摄入食盐 10.5 克，食用油 42.1 克，蔬菜 269.4 克，禽畜肉 89.7 克，奶及其制品 24.7 克。居民实际的食盐、食用油和禽畜肉摄入量大大超过推荐摄入量，蔬菜和奶及其制品摄入量大大低于推荐摄入量，膳食结构失衡较为严重。

吸烟也是威胁我国居民健康的严重问题。吸烟已经被证明和肺病、高血压、心脏病等一系列疾病的发生存在关联，早在 2002 年的世界卫生报告中，吸烟就已经被列为健康的第4大危险因素①。尽管中国在2003年就加入了世界卫生组织《烟草控制框架公约》，但是根据世界卫生组织出版的《全球吸烟趋势报告2015》，2015年我国15岁及以上居民的吸烟率仍然高达26.3%，并且直到2025年仍然会保持在20%以上②，控烟形势较为严峻。除了膳食结构失衡和吸烟问题，我国居民还存在过度饮酒、定期体检率过低、体育锻炼不足等其他不符合现代健康要求的习惯，这些都会对居民的健康产生不利的影响，有关部门应该对居民加强健康教育，引导居民形成健康的生活习惯，提高居民健康水平。

（三）公共卫生服务体系的挑战

我国居民健康还面临着公共卫生服务体系方面的挑战。一方面，卫生服务资源分布不合理，优质的卫生服务资源高度集中于城市地区，农村地区的卫生服务资源相对不足，加剧了看病难问题；另一方面，我国公共卫生服务体系存在重治疗、轻预防的问题，卫生费用上涨过快，居民卫生费用负担加重，加剧了看病贵问题，很多本可以预防的疾病未能避免，影响了居民的健康水平。

2000～2014年，我国县级及以上的医院数量从16 318所增加到了25 860所，而乡镇/街道及以下的基层医疗机构数却从100.02万所减少到了91.17万所（图11－8和图11－9）。在这样的背景下，很多原本可以由基层医疗机构满足的日常医疗需求被迫转移到县级及以上医院中去，加重了这些医院的负担，也加大了群众看病的难度。城乡之间卫生技术服务人员密度的差距在2000～2014年也不断扩大。2000年时，每千名城乡居民分别拥有卫生技术服务人员4.88名和2.26名，每千名城市居民拥有的卫生技术服务人员数量大约是每千名农村居民的2.16倍；而到了2014年，每千名城乡居民分别拥有的卫生技术服务人员变为9.70名和3.77名，每千名城市居民拥有的卫生技术服务人员大约是每千名农村居民的2.57倍，和2000年相比差距扩大了不少（图11－10）。

我国卫生总费用在1990～2014年从747.39亿元增加到了35312.40亿元，24年增加了46倍多，增长速度十分迅速；卫生总费用占GDP的比重

① WHO. The Wolrld Health Report 2002 Geneva：WHO，2003，3－6.

② WHO. Global Report on Trends in Prevalence of Tobacco Smoking 2015. Geneva：WHO，2015，75.

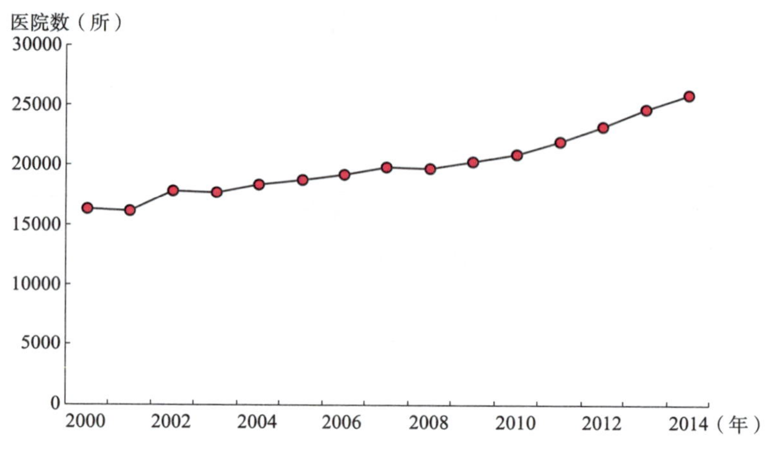

图 11－8　2000～2014 年我国医院数量

资料来源：国家卫生和计划生育委员会主编．中国卫生和计划生育统计年鉴 2015. 北京：中国协和医科大学出版社，2015.

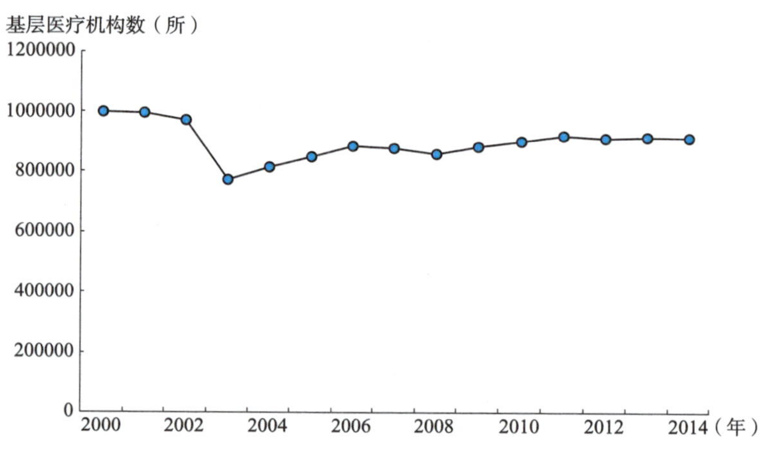

图 11－9　2000～2014 年我国基层医疗结构数量

资料来源：国家卫生和计划生育委员会主编．中国卫生和计划生育统计年鉴 2015. 北京：中国协和医科大学出版社，2015.

也从不到 4% 上升到了大约 5.6%，政府和居民的卫生费用负担日渐沉重。从人均的角度来看，卫生费用增加也十分迅速，1990 年时全国人均卫生费用仅为 65.4 元，其中城市居民 158.8 元，农村居民 38.8 元，2010 年时全国人均卫生费用为 1490.1 元，其中城市居民 2315.5 元，农村居民666.3 元，分别是 1990 年的 22.8 倍、14.6 倍和 17.2 倍。我国卫生费用增长如此迅

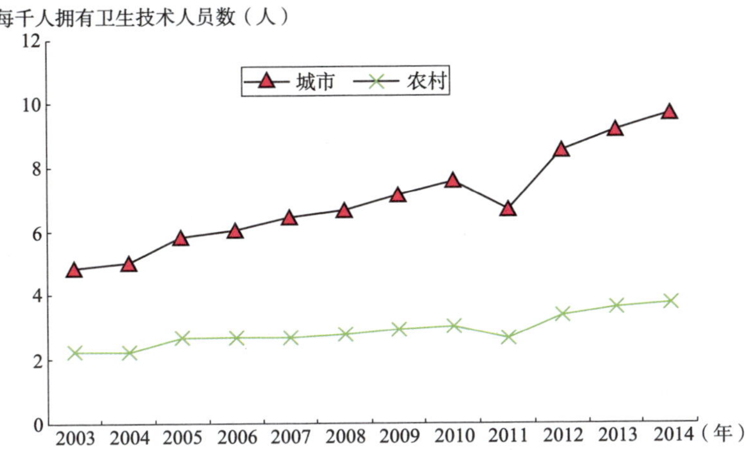

图 11－10　2003～2014 年我国城乡每千人卫生技术服务人员数

资料来源：国家卫生和计划生育委员会主编．中国卫生和计划生育统计年鉴 2015．北京：中国协和医科大学出版社，2015.

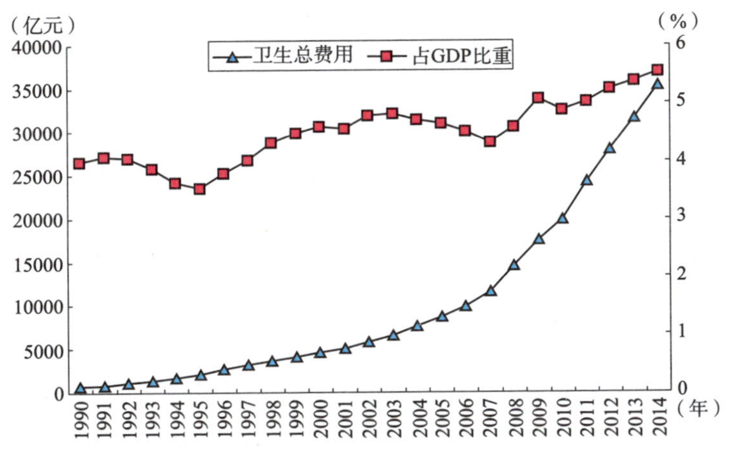

图 11－11　1990～2014 年我国卫生总费用变化趋势

资料来源：国家卫生和计划生育委员会主编．中国卫生和计划生育统计年鉴 2015．北京：中国协和医科大学出版社，2015.

速与公共卫生服务体系重治疗、轻预防的问题是分不开的。医学研究表明，很多慢性的心脑血管疾病和糖尿病等“富贵病”都是可以预防的，并且预防这些疾病所需的卫生费用要比治疗这些疾病所需的卫生费用低得多，一味地强调治疗而不注重预防虽然在短期省下了一些预防费用，但是在长期却需要花费大量的治疗费用，造成卫生费用过快增长，加重政府和

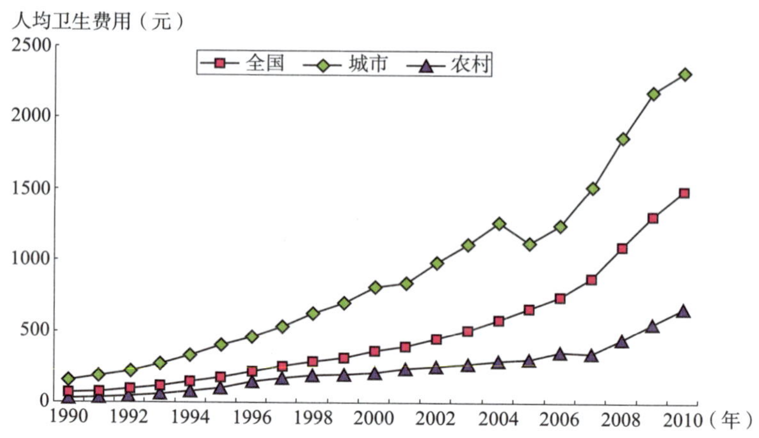

图 11－12　1990～2010 年我国人均卫生费用变化趋势

资料来源：国家卫生和计划生育委员会主编．中国卫生和计划生育统计年鉴 2015. 北京：中国协和医科大学出版社，2015.

群众的卫生费用负担，还导致很多本可以避免的疾病最终出现，直接威胁居民的健康。习近平总书记在 2016 年召开的全国卫生与健康大会上就疾病预防与治疗之间的关系指出："要坚定不移地贯彻预防为主方针，坚持防治结合、联防联控、群防群控，努力为人民群众提供全周期的卫生与健康服务。"这为我国卫生服务体系应该从过去的"重治疗，轻预防"误区中走向何方指明了道路。

综上，我国居民健康水平目前面临着艾滋病等非传统传染病防控难度加大，居民生活方式不符合现代健康要求，公共卫生服务体系分布不合理，卫生服务体系过分注重治疗而不重视预防等几大方面的挑战。要应对这几大方面的挑战，需要政府和居民共同努力，推进健康中国建设。

第三节　从个人健康到家庭健康

从人类诞生至今，家庭一直都是抚养子女最有效的形式，绝大多数个人都会在原生家庭中完成生理上的成长发育过程，形成基本稳定的心理特征，并经历初步的社会化，最终在成年之后从自己的原生家庭走向社会。可以说个人的健康水平在很大程度上是由原生家庭健康水平决定的，因为子女的生理健康程度很大程度上会由父母的遗传因素和父母的养育水平决定，而家庭内部的关系是否和谐，家庭的文化是否符合社会的公序良俗则会对个人心理层面和社会适应层面的健康产生很大的影响。我国是一个普婚制的国家，绝大多数个人在从原生家庭走出后，最终都会走进婚姻的殿堂，并创立属于自己的家庭，成为新生家庭的领航人，那么个人的健康水平也会在很大程度上决定其新生家庭的健康水平，从而使得个体和家庭健康的水平传承下去。可以说个人健康与家庭健康之间是相辅相成、密不可分的，家庭成员个人的健康是家庭健康的一部分。

也正是考虑到个人健康与家庭健康之间这种关系，本章在第一节就提出，家庭健康是家庭内部的所有成员在生理、心理和社会适应三方面都处于完好状态，并且整个家庭系统内部能够实现家庭成员的良性互动，家庭功能得以正常发挥，并且能够与所处的自然及社会环境保持良性互动的一种状态。在这个定义中，家庭健康包含了家庭成员个人的健康，并且强调除了个体成员健康之外的家庭系统的健康。本章第二节已经详细介绍了我国居民个人健康的状况，本节将要从家庭系统层面来进一步讨论家庭健康。

一、家庭成员之间关系的健康

马克思曾说过："人的本质是一切社会关系的总和。"在一定程度上家庭也是如此，其本质在于家庭成员之间形成的各种亲密和稳定的关系，正是由于这些关系的联结，家庭成员才能组成一个有机的系统，因此家庭系统的健康应当首先包含家庭成员之间关系的健康。根据家庭类型和家庭生命周期阶段的不同，家庭成员之间形成的关系也会有所不同，但总结起来大致可以分为夫妻关系、亲子关系和其他关系，而这些不同类型关系健康的内涵也有所不同。

夫妻关系是现代家庭中最为核心的关系，夫妻关系的健康是其他家庭关系健康的基础。现代夫妻关系的建立通常需要法律的确认，因此夫妻关系健康的最低限度应该是夫妻双方能够正确行使法律所赋予的夫妻之间的权利，认真履行法律规定的夫妻之间的义务，保持夫妻关系的存续与稳定，如若夫妻关系破裂，夫妻关系的健康也就无从谈起了，而且夫妻关系的破裂往往也会带来家庭的解体，使得家庭健康也成为空中楼阁。以《中华人民共和国婚姻法》为例，夫妻之间在社会地位、财产处置等各方面都有相应的权利与义务，比如夫妻双方在家庭中地位平等、可以各用自己的姓名、夫妻之间应该互相忠实、互相尊重等；关系存续期间所得的财产，归夫妻共同所有，夫妻双方有平等处理权，夫妻双方可以互相继承遗产等。

除了存续与稳定的最低限度之外，健康的夫妻关系应该还包括夫妻之间的感情和睦。在婚姻自由的背景下，和睦的感情应该是双方选择结为夫妻最坚实的理由，因为夫妻关系是典型的亲密关系，如果没有建立在和睦的感情基础上，会给双方带来很大的困扰。人们常说爱屋及乌，爱一个人就会爱上和这个人相关的一切，这一点在夫妻之间尤其如此，和睦的感情既能够帮助夫妻双方包容对方的缺点，也能够帮助双方更好地与对方的原生家庭成员相处，进而促进整个家庭内部的关系的健康。和睦的感情也是夫妻双方在婚后生活遇到问题时最好的黏合剂，只有和睦的感情才能保证夫妻双方既可同甘，亦能共苦，而不是“大难临头各自飞”。

亲子关系也是家庭中重要的人际关系，亲子关系的好坏也深刻影响着家庭健康的程度，我国古代先贤们对亲子关系应当如何曾有过探讨。譬如宋代理学大家朱熹在《朱子家训》① 中就曾提到“父之所贵者，慈也；子之所贵者，孝也”，意思是父亲对待孩子应该慈爱，而孩子也应该以孝道来与父亲相处；其中还提到“子孙不可不教”，强调应该注重对子女的教育和引导。除了“父慈子孝”之外，我国古代还强调父母双方在对待子女时应该做“严父慈母”，通过父亲对子女较为严格的管教帮助子女形成良好的习惯，同时通过母亲对子女无微不至的关心让子女能够真切地体会到父母对于自己的关爱，感受到家庭的温暖。我国古代对于亲子关系的论述大致可以总结为三个方面：第一，父母应该对孩子给予足够的关爱，但不要溺爱；第二，重视对子女的家庭教育和引导；第三，子女应该对父母秉持孝道。这些论述对我们探讨现代社会健康的亲子关系应该如何提供了有益的参考，但是千年时光流转，其中包含的一些内容已经不符合现代社会的要求，比如孝道中就含有对父母完全言听计从的愚孝成分，这些内容就应该抛弃。结合这些论述和当代家庭发展的特点，本书认为在健康的亲子关系中父母应该能够给予孩子心理上的关爱和生活上的照料，既能保护子女不受伤害，也不至于使子女产生依赖；除了关爱与照料，父母还应该注重对子女的行为和习惯进行引导，做称职的“孩子的第一位老师”；父母

① 明代学者朱柏庐著有儿童启蒙教材《朱子治家格言》，后世也将之称为《朱子家训》，内容与朱熹所著《朱子家训》不同。

与子女之间保持平和开放的交流氛围，互相理解对方的想法，不干涉对方的自由，以合理的方式来处理代际之间的冲突；子女应该感激父母给予的关爱，并且在成年之后回报父母。

在夫妻关系和亲子关系之外，家庭中还可能存在同辈亲属之间的关系、除亲子关系以外的其他代际关系等，不一而足。这些关系虽然种类繁多，但是在家庭日益小型化和核心化的背景下，拥有这些关系的家庭数量会逐渐减少。然而，虽然这些关系不是家庭主导关系，但也不应忽视其在家庭关系健康中的重要性。如婆媳关系在中国传统上就是影响夫妻关系的重要因素，尽力维系家庭内部各成员之间的良好关系，特别是夫妻关系和亲子关系保持健康的状态，家庭关系就能在总体上保持健康。

二、家庭功能的完整

除了家庭成员之间关系的健康以外，家庭健康还应该包括家庭功能的完整。

家庭功能（Family Functioning）的概念最早于 20 世纪 70 年代提出，但直到目前对家庭功能的定义可谓众说纷纭[①]，没有定论。有学者认为家庭功能是家庭在满足家庭成员的生理、心理、生活、发展等方面需求的能力和作用；也有学者将家庭功能概括为生殖、保护、社会化、规范性行为、情感交流和提供社会地位六个方面；还有学者认为家庭功能分为性功能、繁殖功能、经济功能和教育功能四大类。[②] 上述定义和划分均由国外学者原创，这些并不完全符合我国目前的实际，根据我国本土学者的研究，家庭功能至少应该包括经济支持和保障功能、养育儿童的功能、养老功能以及情感慰藉功能。

经济支持与保障功能是指家庭对其成员在遭遇重大困难或进行重大活动时提供经济上的帮助。较为典型的例子是为重病家庭成员提供治疗经费和父母为年轻子女购房和结婚时提供资金支持等。养育儿童的功能则包括为家庭中的未成年子女提供必要的生活保障和照料，对儿童进行基本的行为规范教育等。养老功能则包括对家庭中的老年人提供照料、必要的经济

① 方晓义，徐洁，孙莉，张锦涛．家庭功能：理论、影响因素及其与青少年社会适应的关系．心理科学进展，2004（4）：544－553.

② 吴帆，李建民．家庭发展能力建设的政策路径分析．人口研究，2012（4）：37－44.

支持和精神慰藉。对家庭成员提供情感慰藉功能应当包括对家庭成员的日常关心、问候与交流，帮助家庭成员解决心理问题，保持良好的情绪等。各种家庭功能之间并不是完全分离的，譬如家庭的养育儿童功能和养老功能本身就包含着对未成年子女和老年人的经济支持与精神慰藉。家庭功能与家庭关系实际上是相关的，良好的家庭关系能够促进家庭功能的发挥，而家庭功能的完好也能够改进家庭成员之间的关系。

家庭功能的完整并不是要求家庭在任何时候都能具备上述经济支持和保障、养育儿童、赡养老人以及情感慰藉的功能，而是要求家庭能够保证完整地发挥符合家庭成员需要的所有功能，而家庭成员的具体需要与家庭所处的生命周期阶段有关。以空巢期为例，此时家庭中只剩下夫妇二人，已经没有儿童，自然就不再需要发挥养育儿童的功能。

三、家庭与社会环境的良好适应

家庭不能脱离社会而存在，因此探讨家庭系统层面的健康，不仅要关注家庭系统内部的健康，也需要考察家庭系统本身能否适应所处的社会环境。家庭与社会环境的适应是否良好应该从两个方面来衡量：第一，家庭能否保持良好的邻里关系；第二，家庭能否从社会环境中获得必要的支持。

（一）良好的邻里关系

邻里关系在我国目前的社会环境下虽然有所淡化，但依然是家庭社会适应中最重要的人际关系，学者们的研究也表明，人们期望和睦融洽的邻里关系。[①] 邻里关系淡化的原因是多方面的：居住方式的改变，城市居民从“单位大院”搬到了各自紧闭门户的单元房中，农村居民也逐渐从大家族聚居的老屋中搬到了小家庭的自建房中，这样的改变客观上加大了居民之间的空间距离，打破了形成密切邻里关系的空间基础；社会运行节奏加快，人们都忙于自己的工作和生活，缺乏足够的时间去了解自己的邻居；人口流动导致整个社会日益从熟人社会过渡到陌生人社会，邻里之间也是如此，大家互相之间缺乏对对方基本情况的了解，也在客观上加大了邻里之间交往的难度。

邻里关系之所以依然对家庭非常重要，在于良好的邻里关系能够弥补

---

① 杨贵华，钟爱萍．改善睦邻关系　重建邻里网络——厦门市社区邻里关系调查分析．福建行政学院福建经济管理干部学院学报，2007（5）：93－97，101.

家庭功能的不足，尤其是在照料儿童和老年人方面。由于居住方式的改变，越来越多的老人处于空巢和独居状态，与子女的空间距离较远，这种结构下的家庭是很难为老人提供照料服务的，子女也很难在老人遭遇各类突发情况时提供及时的帮助，老人在这种家庭结构下面临的风险很高，时常见诸媒体的空巢和独居老人在住所内离世而无人知晓的悲剧就是这种风险带来的结果。如果这些空巢和独居老年人家庭拥有较为和睦与密切的邻里关系，则能够在遭遇意外时求助于邻里，从而争取宝贵的时间进行补救，有效降低独居带来的风险。当前我国生育水平已经降到比较低的水平，很多家庭都只生育一个孩子，父母因为工作繁忙很难陪伴孩子，孩子也缺少同龄玩伴，很多独生子女都会有较为强烈的孤独感。在单个家庭之内父母很难保证对孩子的陪伴，但在整个社区之内并不会在所有时刻所有父母都无法陪伴孩子，而且不同家庭的孩子之间就是最好的同龄玩伴，只要各个家庭之间能够建立较为融洽的邻里关系，不同家庭之间的父母就可以互帮互助，临时客串孩子的“照料者和陪伴者”的角色，而不同家庭的孩子之间也可以互为玩伴，从而弥补单个家庭功能的不足。

（二）从社会环境中得到必要的支持

家庭良好的社会适应还包括能够从社会体系中得到必要的支持。社会的支持对家庭健康至关重要：一方面，现代社会是一个风险社会①，家庭发展面临各种风险，并且很多风险都超过了家庭的承受能力，社会支持则可以帮助家庭应对这些风险；另一方面，家庭的部分功能出现了社会化的趋势，家庭必须借助于一些社会支持才能够更好地发挥这些功能。以往学者的研究认为社会支持是家庭在遭遇困难时从社会关系网络和社会组织中获取的各种类型的帮助，从以上定义不难看出，可以按社会支持的来源大致将其分为来自社会关系网络的支持和来自社会组织的支持两类。

从社会关系网络中得到的社会支持主要是指从家庭的熟人关系网络中获得的支持，包括从亲属、朋友、邻里等各处获得的支持，这类社会支持的特点是支持的内容丰富，不仅包括经济支持，也包括情感支持等，但是支持的力度较小，并且不稳定。比如家庭成员突然遭遇意外或重大疾病时，亲属、朋友与邻里不仅能够通过借贷或者赠予医疗经费的方式减轻家

---

① 梁君林．基于社会支持理论的社会保障再认识．苏州大学学报（哲学社会科学版），2013（1）：42－48.

庭的经济负担，还可以通过对家庭成员的问候、关心和探视减轻家庭的心理压力，帮助家庭树立战胜困难的信心，甚至还可以提供有效的信息，帮助家庭出谋划策等，总而言之，这类支持的内容十分丰富。但是这类支持的力度始终是比较小的，最终遭遇意外后的大部分后果是由家庭自身来承担的，而这些后果往往令家庭不堪重负，很多家庭因病致贫和突发意外让许多家庭破碎就是这种情形的真实写照。家庭要应对重大意外，还是应当主要依靠来自社会组织中获取的支持。

家庭从社会组织中获得的支持主要就是从政府得到必要的社会保障。之所以将社会保障视为家庭从社会组织中获得的主要支持，理由主要有三点。第一，政府在绝大多数现代国家中都是最为重要的社会组织，层级完备，规模庞大，掌握大量资源，在为家庭提供支持方面具备其他社会组织不可比拟的优势。第二，社会保障是政府的重要职能，通过社会保障为家庭提供必要的支持是政府应尽之责。第三，社会保障类型齐全，能够覆盖家庭面对的主要风险。以我国的社会保障体系为例，社会保障分为养老保障、医疗保障、工伤保障和失业保障等方式，全方位覆盖家庭可能遭遇的成员进入老年、患病受伤和失业等主要风险。

与来自社会关系网络的支持相比，社会保障对家庭的支持具有支持力度大，并且支持稳定的优点。以我国社会保障体系中的“新农合”为例，虽然各地对农民医疗费用报销的比例规定不一，但普遍都在60%以上，这意味着在家庭成员遭受重大疾病时，家庭只需要承担不到一半的医疗费用，能够有效减轻家庭的经济负担。并且社会保障的支持是稳定的，这是由其本身的强制性所决定的，所有家庭都必须参加，而一旦遭遇意外后则一定会按照相关的法律和政策对家庭予以相应的帮助。

社会保障除了帮助家庭应对可能出现的意外，还可以帮助家庭更好地实现一些弱化的功能，这是对家庭更为重要的支持作用。目前我国家庭养老功能弱化较为严重，家庭已经很难实现对老年人给予经济支持、生活照料和精神慰藉的全方位赡养，“养儿防老”越来越不现实。养老保障虽然不能完全替代子女对老年人进行生活照料和精神慰藉，但至少可以为老年人提供一定的经济来源，既满足老年人的生活需求，也减轻家庭的经济负担。

第十二章　家庭文化建设

构建中国特色社会主义和谐社会必须要依赖中国特有的家庭文化，“家和万事兴”的理念不仅在传统中国，而且在当今中国都是构建和谐社会的重要基点。因此，在和谐社会视域下，关注我国家庭文化的重要价值，特别是探索构建和谐家庭文化的主要着力点和具体思路至关重要。本章特别讨论家庭文化建设。

第一节　家庭文化概述

一、家庭文化的内涵与本质

中国传统社会是一个“家国同构”的社会。这种“社会”在政治理念上是把“国”当作“家”来治理的，而在家庭观念中则是把治家和治国放在同等重要的地位。[①] 正是由于家庭在中国社会中有着独特的政治和文化地位，因而“家”的概念对于中国人来说有着极为特殊的含义，世界上没有哪一个民族的家庭文化，能够像中华民族的家庭文化这样拥有博大丰富的内涵以及深入广泛的影响力。习近平总书记在2015年春节团拜会上发表的重要讲话中谈到：“中华民族自古以来就重视家庭、重视亲情。家和万事兴、天伦之乐、尊老爱幼、贤妻良母、相夫教子、勤俭持家等，都体现了中国人的这种观念。”在中国“家国同构”的传统社会中，社会治理与社会和谐建立在家庭修齐与和谐的基础之上。随着时代变迁，“家国同构”作为政治关系状态已发生根本性转变，但我国注重血缘亲情和注重家庭和谐的历史传统，在今天中国特色社会主义和谐社会建设中，仍然

① 葛晨虹．中国传统家庭文化及其现代价值．政工研究动态，2009，Z1：9－10.

有着强大的文化影响力，我们依然需要十分重视家庭以及家庭文化独特的社会地位和重要的社会功能。

家庭文化是伴随着家庭的产生而产生的，是一个家庭在世代延绵过程中逐渐形成和发展起来的、较为稳定的生活方式、生活作风、传统习俗、伦理道德规范以及为人处世之道，它包括所有家庭成员的价值观念、伦理道德、知识层次、思维模式、行为规范、生活方式、人际关系等内容。[①]简言之，家庭文化是一个家庭全部成员的总体文化修养和精神追求[②]，它指导着家庭成员的言行举止和价值判断。

家庭文化是建立在家庭物质生活基础上的家庭精神生活以及伦理生活的文化体现，它既涵括着家庭成员在衣、食、住、行等纷繁琐碎的物质生活中所渗透出的文化色彩，也涵括着家庭成员在抽象缥缈的文化生活、情感生活、伦理道德生活中所体现出的精神情操。依据家庭文化的具体内容，可以将其划分为三类：第一类是家庭物质文化，即从家庭成员吃、穿、住、用、行的日常生活中提炼总结出的文化内容，如饮食文化、服饰文化、家居文化等；第二类是家庭制度文化，其主要指规范和约束家庭成员言行举止的各种家庭层面的规章制度，如家庭文明公约、家规、家庭行为准则、家庭习俗等；第三类是家庭精神文化，其主要体现在家庭成员的意识形态方面，反映着家庭成员的心理状况及精神面貌，通常也是家庭成员判别是非的标准，如家庭的价值观念、伦理道德规范、思想信念、情感兴趣、休闲娱乐文化等。这三类文化并非彼此完全独立存在，而是相互交叉，融为一体，共同影响和支配着家庭成员的日常生活。[③]

家庭文化从本质上来说究竟是什么呢？在个体层面上，家庭文化是陶冶和塑造个人品行、气质、性格以及三观的精神熔炉。家庭是个体步入社会的始发点，家庭通过家庭成员间的日常交往以及整体的生活行为而日渐形成一种氛围和一种精神。这种氛围或精神在潜移默化中熏陶、感染并启迪着每个家庭成员的心理状况、情感波动以及行为方式，在不知不觉中使个体接受一种观念、理解一种思想、塑造一种品行。“随风潜入夜，润物

---

① 陈美云．和谐社会视角下的家庭文化建设．大众文艺，2016（1）：5－6.

② 张薇．新经济时代的家庭文化建设．群众文化论丛，2004（1）：288－295.

③ 马玉红．加强家庭文化建设，践行社会主义核心价值观．甘肃省培育和践行社会主义核心价值观理论研讨会二等奖论文集，2015：9.

细无声”，可谓形象地比拟了家庭文化对个体的影响过程。在群体层面上，首先，家庭文化是展现一个民族的一般性格或一个社会的时代精神的重要载体。无论民族性格抑或时代精神都不可能越过家庭而独立存在和发展，它们都需要深深地融入到家庭文化中，借助家庭这个有效的载体一代代传承下去，并在每个个体身上打上深深的民族或时代烙印。就民族性格而言，我国民族众多，不同的民族有着不同的性格特征，例如蒙古族粗犷、豪放、敦厚；朝鲜族细腻、委婉、含蓄；维吾尔族热情、活泼、好客；等等，不同民族的性格凝结在不同民族的文化之中，以家庭为媒介传递到不同民族人民的性格品性和日常生活习惯中，并通过他们的一举一动淋漓尽致地展现出来；就时代精神而言，进入社会主义市场经济发展阶段后，市场经济理念迅速渗透到大多数家庭中，对家庭成员的行为和价值取向产生巨大影响，中国家庭的商品经济意识、市场竞争意识明显增强，有别于计划经济时期强调集体、注重平均的思想观念。其次，家庭文化是一切民俗文化孕育发展的摇篮。家庭文化可以被看作一种源头文化，或者说母体文化，所有民俗文化都是从家庭文化的沃土中生根发芽的。集图腾崇拜、人类起源神话为一体的生殖文化；源于远古家庭祭祀和生产活动中的民间节日文化；围绕着家庭成员吃穿住用而产生的饮食文化、服饰文化、居家装饰文化等最初都是在家庭文化中萌生并逐渐成熟和发展起来的。此外，家庭文化还是协调个体与群体之间关系的桥梁。家庭的存在使得个体不可能成为一个与世隔绝的“孤岛”，在家庭生活中，每个个体都必然与其他家庭成员产生互动，建立联系，正是在家庭成员之间频繁的互动、沟通、启发、鼓励和引导之中，家庭文化得以不断调整和完善每个家庭成员的性格、品行以及为人处世之道，使得个体既具备处理家庭内部人际关系的能力，又具备走出家庭，处理好与其他人、群体乃至整个社会之间关系的能力。可以说，每个个体能否顺利适应社会生活，能否建立起正常和谐的人际关系网络，很大程度上取决于个体所处家庭的精神氛围和文化水平。

由于家庭是社会的基本单位，因而家庭文化是社会文化系统的一个分支。[①] 不同的社会孕育着不同的文化，自然也就有着不同的家庭文化。

---

① 郎小倩．家庭文化的德育功能及其实现．延边大学硕士论文，2014：6－7.

我国独特的历史背景和社会文化氛围造就了我国特有的家庭文化，包括“和为贵”的家庭日常生活原则、“仁与礼”的家庭成员交往原则、“孝与慈”的亲子相处原则、“勤与俭”的操持家事原则等丰富的内容。

二、家庭文化的功能

家庭的文化功能是指由家庭文化生活而产生的，在满足家庭成员生存发展以及推动社会文化进步和社会和谐稳定方面所表现出来的价值和作用。家庭是连接个人与社会的重要中介，家庭文化功能正是通过家庭与社会和个人的密切联系而实现的。在社会层面上，家庭文化扮演着促进社会文明进步和塑造和谐稳定社会生活秩序的角色；在个人层面上，家庭文化则发挥着“精神磁场”的作用，提升家庭成员的道德品质和文化素养，帮助家庭成员形成健康向上的生活方式。

（一）家庭文化在社会层面的功能

1. 推动社会文化进步

家庭文化在发展过程中通过整合社会主流文化观念，实现社会文化与家庭文化的有机统一和互相建构，进而能够推动社会文化的进步。通过整合和互构而形成的价值观有助于将个体行为引领至正确的轨道上，形成普遍认同的社会规范和道德舆论氛围，在规范个体行为的同时，也助推了社会的进步。事实上，家庭文化与社会文化的对接，一方面是社会文化发展对家庭文化构建的客观需求，另一方面也是家庭文化的社会化过程以及对社会文化的反哺，家庭文化的创造和建设过程，就是在积淀和传承的基础上发展并革新社会文化和传统文化的过程。

家庭文化是社会文化的重要组成部分，家庭文化的变迁必然会引起社会文化的波澜。随着我国现代化进程的推进，每个家庭的物质和精神需求都发生了历史性巨变，人们从家族式的保守观念中走出来，从落后封闭自给自足的家庭生产方式中走出来，走进开放、文明、现代的思想和生活状态。具体而言，在家庭理念、生产和消费观念以及精神追求方面，人们所关注的事情不再仅仅是生儿育女、传宗接代等任何一种单一的精神追求，而是转变为关注优生优育和子女教育，关注生活质量和理性消费，关注多元立体的精神需求。[①] 由此可见，源自家庭内部的生产生活方式转变，引发了家庭文化的变迁，进而推动整个社会文化向着开放、多元和现代化的方向发展。

2. 维护社会和谐稳定

家庭文化能够维护社会和谐稳定的功能主要体现在家庭文化对家庭成员社会责任感的培养上以及家庭文化对家庭成员欲望的调节上。首先，健康和谐的家庭文化一旦形成，自然会树立起以爱和责任感为主要内容的家庭文化精神内核，它不仅会教育家庭成员爱自己身边的人和承担家庭责任，也会在无形中引导家庭成员为营造良好的社会环境而关爱他人和承担社会责任。可以设想，如果每个家庭成员都能遵守家庭伦理道德规范，扮演好自己的角色，做到夫妻和顺、母慈子孝、尊老敬老，那么家庭成员在社会生活中自然也会保持高尚的品格和有教养的行为，这就为家庭成员在步入社会后凡事以德为先、遵纪守法提供了保证，大大减少了社会生活中的不稳定及不和谐因素。所以说，在确立家庭文化育人内容以及家庭伦理道德教育目的时，必须把家庭责任教育和社会责任教育紧密结合起来，明确家庭的使命不仅仅是简单的传宗接代，而应该是孕育培养出真正对社会有意义的生命，这是家庭发展的希望，更是国家兴旺与民族繁荣的希望[②]。

其次，家庭文化对家庭成员的欲望能够发挥有效的调节和抑制作用。家庭文化对每个家庭成员的熏陶都是深入持久的，在健康和谐家庭文化的指引下，家庭成员能够养成良好的公民意识、端正的品行习惯以及健康的心理状态，进而在日常生活中形成自律和自控能力，自觉主动地控制自己的欲望并约束自己的行为，运用科学的方式方法协调和处理个人与他人，以及与社会之间的关系，为社会的和谐稳定奠定基础并提供保障。

（二）家庭文化在个体层面的功能

1. 道德认知功能

家庭文化的道德认知功能是指家庭文化能够使家庭成员习得正确的是非观、善恶标准等道德知识，并逐渐产生心理认同。家庭带给我们的是对这个世界最初始的认知，良好的家庭文化能够通过有目的的培养、有计划

---

① 郎小倩．家庭文化的德育功能及其实现．延边大学硕士论文，2014：14.

② 郎小倩．家庭文化的德育功能及其实现．延边大学硕士论文，2014：15.

的传播、潜意识的影响和无意识的模仿等使个体产生一定的道德认知。人的品性一般介定于孩童时期，受家庭文化的影响很大。比方说，儿时父母就会教育我们要尊老爱幼，如坐公交车时主动给老人让座，把自己有趣的玩具或好吃的零食分享给比自己小的朋友等。在这些点点滴滴的生活教育中，我们逐渐懂得如何做一个有道德的人。

除了帮助个体形成基本的道德认知，个体还能通过家庭文化活动来提升道德素养。在一个文化氛围良好且文化活动丰富的家庭，家庭成员可以深切地感受到人性之美，使道德品性、气质修养得到培育，使精神得到愉悦，从而自觉抵御外界腐朽落后文化的负面影响。

2. 价值引导功能

家庭文化的价值引导功能是指家庭文化能够指引家庭成员形成正确的价值观并做出相应的价值选择。价值观是个体内心深处的一条准绳，可以帮助个体在面对复杂问题相互交织的局面时厘清思路并做出一定的判断和选择。家庭文化对个体价值观的引导作用体现为对个体生活作风、生活方式、生活技能以及处世之道的影响上，这些要素中贯穿并渗透着每个家庭的价值追求和理想信念。优秀的家庭文化能够引导家庭成员树立正确的价值观念和理想信念，帮助家庭成员养成高尚的道德情操和思想品质。

需加以说明的是，价值观对个体的影响具有持久性，价值观一旦形成就会长期作用于个体行为，如果没有周围环境的巨大变化，价值观也不会轻易改变。在家庭中，年长者尤其是父母的价值观念通常会成为孩子价值取向的主导。随着年龄的增长，孩子的价值观念还会从家庭以外的同伴间以及自己亲身的社会生活体验中获得，从而使他们从家庭文化中习得的价值观面临挑战，有的会被他们暂时否定，有的会被永远放弃，但家庭价值观的内核部分往往会深刻地保留在他们的观念中，即使在被视为很叛逆的年轻人身上，仍不难找到其受家庭文化和父母思想、观念、行为影响的痕迹。

3. 行为约束功能

家庭文化的行为约束功能是指家庭文化能够使家庭成员自觉遵守家庭和社会的伦理道德规范，并在具体实践中主动履行对家庭和社会的义务及责任。家庭文化的价值，并非止于使个体完成道德认知和价值观确立，而是将建立个体道德自律机制作为最终目标。

家庭文化的行为约束功能是通过两种方式实现的：一种是家庭文化自然而然地向家庭成员的思想、观念、情绪等各方面渗透，使正确的家庭文化观念内化为个体观念。由于家庭环境是个体出生和成长的地方，相比学校环境和社会环境，它与个体的关系更为密切，因而家庭文化对个体言行举止的约束作用要明显大于其他文化环境。家庭文化正是通过父母的言传身教和家庭事件中反复的情景演练来形塑孩子的行为方式。另一种是家庭文化具有潜在的规范性和强制性，能够“强迫”家庭成员习得并实践正确的道德认知和价值观念。例如，当孩子犯错误时，父母通常会在言语说教的同时采取一些轻微的惩罚措施，产生威慑和警示的效果，这便使得家庭的伦理道德规范具有了一定的强制力。总之，家庭文化通过潜移默化的影响和必要的强制性措施，对个体的行为发挥约束功能，从而实现个体由“他律”向“自律”的转变。

4. 心理调节功能

家庭文化的心理调节功能是指家庭文化能够帮助家庭成员塑造良好的心理素质、培育健康的心态以及陶冶高尚的情操。家庭中特有的血缘、亲缘关系为家庭成员提供了一个有别于学校和社会的温暖港湾。这种血缘、亲缘关系使家庭文化具有充满情感色彩的特质，它有利于个体情感归附，有利于家庭中教育者和被教育者双方关系的协调和润滑，因此，家庭对个体的心理调节作用是十分有效的。[①] 人们在家庭中可以以最放松的姿态来生活，可以卸掉一切包袱和伪装以最真实的面貌与家人相处。家庭成员间可以无所顾忌地畅聊生活及工作中的辛苦和不易，相互慰藉受伤受累的心灵，调解生活中的各种焦虑感，从而能够缓解各自的压力，增强彼此的心理承受能力，形成积极向上、健康阳光的心理状态。

此外，家庭文化还可以帮助家庭成员培养审美情趣，艺术和审美可以使人正确表达自己的情绪，缓解压力和抑郁，获得心理平衡。家庭文化艺术活动是发展家庭成员审美情趣的重要手段，它能为家庭成员感受美、创造美、享受美提供优良的平台，使家庭成员在紧张的工作和学习之余体验到积极、阳光的情绪，感觉身心愉悦、情绪高涨、精力充沛。

---

① 袁玉鸣. 家庭文化与家庭教育功能的实现. 清江论坛，2014（3）：38－40，49.

三、家庭文化与社会文化、学校文化的关系

（一）家庭文化与社会文化的关系

家庭文化是社会文化的重要组成部分，如果说社会文化体现的是一个民族和国家的意志，那么家庭文化便是社会文化在家庭领域的映射，体现的是一个家庭的精神气质。伴随着现代化进程，家庭对家族的依赖程度日渐减弱，这意味着家庭将相当一部分的生产需求、消费需求、精神需求等转移到社会。[①] 由此，家庭和社会之间联系的紧密程度大大提升，家庭文化对社会各个领域发生的变迁也更加敏感。

我国当前正处于社会转型时期，伴随着社会风气、社会精神文明以及思想观念的转变，我国的家庭文化也发生着明显的变化。比如，在家庭教育理念上，不再主张“女子无才便是德”，而是强调男女享有平等的接受教育的权利，并倡导终身学习的理念；在家庭生产观念上，由原来小家庭自给自足、封闭落后的状态，转变为积极参与社会竞争、职业意识越来越强的状态，优胜劣汰、多劳多得成为人们普遍接受的观念；在家庭消费观念上，家庭已不满足于多挣钱、少花钱、多存钱的文化状态，而是更现实地关注眼前的生活质量，趋向于贷款花未来的钱以提升当前的生活水平；在家庭伦理道德观念上，由之前强调家庭本位以及不同家庭成员地位的贵贱尊卑转变为重视家庭成员个人的利益和需求，并主张家庭成员之间形成民主平等的互动关系。

通过家庭文化与社会文化之间的合理对接及有效融合能更好地助推家庭文化的发展以及社会文化的繁荣。家庭文化的构建脱离不了社会文化的大背景，家庭文化要努力融入到社区文化和社会文化的建设中，创新和拓宽家庭文化的载体，促进家庭文化和社区、社会文化的共同繁荣。家庭文化建设要善于利用家庭外部的各种文化资源，通过组织家庭参与各类社会和社区文化活动有助于教育和引导家庭成员提高生活质量、规范言行举止，使家庭成员的责任意识不断增强并产生幸福愉悦的心情。与此同时，将优质的家庭文化融入到社会文化中，能够增强所有社会成员对国家和民族的责任感，有助于家庭文化社会层面功能的充分施展，从而助推社会主

① 王继华．家庭文化学．北京：人民出版社，2010：46.

义和谐社会的构建。

（二）家庭文化与学校文化的关系

学校文化主要是指学校表达的教育理念，家庭文化和学校文化虽然同时在不同场合、不同时间下作用于青少年的言行举止和思想灵魂，却由于育人理念不同、目标不同、方式不同，而形成了不同的育人手段和价值取向。①

具体来说，家庭教育侧重于兴趣挖掘，是以形成不同的气质和能力、创造出不同的价值为理念的文化形态；学校教育则侧重于知识教育，是以形成系统的知识体系、开阔人的眼界为理念的文化形态；家庭文化对子女的责任是培育子女未来的人性美德；学校文化对学生的责任则是传授教学大纲规定的知识内容。可以这样理解，人的知识结构掌握在学校文化手中，而人的精神结构却掌握在家庭文化手中。知识表达的是能力，精神表达的是品行，知识如果没有精神作用其中，一遇到事关利益或危难的时刻，就会表现出自私和贪婪的行为状态，唯有将知识和精神有机结合才能构成个体素质全面成长的坚实基石。换言之，家庭文化和学校文化就像推动一架马车前行的两个车轮，二者缺一不可，假如有一个车轮不动或跑偏，必然会导致马车的倾斜甚至翻车。因此，家庭文化和学校文化只有通力配合，共同发挥教育作用，才能形成对个体成长各就其位、各司其职的逻辑结构。

四、和谐社会视域下家庭文化的核心理念

常言道“家和万事兴”，这条耳熟能详的治家格言实质上就是和谐社会视域下我国家庭文化的核心理念，是贯穿纷繁复杂、博大精深家庭文化内容的主心骨。“家和万事兴”是指大至国家之强盛、社会之祥和、小至个人生活之幸福、事业之兴旺、身体之健康，均有赖于和谐的家庭，万千健全和睦的家庭，不仅是个人抵御防范社会风浪侵袭的港湾，更是国家兴旺、社会和谐稳定的重要基础。那么，何为“家和”呢？

具体来说，“家和”就是要实现家庭伦理之和，即每个家庭成员都在家庭伦理道德规范的引导下，正确履行自己的职责和义务。据《尚书·尧

① 王继华．家庭文化学．北京：人民出版社，2010：47.

典》记载，舜要求家庭“慎徽五典”。所谓“五典”即“五常”：即父义、母慈、兄友、弟恭、子孝。“五常”仅仅是家庭伦理道德规范的一个代表。它的核心意旨在于，每个家庭成员都应尽到自己的责任，扮演好自己在家庭中承担的角色，并发挥好这个角色的功能，做到互爱互敬、各司其职、相携相助、团结和谐。事实上，实现家庭伦理之和，也就是实现家庭关系之和。家庭关系之和是指家庭成员间通过恰当的沟通达到相互理解和宽容。家庭成员间若能时常自然交流彼此的情感、兴趣、爱好等，便能使家人相处融洽、互慰互谅，使家中充满温馨之感；反之，交流不畅，易引发家庭成员间思想上的隔阂与误解，导致相互淡漠，令人郁闷不快。因此，家庭成员应学会相互尊重理解，能够做到宽容退让。所谓“理解是家庭的支柱、宽容是和睦的根基”，做到婆媳之间互相尊，夫妻之间互相敬，亲子之间互相爱，方能实现家庭之和气、和睦、和谐。

此外，实现“家和”还包含了实现家庭生活之和的含义，即家庭成员要同生活于其中的居住空间协调融通，并塑造科学健康，顺应自然的生活习惯。营造“绿色”住宅，追求平衡饮食，穿戴环保服饰，打造“宜天、宜地、宜人”的家庭氛围等都是实现居家生活之和的途径。

当然，实现“家和”并非意味着家庭成员间无原则的相互妥协，或者是一味地听命于某位“大家长”，而是要达到一种“求大同，存小异”的境界。儒家所说的“和”，关注的是事物的差异性与多样性，强调在阴阳相生相合的动态发展变化中，获得平衡统一。因此，和睦美好的家庭生活，不是毫无波澜的一滩死水，而应该是春风拂过后波光粼粼的一条小溪，是流动的，是充满生机的。

第二节　家庭伦理道德与营造和谐的家庭关系

一、家庭伦理道德的内涵与表现形式

（一）家庭伦理道德的内涵

“伦”同“类”，是指具有共同特征的个体结合，“理”则指整治和修理。“伦”和“理”合起来是指整治和修理各类人群之间的关系，“伦理”

也就是人与人相处应遵守的道德，是协调人与人之间关系的行为规范和准则。家庭伦理道德便指协调家庭中人与人之间关系的行为规范和准则，具体来说，是指在特定的历史条件下，以风俗习惯、思想信念、社会舆论以及约定俗成的法律法规为推动力而形成的调整家庭各成员之间的利益关系与情感关系的原则与规范。换言之，家庭伦理道德是处理家庭中人际关系的准则，属于家庭精神层面的文化。没有家庭伦理道德，会导致家中无大无小，无老无少，每个家庭成员都不依据自己特定的角色行事，家庭生活缺少应有的规矩和秩序，无法形成幸福和谐的家庭生活氛围。家庭伦理道德规范和制约着全部家庭成员的思想、行为，小到对个体人格品行的塑造、道德心理的建构，大到对整个社会道德风气的形成、国家的安定团结、社会的和谐稳定都有着十分重要的作用。①

家庭伦理道德是社会伦理道德的直接组成部分，同社会伦理道德一样，家庭伦理道德也不是依靠国家的法律或行政手段来强制执行的，而是依靠人们的个人习惯、思想信念和教育力量来实现的，是人们在社会实践和家庭日常生产生活中为了满足生存和发展的需求而创造出来的。建立在经济关系基础上的家庭伦理道德反映着世代积累传承的大量生活经验。因此，家庭伦理道德既是抽象的，也是具体的；既有思想，也有行为；将家庭伦理道德仅仅简单地理解为道德说教是十分片面的。

家庭伦理道德是个历史范畴，是在一定的社会历史条件下形成的处理家庭成员之间关系的行为准则。在不同的时代，随着社会历史环境的变化，家庭伦理道德规范也处在变化与调整之中。② 我国古代社会的传统家庭伦理道德曾被表述为“长老统治”“父为子纲”“夫为妻纲”“男尊女卑”“三从四德”等，而现代社会则崇尚家庭成员之间的民主平等，家长权威明显衰落，但家庭伦理道德规范仍规定了父代与子代之间抚养和赡养的相互责任与义务。由此可见，后一个时期的家庭伦理道德一定是在批判和继承前一个时期家庭伦理道德的基础上发展起来的，这是一个客观必然的历史发展过程，新旧家庭伦理道德之间的更替有着不以个人意志为转移的历史联系。

---

① 潘允康．社会变迁中的家庭：家庭社会学．天津：天津社会科学院出版社，2002：343.

② 邓伟志，徐新．家庭社会学导论．上海：上海大学出版社，2006：177.

（二）家规与家风

家规和家风都是家庭伦理道德的具体表现形式，家庭正是通过家规的约束以及家风的引导来实现规范家庭成员行为、协调家庭关系、保证家庭氛围和谐稳定的功能。

1. 家规

家规也称家训，是一个家庭的内部行为准则，是家庭成员必须遵守的规矩和规定的总和。家规是在社会的道德规范、法律规定与每个家庭的实际利益、具体情况相结合的过程中逐渐形成的，实质上是社会规范的一种内化形式，既体现着社会道德、法律的基本精神，又维护着家庭生活的实际需求[①]。通常情况下，家规都十分详细具体，涉及家庭生活的方方面面，如有关家庭成员关系处理的规矩、有关家内劳动分工的规矩、有关家庭饮食起居的规矩、有关家庭社交及待人接物的规矩等。

不同类型的家庭有着不同形式和内容的家规，家规会受到特定社会历史形态中家庭制度的影响，甚至于有什么样的家庭制度，就会有什么样的家规。传统中国社会的家庭制度为父系家长制，男性家长是家庭权力的绝对中心。父系家长制时代的家规是家长用以控制家庭成员的强制性手段，具有“家法”的性质。通常家规由家长亲自制定，并多撰写成文，除了向全体家庭成员通告以外，有的家庭还将其附在家谱之中。世家大族往往还会专门将家规整理为教育子孙后代立身处世之道的家训读本，相传先秦时期已有《太公家教》传世，东汉时马援撰有《诫兄子严敦书》，三国时期诸葛亮撰有《诫子书》，西晋时杜预撰有《家诫》。其中，最著名的家训读本有北齐颜之推撰写的《颜氏家训》和北宋司马光撰写的《司马温公家范》。[②] 这些家训读本中详尽记载着古代家庭的各种家规、家法，这些家规、家法都贯彻着封建社会的礼治原则以及儒家的道德规范，立足于维护家长专制和家庭内部贵贱尊卑的等级秩序。[③]

在传统家规的伦理规范中，家庭成员之间无平等可言，家庭的稳定是以牺牲个人独立为代价的，家庭的有序是通过个体安守贵贱尊卑的等级秩

① 邓伟志，徐新．家庭社会学导论．上海：上海大学出版社，2006：180.

② 邓伟志，徐新．家庭社会学导论．上海：上海大学出版社，2006：181.

③ 丁文．家庭学．山东：山东人民出版社，1999：392.

序而实现的。当然，传统家训中传递出的孝悌伦理观、功业理想以及克勤克俭、淡泊襟怀的人生观等内容还是颇具价值、值得肯定和传承的。与传统家规不同，现代家庭的家规建立在民主、平等的基础之上，要求全部家庭成员，不论男女老少在家庭日常生活中的地位都是平等的，家庭成员之间要保持开放、民主、包容的沟通氛围，既要维护整个家庭的共同利益，又要为每个家庭成员的个人利益提供可靠保障。①

2. 家风

家风是指一个家庭的传统风习，是人们在长期的家庭生活中逐步形成和世代延传下来的生活作风、生活习惯、生活方式的总和。家风是在家庭长辈及主要成员潜移默化的影响和教诲中形成的。② 古人云："夫风化者，自上而行于下者也，自先而施于后者也。"这说明上者对下者的表率作用，先者对后者的榜样力量是家风的重要成因。传统家庭的家风，常被称为"门风"，门风的好坏直接关系到一个家庭在社会中的声誉和地位。传统家庭的家风建设，以我国传统文化中的群体意识价值观为思想基础，主张"家庭利益至上"，要求家庭成员将个人命运与家庭命运紧密连接在一起，一切行为都要无条件地服从家庭的需求和利益。传统家风虽然将个人消融于家庭之中，却有利于增强家庭的凝聚力和家庭成员间的认同感，在维护家庭稳定方面作用巨大。

家风对家庭成员的精神风貌、道德情操、生活行为等有着极为深刻的影响。优良的家风会使家庭成员具有积极向上的精神风貌、道德情操及生活行为，形成和睦融洽的家庭关系，推动家庭健康有序地发展。腐朽的家风则会使家庭成员心理异常、品行败坏、行为失范，导致家庭关系紧张，家庭秩序紊乱。一个家庭究竟会形成什么样的家风，不仅受到社会文明程度、民族文化传统的影响，还在很大程度上取决于家庭长辈和主要成员的文化素养、思想意识、价值观念。根据对中国名人家庭的调查研究能够发现，许多名人大家的成长，都离不开良好家风的熏陶，诸如著名科学家钱学森的家风、作家冰心的家风、教育家顾毓琇的家风都是世人称道的典范。

---

① 乔德福．家庭道德新论．北京：中国社会出版社，2008：164－165.

② 邓伟志，徐新．家庭社会学导论．上海：上海大学出版社，2006：182－187.

树立良好家风，革除腐朽家风，历来是中国的治家之道。现阶段，面对价值观多元化、自我意识凸显、公共理性不足以及功利主义盛行的社会背景，更应注重家风建设。以群体意识价值观为思想基础的传统家风，虽带有明显的封建礼教色彩，却也包含着民族传统文化的优良成分，诸如教育家庭成员好学成才、互谦互让、勤俭持家、尊老爱幼、与人为善、慎于择友等，这些内容在现代新型家风的形塑过程中都是值得继承发扬的。

二、家庭伦理道德的嬗变

伴随着我国社会经济的快速发展，人们的思想观念包括家庭观念也随之发生剧烈转变，特别是在改革开放深入发展和社会主义市场经济建立的现代社会，家庭生活中出现了诸多复杂的前所未有的道德现象，家庭伦理道德正在经历着一场嬗变。

（一）家庭伦理道德标准多元化

在社会政治、经济、文化等价值标准比较统一的社会环境中，家庭伦理道德标准必然也是一致的。然而，随着我国由社会主义计划经济向市场经济转型以及改革开放的深入，现实生活中出现了传统和现代伦理道德观念并存且相互冲突，中西伦理道德观念交融且相互碰撞的复杂局面，家庭伦理道德领域也随之出现了传统与现代的冲突以及中西碰撞。伴随着社会经济的发展和转型，计划经济体制下的伦理道德观念受到冲击，但与市场经济体制相适应的道德规范体系却仍处于建设之中，这造成了人们伦理道德标准判断的困惑以及伦理道德观念的裂变，一种现象或一种行为仅仅用一种伦理道德标准来衡量已远远不够。伦理道德标准的多元化是改革开放和社会经济转型带来的社会进步、观念更新和新旧观念更替的结果，这种社会伦理道德标准的多元化必然会反映到家庭生活中，导致家庭伦理道德标准的多元化。① 同一家庭的家庭成员之间会因为各自所遵从的伦理道德标准的差异而产生矛盾冲突，即便是同一个人也会因为内心的伦理道德冲突而感到困惑甚至痛苦。

（二）家庭伦理道德生活中出现非道德主义倾向

非道德主义是指反对任何伦理道德约束，主张放任自流，用虚无主义

① 王秀华．经济发展与家庭伦理．厦门：厦门大学出版社，2009：63－64.

来对待社会提倡的伦理道德观念和行为规范的一种行为取向。[①] 目前，中国社会正处在由传统社会向现代社会转型的时期，随着人们主体意识的觉醒，个人主义思想又有了新的发展势头，传统伦理道德的约束力明显减弱，在婚姻观念、性行为、家庭生活方式上出现了种种越轨和失范现象。例如，性行为的严肃性降低，非法婚姻、形式夫妻、婚外恋等现象越来越多，这些失范行为甚至会受到社会舆论某种程度的关注。违背伦理道德的越轨和失范行为给家庭生活带来了严重的危害，潜伏着引发社会道德危机的巨大隐患。

（三）家庭伦理道德的评价功能失范

伦理道德评价会对道德主体高尚的道德行为、优秀的道德品质、崇高的道德理想作出肯定，而对卑劣的行为、庸俗的思想、低级的趣味作出否定。在伦理道德价值整合度较高的社会文化环境中，人们能普遍接受和认可家庭伦理道德准则的价值判断。但在目前，人们的价值判断标准受到了市场经济转型时期片面追求利益最大化等思想意识的影响，在道德伦理评价标准上，渗透着浓厚的“金钱至上”观念。在一部分人眼中，财富成为衡量人有用性的唯一标准，甚至连亲情的疏近都以金钱的多寡为导向。家庭生活中先富起来的一部分人拥有至高无上的伦理道德权威，人们对他们的一些伦理道德失范行为由于受到一定的经济利益的驱使，往往采取一种视而不见或随机附和的态度。家庭伦理道德在发挥道德评价功能时丧失了适用于所有人的恒定标准。[②] 在家庭生活中，情感、亲情的因素在弱化，而经济、功利的因素在增加，这导致人们近利远义，重钱轻德，失去情感和爱心，出现盲目的拜金主义倾向。家庭伦理道德评价功能的失范直接导致家庭伦理道德失去了昔日的稳定性，家庭伦理道德规范也失去了昔日的制约力，这影响到家庭关系的和谐稳定，导致家庭内部人际关系紧张。

（四）家庭伦理道德调控作用弱化

家庭伦理道德标准的多元化使家庭伦理道德内容缺乏一致性和必要的稳定性，进而导致家庭伦理道德的调控作用被削弱。家庭伦理道德调控作用的弱化会导致家庭伦理道德规范难以有效约束家庭成员的某些行为，社

---

① 朱巧香．论家庭伦理道德的失范及建构途径．江西社会科学，2002（5）：15－17.

② 朱巧香．论家庭伦理道德的失范及建构途径．江西社会科学，2002（5）：15－17.

会舆论也难以发挥有效的监督作用，很多不符合家庭伦理道德规范的行为不仅未能得到必要的道德谴责或道德惩罚，反而还能够找到不少冠冕堂皇的理由进行自我辩护。① 比如婚外恋这种违背社会主义道德规范和法律规定的越轨行为，通常会用追求爱情、追求幸福、追求高质量情感生活等理由进行自我辩护，还会以每个人都有权利选择自己的生活方式、个人隐私不得干涉等理由得到社会某种程度的宽容，甚至还以有“情人”为荣来炫耀自己的经济实力和个人魅力，缺乏应有的羞耻感和负疚感。

三、批判性继承传统家庭伦理道德，构建健康和谐的现代家庭伦理道德

传统家庭伦理道德作为封建社会的意识形态，是为维护封建等级秩序服务的，存在一定的“糟粕”成分。但作为一种伦理文化体系，其中又积淀着人类文明发展的丰富成果，蕴含着不少普世价值和“精华”之处。如果我们能够对其进行现代诠释和价值提升，传统家庭伦理道德将成为构建健康和谐的现代家庭伦理道德的重要资源。现代家庭伦理道德的构建只有立足于批判性继承传统家庭伦理道德的基础之上，才能有深厚的民众基础和可接受性，越是具备民族传统文化的东西，才越有生命力。

（一）传统家庭伦理道德中的“精华”与“糟粕”

中国是文明古国，礼仪之邦，在五千年悠久文明历史的发展过程中形成了厚重的家庭伦理道德，并对当今的家庭生活产生了非常深刻的影响。历史唯物主义认为，今天的中国家庭是昨天中国家庭合乎逻辑的发展，新旧家庭之间既存在本质区别，又有着不可分割的联系。如果仅强调二者之间的区别，否认二者之间的联系，则会得出传统家庭伦理道德在今天已经没有任何价值，应该完全抛弃的结论。然而，放弃了传统，一切文化都会显得苍白缥缈，成为无源之流，盲目地否定传统就是自我否定，因而完全抛弃传统家庭伦理道德是不正确的。传统家庭伦理道德作为中华民族传统文化的重要组成部分是一份丰厚珍贵的历史文化遗产，我们应该认真地给予发掘利用、大胆吸收并发扬光大。反之，如果仅看到二者之间的联系，而忽视二者之间的区别，进而认为传统家庭伦理道德都是正确的，可以全

① 王秀华．经济发展与家庭伦理．厦门：厦门大学出版社，2009：64.

盘照搬过来，没有任何可以批判或否定的内容也是不理性、不科学的。毛泽东曾指出："清理古代文化的发展过程，剔除其封建性的糟粕，吸收其民主性的精华，是发展民族新文化，提高民族自尊心的必要条件。"因此，构建健康和谐的现代家庭伦理道德一定要建立在批判性继承发展传统家庭伦理道德的基础上，而批判性继承发展传统家庭伦理道德的前提是厘清传统家庭伦理道德中的"精华"与"糟粕"。

传统家庭伦理道德中值得吸收借鉴和发扬光大的"精华"之处体现在：第一，传统家庭伦理道德强调家庭内部的人伦关系要保持"和谐"。这一点是极具进步性和借鉴意义的，有助于协调当今家庭内部成员间的互动关系，消除家庭中的紧张状态。传统伦理强调"礼之用，和为贵"，在治理国家时要努力实现"政通人和"，在治理家庭时则要争取达到"家道和顺"，也即要实现父慈子孝、夫妻恩爱、兄友弟恭，整个家庭充满欢乐、祥和之气。① 和谐社会视域下家庭文化的核心理念即"家和万事兴"，家庭与社会不同，虽然家庭成员在日常交往中也不免出现一些矛盾或冲突，但家庭毕竟主要是一个以血缘、亲缘情感维系的共同体，并不需要每件事情都分清是非，争个水落石出。家庭生活需要体谅、包容、温存和安慰，能够使在社会中拼搏竞争的人们有个可以休养生息的港湾。因此，无论在过去还是现代，构建和谐的人伦关系都应该是家庭伦理道德的首要内容。

第二，传统家庭伦理道德强调家庭成员各自恪守各自身份的责任义务，这在当今仍有现实意义。所谓"父慈子孝""兄友弟恭""夫义妇贞"等实质上表达的都是家庭成员需要依据自己在家庭生活中所扮演的角色承担相应的责任和义务。"父慈"是指父母要尽其抚养、爱护、教导子女的责任，"子孝"是指子女要尽其赡养和欢娱父母的责任；"兄友"是指兄长要对弟妹尽友爱之心，主动帮衬弟妹，"弟恭"是指弟妹要对兄长尽敬爱之心，主动向兄长讨教学习；"夫义"是指丈夫要对妻子忠诚，不要乱搞邪行，"妇贞"是指妻子要对丈夫保持忠贞。由于传统家庭伦理道德注重引导家庭成员各自承担相应责任，从而家庭成员间关系十分密切，人们的家庭观念非常强，传统家族通常有着强大的凝聚力和向心力，这也促进

---

① 李桂梅．冲突与融合——中国传统家庭伦理的现代转向及现代价值．长沙：中南大学出版社，2002：327.

了传统中国社会的稳定。[①] 现阶段，随着婚姻家庭生活自主性、独立性的增强，个人自我意识的觉醒以及西方个人主义思潮的侵入，我国家庭的责任感明显淡化，家庭成员间关系变得松散疏离，家庭功能的发挥受到较大影响。因此，在构建现代家庭伦理道德时，要注意继承和发扬传统家庭伦理道德中重视家庭成员责任义务的合理成分，使之成为现代家庭伦理道德的有机组成部分。

第三，传统家庭伦理道德重视家庭教育，特别是其中注重用积极进取的思想教子、治家，培育子女优良品德和良好家风的传统值得提倡和发扬。在传统的家庭礼教和家训家规中，父代对子代严格教育的例子数见不鲜，例如《颜氏家训》中所谈到的教子、治家、风操、慕贤、勉学之道，虽然存在为维护封建统治阶级的利益而逆来顺受的奴性思想，但其教育家人要加强道德修养、遵守道德规范的思想以及全面有序的教育方法是十分可取的。[②] 家庭是孩子的第一所学校，父母是孩子最长久的老师和模仿对象，家庭教育对于子女的成长成才有着最为直接和透彻的影响。因此，在构建现代家庭伦理道德的过程中，应该选择性地吸收借鉴传统家庭伦理道德中倡导的家庭教育方法，重视以德为首的素质教育。

传统家庭伦理道德中需要加以剔除或改造的糟粕之处主要体现为传统家庭伦理道德中充斥着不平等性以及愚孝愚忠的成分，这些成分在构建健康和谐的现代家庭伦理道德时应予以取缔和改造。传统的封建家庭中处处存在不平等现象，亲子不平等、夫妻不平等、男女不平等、嫡庶长幼不平等，这种不平等的关系表现为在下者对在上者无条件的绝对服从，这是应当彻底取缔的。实现家庭成员间的平等，维护所有家庭成员最基本的人格尊严，应该是现代家庭伦理道德的基本要求。对于传统家庭伦理道德强调的“孝道”，需要加以改造和调整，避免出现“愚孝”的现象。所谓“愚孝”，是指子女对父母的绝对服帖和唯命是从，甚至于父要子亡，子也不得不亡。例如倡导“父母在，不远游”等思想，还比如《二十四孝图》中有孝女曹娥为寻觅父亲的尸体而投江，淹死后抱父尸而出；汉朝人郭巨

① 李桂梅．冲突与融合——中国传统家庭伦理的现代转向及现代价值．长沙：中南大学出版社，2002：325.

② 邱冬运．简析传统家庭伦理道德的改造与利用．哈尔滨市经济管理干部学院学报，2001（3）：31－33.

为了博得“孝”名，借口子分母食，为了不使三岁的小女儿同奶奶分东西吃，竟活埋了自己的亲生女儿等。可见，如果直接照搬传统家庭伦理道德中封建孝道的全部内容，是愚蠢且有害的。[①] 现代家庭生活中的亲子关系和地位应该是平等的，父母抚养子女，子女赡养父母的传统家庭伦理道德仍然需要坚守，但子女孝顺父母绝不应该是对父母的盲从，父母没有权利无条件地支配子女，甚至于影响到子女的长远发展，亲子关系应该建立在互相帮衬、共同生存和发展的基础之上。对于传统家庭伦理道德中对妇女“忠贞”的过分要求，应予以剔除，可以说“贞”在我国传统伦理道德约束中对妇女的戕害是触目惊心、罪孽深重的，不但是政治上、经济上、肉体上的，更是心理上、精神上、灵魂上的。“从一而终”“不侍二夫”，使女性被剥夺了生为人最基本的追求幸福甚至于生存的权利。此外，传统家庭伦理道德中有着过重的家庭本位主义，过分地强调家庭的权利和价值，否定个人自由并严重忽视个人的权利和价值，为了家庭的生存发展，个人需要随时准备牺牲自己成全家庭。这种思想观念极大地限制了个人的发展，在构建现代家庭伦理道德时不应提倡。

（二）构建健康和谐的现代家庭伦理道德

1. 现代家庭伦理道德应尊重家庭成员的人格和个性

每个人都是作为个体生命而独立存在的，任何个人和群体都不能无视个体的独立存在，而应该尊重个体的人格和权利，满足个体生存发展的基本权益和需求。传统家庭伦理道德建立在单极的权力结构中，男权、夫权和父权是单极权力的主体，家庭本位的思想和等级服从的价值观念，剥夺了个人的独立人格，取消了个体自由选择和实现自我生命价值的正当权利以及主体能力。[②] 健康和谐的现代家庭伦理道德应该建立在个体独立、自由和平等的基础之上，承认和尊重每个家庭成员的个性。现代家庭伦理关系应该是一种交互性的主体关系，家庭成员之间相互尊重、相互理解，家庭内部关系呈现出民主、平等、和谐的特征，而且家庭要尽可能照顾和满足每个家庭成员的利益和需要。

2. 现代家庭伦理道德应注重家庭成员权利和义务的双向性

---

① 潘允康．社会变迁中的家庭：家庭社会学．天津：天津社会科学院出版社，2002：352－354.

② 王长金．传统家训思想通论．长春：吉林人民出版社，2006：354－356.

传统家庭中，家长对家庭成员的支配权和控制权是至高无上的，作为家长的男性和长者地位尊贵，女性和幼者只能俯首听命。现代家庭中，家庭成员之间是民主平等的互助式关系，双方在权利和义务上是具有双向性的。子女在尊重和敬养父母的同时父母也应该对子女施慈和表示感谢。夫妻之间也应如此，双方在享受权利与承担义务上应该平等，如果一方只享受权利，而不承担任何义务，终将导致夫妻关系失和。只有家庭成员各自都正确处理好权利和义务关系，履行好自己应尽的义务，才能建立起亲善、和谐的家庭人伦关系。

3. 现代家庭伦理道德应强调自律性

任何伦理道德规范都是他律性和自律性的统一。传统家庭伦理道德规范虽然有内在自觉的一面，但更多的还是要靠外部他律来实现，带有盲目服从和被迫遵守的特征，并未将情感上的自愿和行为上的自主作为伦理道德体系的重要内容，相反，主要依靠国家强制手段来推行和实现伦理道德规范，例如传统“贞节”伦理道德的推行，明朝洪武元年令“民间寡妇三十以前夫亡守志，五十以后不改节者，旌表门闾，免除本家差役”。为了获得“旌表门闾，免除本家差役”的好处，即便未亡人自己并不愿意守节，本家也会想尽办法劝她守，甚至于逼迫她守。这表明传统家庭伦理道德的主体情感认同程度很低，不得不借助非道德手段来实现其功效，这种他律性的伦理道德规范不能在人们内心深处扎根，只能造就虚伪的两面人格。① 当然，现代家庭伦理道德规范要发挥作用也需要依靠一定的外部强制力，但更应该强调道德的自律性，努力达到家庭成员自觉自愿遵守的效果，实现理性自觉和情感自愿的高度统一，这样一来，家庭伦理道德的功能才能得到更好的发挥。

4. 现代家庭伦理道德应具备一定的宽容度

任何一个社会的伦理道德体系都不是单一的，而是一个以核心价值观为主导并有着多层面价值观与之相结合的复杂体系，家庭伦理道德自然也是如此。这便要求我们既要坚守家庭伦理道德中社会主义核心价值观的主导地位，又要对其他的伦理道德观念保持一定的宽容度。现代社会是个开

① 李桂梅．冲突与融合——中国传统家庭伦理的现代转向及现代价值．长沙：中南大学出版社，2002：339.

放多元且复杂多变的系统，不太可能形成彻底普适性的道德准则，只要不损害他人利益，不违背法律规定，个人的思想观念和行为选择就不应该是非此即彼的和唯一的[①]。我们应该学会包容差异，对于家庭内部因道德观念不同而产生的冲突，采用对话的方式来协调解决，这样才能既使家庭伦理道德的社会主义主导价值观得到贯彻，又能适应现代社会多元价值发展的需要，使家庭伦理道德得到大多数人的认同和遵从。

现代家庭伦理道德的构建是个不断探索的过程，一个能与现代社会相适应并满足现代家庭发展需求的家庭伦理道德系统，应该能够随时对外部社会大环境以及家庭内部变化的情况和出现的问题作出适当的反映。只有深入地根植于现实生活中，才能够真正构建起既能使家庭中每个成员个性得到自由发展，又能使整个家庭氛围保持民主平等协调互助，还能促进整个社会和谐稳定的健康和谐的家庭伦理道德。

四、营造和谐的家庭关系

家庭伦理道德是协调家庭成员间关系的行为规范和准则，构建健康和谐家庭伦理道德的题中之义就是力图营造和睦融洽的家庭关系。家庭是以婚姻关系为基础，以血缘关系为纽带而形成的，因而营造和谐家庭关系的关键就在于营造和谐的夫妻关系以及和谐的亲子关系。

（一）营造和谐的夫妻关系

1. 婚姻质量与婚姻满意度

婚姻质量是什么、如何进行测量评价、是由哪些因素决定的等一系列问题，多年来一直是国内外学者研究的焦点。早在20世纪20年代，西方学者在探讨婚姻调适问题时便开始了对婚姻质量内涵和外延的界定及分析，至今有关婚姻质量的研究已经开展了近百年，但学界依旧尚未形成关于婚姻质量的明确的定义以及评价婚姻质量高低的统一标准。[②] 总的来说，有关婚姻质量的学术观点大体可分为三派：第一派观点认为婚姻质量是个主观概念，主要是指夫妻双方对自己婚姻的感性认识和体会，也即婚姻质

① 李桂梅．冲突与融合——中国传统家庭伦理的现代转向及现代价值．长沙：中南大学出版社，2002：340.

② 邓伟志，徐新．家庭社会学导论．上海：上海大学出版社，2006：84－86.

量是婚姻当事人对婚姻的主观感知质量，因而，衡量婚姻质量高低的主要标准应该是婚姻当事人的主观心理感受，比如他们对于夫妻关系融洽程度和婚姻生活幸福程度的评价等；第二派观点与第一派观点相对立，认为婚姻质量是个客观概念，主要是指夫妻关系的结构性特征以及这种特征的统计表现，也即婚姻质量是婚姻当事人对婚姻的客观调适质量，因而，衡量婚姻质量高低不能只凭婚姻当事人的主观感受，还应该包含客观方面的内容，比如夫妻双方调适婚姻关系的方式、频率和效果等；第三派观点可谓“集大成者”，有机糅合前两派观点，认为婚姻质量是一个宏观与微观、主观与客观相统一的概念，是指夫妻的感情生活、物质生活、余暇生活、性生活及其双方的凝聚力在某一时期的综合状况，因而，婚姻质量的测量评价标准既要包含婚姻当事人个人的主观感受，又要包含对夫妻婚姻调适方式和结果的客观描述①，而且由于婚姻是一种社会性行为，所以衡量婚姻质量的标准既要有个体层面的评判尺度和感知偏好，又要有一些既定的社会标准，如家庭关系和功能实现等方面的客观指标。②

婚姻满意度是从主观层面衡量婚姻质量高低的一个具体指标。美国社会学家汉密尔顿在其 1929 年出版的《婚姻研究》一书中首次提出婚姻满意度的概念，并将其视作评价夫妻婚姻生活质量的重要标准。婚姻满意度是指夫妻双方对其所处婚姻关系的主观评价，是婚姻关系满意程度的评估指标，既可以看作婚姻关系中的个体对其婚姻状况的整体评估，也可以看作个体对婚姻的期望、需求在现实婚姻生活中实现的程度。夫妻关系作为婚姻生活中最核心的人际关系，其是否健康和谐直接影响到夫妻双方对于婚姻质量的评价以及婚姻满意度的高低。

2. 营造和谐夫妻关系，创建幸福婚姻生活

婚姻行为塑造了家庭关系中最基本的一环，即夫妻关系，一男一女结为夫妻意味着一个新家庭的组建和产生。夫妻关系和睦对家庭成员之间的和谐相处起着十分重要的作用，是家庭和谐稳定的基本前提。③ 夫妻关系的好坏直接影响到婚姻生活质量的高低，塑造和谐夫妻关系，创建幸福婚姻生活需要夫妻双方在日常生活中时刻铭记并努力做到三点：一为信任，

① 徐安琪，叶文振．婚姻质量：度量指标及其影响因素．中国社会科学，1998（1）：144－159.
② 潘允康．中国婚姻家庭变迁．北京：中国社会出版社，1998：81.
③ 郎小倩．家庭文化的德育功能及其实现．延边大学，2014：33－34.

信任是维持夫妻关系正常运转的基本要素，是夫妻双方心灵相通的桥梁，是婚姻稳固的基石。夫妻二人要相信对方也要相信自己的眼光，除非掌握确凿证据，否则切忌疑神疑鬼、胡乱猜忌。除了消除自己的疑心，还要学会通过目光和言语表达出对配偶的信任。此外，夫妻之间要学会保持适度距离，尊重和保护对方的私人领地，给予对方充足的个人空间，绝不能过多地干涉配偶的自由或试图严密监控配偶的一举一动，特别是在对待配偶的异性朋友时，应保持豁达大度，给予配偶足够的信赖和支持。二为尊重，现代社会，人与人之间是平等的，更何况是夫妻之间，夫妻中任何一方都不应该想要凌驾于另一方之上，也不应该以学历、收入、社会地位的高低而区分出家庭地位的高低。当处理家庭事务发生意见分歧时，夫妻二人应以平等的地位心平气和地进行商议，各抒己见，一方总是高高在上、专断独行，而另一方只能言听计从、委曲求全的婚姻关系是不健康、不可持续的。让夫妻双方都满意的高质量婚姻绝不是一方一味地适应另一方，为了另一方无条件、无底线地改变自我，或随意将一方的观念和习惯强加给另一方，而是两个彼此独立的人做到相互尊重和认可对方的观念、习惯和朋友圈，能够换位思考，以积极的态度对待差异，从而更好地在一起过一种有默契且自由自在的生活。三为理解包容，这一方面是指夫妻双方要学会求同存异，承认、接纳以及容忍对方性格上的差异以及生活习惯上的不同；另一方面是指夫妻双方要学会彼此欣赏并时常赞美对方，人无完人，既然选择与这个人共度一生，就要学会缩小对方的缺点、放大对方的优点，遇到矛盾和冲突时要站在不同的角度去理解，以宽大的胸怀去包容。此外，夫妻双方都要合理调整对婚姻的期望值，所谓“希望越大，失望越大”，对配偶或婚姻抱有太高的期望往往会大大降低自身的幸福感和满意度，要学会在婚姻生活中将期望值调整到合理的高度。

营造和谐的夫妻关系除了需要夫妻双方在日常生活中学会彼此信任、尊重以及理解包容，还需要夫妻之间经常进行富有成效的沟通。有效的夫妻沟通能够加深夫妻间的了解，增进夫妻感情，化解夫妻间的冲突和摩擦，是促进夫妻关系和谐的调节器，对于提升婚姻满意度，铸造高质量的婚姻生活具有非常重要的意义。一对成熟、理智、聪明、和谐的夫妻能够通过富有成效的沟通来处理他们婚姻生活中的各种事情①。夫妻之间的沟通方式是多种多样的，可以口头交流，或文字交流，或借助眼神、表情、姿态、细微动作等身体符号来暗示，无论采取何种沟通方式，都要尽量遵循一些原则，这样才能实现真正有效的、能够达到提升婚姻质量目的的沟通。具体来说，这些原则包括：①换位原则，即夫妻双方在沟通过程中要时常站在对方的立场上思考问题，这样有助于夫妻双方更好地理解彼此观念和行为的合理性，从而使沟通具有共识性基础；②妥协原则，即当夫妻因立场、观点不一致而发生冲突时，双方都应适当地迁就对方，放弃自己的部分主张，从而使双方关系能够重回和谐状态，妥协并非意味无原则的忍让，而是指在夫妻双方都具有维系夫妻感情动机的前提下，各退一步，以使双方的主要目的都能达成；③守信原则，即夫妻双方对于沟通过程中自己作出的承诺和共同确立的约定必须实现和遵守，只有这样，才能使沟通具有信任的气氛和基础，如果夫妻中一方或双方总是违反约定或不信守承诺，那么夫妻之间的不信任感就会不断增强，缺乏信任的夫妻之间所进行的沟通是没有意义的。②

此外，由于两性在社会化过程中接受着不同的性别角色期待，因而在心理需求和沟通方式上会有明显差异，这就要求夫妻双方在沟通过程中充分认识和正视这些差异，真正理解对方的行为意义和情感需求，缩小彼此沟通的鸿沟。从具体操作层面上来讲，夫妻双方在沟通时都要学会当专注的倾听者，特别对于男性来说，妻子劝告唠叨往往是爱意的表达方式，需要最耐心认真的倾听，聪明的妻子更应学会倾听；在日常交流中要多给丈夫一些赞美，多给妻子一些宠爱，自尊是男性敏感的神经，妻子应全力维护丈夫的尊严，不要对丈夫过于苛求和挑剔，更不要拿其他男人与他比较，恰到好处的赞美可以成为丈夫前进的动力，而女性最希望在婚姻生活中得到呵护和宠爱，丈夫应多揣摩妻子的心思，注意生活细节，在日常生活的点滴中给予妻子无微不至的照顾和宠爱；夫妻双方要非常注意沟通时的语气，无论对已经决定好的还是尚未敲定的事情，都应当收起命令的口吻，和颜悦色地商量，当夫妻之间争执不休、面临战火升级时，应学会撤

① 赵孟营．新家庭社会学．武汉：华中理工大学出版社，2000：101.

② 赵孟营．新家庭社会学．武汉：华中理工大学出版社，2000：97－100.

开一本正经的态度，使愤怒、焦躁的情绪和紧张、不安的气氛得到缓解，以幽默风趣的语调来表达不满，从而让矛盾得到灵活化解。

（二）营造和谐的亲子关系

亲子关系是基于婚姻关系而衍生出来的，是家庭关系中非常重要的组成部分，亲子关系和谐与否直接关系到一个家庭能否健康、顺利地成长发展以及传承延续。我国传统家庭伦理道德中关于亲子关系的伦理规范为“慈”与“孝”，这是源于亲子之间天然的浓厚的爱而形成的一种亲子美德，这种亲子美德在现如今依然对于启迪为人父母和为人子女的言行有着重要意义。

1. 中青年父母与未成年子女的相处之道

在中青年父母与未成年子女的关系中，传统亲子伦理规范中的“慈”主要体现为“生而有养，养而有爱，爱而有教，教而有严”“养教结合”的亲子美德，这对于我们构建和谐的新型亲子伦理关系，实现父母与子女的共同成长和进步有着重要的启示和借鉴意义。古代社会，“孟母三迁”“岳母刺字”是精心养子、爱子以及教子的典范，现代社会，“养教结合”的亲子美德则应表现为父母尽己之力为未成年子女的成长开辟一方和谐、健康、积极、上进的天地，促成孩子德与智的全面发展，培养孩子形成良好的思想品德及行为模式，帮助孩子顺利完成社会化过程。①

家庭是孩子的第一所学校，父母则是孩子一生中最早出现并始终发挥影响的老师。对于未成年子女的成长发展而言，父母的“养教”方式至关重要，科学合理的“养教”之爱，不仅能够帮助孩子形成健全的人格、品行以及端正进取的三观，甚至可以医愈孩子的先天性缺陷。相反，如果“养教”方式失当，则会导致孩子身心受损，行为失范。具体而言，中青年父母在“养教”未成年子女时要努力做到以下几点：

首先，要注重言传身教。父母对未成年子女的“养教”很多时候是在不经意之中潜移默化地进行着，作为孩子最主要的模仿和学习对象，父母的一言一行时刻都在影响着孩子，因而父母一定要格外注意自己在日常生活中的言行举止，以身作则，用自己的模范言行给孩子树立榜样，比如，自觉检点自己的言行，以正确的三观和自身的良好品行影响塑造孩子；凡

---

① 戴素芳. 传统家训的伦理之维. 长沙：湖南人民出版社，2008：114－116.

是要求孩子做到的，自己应先亲自做到，为孩子树立具有说服力的榜样；当自己言行有误时，不应回避，而应立即纠正，诚恳说明，在帮孩子厘清对错的同时树立起勇于承认和改正错误的榜样。

其次，要做到理性施爱。“爱”是父母“养教”子女的出发点，是“养教”过程中的催化剂和“养教”成功的基础。父母应对孩子施以真挚的爱，为其营造充满爱的家庭环境，使孩子产生满足的情感体验，信赖父母并乐于接受父母的教导。需要特别注意的是，父母在对子女“施爱”之时一定要足够理智，学会控制自己的情感。这意味着父母一方面要做到严而不厉，务必在尊重孩子的前提下实施教育，杜绝用凶言恶语或粗暴打骂的方式伤害孩子的身心，而应采取情感交流和推心置腹交谈的方式，与孩子求同存异，相互理解，而且要根据孩子的发展水平和年龄特点，对孩子提出合理、适当和具体的要求，不能操之过急，揠苗助长；另一方面要做到爱而不溺，要有分寸地关心爱护孩子，适当地欣赏、赞美和鼓励孩子，绝不能过分宠爱娇惯，过多照顾满足，过度迁就保护，当孩子犯错时应及时纠正，严格规范其观念和行为，在适当惩罚的同时要清楚地告诉孩子避免再犯类似错误的具体方法，当孩子提出要求时，要对孩子的需求进行具体分析，以家庭的实际经济状况和有利于孩子身心健康为前提有理有度地满足孩子，杜绝百依百顺，有求必应。

再次，要学会因材施教。不同年龄阶段的孩子在生理和心理上有不同的特征，即便是同一年龄阶段的孩子，由于先天遗传和后天生活教育环境的不同，在性格、品行、气质、爱好等方面也会有所不同，进而在身心发展的可能性、方向和水平上存在差异。因此，父母必须在全面了解孩子的基础上，根据孩子的具体情况，采取合适的方法有的放矢地进行“养教”。要善于发现和发展孩子的特长，充分挖掘其潜力，培养他们的兴趣爱好，而不应超越孩子的能力范围提出孩子难以企及的要求，更不应以父母个人的兴趣、爱好和意志为标准来培养孩子，将孩子作为自己圆梦或与他人攀比的工具。

最后，要以实现孩子的全面发展为目标。父母“养教”子女的最终目的是培养出一个健全的、能顺利融入社会并为社会发展贡献力量的人。这样的人不仅要拥有健康的体魄和良好的智力，还要具备高尚的道德情操和健全的人格。因此，完善的“养教”内容应当涵盖孩子的身心健康、智力、情感、性格、品行等多个方面。父母应避免走入唯智力论、唯成绩论的误区，应该时刻提醒自己“养教”子女的最终目的不仅仅是教授知识，还要重视孩子的情感道德教育和非智力因素开发，培育孩子形成健康的人格和积极进取的品行，如自信、友善、有爱心、有责任感、善于自我管理、有抗挫折能力等。

此外，掌握与未成年子女的正确沟通方法，实现与孩子之间愉快且畅通的交流，对于营造中青年父母和未成年子女之间和谐融洽的关系十分重要。“代沟”无疑是影响亲子沟通的主要障碍，这意味着父母在与孩子交流前，一定要做足功课，抛弃成年人的固化思维和偏见，学会用孩子的眼光来理解他们的世界，真正读懂孩子，尊重孩子，抱着与孩子平视的心态展开沟通，才能有效消除孩子对于父母的排斥和戒备，让孩子敞开心扉，对父母知无不言言无不尽[①]。在沟通过程中，父母要避免处于喋喋不休的说教状态，应学会做孩子的听众，耐心地让孩子倾诉，并在听了孩子的想法后，立即用自己的语言重复其中的要点，并基于此展开深入的交流。当沟通中出现分歧时，父母绝不能动辄摆出大家长姿态，而应该认真听取孩子的意见，共同商讨解决的办法，如果总是利用家长权威简单粗暴地处理矛盾，将会加深与孩子之间的隔阂，关闭有效沟通的大门。

2. 成年子女与老年父母的相处之道

当父母告别年富力强的中年，步入日渐衰弱的老年阶段，开始面临退离工作岗位、身体功能衰退、自理能力减弱、亲朋离世等变化时，子女也恰好迈入繁忙的中青年阶段，开始面对源于工作、生活的多重考验。这种人生阶段的转变导致父母与子女之间的关系发生着微妙的变化：父母越来越将生活及情感的寄托系于子女身上，希望子女能够花更多的时间陪伴自己；而子女在步入职场，特别是组建家庭且有了下一代以后，忙于应付自己生活圈子中繁杂的事务以至于焦头烂额，与父母相处的时间越来越少。老年父母对成年子女日益增强的依恋感与成年子女对老年父母的逐渐疏离之间便产生了矛盾，子女表达关爱的方式不能达到父母的期望，从而导致亲子关系紧张，双方的情感都受到伤害。化解这一矛盾，营造成年子女与老年父母之间和谐融洽的关系，需要子女和父母双方的共同努力。

---

① 乔德福：家庭道德新论．北京：中国社会出版社，2008：75－79.

就成年子女而言，传统亲子伦理规范中对于子女的要求集中体现为一个“孝”字，随着时代变迁和社会发展，“孝”的内涵和表达方式发生着变化。现代社会，“父母在，不远游”“不孝有三，无后为大”“父叫子亡，子不得不亡”等已经不再是正确的孝道观念和尽孝方式，但“孝”的内核，即子女敬重和奉养父母的道德义务及道德责任则是应该被始终坚持并合理继承发扬的。具体来说，现如今成年子女对老年父母尽孝应该做到：①孝养，即指成年子女应以反哺之情，尽心竭力地照料和供养年老的父母，为父母提供富足的物质生活条件。尤其是现阶段我国的社会养老保障体系及配套服务设施还不够健全完善，单靠社会难以完全担负起赡养老年人的任务，因而需要子女积极主动承担照护老年父母的责任；②孝敬，即指对老年父母的精神、心理、情绪健康状况的关心和满足，也即精神赡养。孝敬是一种建立在血缘基础上的敬爱之情，是比物质赡养更高层次的伦理尺度和道德要求。部分子女认为在物质生活上照顾好父母就是尽了孝，其实不然，人活着不只有物质需求，还有精神需求，老年人尤其如此，因而成年子女应该密切与老年父母的情感联系，想方设法丰富父母的精神生活，使他们老有所乐，得到心理上的关怀和慰藉；③孝顺，常言道“孝以顺为先”，成年子女应学会理解父母，尊重父母的意志、思想和人格，对于父母作出的选择和决定，要尽量予以支持并促成其实现。当然，顺从父母不等于盲目地服从父母，在父母的选择与决定不符合社会规范或会对父母自身造成伤害时，子女应耐心劝说解释，晓之以理，动之以情，导之以行，帮助父母调整自己的选择和决定；④孝思，在现代社会快节奏高压力的生活工作下，子女难以常伴父母左右，尽孝膝下，孝思即要求子女不在父母身边时也要经常思念、牵挂和关心父母，时常通信问候，嘘寒问暖，以防独居的父母因长时间得不到儿女音讯而滋生担心忧虑、孤独寂寞的负面情绪。①

就老年父母而言，应积极调适自己的身心状态，主动探寻与子女的和谐相处之道。首先，老年父母要正确看待自己在老化过程中发生的生理、心理、社会生活等方面的变化，形成健康良好的心态，学会面向未来，努力在每一天中找寻生活的意义和旨趣，例如，可以广泛培养自己

① 乔德福：家庭道德新论. 北京：中国社会出版社，2008，91－92.

的兴趣爱好，积极参与各种社会文娱活动，还可以发挥余热，热心各种志愿和公益活动，在帮助他人的过程中实现自我价值等。其次，老年父母要设身处地地站在子女的立场，理解和体谅子女的生活状况，明白他们正处于人生中最繁忙的阶段，作为家庭和社会的中坚力量承载着巨大的压力，并且应学会接受这一现实，不对子女作过分的要求，比如苛求他们一直侍奉在自己身旁，片刻不能离开，老年父母甚至应主动提出与子女保持适当的距离，以减少不必要的摩擦。最后，老年父母要探索与成年子女有效的沟通方式，与子女保持良好的互动关系，充分尊重子女的想法，接受他们的观念和行为，切忌倚老卖老，命令子女按照自己的方式处事，或时常对子女的生活指手画脚，只有当子女咨询自己的意见时，才给出适当的建议。

第三节　构建和谐的家庭文化

一、家庭文化建设的重要意义

家庭文化建设是在家庭领域继承和发展人类精神文明财富，是社会文化建设的重要组成部分。家庭文化直接关系和影响着家庭内部每个成员的性格、精神、三观、思想、气质以及言行，进而间接作用于整个社会的发展。可以说，家庭文化就是社会的一面镜子，家庭文化优良与否、和谐与否，直接映射出一个社会的运行状况。因此，搞好家庭文化建设，充分发挥家庭文化的价值与功能是促进社会文化繁荣、推动社会主义和谐社会构建至关重要的基础工程。

从家庭层面来说，首先，家庭文化建设有助于提高整个家庭的文化生活质量。一个家庭的文化生活质量包含这个家庭的文化消费水平、文化氛围、家庭成员的文化素质等内容①，是衡量家庭文化生活优劣的尺度。通过家庭文化建设能够有效调整家庭的消费结构，提高家庭文化消费比重，进而提高家庭的文化生活水平；能够为家庭营造良好的文化氛围，抵制社

① 林红果．试论家庭文化建设．艺术科技，2014（6）：94，170.

会不良风气的侵入，消除家庭文化生活中的不良行为和现象，使家庭的自然文化行为更好地转化为自觉文化行为；能够推动家庭成员形成积极向上的文化意识，养成热爱学习、终身学习的生活习惯，自愿自觉地不断提升自身文化素养。其次，家庭文化建设有助于改善家庭的生活方式。家庭生活方式是指在一定的社会环境下，家庭成员按照特定生活价值观的指导，为满足家庭整体以及家庭成员个体的需要而进行活动的方式。家庭文化建设能够使优良的世界观、人生观、价值观、伦理道德规范等渗透到家庭内部，更好地作用于家庭成员的生活观念、价值取向、行为准则、兴趣爱好、生活追求、生活情趣以及待人处事、亲朋往来、邻里交际等，从而形成更加文明、健康、和谐的家庭生活方式。[①] 最后，家庭文化建设有助于推动家庭功能的实现。家庭作为人类社会最基本的构成单元，承担着丰富繁杂的功能，具体包括生育功能、经济功能、教化功能、抚养与赡养功能、精神慰藉功能等。家庭功能的实现取决于一定历史条件下的社会需求和家庭特性，家庭文化建设能够使家庭文化的形塑更好地适应于特定历史背景下的社会发展需要，更为有效地影响和引导家庭成员的言行举止，从而更好地实现家庭的各项功能。

首先，家庭文化建设有助于培育社会发展所需的高素质个人，为国家繁荣富强奠定良好的人才基础。恩格斯曾论述过人类“意志合力”在社会发展中的作用，他认为社会活动是由无数个有目的、有动机的个体的活动所构成的，每个个体的意志都对合力有所贡献，都包含在合力之中。[②] 无论社会或国家都是由个人构成的，社会和谐与否、国家富强与否均取决于每个个人的综合素质，而每个个人又都是隶属于某个家庭的。家庭文化建设能够为个体营造良好的成长环境，满足个体多方面的发展需求，实现对个体品格、意志、兴趣等非智力因素的培养以及对个体各种潜能的发掘，引导个体自发自觉地追求高尚的人生目标，从而塑造出一个全面发展的、具有较高综合素质的个人，为社会进步和国家发展提供人才支持。

其次，家庭文化建设有助于营造和谐稳定的社会环境。家庭是社会的基本细胞，和谐稳定的家庭氛围是构建和谐稳定社会环境的发端，没

---

① 涂大杭．论中国特色的先进家庭文化建设．世纪桥，2012（19）：127－128.

② 马克思，恩格斯．马克思恩格斯选集（第4卷）．北京：人民出版社，1995：697.

有每个家庭的和谐稳定，整个社会的和谐稳定必将是不堪一击的“空中楼阁”。我国目前在经济形势、就业模式、利益关系、分配方式、价值取向等社会环境方面面临着较大的转变，家庭生活中随之出现越来越多的诸如婚外恋、家庭暴力、留守儿童、青少年犯罪、空巢老人等家庭问题。这些家庭问题与社会问题相互交织、相互作用，产生不少隐患，不仅破坏了家庭的安稳，也威胁到社会的和谐稳定。加强家庭文化建设，一是能够全面提升家庭成员的伦理道德水平，造就出具备正确三观和社会责任感的公民，降低社会成员发生各种越轨和失范行为的可能性；二是能够通过丰富多彩的文化生活充实家庭成员的闲暇时间，达到陶冶性情、愉悦精神、提升文化素养的目的，进而有效抵制腐朽、没落、低俗、颓废生活方式的侵蚀，避免社会成员处于游手好闲、无所事事进而寻衅滋事的状态；三是能够帮助家庭成员调整不健康的心理状态和负面的思想情绪，进而在一定程度上把控人们的行为导向。当个人产生不健康心态及负面情绪时，家庭成员间是最易察觉和及早发现的。家庭文化建设能使家庭在发现这些端倪后及时采取适当的防范和管制措施，帮助有不良思想和行为倾向的家庭成员纠正错误的思想观念，中止脱轨行为，避免造成社会混乱。总之，从家庭入手，深化家庭文化建设，充分发挥家庭的文化功能，保障家庭的健康发展，是建立家庭与社会之间良性互动，从而营造和谐稳定的社会环境的有效途径。①

最后，家庭文化建设有助于塑造强大的民族向心力和凝聚力。民族向心力和凝聚力在很大程度上决定着一个国家的发展潜力和国际竞争力。增强民族向心力和凝聚力的基础是提升民族感情，增加民族自信心，强化民族精神，激发国民的爱国主义热情。这一切的实现都离不开家庭这个特殊载体，因为人们对于祖国和民族的厚重情感始终是与对家庭、故土以及亲人的依恋融合在一起的。家庭文化生活中处处散发着民族文化的气息，比如家庭节日活动、风俗习惯、民间手艺传承等。通过这些家庭文化活动，人们的思想、观念以及情感能够受到深厚的民族文化的熏陶和感染，这种情感萌生出来的就是与祖国和民族休戚相关、血脉相连、生命相依的民族

---

① 陈旸．家庭的文化功能与和谐社会的构建论析．湖北社会科学，2012（4）：43－45.

整体意识，就是民族的向心力和凝聚力①。可以说，对祖国的荣誉感和使命感，对民族命运的关切和责任感，无一不是建立在家庭文化建设过程中培养起来的浓厚亲情、乡土情以及民族感情之上的。

二、家庭文化建设的现状

家庭文化建设与社会政策环境、社会经济发展状况等社会大环境密切相关，这种相关性使得家庭文化建设不仅要关注家庭文化内部各子文化之间的协调发展，更要将家庭文化建设置身于社会大背景下。现阶段，我国正处于社会转型时期，工业化、现代化、城镇化的步伐快速推进，经济体制、社会结构、利益格局、思想观念都处于剧烈转变之中，家庭规模、结构、功能以及内部关系等也随之出现深刻变革。自改革开放以来，我国的国际交流日渐频繁，与其他国家的经济和文化互动不断加深。在这样的社会大背景下，我国的家庭文化建设在面临着若干契机的同时，也面临着不少困境。厘清当前家庭文化建设的契机与困境是明确新形势下家庭文化建设方向以及具体路径的重要前提。

（一）家庭文化建设面临的契机

1. 现代化为家庭文化建设奠定了良好的物质基础和精神基础

现代化的生活方式为家庭文化建设提供了更加完善的硬件设施和物质支持，现代化的生活意识使人们产生了更为广泛的家庭文化需要。我国现代化进程的全面推进，特别是经济的快速发展为家庭文化建设提供了丰厚的源泉和广阔的天地，雄厚的经济基础为家庭文化建设的组织实施、宣传发动、硬件设施和资源配套提供了物质保障。与此同时，随着知识经济的兴起、社会竞争的加剧，越来越多的家庭认识到文化素养的重要性，并主动投身到对知识的追求中，文化消费在家庭整个生活消费结构中所占比重日益增大，各类高档次文化设施，如电视、电脑、家庭影院等已基本普及，一些高品位的文娱生活，如藏书、集邮、书画、旅游等也逐渐成为寻常百姓家庭日常生活中不可或缺的一部分。② 丰富的物质条件和积极的文化需求使我国的家庭文化建设既具备充分条件又具备必要条件，面临着非

① 张薇．新经济时代的家庭文化建设．群众文化论丛，2004（18）：288－295.

② 腾常勇．建设有特色的家庭文化刍议．胜利油田党校学报，2001（3）：60－62.

常乐观的发展前景。

2. 全球化使家庭文化建设面对开放多元的大环境

全球化以其内蕴的现代精神冲击着传统价值理念，给全球的政治版图和文化领域都带来深刻的影响。全球化从物质到制度再到精神层面都不断地改变着传统社会，全面地重构着当代家庭的生活方式。[①] 在改革开放之前，中国的家庭文化曾一直以传统中华文明作为汲取养分的唯一源泉，而伴随着全球化的进程，历史底蕴深厚的中国家庭文化自然而然地步入与世界各国文明的交流和碰撞之中，日渐频繁且深入的国际文化互动使我国的家庭文化建设处在开放多元的文化环境中，拥有丰富多样的文化养分可供吸收和借鉴。

（二）家庭文化建设面临的困境

1. 市场经济大发展给家庭文化建设带来新难题

随着我国市场经济的飞速发展，雄厚的经济基础在为家庭文化建设提供坚实物质保障的同时，也给家庭文化建设带来了若干新难题：一是家庭文化的继承性被明显削弱。市场经济体制下就业形式的多样化，使得子承父业的情况越来越少，职业技能教育越来越多地在家庭之外进行，这直接导致父母一代的文化权威日渐减弱，代际间的家庭文化传承受阻；二是家庭成员聚在一起的时间越来越少，家庭成员间的沟通也随之减少。市场经济的竞争性使人们的工作和生活压力陡然加重，为了生存和发展不停奔波，“小家庭”往往只有等到晚上才能共处一室，“大家庭”则一年都难得聚上一回，夫妇厮守、父子相伴、母女相陪、儿孙绕膝的温馨景象变得弥足珍贵，家庭成员之间很少有时间和机会进行深入有成效的交流，这使得家庭文化建设缺乏必要的土壤。

2. 家庭自身的深刻变迁使家庭文化建设面临挑战

在现代化及城镇化进程快速推进的大背景下，我国的家庭规模日益小型化，家庭代际结构日益简化，家庭内部关系日益松散疏离，这些家庭自身的深刻变迁使家庭文化建设面临新的挑战：首先，子女的伦理教养遇到阻碍。家庭规模小型化，家庭内子女数量的下降使大部分家庭的父母倾向

① 易银珍，文宁．和谐家庭文化建设的制度创新研究．湘潭大学学报（哲学社会科学版），2013（4）：154－158.

于将孩子放在家庭的中心位置，给予孩子过多的关注和照护，助长了孩子的自我意识，使孩子尊老敬老的伦理观念日渐淡薄，对子女的伦理教养被严重忽视也很难实践。其次，家庭内代际间关系的松散疏离使尊老养老维度的家庭文化建设环境恶化。① 过快的现代化进程使子女与父母之间的"代沟"不断加深，子代与父代在思想观念、行为模式、生活习惯等方面存在较大差异，特别是越来越多的成年子女主动选择与父母分开居住，这种代际关系以及居住模式导致尊老养老维度的家庭文化建设遭遇较大的挑战。

三、构建和谐家庭文化的主要着力点

家庭文化建设要与时俱进，做到结合社会发展要求，与社会环境相适应。在构建中国特色社会主义和谐社会的新时期，面对新形势、新环境、新需求，家庭文化建设必须积极做出适应性转变，分别从家庭内部和外部寻找构建和谐家庭文化的着力点。

（一）全面提升家庭成员的综合素质

构建和谐的家庭文化要着眼于家庭成员综合素质的提升，促进家庭成员的全面成长和发展。具体而言，首先，要致力于提高一家之主的综合素质水平。家庭当家人的价值观念、道德品质、审美趣味、兴趣爱好、言行举止主导着家庭文化建设的大方向。特别是家庭中女主人的素质显得尤为重要，她们在家庭日常生活中发挥的重要作用决定了她们对家庭文化建设的巨大影响力。其次，要足够重视对子女的教育。搞好家庭教育是家庭文化建设的重要内容，在教育方法上，既要注重言传，更要注重身教；既要重视智育培养，又不能忽视德育教化；既要满足子女的物质生活需要，更要充实子女的精神文化生活。最后，要正确处理家庭物质文化与精神文化建设的关系。家庭文化是社会文化的一个缩影，同样包含物质文化和精神文化两方面的内容。只有重视家庭精神文化建设，注重科学家规和良好家风的塑造，才能从本质上提高家庭成员的综合素质，进而推动家庭文化由外在型向内涵型转化，由低层次向高层次发展②。

---

① 倪芬．浅论新时期的家庭文化建设．中国民族博览，2015（11）：3－5.

② 倪芬．浅论新时期的家庭文化建设．中国民族博览，2015（11）：3－5.

（二）构建民主平等和谐的家庭伦理关系

家庭伦理是协调家庭成员之间关系的行为规范和准则，是社会伦理道德的组成部分。家庭伦理的内容不是一成不变的，而应该随着时代变迁和社会发展不断调整及转变，因而在社会主义和谐社会建设大背景下构建符合社会发展新要求的家庭伦理关系是家庭文化建设不可或缺的一项内容。新时期家庭伦理关系的核心特点是民主、平等与和谐。就家庭内部的关系而言，夫妻关系是家庭内部关系的一个主要元素，夫妻双方在人格和地位上是平等的，传统伦理道德中男尊女卑，夫为妻纲的内容已经过时，现代的夫妻应该在和谐互爱的前提下建立一种平等、民主、距离适当的互敬关系，这样的夫妻关系是家庭和睦幸福的重要基础；代际关系是家庭内部关系的另一个主要元素，包括对子女的抚养和教育以及对老人的尊敬和赡养，亲子之间形成民主开放的对话模式是营造和谐幸福家庭氛围的关键。家庭外部的关系，主要是邻里关系，团结和睦是处理邻里关系的基本道德要求，也是为家庭生活塑造和谐外部环境的重要方式。无论是家庭内部关系的处理，还是邻里关系的营造，一个重要的原则就是在平等的基础上尊重他人的人格和尊严，这样才能使家庭和谐稳定，为家庭成员的发展创造良好氛围和环境。

（三）建立健全家庭文化建设的外部支持机制

构建和谐的家庭文化既需要家庭内部成员的共同努力，也需要家庭外部环境的支持和推动。家庭文化建设的外部支持机制包括管理机制、保障机制、激励机制和评价机制，建立健全家庭文化的外部支持机制要从这四个方面入手：

第一，完善管理机制。各级党委、政府部门、妇联组织以及基层单位四者相互依存，相互联系，共同构成了家庭文化建设的外部管理系统。其中，党委部门要履行好导向职责，确保家庭文化建设沿着正确的方向开展；政府部门要做好家庭文化建设具体的领导和管理工作，推动家庭文化建设的整体进程；妇联组织要发挥工作优势，做好牵头工作，制订家庭文化建设的具体实施方案，统筹安排、精心策划；基层组织则要落实好具体工作，带动每家每户开展丰富多样的家庭文化活动。[①] 四个管理机构应合理工、各司其职、有效配合、通力合作，确保家庭文化建设的整个过程都接受到科学的管理和引导。

第二，健全社会保障机制。家庭文化建设的开展需要一系列的保障措施，具体包括政治保障、法制保障、物质投入保障等。所谓政治保障，是指加强党对家庭文化建设的领导，从政治上给予家庭文化建设足够重要的地位，将其作为各级党委和政府工作的重要日程，并建立相应的领导机制和工作机制。所谓法律保障，是指推行家庭文化建设的法制化，用法律来解决家庭文化建设领域出现的各类问题，充分发挥法律在家庭文化建设的作用。一定的物质投入是开展家庭文化建设事业的重要基础，政府在加大相应公共开支的同时，要坚持多渠道投入以便全方位保障家庭文化建设事业的发展动力。[②]

第三，采用激励机制。激励机制的作用在于最大限度地激发起各家各户自觉参与家庭文化建设的积极性和主动性，确保家庭文化建设目标的实现。激励机制的具体形式是多样化的，如采用社会舆论的精神激励，近年来在全国范围内开展的“道德模范”“五好家庭”“平安家庭”“寻找最美家庭”等评选表彰活动，以及在一些电视节目或报纸杂志中开设的家庭类栏目等都是利用舆论载体推进家庭文化建设的生动实例，通过对榜样的宣传传递正能量；采用物质激励，即在进行精神鼓励的同时，通过提高物质待遇、设立奖金等方式给予家庭文化建设过程中表现突出的社会组织、家庭或个人物质奖励。

第四，建立评价机制。评价机制是指家庭文化建设的评价主体依据一定的评价标准和原则，运用科学的手段和方法对家庭文化建设的整体或某一方面的发展情况进行分析和研究，从而对被评价的对象即某一地区的家庭文化建设状况进行判断，并根据评价结果进行奖励或惩罚。建立健全家庭文化建设的评价机制，可以有效提升各级组织和领导干部对于家庭文化建设的重视程度。同时，考评的过程也是对广大公众进行教育和引导的过

---

① 马玉红．加强家庭文化建设，践行社会主义核心价值观．甘肃省培育和践行社会主义核心价值观理论研讨会二等奖论文集，2015：4－5.

② 易银珍，文宁．和谐家庭文化建设的制度创新研究．湘潭大学学报（哲学社会科学版），2013（4）：154－158.

程，使人们明白什么是对的，什么是错的。

四、构建和谐家庭文化的具体思路

（一）构建和谐家庭文化要实现继承与发展、独立性与整体性的有机统一

现代家庭文化本来就是从传统家庭文化的基础上演变和发展起来的，是对传统家庭文化的一种传承。在社会主义和谐社会建设背景下构建和谐家庭文化的过程中，应该充分吸收传统家庭文化中的精粹部分，并将其与新时期的家庭文化有机结合，发挥更大的作用，这样构建出的和谐家庭文化才是有源之水、有根之木，才能成为真正具有中华民族特色的家庭文化。[①] 当然，这并不意味着构建和谐家庭文化只是一种闭门造车，由于文化发展本身就是文化传播和文化融合的过程，因而家庭文化建设要有所发展、有所进步就必须实现与不同民族和不同国家文化间的相互交流、相互吸收，乃至相互碰撞，而且这种交流、吸收和碰撞还必须建立在符合我国国情的基础上，要时刻保证家庭文化建设沿着时代变化轨迹并满足我国社会发展需求，绝不能出现盲目一边倒或全盘西化的局面。总之，构建和谐家庭文化要坚持做好继承与发扬并重，既要继承好传统文化精髓，努力将优秀的传统文化与新时期家庭文化相统一，又要做到与时俱进，兼包并蓄，在保证家庭文化发展紧贴时代变迁的同时不拘一格地吸收人类文明的一切优秀成果，创造性地构建符合社会和时代需求的家庭文化。

此外，每个家庭的家庭文化都具有各自不同的特点，如不同的文化氛围、家风家规、处世哲学、生活模式、消费观念等，这意味着家庭文化天然具有独立性，不能简单粗暴地将一种家庭文化模式生硬地套在每个家庭身上，而应该结合不同家庭的内部特征量身定制各具特色的家庭文化。与此同时，由于家庭是社会的基本细胞，始终存在于社会大环境中，因而家庭具有社会属性，是带有其所在社会的烙印的。家庭与社会之间千丝万缕的联系意味着如果盲目地割裂家庭与社会的联系，家庭文化建设将会走上一条没有目标和方向的盲道。特别是我国现阶段的家庭文化建设存在多元化趋势，这要求我们更加注重家庭文化建设的整体性，要将社会主义核心

---

① 彭艳．现代家庭文化建设发展新趋势．政工研究动态，2009，Z1：24－25.

价值观融入到和谐家庭文化的构建中[①]，用社会主义核心价值观的基本原则、理念以及价值导向来规范具有独立性的家庭文化建设，以便实现独立性和整体性的有机统一。

（二）构建和谐家庭文化要强调家庭文化的社会责任和社会作用

构建和谐家庭文化的过程中不仅要强调家庭成员的家庭责任，为形成健康、向上、和谐的家庭文化氛围和良好的家庭风尚做出贡献，还要特别强调每个家庭成员以及整个家庭的社会责任[②]，从家庭内部的和谐出发，逐步向社会延伸，进而影响、感染整个社会文化，助推社会主义精神文明建设的大发展，实现社会的和谐与稳定。习近平总书记在2015年春节团拜会上发表的重要讲话中指出："家庭是社会的基本细胞，是人生的第一所学校。不论时代发生多大变化，不论生活格局发生多大变化，我们都要重视家庭建设，注重家庭、注重家教、注重家风，紧密结合培育和弘扬社会主义核心价值观，发扬光大中华民族传统家庭美德，促进家庭和睦，促进亲人相亲相爱，促进下一代健康成长，促进老年人老有所养，使千千万万个家庭成为国家发展、民族进步、社会和谐的重要基点。"

由此可见，和谐家庭文化的构建在社会主义精神文明建设、社会主义和谐社会构建以及国家发展、民族进步中均发挥着十分重要的作用。家庭绝大部分行为都既担负着家庭责任，又担负着社会责任。构建和谐家庭文化的题中之义正是充分强调家庭文化的社会责任和社会作用，坚持将家庭责任与社会责任相统一，在着眼于家庭利益和需要的同时，更要考虑社会发展的需求。我国正处于社会转型时期，整个社会的发展形势以及社会中每个个体的职业、地位、经济状况、社交网络都处在不断的变化和波动之中。在这样的社会大环境下，每个家庭成员都应自觉提高自身的文化素质及道德修养，不断给家庭生活注入新的活力。家庭成员良好的文化素质、高尚的精神追求、积极的生活态度、健康的消费取向以及生动活泼、形式多样的文化娱乐活动将有助于家庭抵制一切愚昧、落后、腐朽的思想观念和生活方式，进而有助于净化整个社会的文化环境，促进社会风气的根本

① 张洋．马克思主义家庭观视野下的家庭文化建设．武汉纺织大学，2015.

② 陈旸．家庭的文化功能与和谐社会的构建论析．湖北社会科学，2012（4）：43－45.

好转，推动社会主义核心价值观的落实，最终助推社会主义和谐社会的构建。①

（三）构建和谐家庭文化要注重发挥社区的作用

现阶段，我国几乎每个家庭都处在一定的社区之中，家庭离不开其所在的社区，社区的建设情况直接影响着社区内每个家庭的日常生活，因而构建和谐的家庭文化要特别注重发挥社区的优势，依托社区开展各类家庭文化活动，将家庭文化融入到娱乐之中，吸引每个家庭参与进来，在活动中学习并内化优秀的家庭文化。② 社区在开展家庭文化活动时要注意做到多种文化形式相互配合，形成有机发展链条，例如，可以利用社区通知栏张贴有关构建和谐家庭文化的文章、社会新闻，营造良好的文化建设氛围；通过开展家庭沙龙、父母课堂等形式来帮助家庭搭建家长与孩子的沟通平台，有利于构建和谐的亲子关系；大力开展诸如业余戏曲演唱、广场舞表演、书画展览、棋类大赛等适合老年人参与的家庭文化活动，使老年人在强身健体和文化娱乐中安享晚年；组织家庭子女教育、家庭居室装潢、服饰艺术、烹饪艺术等内容的文明家庭评比类活动，在社区内树立优秀家庭文化的标兵和典范，供社区内的其他家庭学习借鉴等。同时，依托社区进行和谐家庭文化建设要特别侧重家庭睦邻友好风气的培养，营造邻里团结、助人为乐的社区文化氛围。

（四）构建和谐家庭文化要营造良好的社会大环境

在任何一个社会里，家庭都是在内外控制中运行发展的。这意味着，构建和谐家庭文化既要在家庭内部做足功夫，也需要有力的外部控制，或者说外部支持③，所谓外部控制或外部支持就是指借助社会、政府、群众组织的力量对家庭生活和家庭关系进行干预和调控，使家庭能够按照正确的方向发展。换言之，构建和谐家庭文化在搞好家庭内部文化建设的同时，应当积极调动社会各方面的力量来共同营造一个良好的社会环境，为家庭文化建设提供有力的社会支持。④

---

① 陈旸．和谐社会构建背景下家庭文化功能的社会意义论析．理论月刊，2012（6）：144－147.

② 陈美云．和谐社会视角下的家庭文化建设．大众文艺，2016（1）：5－6.

③ 刘欢，丁腾慧．论和谐家庭的建设和构建家庭调控体系．法制与社会，2011（2）：174－175.

④ 涂大杭．论中国特色的先进家庭文化建设．世纪桥，2012（19）：127－128.

具体来说，首先，需要构建完善的家庭发展政策体系。不断推动婚姻知识与家庭教育的制度化建设，将婚姻家庭教育纳入到义务教育体系中来；针对家庭生活的方方面面设置专门的指导课程；促进家庭生活和工作平衡的政策制定和实施，大力发展老人和儿童的照顾项目和机构，拓宽女性就业渠道，对抚养、赡养负担较重的家庭给予适当扶持；加强家庭文化网络构建，最大限度地为家庭思想的更新、风俗习惯及规范的养成提供帮助，为家庭发展政策的落实创造更有利的条件。其次，需要整合社会资源，团结社会力量，充分发挥社会媒体的宣传和引导作用。加强以妇联为核心的社会组织建设及其与其他部门机构的合作，形成创建社会主义和谐家庭文化的合力，充分发挥社会教育机构的辅导培训作用，加强社区文化服务体系的构建。推进社会媒体、网络通信、影视创作等传媒机构的宣传作用，唤起人们对家庭问题的关注，大力宣传家庭伦理道德文化和与家庭生活密切相关的法律知识，为构建和谐家庭文化营造良好的社会环境。再次，需要营造良好的社会文化氛围，大力弘扬中华民族传统美德，培育和践行社会主义核心价值观，提高广大公民的文化素养和社会的文化含量，为和谐家庭文化的构建奠定良好的社会文化基础。

总而言之，良好的社会大环境对于构建和谐家庭文化十分重要，特别是社会组织、民间团体等社会力量的广泛参与将能使和谐家庭文化建设取得事半功倍的效果。近年来，在党中央的高度重视和大力支持下，全国各地妇联组织、基层单位以及群众团体开展了形式多样的和谐家庭文化建设活动，并产生了积极的效果。例如，全国妇联联合多个部门已连续多年采取群众自荐互荐、网上评议等方式开展了寻找“最美家庭”的活动。在这场群众广泛参与的寻找活动中，全国各族各界家庭共同分享良好家风、聆听幸福故事，使追求最美、追求幸福成为更多普通家庭的努力方向，为家庭文明建设培植了丰厚土壤①；中央精神文明建设指导委员会于2016年9月部署开展了第一届全国文明家庭评选表彰活动，各省（区、市）、新疆生产建设兵团文明委和全国妇联等有关部门以爱国守法、遵德守礼、平等和谐、敬业诚信、家教良好、家风淳朴、绿色节俭、热心公益八个方面为评选标准，从全国范围评选出300户文明家庭，习近平总书记出席了2016

---

① 人民日报评论员．最美家庭弘扬时代新风．人民日报2016－05－16（04）．

年12月12日在京举行的第一届全国文明家庭表彰大会，亲切会见了全国文明家庭代表，并发表了重要讲话，他强调，“我们要重视家庭文明建设，努力使千千万万个家庭成为国家发展、民族进步、社会和谐的重要基点，成为人们梦想启航的地方。要动员社会各界广泛参与家庭文明建设，推动形成爱国爱家、相亲相爱、向上向善、共建共享的社会主义家庭文明新风尚”[①]。可见，和谐家庭建设与和谐社会建设水乳相融，互相推动，在这一过程中，良好的家庭文化则起到春风化雨的重要作用。

---

① 习近平出席第一届全国文明家庭表彰大会并发表重要讲话．新华社2016-12-12.

第十三章　社区建设与家庭发展

单位社会功能的式微以及社区制基层社会管理体制的确立，使得原本主要由单位为家庭提供的社会服务逐渐转向了政府、市场、社区等其他渠道。在此过程中，许多家庭面临着各种各样的发展困境，同时也引致了一系列新的社会需求。[①] 本章主要阐述目前有关社区建设的相关研究，并试图解释我国在单位制向社区制变迁过程中，社区建设与家庭发展之间产生内在联系的原因、过程以及结果。

第一节　从单位到社区

回顾我国有关家庭服务和产品供给制度的变迁，可以看出整体上呈现出由单位垄断家庭服务和产品供给的单一供给主体，到市场、政府、自组织多元主体共同为家庭发展提供支持的发展走向。其中，不同的历史阶段，由于当时的国情和社情不同，相关服务和产品的供给主体的选择亦有其合理性。但是，随着社会经济的发展，特别是改革开放以降，计划经济体制走下历史舞台，作为伴生物的单位和单位制终将走向没落，在此过程中，社区作为单位的有效替补，将为新时期的家庭发展提供有效的服务。

一、社区的概念及发展

在有关社区的研究领域，社区这一核心概念向来缺少统一的定义，不同的研究者均根据各自研究视角的差异及需求而有所偏重。根据希勒里（Hillery）的研究发现，目前关于社区的概念有 94 种不同的定义，可能分

① 吴帆，李建民．家庭发展能力建设的政策路径分析．人口研究，2012（3）：37－44.

指地理、利益、价值等不同意涵的社区。[①]

滕尼斯（Tnnies）是进行社区研究的先行者，他首次提出了共同体（Gemeinschaft）的概念，并将其理解为“社群”或“社区”。在对比共同体与社会（Gesellschaft）的研究中指出，与处于分离状态的社会相比，共同体具有三种形态，分别是血缘共同体、地缘共同体和精神共同体，“与第一种共同体相联系的一般是一种共同的关系和参与，这就是人的活动所创造的财产本身，与另一种共同体相联系的一般也是同样的东西，但是建立在占有土地的基础之上，与最后的这种共同体联系的一般还是共同的东西，不过所涉及的是被视为神圣的场所或被崇拜的神”。因此，滕尼斯认为共同体与社区有着相似的内涵，是一种内部联系紧密的、自然形成的、小范围的群体。[②] 韦伯（Weber）、迪尔凯姆（Durkheim）等也提出过类似共同体的相关观点。

美国芝加哥学派在社区研究中也享有盛名，研究的内容包括芝加哥市内的犹太人聚居区、波兰移民区、上层阶级邻里、贫民窟等。与滕尼斯的研究不同，芝加哥学派将社区看作社会的一部分，更加强调社区的地域性，如村庄、小城镇等都可以看作一个个社区。此外，林德夫妇（Robert Lynd and Helen Lynd）通过描述社区内各个不同组成部分并解释其中的相互关系而开创了社区研究中以小镇为对象的全貌研究。[③] 沃纳（Warner）、韦尔（Ware）、雷德菲尔德（Redfield）也以村庄、小城为例进行了社区相关研究。

由以上分析可以看出，在社会学的视角下，社区被看作人民的生活场所，以及在这一场所内形成的熟人关系，即社区这一概念既包含地域，又包含地域内的人，还包含由此地域中的人所构成的社会关系。[④] 随着研究的进一步深入，关于社区的研究也逐渐引入了公共管理学的视角。与社会学的关注重点不同，管理学更加关注社区内的公共服务是如何提供或社区

---

① 夏建中．现代西方城市社区研究的主要理论与方法．燕山大学学报（哲学社会科学版），2000（2）：1－6.

② 滕尼斯．共同体与社会：纯粹社会学的基本概念．林荣远译，北京：商务印书馆，1999：65.

③ Lynd R，Lynd H. *Middletown：A Study in American Culture.* New York：Harcourt Brace，1929.

④ 赵小平，陶传进．社区治理：模式转变中的困境与出路．北京：社会科学文献出版社，2012：2.

是如何进行治理的。[①]

与此相对应，在我国，社区共同体的概念则是建立在建构基础上。对我国有关社区进行的研究主要兴起于20世纪二三十年代，葛学溥（Kulp，D. H)、吴文藻、李景汉、费孝通等均对部分村庄或县城做过相关的研究。在美国社会学家希拉利（G. A. Hillery）、姜纳森（Jonassen，Christien T）及美籍华裔社会学家杨庆（CK. Yang）对各种“社区”概念所做分析的基础上，丁元竹归纳出了“社区”所具有的三大要素，即特定地理空间、群体社会互动及借由特定社会行动联结而成的社会共同体（成员拥有共同的社会规范及社会认同）。

2000年，民政部在《民政部关于在全国推进城市社区建设的意见》的通知中，将社区定义为：“社区是指聚居在一定地域范围内的人们所组成的社会生活共同体。”我国的社区概念则具有明显的建构痕迹，“第一，群体性人群；第二，拥有一个地理范围；第三，拥有一套组织结构和相应制度；第四，拥有必备的公共基础设施；第五，社区内的居民拥有共同利益”[②]。可以看出随着时代的发展，社区的意涵日益丰富，作为一种行动者网络，与政府和市场产生互动，具备了工具性功能，例如，过去政府以维护国家社会的整体福祉为中心，借由社会准则规范国民的行为，是一种经由社会的统治方式，但是治理技术所寻求的是不经由社会的统治方式，结果社区取代社会成为政府介入的目标。[③] 随着治理理论的出现，社区的意涵变得更加丰富。

二、单位和单位制度

我国20世纪50年代以后形成的城市社会是以“单位制”为主体的。[④] 在中国语境下，单位是一种特殊的制度创造，其既不同于西方话语体系下的企业组织，亦不同于科层体系的政府组织，同时也不同于具有非营利性

---

① 赵小平，陶传进．社区治理：模式转变中的困境与出路．北京：社会科学文献出版社，2012：2.

② 彦真．我国城市社区治理多元主体互动机制研究．重庆：重庆行政学院，2015：7.

③ Ward，N. and K. McNicholas. Reconfiguring rural development in the UK：Objective 5 b and the new Rural governance. *Journal of Rural Studies*，1998. 14（1）：31－37.

④ 徐勇．绿色崛起与都市突破——中国城市社区自治与农村村民自治比较．学习与探索，2002（4）：32－37.

和非政府性的第三部门，在不同的历史时期，其表现出来的特征有所不同。例如，在计划经济体制时代，单位不仅是生产性组织，同时也是具有政治功能和社会功能的准政府组织，兼具着生产、分配和救助支持等功能①，因而，单位作为城市社会的基层组织不仅发挥着社会整合的作用，又是政权组织的延伸。②

尽管对于我国单位制形成的起源有着两种不同的观点，但是无论将单位和单位制看作民主革命时期农村根据地建设模式的延续③，还是看作新中国成立后在计划经济体制下为实现国家现代化目标而出现的一种制度设计，都可以看出，单位制的出现是在主流意识形态基础上建立的以形成整个社会“一致性”为目的的制度安排④，是实现国家目标的一种制度设计⑤，在特定历史时期和社会环境内向人民群众提供了衣、食、住、行、学、生、老、病、死、伤残等各个方面的物质保障和服务供给。作为一种时代产物，单位制的产生和消解都具有一定的历史阶段性。

三、从单位到社区

改革开放后，我国原来由单位提供的物质与服务开始更多地依靠市场机制进行调配，单位的许多社会功能被剥离，统一的管理和分配资源的格局被打破，人们对单位的依赖性逐渐下降。⑥ 伴随着我国单位制的消解，社区制作为基层社会治理的接盘手被推到了前台，由此，社区成功逆转了“单位制为主，街居制为辅”的基层社会治理模式，作为从单位中分离出来的社会功能的重要承担者，社区日益成为家庭发展的重要支持。

与西方的社区建设历史过程不同，我国的社区建设，特别是改革开放前后社区建设带有明显建构的痕迹，即随着国家政治经济结构的调整，出现了全能型政府的消退和市场经济组织的发展，市场经济组织逐渐从国家

① 马学广.“单位制”城市空间的社会生产研究.经济地理，2010（9）：1456－1457.

② 吴晓林.中国城市社区建设研究述评（2000～2010年）——以CSSCI检索论文为主要研究对象.公共管理学报.2012（1）：111－128.

③ 路风.中国单位体制的起源和形成.中国社会科学季刊，1993（5）：93－94.

④ 田毅鹏.单位制度变迁与集体认同的重构.江海学科，2007（1）：11－18.

⑤ 柴彦威等.中国城市单位制研究的一个新框架.人文地理，2013（4）：1－6.

⑥ 吴晓林.中国城市社区建设研究述评（2000～2010年）——以CSSCI检索论文为主要研究对象.公共管理学报.2012（1）：111－128.

中接手那些适用市场经济规律的行业和领域，但是，原有被政府垄断或吸纳的社会领域，随着国家管制逐渐放松，仅仅依靠社会自身的力量难以对抗来势汹汹的市场力量，因此，也造成了此一时期社会治理的混乱局面，因应这种外部治理需求，社区在脱离国家垄断之后，马上被赋予了新的历史使命和角色。社区治理变革其背后凸显的是更为宏观的政治、经济和社会改革图景。

（一）社区治理变迁的历史背景

根据制度变迁理论，当制度被看作因变量，推动制度变迁的则是外部环境，因此，当一种制度的外部环境或其他制度产生变化之后，制度自身也会受到外部环境的影响。当我们分析社区治理模式变迁的过程中，需要从其所在历史环境的变化着手。夏建中认为，改革开放后我国城市社区治理模式形成的历史背景主要包括服务、管理和控制三个方面，“第一，单位解体后，原来的就业者脱离单位，变成为无单位束缚或者管理的人……建立一个独立于企业和事业单位之外的社会保障体系和社会服务网络，也需要城市社区发挥作用；第二，20 世纪 80 年代末以来，流动人口规模急剧膨胀……作为城市基层社会管理组织的街道办事处和居委会，历来都承担外来人口的管理与服务工作，面对新的情况，自然需要进行相应的改革；第三，许多已经购买房屋的户主要求成立业主委员会，维护对自己居住小区的环境、服务进行管理的权利；第四，这些新的情况和工作促使市、区进一步将权力下放给街道办事处，后者逐步成为城市社区管理的中坚力量；第五，城市基层社会传统的管理组织老化，管理方式、观念和管理人员的年龄都不能适应新的社会情况。”① 而陈薇则从经济理论、政治力量和社会力量的变化角度分析了城市社区秩序的空间生产，指出“现实的城市社区已经成为多种力量作用的、复杂的、流动的、重叠的空间……多元权力主体的相互转化、多套象征结构秩序的张力及其与主体的相互作用，就是社区空间生产的过程，也是社区权力秩序形成和改变的过程”②。

通过以上分析，可以看出改革开放后社区治理模式变迁主要是在国

---

① 夏建中．中国城市社区治理结构研究．北京：中国人民大学出版社，2011：115－118.

② 陈薇．城市社区权力秩序：基于社会空间视角的研究．北京：中国社会科学出版社，2015：152－153.

家—市场—社会三者关系重构下，因应社会变化，通过建构的方式提出的，其目的在于在基层社会探索适合的政经关系和政社关系模式。而这种建构出来的治理主体权力关系带有明显的断层特点，也就是说，为适应不同阶段的国家、市场和社会关系调试的需求，不同社区治理主体的权力关系在不同的阶段呈现出不同的特点，呈现出波浪形起伏的变化。

（二）社区治理模式的变迁

随着单位制式微，街居制成为主要的基层社会管理方式，居委会居民自治组织的定位和功能通过1989年国家颁布的《中华人民共和国城市居民委员会组织法》得到进一步确认和强化。特别是20世纪90年代末开始，“社区建设”概念提出，北京、沈阳、青岛等地积极探索新的社区管理模式，从而出现了一批“上海模式”“沈阳模式”“青岛模式”等。社区建设作为一种探索社区治理模式的改革，改变了单位制时代行政吸纳社会的现象，国家的力量不仅从市场领域，而且从很多社会领域退场，从而为政府之外其他主体参与社区治理提供了空间。

但是，这种改革是一种不完全改革，这种社区管理体制变革的特点是不完全依循市场力量引导，而是以国家力量为主导进行基层管理体制改革。① 这种不完全的社区建设改革主要体现在两个方面：首先，相较于新兴社区自治组织，具有“准”政府性质的社区自治组织（社区居委会）获得国家资源注入，在此资源优势下，其仍居社区治理的主导地位；其次，经历一连串政府机构改革，从政府部门“翻牌”成立的社团组织，在某种形式上仍旧代表国家行使管理职能，换言之，国家仅是换个“包装”再进入社会领域，并与新兴社区自治组织进行“卡位”争夺之战。②

在社区建设时期，虽然国家力量表面从社区中退场，但是由于传统体制的影响、社会发育的不成熟等因素的影响，政府通过培育社区代理人的方式，通过扶持社区居委会，在形式上实现了基层社区的居民自治。这种治理模式下，相对于单位制时期，社区治理主体改变了单一化情况，向着多元化的方向发展，但是这种多元化也是在建构下实现的。除了社区居委

① 郑淑美．从“封闭系统”到“开放系统”：中国大陆城市基层治理体制的建构、演变与转型．愿景基金会季刊，2008（1）：119－160.

② 郑淑美．从“封闭系统”到“开放系统”：中国大陆城市基层治理体制的建构、演变与转型．愿景基金会季刊，2008（1）：119－160.

会之外，其他非官办社会组织发展依然薄弱，社区居民依然难以摆脱“单位人”意识。

党的十八届三中全会首次正式提出了社会治理概念，“正确处理政府和社会关系，加快实施政社分开，推进社会组织明确权责、依法自治、发挥作用。适合由社会组织提供的公共服务和解决的事项，交由社会组织承担”。作为组成社会基本单元的社区，社区治理是社会治理的重要组成部分，相对于20世纪90年代末提出的“社区建设”，社区治理呈现出的新的特点。

第一，强调治理主体的多元化。《决定》提出“坚持系统治理，加强党委领导，发挥政府主导作用，鼓励和支持社会各方面参与，实现政府治理和社会自我调节、居民自治良性互动”。社区建设阶段，虽然凸显了社区居委会的作用，但是由于社区居委会与政府之间的资源依赖关系，因此很难将社区居委会作为治理主体多元化的代表。而社区治理则强调社会各方面的参与，即除了政府、社区居委会之外，社会组织、市场组织、居民等都可以成为治理的主体。

第二，治理主体之间权力关系呈现协同之势。在社区建设阶段，政府虽然脱去了全能型政府的外衣，但是由于管理的惯性和社会自身的发育不成熟，使得政府难以从社区中退场。但是随着市场经济的成熟以及政府职能改革的推进，政府朝着“有限政府”的方向改革，因此，留给其他治理主体的公共空间越来越多，从而形成了一种政府和其他治理主体之间的“协同关系”。在协同关系之下，政府在资源、专业性等方面需要其他治理主体的协助，为此，政府需要培育和支持其他治理主体的发展。

虽然相对于社区建设，社区治理改进了治理理念和治理工具，但是，相对于政府治理主体，其他治理主体依然相对弱小，难以获得与政府平等对话的地位。然而，随着国家各项改革措施的推进，各地都在小规模范围内不断创新社区治理理念和治理工具，从而为构建理想的治理主体权力关系提供了有益的参考。

通过以上分析可以看出，随着我国政治、经济和社会关系调试的推进，改革开放之前形成的单位制为主、街居制为辅的基层社会治理模式发生了重大变化，特别是随着政府有意放宽对基层社会的管制，其他社会治理主体被激活。随着城市社区治理主体的多元化，治理主体之间的权力关系亦朝着政府为主、其他治理主体协同的格局发展。但是，正如国家和市场改革处于动态过程中，社会改革也朝着自主化、多元化、专业化、国际化等方向发展，因此，城市社区中形成的政府和其他治理主体之间的协同关系并不是改革的终点，而是新的起点。

第二节　社区建设

一般认为，社区建设是指通过充分调动社区居民的积极性，促进居民自发、自主地参与社区的各项公共事务和公益事业，通过民主选举、民主决策、民主管理、民主监督，逐步实现居民的自我管理、自我教育、自我服务的过程。①

一、国外社区建设的特点和发展经验

我国由单位制向社区制改革时间较晚以及相关制度建设迟滞，导致在社区建设方面依然落后于发达国家。因此，国外社区建设的成熟经验和案例可以为我国社区建设提供借鉴和参考。现有研究认为，国外社区建设可以总结为三种模式，即以公民自治为主的社区自治型模式、政府主导型模式以及协同发展的混合型模式，其中，美国、新加坡和日本分别是这几种典型模式的代表。② 相比之下，社区自治型模式和混合型模式与我国社区建设区别较大，本研究将以美国和日本为例着重介绍这两种社区建设的模式。

（一）日本社区建设模式：协同发展

第二次世界大战后，日本社区经历了由厅内会治理范式向多元共治范式变迁的进程。以厅内会为治理主体的治理范式，其特点是厅内会的双重代理关系，即厅内会既是居民自治组织，又与基层政府之间存在恩庇侍从关系（Patron－Client Relationship）。厅内会治理范式下，政府通过厅内会

① United Nations. popular participation as a strategy for promoting community Level Action and National Development. New York，1981.

② 李波，苗薇薇．发达国家社区建设模式及其对我国的启示．山东社会科学．2009（11）：142－143.

为社区居民提供公共服务，而厅内会则通过“全民加入”等原则确立了自身在社区服务中的垄断性地位。但是，随着居民需求多样化和个性化的发展，厅内会难以有效应对这样的变化，导致社区发展出现内卷化风险；同时，新公共管理理论的兴起，促使政府需要在社区治理中转变角色，推进社区多元共治。此时，非营利组织（NPO）的兴起为社区的多元共治提供了现实的可能性。

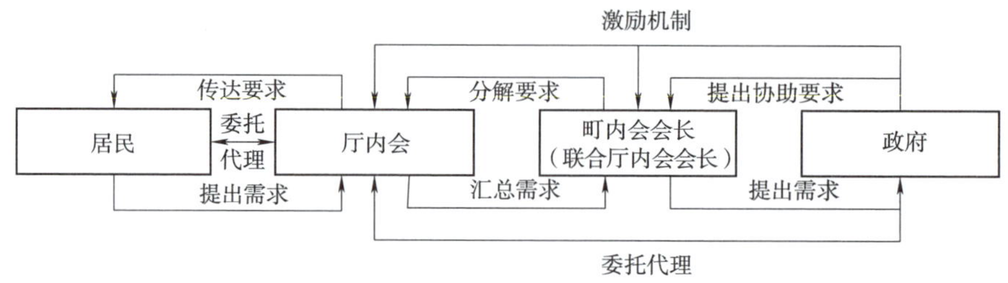

图 13-1　厅内会双重委托代理关系

随着厅内会治理范式的效用递减，为有效应对地缘性共同体的解体，20 世纪 70 年代以来，日本政府制定了一系列的社区政策。例如，1971～1973 年的“示范社区”政策、1983～1985 年的社区推进地区认定政策、1990～1992 年的社区活动活跃地区认定政策等。① 完善社区公共设施、激活社区文化活动是这些政策的共同目标。但是，这一系列社区政策的核心内容依然是围绕厅内会，厅内会被看作这些社区政策的主要构成单元，“现如今正在推进的社区行政是建立在人口流动情况呈现出一定程度安稳态势的基础上，目的是构建以初中学区范围为基础的新型地区社会。在硬件方面，逐渐建设地区社会所需的公共设施，这对于城市发展具有一定的意义。另外，在软件方面，更多的情况是厅内会及相关地区性团体根据该市的行政需求从上至下组织起来的。也就是‘半官制社区活动’”②。

① “示范社区”政策是指为了营造能够满足居民所期望的邻里生活的基层社会而实施政策，旨在完善示范社区软硬件设施，发挥示范作用。认定为示范社区的数量在 1971 年为 40 个，1972 年为 13 个，1973 年为 30 个，总数为 83 个，其中城市社区 46 个，农村社区 37 个；“社区推进地区认定”政策是一种示范社区政策补充，以示范社区之外的社区为目标，日本政策通过提供财政及信息支持这些社区的发展；“社区活动活跃地区认定政策”主要针对的是城区以外社区，通过举办传统文化活动及运动项目，提高居民社区认同感。

② 岩崎信彦等．町内会の研究．御茶の水書房，1989：474.

随着NPO的兴起，NPO逐渐参与社区治理，获得了一定的话语权。例如，1983～1985年，“社区推进地区认定政策”实施期间，为促进地方各种团体的相互合作，成立了“近邻推进会”。特别是1995年的阪神大地震中，NPO作为一支独立的力量参与到救灾活动中，其表现获得了日本国民广泛认可，因此，1995年也称为“志愿者元年”。此后，NPO逐步参与更多的社会活动，在社区治理方面，NPO随着相关法制建设的推进获得了身份认同。由此，日本社区治理开始由厅内会范式向多元共治范式转变。

“所谓共治，是指不同的群体在平等基础上的合作，包括各种形式的联合、网络化，以及公私伙伴关系和公司机构的合营。”[①] 反映在社区治理方面，就是强调政府、厅内会、NPO等多元组织共同参与社区治理，彼此之间是一种协同关系。2003年，日本第27次地方制度调查会在其发布的《有关今后地方自治制度的理想状态的报告》中指出，在地方分权改革所指向的分权型社会中，地区的事情按照自我决定、自我负责的原则，必须重视居民自治。地区的居民服务不仅由政府供给，同时，居民、社区组织、NPO等其他民间组织相互协同，相互合作促进新公共空间的形成。此外，2005年，日本总务省研究会发布了《分权型社会中自治体经营的革新战略——新公共空间的形成》报告，其指出，随着老龄化和少子化程度的加深，政府财政收支恶化，除了一些居民个人难以解决或自我满足、必须由政府直接提供服务的领域之外，其他公共服务领域都属于新公共空间。在新公共空间中，政府通过与企业、居民、社会组织的协同治理，共同提供公共服务。2009年，日本民主党政权提出了“新公共”概念，所谓的新公共是指不同于原有的公共服务主要由政府直接供给的模式，在新公共政策下，市民、NPO、企业等成为公共产品与服务的供给主体，在共助精神的指引下，在教育、育儿、城市建设、养老等领域开展活动。2013年，日本自民党政权提出了“构建共助社会”的治理理念，强调在共助精神下，通过人与人之间的相互扶持和合作从而创造具有活力的社会，其中，企业、NPO、居民等多元主体的参与是必不可少的。

可以看出，随着执政党轮替，日本政府的社会治理的相关概念也随

---

① 王春婷，蓝煜昕．社会共治的要素、类型与层次．中国非营利评论，2015（1）：18－32.

着变化，但是，社会治理理念基本上保持了一脉相承的关系。无论是分权型社会改革，还是新公共或者共助社会，其强调的都是多元共治社会，即强调以 NPO 为代表的社会组织有能力参与到社会治理中，“NPO 与共助社会在时代发展方向上具有相通性，基本上是一种相互兼容的制度设计”。[①]

（二）美国社区建设模式：公民治理

相对于社区管理，社区治理更加强调社区治理过程中权力运行的多维性，社区管理突出强调作为社区管理核心的政府从上至下运用权力的逻辑，而社区治理强调多元主体通过合作、协商等方式上下互动的过程。无论是社区本身的概念，还是社区治理理论的构建都主要在西方社会，特别是被托克维尔称为“在我们这个时代地球上最民主的国家采用极端的艺术来追求共同实现人们的共同目标，并将这一新科学最大程度地运用其上”[②]的美国，因此，研究美国社区治理对我国创新社区治理具有重要的借鉴意义。

在美国，围绕社区治理主体权力关系一直存在精英主义理论和多元主义理论两种截然相反的观点，精英主义理论强调社区治理主体主要是由具有凝聚力和相对封闭的社会经济阶层，而多元主义理论认为社区治理主体是多元的，且社区治理的主导权在于社区居民。在此基础上，博克斯按照治理主体的不同将美国的社区治理划分为四个阶段，分别是：精英控制时代、民主时代、职业主义时代和公民治理时代。其中，精英控制时代主要发生在十七八世纪，其突出特点是由地方拥有土地所有权，获得君主特别授权的地方显贵组成自治组织；民主时代发生在 19 世纪，即由市议会在特定领域中委任富有知识或存在相关利益的公民组成监督团体；职业主义时代主要是指 20 世纪以限制政党恩赐、政党分赃和政治机器控制政府等现象的发生，通过削弱邻里（通常是种族）集团政治影响力，借鉴私营组织的经验，实行职业化的总经理或首席执行官向董事会、董事们负责的制度；而公民治理则强调重新界定公民的角色，强调公民从政府服务的被动消费者向社区治理的主动参与者转变，公民

---

① 星野珙二．NPO による共助社会の形成．商学論集．2014（4）：113.

② 托克维尔．论美国民主．朱尾声译，南昌：江西教育出版社，2014：472.

对自己社区的未来承担更大的责任，即向地方控制和公民自主治理价值回归。[①]

施雪华和孔凡义在借鉴博克斯研究成果的基础上，提出美国社区治理的四大基本特征，分别是：社区治理的民主化、社区治理的市场化、社区治理的组织化以及社区权力的多元化，其中，民主化强调的是“以公民为中心的治理结构”；市场化强调的是市场机制的引入；组织化强调的是第三部门的在场。[②] 可以看出，社区治理的民主化、市场化和组织化所对应的公民、企业和第三部门构成了社区权力的多元化，这个多元化是相对应传统的政府权力而言，因此，可以认为社区治理的主体可以分为政府、公民、企业和第三部门，这也印证了多元主义理论所强调的“每一系统显然是由各自独立的、但相互之间为争夺最高权力斗争的一小部分人进行统治的。这些部分、组织、系统的共同特点，都是试图促进其基本权利资源的增值和积累。由此，在美国社区中就形成了多个相互独立的、相互竞争的权利中心[③]”。同时，博克斯也强调，随着社会的发展，公民、选任官员和公共服务职业者的角色也在不断发生着变化，“21 世纪，他们将成为担当社区治理重任的主角。这些发展变化表现了人们寻求理性化、职业化行政管理与民主开放性、公共责任等价值之间的平衡的努力与探索。在探索中，公民、选任官员和公共服务职业者角色的发展变化体现为：公民成为社区的治理者而不是消费者；选任官员的作用在于协调公民参与治理的种种努力，而不是替他们作出决定；实践者关注的焦点是帮助公民实现其社区治理目标，而不是着力于控制公共权威机构[④]”。

正如公民治理所提倡的，以与社区公民生活息息相关的公共政策制定和公共服务提供为主要治理对象，依靠由政府、公民组织、企业和公民个体组成的社区社会网络组织，促进公民直接参与社区治理，具体见图 13－2。

---

① 博克斯．引领21 世纪的美国社区．松柏瑛等译．北京：中国人民大学出版社，2014：25－29.

② 施雪华，孔凡义．美国社区治理及其启示．山西大学学报．2008（4）：92－93.

③ 安东尼·奥罗姆．政治社会学导论．张华青等译．上海：上海人民出版社，2006：206.

④ 博克斯．引领21 世纪的美国社区．松柏瑛等译．北京：中国人民大学出版社，2014：3.

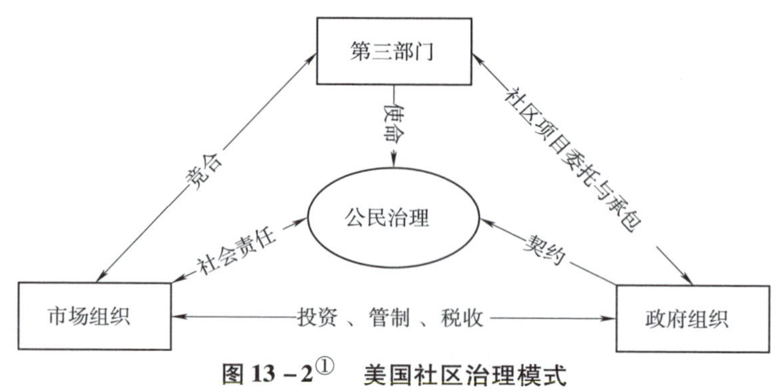

图 13－2[①]　美国社区治理模式

二、我国社区建设的现状和问题

1987 年，我国民政部提出了“社区服务”的概念，“我国的社区服务不完全等同于国外的社区照顾，它是在政府的倡导下，为满足社会成员生活方面的多种需求，以社区组织即街道办事处、居委会为依托，具有社会福利性的居民服务业。它主要由社区福利服务业、便民利民服务业组成，是社会保障体系和社会化服务体系中的一个重要行业。社区服务具有福利性、群众互助性、无偿或低偿服务性、地缘性四大特点”[②]。从内容来看，社区服务主要包括两方面内容，即面向社会弱势群体和优抚对象等特殊人群的服务和面向普通社区居民的服务两类。但是，社区服务不同于现代意义上的社区建设，其服务的对象更多是针对社区中的社会弱者，具有社会优抚的功能。而真正首次试图复原社区作为共同体的本来面貌的尝试则是社区建设概念的提出。

为解决伴随国企改革出现的工人下岗潮、政府机构改革剥离出来的部分职能、农村人口向城市的大规模流动、老龄化等社会突出问题，传统依靠行政手段和具有准政府功能的单位，难以适应新形势下的社会变化，为此，需要恢复社区作为基层社会治理基本单元的主要功能，承接单位转移出来的部分社会功能以及政府剥离出来的部分行政性功能，为此，社区建设概念取代了社区服务概念，成为新形势下的必然趋势。

1992 年，中国基层政权建设研究会在杭州市召开了“全国城市社区建

① 王佃利．城市治理中的利益主体行为机制．北京：中国人民大学出版社，2009：179.

② 夏建中．中国城市社区治理结构研究．北京：中国人民大学出版社，2011：112－113.

设理论研讨会”，从理论和实践两方面探讨了社区建设，此后，社区建设的概念逐渐取代了社区服务的概念，成为社区管理改革的主要议题。1999年，民政部启动了“全国社区建设试验区”工作，选择26个城市作为试验区，同时制订了《全国社区建设试验区工作实施方案》，提出要改革城市基层管理体制，培育和建立与社会主义市场经济体制相适应的社区建设管理体制和运行机制。2000年11月，中共中央办公厅、国务院办公厅向全国转发了民政部《关于在全国推进城市社区建设的意见》，确定了地方党委和政府领导、民政部门牵头，有关部门配合，社区居民和社会力量广泛参与的新的社区建设工作体系，明确了社区建设的指导思想、基本原则、主要内容和目标任务，由此，全国各地陆续开始了社区建设工作。

为配合20世纪90年代开展的社区建设运动，民政部在北京、上海、青岛、沈阳、武汉、天津等地选择了26个“全国社区建设实验区”，在社区建设实验推进过程中，形成了不同的治理模式。“而在城市社区建设的改革实验中，出现了两种不同的社会整合导向。一是行政导向，即强化基层政府的功能，主要运用政府及其所控制的资源进行自上而下的社会整合，并形成‘新政府社会’。最典型的是20世纪90年代上海提出的‘两级政府、三级管理、四级落实’。这一做法为北京、石家庄等地所借鉴和引用。二是自治导向，即强化基层社区的功能，主要通过政府下放权力，建立社区自治组织，并通过这一组织动员社会参与进行社会整合，并形成‘社区制’社会。最典型的是沈阳根据自治原则对微观社会的再造和武汉江汉区在‘沈阳模式’基础上强调将权力下放给社区，促进政府转变职能”①。在此基础上，张立荣和李莉将社区治理建设分为：行政主导型模式，例如哈尔滨市南岗区；半行政半自治型模式，如上海市卢湾区五里桥街道；自治型模式，如沈阳市春河社区。② 无论何种模式，基本上都处于由行政主导型到自治型组织治理光谱之中，当靠近行政主导型一极时，政府在社区建设中处于优势地位，其他治理主体处于相对弱势地位，两者之间形成一种由强依附到弱依附的关系；当靠近自治型一极时，政府与其他主体之间的权力处于相对平衡的状态，政府难以透过资源优势吸纳其他治

① 徐勇．论城市社区建设中的社区居民自治．华中师范大学学报，2001（3）：5－13.

② 张立荣，李莉．当代中国城市社区组织管理体制：模式分析与改革探索．华中师范大学学报，2001（3）：15－17.

理主体，此时，两者的关系是一种合作或对抗的互动状态。

在我国，由于社会组织和社会服务长期被嵌入国家以单位为基本单元构建的垂直管理体系中，一方面，限制了社会力量的发育，导致社会自主性低下；另一方面，导致社区居民“单位人”意识根深蒂固，限制了居民自我管理、自我服务、自我教育能力和意识的发育。由此，在很长一段时间，政府在社区建设过程中是一种不可或缺的力量，但是，作为改革的方向，政府在社区中的“家长式”角色难以为继，需要通过下放权力和转变职能的方式，发挥培育社区、强化社区服务、鼓励社区参与、重建社区组织、加强社区规划的作用。①

第三节　基于社区的家庭发展

家庭是人类社会的最基本组成单元，是社会得以延续和发展的根本，家庭不仅涉及微观层面的个体，同时也涉及宏观层面的社会，家庭不仅为市场提供劳动力，同时家庭的稳定也是社会稳定的基石，因此，增强家庭发展能力是解决我国社会所面临的各层面社会问题的重要出路。新形势下出现的一系列养老、育儿、家庭关系、代际沟通等问题若仅仅依靠家庭自身的力量将难以提供全面的解决方案，构建促进家庭发展的外部支持机制成为解决上述问题的当务之急。相比之下，政府的职能逐渐由“划桨者”向“掌舵者”转变，针对家庭的市场化服务机制发育还不够成熟，社区作为居民自组织的共同体，在发挥互益性组织功能的同时，还可以连接政府与市场等外部资源，为家庭发展提供物质资源、人力资源以及智力资源等，因而，社区建设将成为促进家庭发展的最佳手段。

《中华人民共和国国民经济和社会发展第十二个五年（2011～2015年）规划纲要》中明确提出：“完善计划生育家庭优先优惠政策体系，提高家庭发展能力，建立和完善提高家庭发展能力的政策体系。”家庭发展上升到国家战略层面，凸显了新时期我国在家庭发展方面面临着多方面的考验。

① 徐勇．论城市社区建设中的社区居民自治．华中师范大学学报，2001（3）：5－13.

一、家庭发展面临的困难与挑战

随着单位制的式微，传统经由单位为家庭发展提供的服务和产品体系瓦解，家庭成员不再是“单位人”，而是变成了“社会人”，其与单位的联系止于雇佣关系。这种情况下，家庭成员的生理、心理、生活、发展等方面需求，难以再从单位获取，同时由于家庭自身功能的弱化，亦限制了家庭满足其成员需求的能力。在这样的背景下，家庭发展面临的困难与挑战主要包括以下几方面。

（一）家庭功能的弱化、转化、外化和社会化

“在社会迅速变迁的背景下，家庭规模小型化、家庭类型核心化、家庭结构简单化、家庭形态多样化（如留守家庭和流动家庭）等，使得中国城乡居民家庭的功能与需求对应结构和均衡条件都发生了改变。首先，家庭功能出现了弱化、转化、外化和社会化的趋势。家庭功能的弱化主要体现在家庭生产功能、生育功能、社会化功能和赡养功能的削弱。家庭功能转化是指家庭某些功能的实现机制发生了转变，例如，工业化和职业结构的变化使得大多数家庭丧失了生产功能，而代之以在劳动力市场上的收入能力。家庭功能外化是指一些由家庭承担的功能发生了外移，转由社会承担或接续，如家庭教育功能和保障功能由专业化组织（如学校）和社会保障制度所承接。家庭功能的社会化则体现为家庭功能的实现越来越多地依赖于家庭外部的支持，与家庭功能的外化不同，家庭功能社会化是家庭通过外部支持来实现自身的家庭功能，如家庭的抚养功能、照料功能和赡养功能。”①

（二）家庭资源来源多样化的需求和单一化的现实之间的矛盾

家庭资源主要是指可用于家庭成员和家庭自身发展的资源，主要包括经济资源、人力资源、时间资源和社会资源。② 随着家庭成员需求的多样化，家庭自身的资源越来越难以满足成员的需求，特别是随着少子化、老龄化、社会阶层固化、二次收入分配制度不健全等问题的出现，部分家庭的资源来源面临着多样化的要求和现实情况下单一化的矛盾。例如，随着

① 吴帆，李建民．家庭发展能力建设的政策路径分析．人口研究，2012（4）：37－44.

② 吴帆，李建民．家庭发展能力建设的政策路径分析．人口研究，2012（4）：37－44.

社会阶层的固化，底层家庭向上流动渠道堵塞，不同阶层之间的收入差距越来越大，这种社会固化限制了低收入家庭的经济来源多样化的可能性，而为了维持家庭成员的基本需求，家庭成员需要付出更多的时间成本和人力成本，这进一步限制了家庭发展的潜力和可能性。

（三）外部支持体系建设迟滞

虽然家庭在生育、未成年子女教育、健康、养老、心理等方面依然承担着主要角色，但是，随着家庭成员需求的多元化以及家庭功能的弱化，需要更多外部支持系统，"在家庭功能不断弱化、外化和社会化的趋势下，家庭能力建设还依赖于外部支持，特别是来自于社会保障制度、社会福利制度和公共服务等方面的支持"①。但是由于我国在计划经济时期，家庭发展的外部支持系统主要是由单位垄断，造成了社会支持系统和市场支持系统发育迟滞。而随着市场经济的推进和单位制的式微，原有的单位支持系统也不断消解，但是相应的外部支持系统依然发育不成熟，特别是随着政府机构和职能改革，政府也从家庭发展支持系统中抽身，造成了目前家庭发展支持系统的空白。政府支持体系的不足主要体现在政府管理体制的不完善，"在中国现有的行政管理体制下，目前以部门为主导而形成的各种与家庭相关的社会政策均呈现分散化和碎片化的特征，不同的政府部门往往专注于各自的功能和职能定位，相关部门之间职责交叉但界限不明确的情况时有出现，政策之间相互制约乃至冲突的现象时有发生，家庭发展在发展序列中的排序以及家庭政策优先对象的确定都要取决于相关部门对家庭事务的理解，这会使推行家庭政策的许多基础性工作仍难以开展，源头性问题仍难以解决"②。

二、社区建设下的家庭发展

目前家庭仍是满足家庭成员需求的重要来源，但是由于社会经济发展以及家庭结构、形态的变化，导致家庭发展能力不断弱化，"在我国市场经济发展、社会转型和人口转变的复杂背景下，传统婚姻家庭的模式及稳定性已发生很大变化，独生子女家庭、单亲家庭、丁克家庭、流动人口家

① 吴帆，李建民．家庭发展能力建设的政策路径分析．人口研究，2012（4）：37－44.

② 胡湛，胡希哲．家庭变迁背景下的中国家庭政策．人口研究，2012（2）：3－10.

庭、空巢家庭的持续增加，更带来了不同程度与层面的人口、社会与经济风险，家庭的福利需求与供给之间的失衡凸显。与此同时，我国社会保障和社会福利制度的建设明显滞后，且大多将个人作为基本的政策课题或福利对象，并未将不同类型家庭的福利需求考虑在内"①。因此，面对家庭发展方面存在市场失灵和政府失灵的现状，需要开辟第三条道路为家庭发展提供外部支持，通过外部支持力量的内化，最后增强家庭发展能力。

吴帆、李建民对家庭发展能力进行了定义，并对家庭发展能力进行了分类，"家庭发展能力是家庭凭借其所获取的资源满足每一个家庭成员生活与发展需要的能力。家庭发展能力包括以下几个方面：经济能力，即家庭获取收入以支持家庭成员生存和发展的能力；保障与支持能力，即家庭在日常生活、抚幼、养老、教育、照护、心理慰藉、情感交流等方面的能力；学习能力，即能根据成员个人学习、成长和职业发展需求以及外部环境变化的需求，帮助家庭成员完成在个人生命周期不同阶段的主要任务和目标，促进家庭成员的成长；社会交往能力，包括家庭获取社会资本以及与外界环境的良好互动能力；风险应对能力，包括家庭对内部和外界社会环境变化的反应能力、调节能力和应对能力"②。由于社区属于居民自组织的共同体，属于"半熟人社会"，居民之间为了共同的兴趣爱好以及共同的需求可以组建具有互益性的社会团体，通过协调社区内居民的集体行动，实现家庭利益的最大化。

（一）家庭发展的多中心支持系统

根据政府提供物品与服务的水平，可以将不同的公共政策工具③看作由绝对自愿和完全强制两极构成的光谱，并可以根据政府的强制情况等划分为自愿性工具、强制性工具和混合性工具。④

在自愿性政策工具的社区中，社区可以独自为家庭提供公益产品和服务，但是，由于社区受到自身资源规模的限制，同时也需要与政府及其他

---

① 胡湛，胡希哲．家庭变迁背景下的中国家庭政策．人口研究，2012（2）：3-10.

② 吴帆，李建民．家庭发展能力建设的政策路径分析．人口研究，2012（4）：37-44.

③ 政策工具是政府赖以推行政策的手段，是政府在部署和贯彻政策时拥有的实际方法和手段。引自豪利特，拉米什．公共政策研究：政策循环与政策子系统．庞诗等译，北京：生活·读书·新知三联书店，2006：141.

④ 豪利特，拉米什．公共政策研究：政策循环与政策子系统．庞诗等译，北京：生活·读书·新知三联书店，2006：146-169.

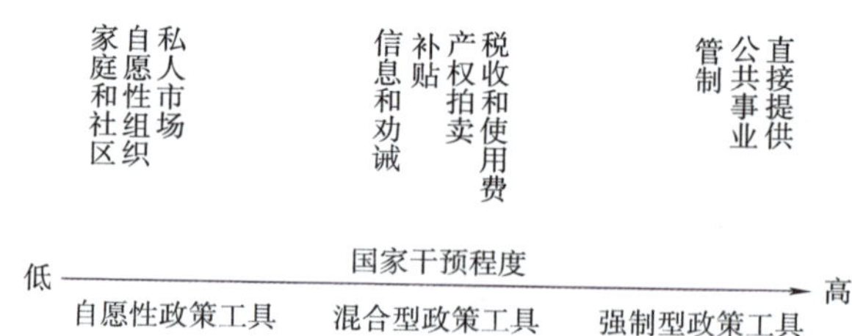

图 13－3　政策工具图谱

来源：豪利特，拉米什．公共政策研究：政策循环与政策子系统．庞诗等译，北京：生活·读书·新知三联书店，2006：144

主体进行合作。在这一过程中，多中心治理可以融合多种政策工具，通过多种政策工具的组合，汲取不同工具的特点，实现对社区公益物品和公共服务的有效供给。①通过多中心治理理论的假设可以看出，面向社区的公共产品和服务具备了公共物品和服务是相对同质的、公益产品和服务的使用者具有相同的偏好、社区居民的集体行动显示出其对公益物品和服务的偏好等条件，因此，多中心理论提供了一种替代的选择，它可用于分析和诊断与现实中大量集体物品相适应的各种各样的制度安排。②而多中心治理理论所替代的正是传统的国家治理或市场治理的方式，特别是在社区治理过程中，强调在政府或市场单一供给主体之外，家庭以及家庭成员“从政府服务的被动消费者变为社区治理的主动参与者”③。

在社区中，为了交换而生产的社会中的个人和群体，就是他们所提供的那些物品和服务的常规生产者（regular producers）。单个消费者或者消费者群体，除了其常规生产作用之外，还可能有助于他们所消费的某些物品和服务的生产。在这种情况下，他们就是消费生产者（consumer producers）。④因此，社区公益产品和服务的生产和供给不能通过单一主体供给，“社群不应该指望被动地等待政治权威的恩赐，而应该扮演积极的角色，

① 陈艳敏．多中心治理理论：一种公共事务自主治理的制度理论．新疆社科论坛，2007（3）：35－38.

② 奥斯特罗姆等．公共服务的制度建构．毛寿龙译，上海：上海三联书店，2000：26.

③ 博克斯．公民治理：引领 21 世纪的美国社区．孙柏瑛等译，北京：中国人民大学出版社，2014：29.

④ 帕克斯等．消费者作为公共服务写作生产者．麦金尼斯．多中心体制与地方公共经济．毛寿龙，李梅译，上海：上海三联书店，2000：504－505.

安排所希望的公益物品和服务的协作生产”①。应当采用多中心协作生产的方式，“没有服务使用者机智的和有动机的努力，服务就会蜕变为没有显著价值的无关的产品……社群的和平与安全既是专业警察努力的结果，也是公民努力的结果。如果公共服务要产生理想的结果，供给服务者与使用服务者之间的协作是重要的”②。

构建社区多中心治理模式需要以下几点：首先，推动社区治理主体的多元化。我国社区治理改革过程中，社区治理主体由原来的政府垄断到社区居民自治组织、非营利组织、市场化组织等组成的多元化组织转变。其次，构建权力主体关系的扁平化。在推动社区治理主体多元化的同时，为有效调动政府之外其他治理主体参与的积极性，需要通过赋权、赋能等方式改变传统的动员式参与方式，培养其主动参与的意识，最终在不同治理主体之间形成沟通、协商、谈判、合作的互动关系。目前，政府推动的社区服务购买机制正是多中心治理的一种有效手段，改变传统政府通过垄断资源，与社区居委会、社会组织等其他主体之间形成一种恩庇侍从（Patron - Client）的关系。虽然，政府资源对于社区其他治理主体而言，依然是不可或缺的来源，但是，与传统的治理方式不同，在多中心治理之下，其他治理主体面对政府具有更多自主权，其对政府资源的需求不是基于一种“委托代理”逻辑，而是一种互惠逻辑，双方通过互动关系，在分别实现自己不同的社区治理偏好的同时，提高社区的整体治理效果。

多中心治理理论其本质上是多元主体权力关系的调适，由于主体之间存在能力和资源的差异，因此，需要明确不同治理主体之间的边界，防止以大压小等现象的出现。具体来说，政府只是社区治理的主要参与者，而不是核心，政府有承担“经纪人”“裁判员”“掌舵者”的作用，在社区发育尚未成熟之时，政府需要承担培育社区的职责；对居委会来说，则意味着从政府的“一条腿”变得更具自治性、群众性和社会性，这不仅需要减轻居委会的行政事务负担，还要求变革其工作制度，培养自组织的能力和技术；社区的非营利组织则在加强自身发展的同时发挥更多的作用，如开展志愿服务，组织居民间的各种文化活动，引导居民参与社区事务等；

① 麦金尼斯．多中心体制与地方公共经济．毛寿龙，李梅译，上海：上海三联书店，2000：10.

② 奥斯特罗姆．公益物品与公共选择．多中心体制与地方公共经济．麦金尼斯．多中心体制与地方公共经济，毛寿龙，李梅译，上海：上海三联书店，2000：120.

居民是社区的真正主体，在个体参与的同时应当有组织地参与社区活动；私营企业在为社区居民提供私人物品的同时，应增强社会责任感，积极融入社区生活。①

（二）作为家庭发展外部支持系统的社区的优势和不足

作为家庭发展多中心治理一极的社区，在与政府、市场等其他治理主体相比，具有自身的优势。

第一，社区作为居民自组织的共同体，基于共同的地域关系，有利于形成社会资本，增强家庭之间相互连接的频率。虽然不同于传统农村的熟人社会，但是，由于生活在共同的公共空间，增加了以家庭为单位的社区居民之间的相互交流，增进了社区社会资本，从而通过协调不同家庭的集体行动，促进社区内家庭整体的发展能力。

第二，虽然社区在法律上定位为居民自治的场域，具有自治的属性，但是由于我国社区被嵌入到政府的基层社会治理体系之中，与政府保持着密切的联系，特别是政府通过资源诱导的方式，在一定程度上主导着社区的整体发展方向，因此，社区作为家庭与政府之间的连接纽带，可以发挥桥梁的作用，将家庭需求信息反馈到政府体系之中，同时通过街道—社区居委会和社区党委两套系统将政府有关家庭发展的相关政策、资源输入到社区中的家庭内，从而实现政府有关家庭发展的精准支持，避免由于相互之间的信息不对称，造成公共资源的浪费。

第三，社区内部与外部存在大量的社会组织，社会组织作为弥补市场失灵和政府失灵的重要力量，具有非营利性和非政府性，因此，可以为社区内的家庭提供公益性的服务和产品，为社区内的弱势家庭提供慈善性服务和产品。近年来，社区基金会的出现，不仅为家庭发展提供了资金支持，同时通过倡导和支持其他服务类和社团类社区社会组织，构建了完整的家庭发展社会支持系统，与政府支持系统和市场支持系统共同构成了家庭发展的外部支持系统。

第四，满足社区居民的社会需求。由于社区是老年人主要的生活和活动场所，因而进行社区参与对于老年人而言具有更加重要的意义。美国活动理论学家阿诺德·罗对老年人参与社会的作用给予了充分关注，并强调

① 吴瑞财．多中心治理视野下的社区治理模式初探．内蒙古社会科学，2010（1）：114－117.

了老年人寻求参与社会活动的机会对于实现老年人经济需求、健康需求、心理需求、社会参与需求具有重要作用。[①] 布劳从角色理论的角度出发，认为任何程度的参与都会对在原来的主要角色退出后维持以前的活力和意识产生十分重要的作用。[②] 老年人通过社区参与富有意义的志愿者活动，有助于缓减老年人因丧失原来的主要角色而受到的冲击，也“能够保持老年人与社会的连续化一体化，抵消在其他社会角色丧失后的失落感”[③]。

虽然社区在家庭发展能力培育中扮演着重要的角色，但是由于社区本身也具有一定的不足，在一定程度上限制了社区在家庭发展中的作用。

首先，社区行政化限制了社区居民自治的发育。由于历史原因以及社区居委会对政府资源存在高度的依赖关系，造成了社区居委会的行政化，而社区居委会的行政化则限制了其作为居民自治组织应当发挥的自我管理、自我教育、自我服务的能力，从而将原来单位办社会中的一些弊端传染到社区中，在我国当前的社区建设过程中，政府的积极性也似乎远远高于社区居民。[④] 在美国、日本等国家，社区内进行居民自治的社会组织都是进行社区建设的主力军，而从我国社区建设的情况来看，进行社区建设和社区参与的主体大多为老年人，其他年龄群体的参与意识和参与程度明显不足，社区社会组织的发育程度差异较大。

其次，社区作为具有建构性和地域性的共同体，缺少自我发展的资源，限制了社区为家庭发展能力的培育提供支持的程度。不同于农村社区，城市社区缺少基于共同血缘、地缘和业缘共同体所具有的高度的社会资本和高密度的社会网络，从而限制了城市社区向熟人社会的演化，同时由于社会结构、个人原子化、核心家庭等现象的日益严峻，限制了社区家庭的集体行动。

最后，无论是社区服务，还是社区建设，都具有政府主导的特点，

---

① Brussels. Gabrielle Clotuche. Towards a Europe for all Ages—the Role of Active Aging. University of UK Press. 2004.

② Brussels. Gabrielle Clotuche. Towards a Europe for all Ages—the Role of Active Aging. University of UK Press. 2004.

③ C. D. Ekstrom. A Connection: The Elderly and Sustainable Futures. TX: University of North Texas Press. 2005: 18.

④ 李海金．城市社区治理中的公共参与——以武汉市 W 社区论坛为例．中州学刊，2009（4）：104－108.

“政府对社区建设的目标诉求最清楚，参与行为也最主动、最积极。这是因为政府要进一步推进企业体制改革，大量的‘单位人’将变为‘社区人’，而社区组织尚不足以像计划体制下的单位那样有效地管理其成员。近年来因缺乏对回归社区居民的有效管理，一些城市发生了各种类型的冲撞政治秩序的集体行为更强化了政府加强社区管理的意志，而这已成为社区建设的重要组成部分”①。

通过以上分析，可以看出社区作为家庭发展外在支持体系的重要一环，其本身具有政府和市场不具有的优势，这为社区建设与家庭发展的组合提供了前提和强有力的支持，但是同时，由于目前我国社区的居民自治属性不突出，居民自治能力和意识不强，造成社区依然被嵌入到基层社会管理体系之中，因此，迄今为止社区为家庭发展提供的支持仍是有限的。

① 王思斌．体制改革中的城市社区建设的理论分析．北京大学学报（哲学社会科学版），2000（5）：5－14.

第十四章　家庭发展政策

我国的家庭无论是现象层面还是观念层面，都在社会转型过程中经历着巨大的变迁。在变迁过程中，国家、单位和集体等组织力量部分撤出，外部全球化风险带来的竞争压力和不确定性提升，使得家庭在承担更多的责任的同时，面对更大的生存压力。然而，我国现在推行的公共政策体系中的家庭视角缺失，政策制度并未对家庭健康发展、家庭风险抵御给予足够的支持。本章将首先对我国应当尽快构筑具有家庭视角的公共政策体系的必要性进行论述，而后将从推动性别平等和引导可持续性的养老模式角度，对家庭发展政策的具体目标进行定位，最后着重针对中国的现状，提出我国需要建立的是一套动态的、多元的、多层次的家庭发展政策。

第一节　家庭视角下的公共政策

现阶段，我国的公共政策中缺乏对家庭的清晰定位，对家庭的价值取向摇摆不定，家庭、政府和社会之间的责任界限模糊。[①②] 在我国社会和经济进一步转型过程中，家庭所承担的培养后代、个人发展和养老照料等职能越来越重，家庭在全球化激烈竞争下的抵抗风险的功能变弱，政策的缺位所导致的个人、家庭与社会之间的矛盾日益突出。本节将先简单梳理和归纳我国现有的具有家庭视角和缺乏家庭视角的相关公共政策，论述我国的公共政策体系应当纳入家庭视角、引导和维护家庭发展，而后提出应当在充分尊重个体选择的基础上，将家庭看作一个整体作为政策对象，确立“以家庭为导向”的公共政策体系。

---

① 吴小英．公共政策中的家庭定位．学术研究，2012（9）：50－55，159.

② 吴小英．家庭政策背后的主义之争．妇女研究论丛，2015（2）：17－25.

一、公共政策应当纳入家庭视角，引导和维护家庭发展

公共政策的制定，对于个体、家庭和社会的影响是多方面的，其产生的影响并非是量化手段所进行的短期效果评估所能完全考察到的。事实上，公共政策一方面体现着其背后的制度和主义①，另一方面也引导着社会的价值取向。而家庭的发展状态直接影响着社会中的每一个个体，进而直接影响着整个社会的状态和前景。在我国经历着快速的经济发展，人口、家庭和社会快速变迁的情况下，尽快制定有利于家庭发展的公共政策，引导树立符合时代要求、促进社会发展的价值观念，就显得尤为重要。

（一）家庭和谐对个体发展有重要作用

家庭是社会的基本细胞，是人生的第一所学校。从一般认识和已有研究来看，和谐稳定的家庭关系和状态有利于家庭成员个体幸福感的提高和个人的发展，而家庭内部矛盾冲突大、家庭关系的破裂则会严重影响各个成员的身心健康。

20 世纪六七十年代，美国逐渐升高的离婚率引起了社会科学家的研究兴趣。早期的美国家庭研究聚焦于不同家庭结构对于家庭成员的影响。一些研究认为，一个充满矛盾的完整家庭对家庭成员的害处比一个离婚的稳定家庭更大，但是，离婚对于孩子来说是一个重大的人生转变，有的孩子因为难以快速适应这一重大转变而使自己今后的生活都受到负面影响；此外，单亲家庭对家长和子女来说都具有更大的风险。② 从生命历程的角度来看，家庭关系的破裂对于男性和女性的健康状况都会有长期性的负面影响。③ 从分析的研究显示，大多数研究都认为离婚家庭的子女在学业成就、社会行为、心理健康以及同伴关系方面表现得更差④，再婚家庭的子女也

① 吴小英．家庭政策背后的主义之争．妇女研究论丛，2015（2）：17－25.

② Mavic E. Divorce：A child's perspective. American Psychologist，1979（34）：851－858.

③ O' Flaherty M，Baxter J，Haynes M，Turrell G. The Family Life Course and Health：Partnership，Fertility Histories，and Later－Life Physical Health Trajectories in Australia. Demography ，2016，53：777－804.

④ Amato P R，Keith B. Consequences of parental divorce for children's well－being：A meta－analysis. Psychological Bulletin，1991. 110：26－46.

会经历更多的生活冲突并面临更多的问题。[①] 后来的一些研究认为，不同家庭类型的孩子之间内部的差异远远大于家庭类型之间的平均差异[②③]，而家庭教育影响着子女的性格和人力资本等多方面的形成。这使得之后的研究者不单单描述性地比较不同类型家庭的孩子在社会交往、健康方面的差异，而逐渐聚焦这些差异的来源。总的来看，导致不同家庭类型的孩子之间的差异主要来源于社会经济水平的差异[④]、父母的心理健康状况和幸福感的不同[⑤]、家庭成员关系的差别以及家庭类型变化对于子女成长的冲击。[⑥] 在对跟踪数据进行分析以后，一些研究对比了来自原生家庭、单亲家庭和再婚家庭的孩子的社会行为，发现在控制了受教育程度、母亲年龄、现在家庭的经济居住状况、母亲的支持网络以及现在和过去的、家庭成员关系以后，不同家庭类型的孩子之间的差异会缩小。[⑦]

总之，持续稳定的婚姻状态，特别是成员之间能够和谐相处、有较少的意见冲突等正面的家庭生活过程因素（process factors），更有利于子女儿童时期和成年阶段的认知状况和健康水平等。[⑧⑨⑩] 尽管一系列对结婚的

---

① Mavic E. Divorce: A child's Perspective. American Psychologist, 1979 (34): 851 – 858.

② Amato P R, Keith B. Consequences of Parental Divorce for Children's Well – being: A Meta – analysis. Psychological Bulletin, 1991 (110): 26 – 46.

③ Dunn J, Deater – Deckard K, Pickering K, O'Connor T, Golding J. Children's Adjustment and Prosocial Behaviour in Step – , Single – parent, and Non – stepfamily Settings: Findings from a Community Study. Journal of Child Psychology and Psychiatry, 1998 (39): 1083 – 1095.

④ Downey G, Coyne J C. Children of Depressed Parents: An Integrative Review. Psychological Bulletin, 1990 (108): 50 – 76.

⑤ O'Connor T G, Hawkins N, Dunn J, Thorpe K, Golding J et al. Family Type and Depression in Pregnancy: Factors Mediating Risk in a Community Sample. Journal of Marriage and Family, 1998 (60): 757 – 770.

⑥ Kurdek L A, Fine M A, Sinclair R J. School Adjustment in Sixth Graders: Parenting Transitions, Family Climate, and Peer Norm Effects. Child Development, 1995 (66): 430 – 445.

⑦ Dunn J, Deater – Deckard K, Pickering K, O'Connor T, Golding J. Children's Adjustment and Prosocial Behaviour in Step – , Single – parent, and Non – stepfamily Settings: Findings from a Community Study. Journal of Child Psychology and Psychiatry, 1998 (39): 1083 – 1095.

⑧ Lansford J E, Ceballo R, Abbey A, Steward Abigail J. Does Family Structure Matter? A Comparison of Adoptive, Two – Parent Biological, Single – Mother, Stepfather, and Stepmother Households. Journal of Marriage and Family, 2001 (63): 840 – 851.

⑨ Lamb M E. Mothers, Fathers, Families, and Circumstances: Factors Affecting Children's Adjustment. Applied Developmental Science, 2012 (16): 98 – 111.

⑩ Reczek C, Spiker R, Liu H, Crosnoe Robert. Family Structure and Child Health: Does the Sex Composition of Parents Matter? Demography, 2016 : 1 – 26.

鼓励性政策（marriage－promotion）有利于儿童的健康成长，有较大的社会效益[①]，但是能够有助于家庭幸福发展的公共政策将更有利于子女的成长。

因此，在我国未来的公共政策体系中，建立有利于家庭发展的一系列政策是极具必要性和紧迫性的。同时，还要注意构筑一个对家庭发展友好的政策环境[②]，避免不同领域政策效果之间的冲突。

（二）我国现阶段的公共政策缺乏家庭视角

家庭政策的概念可以从狭义和广义两种层面界定，我们这里所探讨的家庭政策，指的是一种政策视角，其所涉及的内容跨越了不同的具体研究领域，是一种完善公共政策体系的概念。不同国家的家庭政策反映着其背后的主义或价值取向，同为西方发达国家，不同福利体制的家庭政策模式之间也存在不少差异。对正处于转型期的中国来说，其在制度和文化方面都与西方国家存在明显不同[③]，因此，关于家庭政策的讨论要注重中国自身的特点和道路选择。

一些研究指出，中国现行的政策法规体系中，不同体系在决策依据是基于家庭还是基于个体为基本单元上有所不同。[④] 例如，在最低生活保障的相关条例中，无论是城市还是农村居民，均是按照家庭成员人均收入（城市）或家庭年人均纯收入（居民）来作为提供保障的准入标准的；对于困难残疾人的补贴也首先是低保家庭的残疾人，在有条件的地方再扩大到低收入残疾人或其他困难残疾人（表14－1）。1981年起，按照《国务院关于职工探亲待遇的规定》，职工亲属长期远居两地按照探望配偶、未婚职工探望父母和已婚职工探望父母的不同，享有不同时间的探亲假期，但是只有在国家机关、人民团体和全民所有制企业/事业单位工作满一年的固定职工才能享有。这些都是以家庭为单元所设置的福利保障类政策。然而在作为调节收入差别、体现社会公平的医疗保险方面，却是以个人为基本单元，在医院看病、住院都需要用本人对应的医保卡才能享有；但同

① Amato P R. The Impact of Family Formation Change on the Cognitive, Social, and Emotional Well－Being of the Next Generation. The Future of Children, 2005 (15): 75－96.

② 吴小英．公共政策中的家庭定位．学术研究，2012（9）：50－55，159.

③ 吴小英．家庭政策背后的主义之争．妇女研究论丛，2015（2）：17－25.

④ 吴小英．公共政策中的家庭定位．学术研究，2012（9）：50－55，159.

时，却规定对于那些“享受最低生活保障的人”“低收入家庭六十周岁以上的老年人和未成年人”的个人缴费部分，政府给予补贴，体现了家庭的视角。

表 14－1　现行政策法规中的家庭与个人视角

政策法规名称	施行年份	有关条文
城市居民最低生活保障条例	1999	持有非农业户口的城市居民，凡共同生活的家庭成员人均收入低于当地城市居民最低生活保障标准的，均有从当地人民政府获得基本生活物质帮助的权利
国务院关于在全国建立农村最低生活保障制度的通知	2007	农村最低生活保障对象是家庭年人均纯收入低于当地最低生活保障标准的农村居民，主要是因病残、年老体弱、丧失劳动能力以及生存条件恶劣等原因造成生活常年困难的农村居民
关于全面建立困难残疾人生活补贴和重度残疾人护理补贴制度的意见	2016	困难残疾人生活补贴对象为低保家庭中的残疾人，有条件的地方可逐步扩大到低收入残疾人及其他困难残疾人
中华人民共和国社会保险法	2011	职工应当参加职工基本医疗保险，由用人单位和职工按照国家规定共同缴纳基本医疗保险费 无雇工的个体工商户、未在用人单位参加职工基本医疗保险的非全日制从业人员以及其他灵活就业人员可以参加职工基本医疗保险，由个人按照国家规定缴纳基本医疗保险费
中华人民共和国社会保险法	2011	城镇居民基本医疗保险实行个人缴费和政府补贴相结合 享受最低生活保障的人、丧失劳动能力的残疾人、低收入家庭六十周岁以上的老年人和未成年人等所需个人缴费部分，由政府给予补贴

两性关系及与此相关的生育、养老行为是影响家庭发展的重要方面，但是，在生育限制放松、市场经济日益发展的情况下，有利于性别平等、

帮助女性实现工作—家庭平衡的政策却依然缺失。尽管《中华人民共和国劳动合同法》和国务院 2012 年发布的《女职工劳动保护特别规定》对女职工的孕期、哺乳期等的就业和假期给予规定和保护（表 14－2），但却未考虑到这些规定对于女性在就业市场的地位上的影响，也没有把长期引导性别平等的价值理念纳入政策制定的考虑之中。

表 14－2　与女性生育行为相关的劳动保护

政策法规名称	施行年份	有关条文
中华人民共和国劳动合同法	2008	女职工在孕期、产期、哺乳期的，用人单位不得依照本法第四十条（提前三十日以书面形式通知劳动者本人或者额外支付劳动者一个月工资后，可以解除劳动合同）、第四十一条（需要裁减人员二十人以上或者裁减不足二十人但占企业职工总数百分之十以上的，用人单位提前三十日向工会或者全体职工说明情况，听取工会或者职工的意见后，裁减人员方案经向劳动行政部门报告，可以裁减人员）的规定解除劳动合同 企业职工一方与用人单位可以订立劳动安全卫生、女职工权益保护、工资调整机制等专项集体合同
女职工劳动保护特别规定	2012	女职工生育享受 98 天产假，其中产前可以休假 15 天；难产的，应增加产假 15 天；生育多胞胎的，每多生育 1 个婴儿，可增加产假 15 天 女职工怀孕未满 4 个月流产的，享受 15 天产假；怀孕满 4 个月流产的，享受 42 天产假 用人单位应当在每天的劳动时间内为哺乳期女职工安排 1 小时哺乳时间；女职工生育多胞胎的，每多哺乳 1 个婴儿每天增加 1 小时哺乳时间

在 2016 年新修订的《中华人民共和国人口与计划生育法》中，将可以获得延长生育假的奖励或者其他福利待遇的对象界定为“符合法律、法规规定生育子女的夫妻”，具备一定的家庭视角，但是又仅对在怀孕、生育和哺乳期间的妇女给予“享受特殊劳动保护并可以获得帮助和补偿”的权益。这些针对两性生理特征不同而给女性生育行为的特殊照顾和福利虽然保障了女性的生育权，但是给女性在就业市场上的地位埋下了性别歧视

的隐患。由于女性在生育期间无法参与生产劳动，用人单位或企业的生产或工作不但会因此受到影响，还要支付女性产假、哺乳期哺乳时间的人力成本，使得用工单位在雇佣或考虑职业升迁时对任用女性不得不多加考量，从而在整体上降低了女性的社会经济地位。不过，值得称道的是，2016年各地的《人口与计划生育条例》都规定配偶享受一定天数的“陪产假”或“护理假”（表14－3），逐渐将男性在生育繁衍中应当承担的责任和享有为人父的权益纳入到政策体系中。当然，这些陪护假/护理假的长短在各地有所不同，天津市和山东省的为7天，大多数省份为15天，云南省、河南省可达到一个月。此外，河南省的条例中还允许年满60岁的、领取了《独生子女父母光荣证》的老人的子女，在老人住院期间享有最多20天的护理假。但是，这些护理假属于可以放弃的权利，尽管其给予了人们一定的选择自由，却无法对就业市场中女性地位提升起到明显的作用。首先，男性的护理假相比女性因为生育而影响工作的时间短很多，有些地方还能将男性的假期时间转给女性享有，无法达到促使男性多参与子女照料、家庭劳动的作用。其次，尽管个体在护理假期间的工资待遇不变，但是绩效奖金等其他方面的计算依然会对其所得的最终报酬产生一定影响，如果妇女有其他家人照顾，男性休陪护假/护理假的积极性可能不高。

表14－3　《中华人民共和国人口与计划生育法》和部分地方条例的有关条文

政策法规名称	施行年份	有关条文
《关于修改〈中华人民共和国人口与计划生育法〉的决定》修正	2016	符合法律、法规规定生育子女的夫妻，可以获得延长生育假的奖励或者其他福利待遇 妇女怀孕、生育和哺乳期间，按照国家有关规定享受特殊劳动保护并可以获得帮助和补偿 公民实行计划生育手术，享受国家规定的休假；地方人民政府可以给予奖励
山东省人口与计划生育条例	2016	符合法律和本条例规定生育子女的夫妻，除国家规定的产假外，增加产假六十日，并给予男方护理假七日。增加的产假、护理假，视为出勤，工资照发，福利待遇不变

续表

政策法规名称	施行年份	有关条文
北京市人口与计划生育条例	2016	机关、企业事业单位、社会团体和其他组织的女职工，按规定生育的，除享受国家规定的产假外，享受生育奖励假三十天，其配偶享受陪产假十五天。女职工及其配偶休假期间，机关、企业事业单位、社会团体和其他组织不得降低其工资、予以辞退、与其解除劳动或者聘用合同 女职工经所在机关、企业事业单位、社会团体和其他组织同意，可以再增加假期一至三个月
宁夏回族自治区人口与计划生育条例	2016	对符合法律、法规规定生育的产妇，除享受国家规定的产假外，增加产假 60 天，并给予其配偶 25 天护理假
河南省人口与计划生育条例	2016	依法办理婚姻登记的夫妻，除国家规定的婚假外，增加婚假十八日，参加婚前医学检查的，再增加婚假七日；符合法律、法规规定生育子女的，除国家规定的产假外，增加产假三个月，给予其配偶护理假一个月；婚假、产假、护理假期间视为出勤 凡领取《独生子女父母光荣证》的，凭证享受待遇："年满六十周岁后，住院治疗期间，给予其子女每年累计不超过二十日的护理假，护理假期间视为出勤。"

这种不同政策中混乱的家庭定位和缺乏对社会价值理念进行引导的问题，并不利于家庭自身的利益和发展，也制约了社会的有序发展。尽早地明确家庭在公共政策体系中的定位，将家庭的视角纳入到社会保障、经济生产等相关法律政策的各个方面，不但有利于个人和家庭的发展，也有利于提高各类政策实施的社会效果。

二、将家庭作为整体考虑的公共政策

本章所探讨的具有家庭视角的公共政策（家庭发展政策）并非是一个单一的政策法规，而是一套将家庭视角纳入其中的公共政策体系，需要在制定公共政策时，将家庭作为一个整体考虑其可能受到的影响。具体来说，是指在引导和维护家庭健康发展的目标下和充分尊重个人自主选择生活方式的前提下，在制定各类公共政策时，考虑其对各类家庭的和谐、健康发展所产生的影响，构成一个有利于家庭发展、能够降低家庭风险的政策环境。将家庭视为享有市场、社会和政府的福利供给对象和对个体福利的提供者。①

许多发达国家设立了专门的家庭政策管理机构或由主要的部门来负责家庭政策事务，制定多样的政策措施支持家庭发展、影响人口的生育水平。其主要措施包括补贴及税收优惠等经济措施、产假及工作保护等制度措施以及惠及绝大部分学龄前儿童的看护教育、营养健康等的福利措施。②当然，各国实行的家庭政策理念各有不同，同一国家的家庭发展政策也不是一成不变的。例如，北欧国家在社会民主主义制度下，采用国家干预性的支持双职工家庭模式的家庭政策，提倡通过政策来对家庭职能和成员分工进行调节。这些国家根据不同家庭政策的实施效果，不断地调整和创新政策，改变家务劳动的性别分工，挑战男权制为核心的传统家庭主义，促进人们性别观念的不断改变。以与妇女产后相关的家庭政策为例，北欧国家的家庭政策就经历了将男性纳入到育儿假中、明确夫妻双方休假育儿的配额制并给予男性更高比例的休假补贴等转变，对家务劳动的性别分工上产生了巨大的影响，使得即便夫妻双方都回到工作岗位后，无薪酬的家庭劳动的分工也朝着性别平等的方向发展。③ 而新加坡的家庭政策想要强调个体的家庭角色的重要性，却在实际上采用资本的逻辑促使个体为实现个体利益最大化、放大了个体的职业角色，目的与实际手段的矛盾以及缺乏能够对价值观念进行引导的政策制定理念，使得其家庭政策难以达到预期目标。④

总之，在公共政策体系中纳入家庭视角，既不能由国家完全承担家庭责任，也不能完全不顾或只是对特殊情况、贫困家庭进行补缺性照顾支持，而是应当将家庭作为公共政策作用对象的一个整体，通过发展社会保

① 张孟见．新社会风险下的家庭政策：欧洲经验与中国关照．广西社会科学，2015（9）：175－179.

② 盛亦男，杨文庄．西方发达国家的家庭政策及对我国的启示．人口研究，2012（4）：45－52.

③ 周培勤．北欧育儿假政策变迁的性别分析．妇女研究论丛，2013（1）：85－91.

④ 刘笑言．家庭角色的式微——新加坡家庭政策的现状和挑战．东南亚南亚研究，2012（2）：83－88，94.

障来减轻一部分家庭责任的负担，通过政策和制度性支持、引导和维护家庭发展，强调两性关系的公平以及代际关系的和谐。与此同时，家庭政策也要适应个人取向的变革，尊重、保护家庭的私人性和个体的独立选择性。

在家庭之中，两性关系是决定家庭能否健康发展的重要因素，直接影响着下一代的成长环境和家庭教育，也对家庭能否很好地承担其应当承担的养老责任起着直接作用。在第二节中，主要讨论的是在家庭政策的制定中，为什么和应怎样纳入性别平等这一观念。

第二节　性别平等视角下的家庭政策

《中华人民共和国宪法》第四十八条明确规定："中华人民共和国妇女在政治的、经济的、文化的、社会的和家庭的生活等各方面享有同男子平等的权利。"男女平等也是我国的基本国策。

然而，市场经济发展所带来的性别分工的社会分化却随着经济快速发展日益显现，劳动力市场对女性就业、升职的歧视也逐渐凸显。20 世纪 90 年代初，中国曾作为性别平等水平的国际排序远超过人类发展指数排序的国家，受到联合国的肯定。在此之后，虽然我国的人类发展指数国际排位逐渐提高，但是测量了男女机会的不平等性的妇女权利指数（Gender Empowerment Measure，GEM）的排位却明显下降。[①] 这种变化与我国实行经济体制改革、人口和家庭发生巨大变化的同时，没有同步推进公共政策以支持家庭承担更多责任，没有进一步将性别平等观念深化到生产、生活的各个方面有关。

要将家庭发展的视角纳入到我国今后的公共政策体系之中，必然要重视倡导性别平等，在考察我国家庭变迁的特点的基础上，通过一系列政策引导，潜移默化地改变人们的价值观念，提高妇女在家庭和社会的地位，帮助实现男女双方的工作—家庭平衡。

---

① 刘伯红，张永英，李亚妮．从工作与家庭的平衡看公共政策的改革与完善．中华女子学院学报，2010（6）：12－28.

一、家庭变化与性别平等

在讨论家庭变化、家庭政策和性别平等时，必然要回顾和讨论女性在参与社会经济活动中的角色变化及其对个体、家庭和社会带来的影响。

（一）发达国家发展水平和生育水平逐渐呈现反“J”型关系

随着科学技术的发展和工业化水平的提高，第二次世界大战以后的和平时期内，大多数国家已婚女性的劳动参与率逐渐提升。与此同时，越来越多的人不愿意结婚，同居和非婚生育的比例也逐渐上升，离婚事件也越来越多。

过去许多与家庭相关的经济理论认为，女性劳动参与率的提高是结婚和家庭行为变化（如生育水平的下降和离婚率的提高）的重要原因之一，并且尝试从经济角度解释人们的婚育行为。经济学家贝克尔认为，因为两性的分工或特长不同，相互之间的交换和依赖性是双方达成婚姻关系的最主要原因。[①] 女性专注于家庭生产和抚养子女，而男性则主要参与市场工作，这种女主内、男主外的婚姻模式是双方发挥比较优势的一种交换。随着现代化、工业化的发展和社会分工的细化，科技产品在家庭劳动中对人力的代替也进一步将女性从家庭中解放出来[②]，女性劳动参与率的提高和工资水平的提升使得这种传统的家庭内部分工逐渐弱化，女性结婚生育的机会成本提高。家庭能够给男女双方带来的效益的下降，降低了人们对结婚、生育的期待，改变了原本尽可能避免离婚的态度。第二次人口转变理论则进一步强调了现代化和个人主义的兴起是结婚比例和婚内生育水平下降、同居和离婚比例上升的重要原因，并认为这一现象将在亚洲国家逐渐显现。[③] 这两种理论都在一定程度上认为，未来的家庭层面的变化将延续这种趋势，即结婚比例会继续下降，生育水平会降到极低水平，而离婚率会进一步上升。

然而，许多欧洲国家近期生育水平的回升使得更多的人对这一判断产

---

① Becker G S. A Treatise on the Family. Harvard University Press, 1991.

② Stevenson B, Wolfers J. Marriage and Divorce: Changes and their Driving Forces. The Journal of Economic Perspectives, 2007 (21): 27 -52.

③ Lesthaeghe R. The Unfolding Story of the Second Demographic Transition. Population and Development Review, 2010 (36): 211 -251.

生质疑，经济发展水平和生育水平的反 J 型关系（即在一定的发展水平以前，生育水平随着经济发展水平提高而下降，但达到一定发展水平后，生育水平会随着社会经济的进一步发展而回升）也得到了一些研究的证实。[①②] 针对欧洲国家女性终身生育意愿的研究也显示，在个体和国家层面，女性的受教育程度和终身期望子女数量存在正相关关系。[③] 同时，美国近年来数据显示，高学历女性的离婚率更低。对追踪数据的研究亦显示，尽管经历婚姻问题的可能性相近，职业女性的家庭离婚的倾向更低。[④] 而工资的性别差异、职业女性比例的提升等因素是促成这一现象的原因，特别是法律上有关财产分割和赡养费的规定改变了离婚后不再有经济关系的局面，进而影响了婚姻的持续性。

（二）逐渐拉开序幕的性别革命

越来越多的研究开始探讨在发达国家（特别是北欧国家）的社会经济发展到一定程度后，日益深入人心的性别平等观念与近年来所观察到的发达地区婚育行为变化，特别是与生育水平回升之间的关系。

事实上，一些欧洲国家在 20 世纪所经历的非常低甚至极低的生育水平，可以用个体在社会层面所达到的性别公平的程度和在家庭内部所遵循的性别公平程度的差异来解释。[⑤] 女性的受教育水平不断提高，且更加广泛地参与到市场就业中后，尽管还存在男女收入不完全平等的问题，但男女同工同酬依然是指导性原则，这在很大程度上改变了以个体身份参与社会经济活动后的社会上的两性关系，使得社会层面的性别公平程度快速地提高。而家庭内部两性关系的观念在很大程度上受到传统观念的传承、生

---

① Myrskyla M, Kohler H－P, Billari F C. Advances in Development Reverse Fertility Declines. Nature, 2009（460）：741－743.

② Lacalle－Calderon M, Perez－Trujillo M, Neira I. Fertility and Economic Development：Quantile Regression Evidence on the Inverse J－shaped Pattern. European Journal of Population. doi：10.1007/s10, 680－016－9，382－4，2016.

③ Testa M R. On the Positive Correlation between Education and Fertility Intentions in Europe：Individual－ and Country－level Evidence. Advances in Life Course Research，2014（21）：28－42.

④ Newman A F, Olivetti C. 2015. Career Women and the Durability of Marriage. NBER Working Paper.

⑤ McDonald P. 2000. Gender Equity in Theories of Fertility Transition. Population and Development Review, 2015（26）：427－439.

活方式和行为的承载和强化[①]，其转变的速度比个体在社会中参与经济生产所获得的两性关系的变化要慢。这种差异性和不协调，使得那些在强调个人主义的社会中已经获得一定自主权的女性，推迟甚至是宁可保持长期同居关系也不愿意结婚，使得一些欧洲国家的生育水平在一定时间内持续走低。有学者认为，社会正在经历着一场性别革命（gender revolution），女性劳动参与率的提升仅是这场性别革命的上半场，其导致的性别平等的发展程度在社会层面要先行于家庭内部使得家庭关系紧张，引起了“第二次人口转变”中所描述的现象；之后，在家庭层面，随着男性逐渐参与到这场性别革命中，其下半场才逐渐拉开序幕，并逐渐加强家庭关系、突出家庭的作用。[②] 这就解释了，近年来妇女劳动参与率的提升与“第二次人口转变”中所描述的这些现象之间的关系日益减弱，甚至呈现出了相反的态势。瑞典是在这场性别革命中的先驱代表，尽管其代表性和对其他国家也将发生这样的变化的预示性仍有待考察，但在其他国家，一部分人也渐渐开始进入到这场革命的第二阶段。在选择机制的作用下，美国严重的社会分化程度使得至少获得大学教育的女性最先达到这种家庭内外性别公平程度相对平衡的状态。收入较高的女性在婚姻市场中寻找的是同时具有较高的经济潜力和愿意在家庭内部平等分工的男性，而其较高的受教育程度也保证其更有可能找到符合这些条件的男性。[③]

另有学者从较传统的人口学的角度对发展水平和生育水平的反 J 型关系进行解读，并提出了性别公平红利（a gender – equity dividend）的概念。[④] 这一观点认为，处于反 J 型的最低点的两侧的社会有着不同的性别公平程度，由工作—家庭矛盾所带来的低生育水平使人口年龄结构发生改变；考虑到男性较女性在更大的年龄结婚，这使得在适度的婚配年龄之间，女性相对男性来说人数更少，这促使传统的两性关系的改变并促进了

---

① Alesina A, Giuliano P, Nunn N. On the Origins of Gender Roles: Women and the Plough. The Quarterly Journal of Economics, 2013 (128): 469 – 530.

② Goldscheider F, Bernhardt Eva, Lappegård T. The Gender Revolution: A Framework for Understanding Changing Family and Demographic Behavior. Population and Development Review, 2015 (41): 207 – 239.

③ Cherlin A J. A Happy Ending to a Half – Century of Family Change? Population and Development Review, 2016 (42): 121 – 129.

④ Anderson T, Kohler H – P. Low Fertility, Socioeconomic Development, and Gender Equity. Population and Development Review, 2015 (41): 381 – 407.

家庭内部的性别公平，使得在社会层面和家庭内部性别公平的程度都达到较高的水平。但是，与人口红利相同，这一性别公平红利能否带来最终的性别公平，需要靠一系列社会、文化、经济和制度的变革来配合才能攫取。在南欧、东亚和东欧的一些发达国家，因为没有打破已经不符合时代要求的“男主外、女主内”的固有价值取向，缺乏良好的配套的社会政策、制度，社会层面和家庭层面的性别公平程度差异依然较大，工作—家庭冲突依然广泛存在，使得这些国家的生育水平一直低迷。

由此来看，性别平等/公平的发展程度与微观的个体幸福、宏观的人口变化和未来的社会经济都有着不可分割的关系。无论是从个体和家庭的幸福，还是从未来的社会经济发展来看，家庭发展政策必然要将性别平等/公平作为其政策目标之一贯穿始终。

二、注重性别平等的家庭发展政策

（一）家庭发展政策中性别平等的内涵

性别平等是承载着某种价值观的概念，其内涵亦是随着社会生产发展、生产关系变化而发展变化的。在制定家庭发展政策时，要明确这一点，并倡导和引导能够促进当前和未来可预见时间内社会发展的价值观念。对于这一观念的引导，是家庭发展政策所要达成的目标之一，也是保证家庭发展政策不断完善、顺利实施的因素之一，且应当体现在法律法规、经济生产、社会活动和家庭生活的各个方面。

需要说明的是，家庭发展政策中所要提倡的现阶段的性别平等的内涵，不是认为男女两性在各个方面都完全相同，而是在充分尊重和理解女性所承担的、相对男性更重的生育子女、繁衍物种的责任的基础上，在两性共同参与经济生产、价值创造的社会环境下，通过政策引导，帮助两性实现工作—家庭平衡，同时倡导两性在家庭生活中共同承担抚养子女、参与家务和赡养老人等家庭生产活动。从某种意义上来说，这种观念蕴含的是两性公平而非两性平等（尽管如此，为了符合人们日常用语的习惯，本章主要使用的还是“性别平等”这一说法）。现行的许多北欧国家有关育儿的家庭政策就是从性别公平的理念出发，通过政策法规的调节，尽量使得男女能够均摊育儿责任。[①]

在现有的社会制度和经济制度下，这种性别平等观念的传播和深化，在微观上有利于缓解家庭冲突和矛盾，在宏观上有利于未来人口的可持续性发展。进入21世纪以后，那些在20世纪经历过低生育水平的发达国家和地区的生育水平呈现出了两种截然不同的走向（除了加拿大）。其中，北欧、西欧、北美和大洋洲国家的生育水平较高，总和生育率平均达到1.9左右，而中欧、南欧、东欧和亚洲的发达国家或地区的生育水平较低，平均在1.3左右。有研究表明，不同的制度安排（institution）和以法律法规等形式确定下来的相关政策是导致其生育水平两种不同的变化趋势（除了加拿大）的重要原因。[②] 即使一些发达国家或地区为了鼓励结婚和生育，都出台过有利于妇女平衡家庭和工作的政策，但是这些政策的效果却大相径庭，不同的制度下的政策效果也有所不同。新加坡和韩国实行的相关鼓励政策对于提升生育水平也未见长期效果[③]，而那些暗含着性别公平理念，并且能够让年轻人更容易地平衡工作—家庭的角色，更快速地适应生命历程中不同阶段的转变的制度和政策会导致更高的生育水平。在加拿大魁北克，其生育水平在20世纪80年代一直低于1.5，部分年份低于1.4，但在近两年的生育水平都在1.7左右。其比较宽松的探亲假和子女津贴政策，以及1997年以后对儿童看护的大量补贴，对生育水平的提升有着重要作用，而育有1～5岁儿童的女性的劳动参与率也提升了8%。[④]

由此可见，家庭发展政策和相关制度对人口变化和经济发展有着重要的影响，一个符合客观时代要求的家庭发展政策既能够维持家庭内部的和谐稳定，也有利于社会经济的长期发展。

（二）引导性别观念的家庭发展政策及作用

就注重性别平等而言，家庭发展政策至少要蕴含消除就业性别歧视、帮助家庭成员实现工作—家庭平衡以及减轻家庭养老负担这些方面。

---

① 周培勤．北欧育儿假政策变迁的性别分析．妇女研究论丛，2013（1）：85－91.

② Rindfuss R R，Choe M K，Brauner－Otto S R. The Emergence of Two Distinct Fertility Regimes in Economically Advanced Countries. Population Research and Policy Review，2016（35）：287－304.

③ 郑真真．从妇女和家庭的视角重新审视与生育相关的公共政策．人口与计划生育，2016（4）：28－29.

④ Rindfuss R R，Choe M K，Brauner－Otto S R. The Emergence of Two Distinct Fertility Regimes in Economically Advanced Countries. Population Research and Policy Review，2016（35）：287－304.

首先，保障两性公平就业，让女性实现自身的职业发展，是为了塑造性别平等理念的经济基础的重要政策导向，同时，让女性广泛地参与劳动、“撑起半边天”是保障我国未来经济发展和有效应对老龄化的重要保障之一。而支持双职工家庭模式并不必然会对宏观的生育水平产生负面的影响。尽管从个人层面上看，女性的劳动参与和生育存在一定的冲突，但是这一冲突是能通过政策制度调节而减弱的，而且国家层面的数据则显示，女性劳动参与率和生育水平存在正相关关系，并且女性工作与家庭的平衡在一些国家更容易实现。①

其次，帮助家庭成员实现工作—家庭平衡既蕴含着性别平等的理念，也是促进就业公平的重要手段，更有利于促进个体幸福、家庭发展。一项针对瑞士的研究显示，对女性来说，为人母能够提高其幸福感，但是这种幸福感的提升对那些在生育前就要工作更长时间的女性来说比较小。② 澳大利亚的数据分析结果也显示，生育对主观幸福感的负面影响仅出现在那些面临严峻的工作—家庭平衡问题的妇女身上。③ 而我们所强调的家庭成员实现工作—家庭平衡，并非仅仅是妇女的工作—家庭平衡，而是同时在家庭相关政策中强调男性在家庭生活中的责任，其工作—家庭之间亦需要进行平衡。就现在的情况来看，男性应当更多地参与到家庭劳动和子女教育中，这不但有利于加强家庭成员间的互动关系，也有利于子女的人格培养，更是通过言传身教的方式将这种共同参与家庭活动的两性关系传达给下一代。同时，还应当鼓励大多数人能够负担得起的专业托幼服务和儿童看护机构的发展，给予一定的优惠和政策倾斜，使其能够有效地分担家庭负担的总量，更有利于家庭成员对家庭内部劳动进行分工，更快地实现工作—家庭平衡。

除了从养儿育女、日常家务等方面提倡性别平等外，未来有关家庭养老支持政策的制定也应当纳入性别平等视角，这也是实现工作—家庭平衡的重要方面。随着我国老年人口绝对数量和占总人口比例的提高，相应的

---

① Brewster K L, Rindfuss R R. Fertility and Women's Employment in Industrialized Nations. Annual Review of Sociology, 2000 (26): 271 -296.

② Roeters A, Mandemakers J J, Voorpostel M. Parenthood and Well - Being: The Moderating Role of Leisure and Paid Work. European Journal of Population, 2016 (32): 381 -401.

③ Matysiak A, Mencarini L, Vignoli D. Work - Family Conflict Moderates the Relationship Between Childbearing and Subjective Well - Being. European Journal of Population, 2016 (32): 355 -379.

养老服务需求也迅速增加，但是现阶段我国的养老机构在管理、服务及设施方面还存在许多问题，长期照料服务费用也依然较高，老年人日常生活的照料还主要由家庭成员承担。研究显示，老年家庭照料者大多数为女性（女儿或者儿媳）；尽管儿子和女婿提供了大量照料服务，但女性依然承担着主要的非正规照料。[①] 虽然越来越多的人们认识并承认养儿育女和家务活动是应当由男女双方共同承担的责任，但对家庭生活的另一重要方面——养老照料——对职业女性所施加的非报酬性（unpaid）劳动重担却没有足够的认识。随着我国家庭的小型化发展和日益明显的人口老龄化、个体寿命延长，养老照料与女性发展的矛盾（特别是在独生子女家庭）也会日益突出，家庭养老的支持政策应当将这一点纳入到政策体系之中。

有关家庭养老支持政策的内容，将在第三节展开讨论。虽然家庭养老依然是养老的主要模式，但是政策应当鼓励居家养老模式中社区功能的发展，分担家庭的养老责任，对于收入较低或贫困家庭可以考虑用公共财政兜底、购买服务等方式，并强调男性在家庭养老中应当承担的责任。

第三节　家庭养老支持政策

从中国未来的快速老龄化趋势以及长期的家庭养老传统上看，应当选择一套既能普惠性地让老年人享受到社会福利，又能充分考虑国家的可持续发展，且具备可持续性的养老模式。现阶段，应当倡导以家庭养老为基础的居家养老和机构养老相结合、政府主责监管和兜底的模式。

一、代际关系的理论探讨

从理论研究上看，家庭内部的代际关系更多地包含着非利他性（即家庭代际间的某种潜在协议）的因素而不是完全利他性的因素，这种特点使得家庭养老具有持续性，而享有过高的养老福利水平会对生育水平产生负面影响而不具有可持续性。

---

① 马焱．从公共政策层面看对女性老年家庭照料者的社会支持．妇女研究论丛，2013（5）：55－61，82.

简单利他性的解释假设代际间的情感关怀是单向的，要么是父辈对子女（下行利他性，descending altruism），要么是子女对父辈（上行利他性，ascending altruism），更复杂一些的利他性解释则假设代际间的利他性是相互的、同时存在的。但是，无论是哪种情况，这种完全利他性的解释都不足以解释现实情形而被实证研究所质疑。①②

非利他性的解释则假设个体仅仅关心自己一生的消费，如果个体向其他家庭成员转移财富，则是为了实现某种交换。③④ 在这种假设下，家庭内部代际间金钱或资产的转移需要依靠家庭成员间的信任或静默协议（tacit agreement）来达成和解释。⑤ 这种静默协议中所暗含的家庭制度（family constitution）要求家庭中的中年人（上有老、下有小的那一代人）抚养子女并赡养老人。并且，这种制度具有自我强化性，中年人要通过赡养老人才能在自己进入老年后从子女处得到同样的回报⑥，而中年人对子女的抚养也是这种家庭制度中的代际间信用（intergenerational credit）的积累行为，通过财富转移或设立遗嘱的方式要求自己在老年时得到子女的赡养。许多研究证明，即便是在发达的市场经济体中，许多人依旧遵从这一家庭制度，而且家庭成员自愿转移财富的可能性并不会因其收入的高低或资产的多少而存在明显差异。在这种情况下，公共养老福利水平的提高会对未来的生育水平产生负面影响⑦，进而使得公共养老成为一项较大的财政负担且在长期不具有持续性。

因此，从理论上看，家庭养老模式是会长期存在、也是应当长期存在

---

① Cox D. Motives for Private Income Transfers. Journal of Political Economy，1987（95）：508 – 546.

② Altonji J G，Hayashi F，Kotlikoff L J. Is the Extended Family Altruistically Linked? Direct Tests Using Micro Data. The American Economic Review，1992（82）：1177 – 1198.

③ Cox D，Rank M R. Inter – Vivos Transfers and Intergenerational Exchange. The Review of Economics and Statistics，1992（74）：305 – 314.

④ Cox D，Jakubson G. The Connection between Public Transfers and Private Interfamily Transfers. Journal of Public Economics，1995（57）：129 – 167.

⑤ Cigno A. Family Theory：Economics of Intergenerational Relations A2 – Wright，James D. International Encyclopedia of the Social & Behavioral Sciences（Second Edition）. Oxford：Elsevier；2015，826 – 828.

⑥ Cigno A，Giannelli G C，Rosati F C，Vuri Daniela. Is There Such a Thing as A Family Constitution? A Test Based on Credit Rationing. Review of Economics of the Household，2006（4）：183 – 204.

⑦ Fenge R，Scheubel B. 2016. Pensions and Fertility：Back to the Roots. Journal of Population Economics：1 – 47. doi：10.1007/s，148 – 016 – ，608 – x.

的养老模式，家庭政策也应当引导和维持这种养老模式的存在。非利他性解释的资源交换模式也得到了针对中国城市居民的实证研究的证实。[①] 而从我国当前的经济发展水平、未来老龄化的程度以及长期存在的观念上看，以家庭养老为基础的居家养老应当是我国未来一段时间内的主要养老模式。

二、我国现阶段的养老模式

从其他国家的经验来看，家庭成员之间的亲密关系与关怀对老年人来说是不可或缺的，即便是在福利水平较高的发达国家，家庭养老模式依然存在，只不过其在养老中所承担的责任较轻。从我国人口年龄结构的变化特点以及家庭中长期秉持的养老观念来看，以家庭养老为基础的居家养老是我国未来老龄化快速提高阶段的主要养老模式，在合理的政策引导下，这种养老模式也能够加强家庭观念、促进家庭发展。

（一）以家庭养老为基础的居家养老

《中华人民共和国老年人权益保障法》第二章第十三条规定："老年人养老以居家为基础，家庭成员应当尊重、关心和照料老年人。"在我国，以家庭养老为基础的居家养老模式已经逐渐开始推广。这种养老模式一方面保留了我国传统的家庭养老方式，让老年人享受到家庭的关怀和天伦之乐；另一方面结合了专业、高效的养老服务，注重减轻家庭养老负担并支持家庭养老，提高老年人的福利水平。

首先，家庭养老依然是中国城乡老年人养老采取的主要方式，大多数的高龄老人仍然与后代生活在一起。[②] 这种养老模式不单单关乎家人给老年人带来的关心和精神慰藉，其包含的更是一种责任和义务，是应当在未来长期存在的养老模式。在深受儒家文化影响的日本和新加坡，其养老制度体系亦强调家庭的作用，以法律形式明确子女对父母的赡养义务，并通过经济手段引导这种文化的传承和发展。[③] 同时，一些高福利西方国家所面临的问题以及我国"未富先老"的现实，注定我国不可能在现阶段照搬

① 陈皆明．投资与赡养——关于城市居民代际交换的因果分析．中国社会科学，1998（6）：131－149.

② 郭志刚．中国高龄老人的居住方式及其影响因素．人口研究，2002（1）：37－42.

③ 郭竞成．居家养老模式的国际比较与借鉴．社会保障研究，2010（1）：29－39.

福利国家的养老模式，家庭依然需要承担起养老的责任与义务。

其次，居家养老模式以家庭养老为基础，但其内涵又不同于传统的家庭养老，这种养老模式强调了社区可提供的养老服务，包括日间托老、老年餐桌、送餐服务等内容。由社区来提供各类养老服务，一方面，有助于减轻在社会化生产的情况下日渐弱化的家庭养老负担，特别是减轻常常被赋予更多老年照料责任的女性的家庭劳动的强度；另一方面，利用专业化、职业化的养老服务的发展提高老年人养老的专业性和高效性，提高有限的社会养老资源的使用效率。

另外，农村青壮年劳动力大量外出流动，传统农村的家庭养老功能弱化，目前农村老人主要依靠“被动的”自我养老模式，这种养老模式是建立在当前老年人低龄化且身体尚可的基础上的，具有脆弱性和暂时性。[①]但是，农村老年人集居化程度低，建设和运行居家养老服务存在困难，不一定适合发展类似城市的养老服务模式。因此，在完善农村养老保障体系的同时，应当在农村地区探索新的居家养老模式。一方面，在鼓励家庭养老的同时，要注重建立多元的农村养老社会支持网络，利用农村地区密切的邻里关系，加强农村社区内部的互助养老[②]；另一方面，依托现有的乡镇敬老院等平台，挖掘和整合现有资源，融入一定的医护照料体系，发展机构养老的模式，鼓励失能或是半失能农村老人集中居住，提高农村老年人的福利水平。[③]

此外，还应当完善相应法律法规，为“老有所为”创造良好的政策和制度环境，鼓励低龄及有能力的老年人参与经济生产、家庭照料、志愿服务和终身学习等家庭或社会活动，促使老年人自我价值和社会价值的实现，建立起代际间互助的和谐关系。[④]

（二）发展机构养老及专业养老服务

在坚持现阶段以居家养老为主要养老模式的同时，我们也应当意识

---

① 陈芳，方长春．家庭养老功能的弱化与出路：欠发达地区农村养老模式研究．人口与发展，2014（1）：99－106.

② 陈芳，方长春．家庭养老功能的弱化与出路：欠发达地区农村养老模式研究．人口与发展，2014（1）：99－106.

③ 陈友华．居家养老及其相关的几个问题．人口学刊，2012（4）：51－59.

④ 杜鹏，王菲．“老有所为”在中国的发展：政策变迁和框架构建．人口与发展，2011（6）：34－38.

到，居家养老模式并非万能灵药，养老产业的专业化以及养老机构的发展也不能忽视。①

居家养老模式的普及是需要被照料者有一定自理能力的条件基础的，比较适合处于有养老需要的生命周期的初期阶段的老年人。因此，居家养老模式的普及比较适合现阶段以及未来一段时间的老龄化态势的养老模式。由于人们的健康水平逐步提高，大多数刚刚跨入六十岁的老年人具备自理能力，居家养老的社区服务能够提供一般生活照料、学习教育机会和组织参与社交等内容，弥补家庭养老能力的不足、缓解家庭与子女照料负担。

但是，随着人们预期寿命的延长和人口进一步老龄化，高龄老人、失能老人数量和比例将进一步提高，届时，会有更多完全丧失或部分丧失生活自理能力、需要长期医疗护理的老年人。那些生活无法自理的老年人只能与很有可能亦是老年人的子女同住，反而在很多情况下无法得到社会政策与服务的支持，不但使得老年人无法得到专业的、及时的老年看护，也使得主要的照料者（特别是女性）负担过重或者失去自身发展的机会，提高养老的家庭和社会成本。因此，以补缺和支持家庭养老为特征的居家养老服务无法再满足这类老年人的养老需求，高龄或失能老年人的养老需要依靠具有医护能力的专业养老机构来支持。因此，政府的公共财政要注重对养老服务人员和护理人员的专业化培训，使更多护理人员达到《养老护理员国家职业标准》，提高未来医养结合的养老模式的水平。可以预见，未来在居家养老为主、社区养老支撑的情况下，入住养老机构养老的老年人具有选择性，往往是身体状况可能更差的老年人。养老机构的建设和发展应当将这些因素考虑在内，在设施、设备和人员上更需要专业性的建议和导向。

另外，在发展专业化养老时，要以个人（即老年人这一对象）为中心，将生活照料、护理照护和卫生医疗这些老年人同时需要的服务结合起来，还要重视对老年人不同层次的照料，包括娱乐、精神健康、预防疾病等服务。要求照料者、被照料者和相关的专家共同参与到老年人的照料体系中，通过社区养老机构和医疗机构间的协调配合满足老年人赡养服务、

① 陈友华．居家养老及其相关的几个问题．人口学刊，2012（4）：51－59.

长期照护的需求和慢性、急性医疗的需要，卫生监督部门要对医疗照料机构进行审计监督，加强医养结合的关联性，建立起“整合照料”的养老服务理念。①

（三）建立广覆盖的养老体系

养老服务体系是社会保障体系的一部分，要避免因为养老服务体系的建立反而拉大了不同群体之间在福利和健康之间的差异。我国现阶段需要建立的是一个能够广覆盖的养老体系，以完善社会保障体系，缩小城乡之间、地区之间、企业与事业单位之间养老金待遇的差距。②

建立广覆盖的养老服务体系需要多方合作，政府、医疗机构、商业组织、非盈利组织以及家庭和个人的非正式社会支持都是养老服务的重要提供方。其中，政府要明确自身在养老体系中的定位，应当是养老体系的主要引导者、相关政策制度的制定者和老年服务的评估与监督者。首先，政府的角色需要逐渐从过去的服务主要提供方转变为主责评估、监督和收集反馈的管理者，利用社会和市场的力量发展养老服务业、提高养老服务的专业性。其次，要认识到养老服务是社会保障的重要部分，要让每位老年人平等地享有获得养老服务的权利，这种普惠性的养老服务体系的建立和运行离不开法律的保障。芬兰在养老服务体系的建立方面起步较早，已经制定了一系列与养老服务、规范服务机构的资质与质量的法律文件。这类法规注重保护服务对象的权益，保障全国的老年人都能享受到高质量的照料和健康服务，明确各方的责任与义务，给养老服务予以制度性支持。③

在广覆盖的养老体系下，要想让老年人在实际上有能力享有和在实际上愿意消费养老服务，需要考虑给老年人的家庭和养老服务机构进行双向的引导性补贴或政策性优惠。

为了缩小不同群体的老年人所享受的福利和健康水平的差异，可以制定详细的评估细则和条款，并据此对老年人的家庭情况进行标准化的评

---

① 杜鹏，李兵，李海荣．“整合照料”与中国老龄政策的完善．国家行政学院学报，2014（3）：86－91.

② 李建民，杜鹏，桂世勋等．新时期的老龄问题我们应该如何面对．人口研究，2011（4）：30－44.

③ 杜鹏，谢立黎．以社会可持续发展战略应对人口老龄化——芬兰老龄政策的经验及启示．人口学刊，2013（6）：25－33.

估，根据老年人家庭的经济条件和身体状况来决定老年人享有居家养老服务或机构养老服务的补贴。例如，政府为家庭经济困难的鳏寡老人、高龄老人购买无偿或低偿的养老服务，而其他老年人则由家庭或个人出资从市场购买养老服务。[①] 芬兰政府在对老年人的经济状况进行调查后，通过发放养老券补贴使得其收入水平能够负担得起养老院的平均消费水平，从而保证其享有社会养老服务权利的平等性。[②]

另外，由于养老服务产业的发展带有保障性质，不能等到老年人无处可去了再建设和发展，因此，对于那些预期未来短时间会有大量老龄人口社区周边的微利甚至负债的民办养老服务机构，在其发展初期应当给予更多的补贴性支持。同时，政府应该鼓励多元投资，借助社会力量养老。在坚持社会化养老是基本公共服务体系中的一部分的同时，引导社会企业走兼顾社会效益和经济效益的双红利的发展道路，同时收获社会道德红利和商业经济收益。[③]

第四节　我国家庭发展的政策需求与政策提供

家庭发展政策的制定需要综合多个视角、考察不同政策所带来的综合效果及其可能的溢出效应。既要从纵向的角度，涵盖个体在生命历程的不同阶段所需要的支持，也要从横向的截面角度，注重协调家庭内部夫妻间和代际间的关系；既要用发展的观点，对政策所带来的价值观的导向作用进行考察，也要用联系的观点，看到家庭发展政策与其他社会政策之间的效果放大效应（即 $1+1>2$）或可能存在的冲突；既要注重家庭中每个个体的选择权和自身发展的需要，又要注重发挥家庭作为应对社会风险和压力的一个整体的作用。

从家庭所面临的风险来看，我国亟须建立一套能够具有普惠性的家庭

① 陈友华．居家养老及其相关的几个问题．人口学刊，2012（4）：51－59.

② 杜鹏，谢立黎．以社会可持续发展战略应对人口老龄化——芬兰老龄政策的经验及启示．人口学刊，2013（6）：25－33.

③ 穆光宗．我国机构养老发展的困境与对策．华中师范大学学报（人文社会科学版），2012（2）：31－38.

发展政策，从整体上提高个体的发展能力、家庭的抗风险水平并促进社会经济的可持续性发展。从我国现在的经济发展水平来看，家庭发展政策应当以广覆盖、保基本和特殊扶助并存为主要形式。从未来的社会发展趋势来看，家庭发展政策需要起到引导社会价值观念的作用，注重少儿全面发展、强调性别关系平等和提倡尊老敬老观念。

一、新时期下对家庭发展政策的迫切需求

我国人口与家庭所经历的变迁及面对的挑战在本书的前面章节已经有了详细的论述。在未来一段时间内，我国人口、家庭将要经历进一步的变化和应对更多的风险，对家庭发展政策有着迫切的需求。

首先，随着我国生育政策的变化，家庭在生育行为上具有更大选择空间的同时，也面临着更多的生存和发展压力，在社会层面，个体（特别是女性）的发展也受到影响。当前，随着市场经济改革的深化，我国职业妇女所面临的工作和家庭平衡的困难和挑战日渐严峻。20 世纪五六十年代，工业化和人民公社运动促使中国妇女的劳动参与率高于许多发达国家，而后来实行的社会主义市场经济和计划生育政策使得中国妇女进一步从“男主外、女主内”的家庭分工中解放出来，妇女地位进一步提升。然而随着市场经济的深化和人们对于子女教育的日益重视，城镇职业女性原本在“单位制”下被削减的就业和家庭责任的重担，因为没有相应的公共服务的支持而重新回到女性身上，使得无报酬的家务劳动、生育行为和子女教育对妇女的职业影响日益加剧，原本快速发展的性别平等意识停滞不前甚至倒退，“男主外、女主内”的落后理念卷土重来。1971～1980 年生育子女的从事非农劳动妇女因为生育而中断职业的比例为 5.9%，而这一比例在 2001～2010 年提高至 35.0%。[①] 这种由生育行为带来的对妇女未来职业发展的负面影响，甚至是不再返回稳定的工作岗位，使得妇女在家庭中的经济地位下降。而这种趋势也会产生社会性的影响。例如，用人单位在招人时，会预期妇女在经历生育时会中断甚至永久性地离开岗位，而在同等条件下不雇佣女性，或者减少对妇女的职业培训的投入，这将进一步在社

① 黄桂霞．生育支持对女性职业中断的缓冲作用——以第三期中国妇女社会地位调查为基础．妇女研究论丛，2014（4）：27－33.

会上降低妇女的地位。生育政策的宽松化调整更进一步加强了用人单位在招工或升职考核时的这种预期，其影响是具有社会性和普遍性的，无论女性个体在实际上如何规划自己未来的结婚或生育行为，都会受到影响，致使女性在家庭外部的社会地位下降。

这一女性在家庭外部的社会制度上的地位下降与《最高人民法院关于适用〈中华人民共和国婚姻法〉若干问题的解释（三）》强行将家庭内部的性别平等提升到新高度的做法产生了冲突。如果没有公共政策的引导，可以预见，这一冲突会使得女性增加在家庭外部的社会经济生产中的投入，推迟结婚生育或不愿意结婚生育，有可能会使生育水平在一定时间内降到极低水平；这种情况只有在女性在家庭外的社会经济地位显著提升而绝大多数人被迫接受性别平等观念，社会整体层面达到女性在家庭外部的地位与在家庭内部的相对地位相协调后，才会改变。在欧洲国家，性别平等在过去主要是北欧国家的明确政策目标，但如今低生育水平的压力促使更多的欧洲国家的家庭政策体现出性别平等的价值取向，大多通过要求男性在产后休带薪假的方式平衡女性的工作—家庭矛盾。从更长远的社会发展角度上看，男女平等的价值观念的普及，是更好地利用劳动力资源和实现社会经济可持续发展的必然选择。因而，未来家庭发展政策的制定，也不应当仅限于与育儿相关的产假、陪护假等方面的规定，在社会经济层面，就业政策也要致力于改变就业性别歧视的现状，缩小企业在有家庭责任和无家庭责任的个体之间、男性和女性员工之间选择雇佣时考虑的成本/效益的差异，推动性别平等观念的普及。因此，政府应当将社会性别平等意识纳入决策的主流，在制定各类公共政策时，都要摒弃传统的性别观念，朝着能够促进男女两性公平地承担社会建设责任和家庭发展责任、享有社会发展和家庭幸福权利的方向考虑。①

其次，生育政策的宽松化调整会在短期内形成一波较大数量出生人口的增加，这些出生队列在妇幼保健、托儿和学前教育等方面相较之前的较小队列有更多的需求。儿童的健康发展关乎着社会经济的未来，儿童的照料和教育不仅仅是家庭的义务，也是社会应当共同承担的责任。因此，从

① 刘伯红，张永英，李亚妮．从工作与家庭的平衡看公共政策的改革与完善．中华女子学院学报，2010（6）：12－28.

关注育龄夫妇的生育需要开始，就应当制定具有普惠性质的家庭发展政策，提供及时有效的专业咨询和技术服务，帮助育龄夫妇在其希望的时间孕育健康的孩子。[①] 同时，公共政策应当根据儿童成长的生命历程的需要，加强对专业的儿童健康照料和教育等的服务行业的扶持，补充市场经济发展下对于家庭发展支持的公共服务的缺位。要认识到，对于儿童早期教育的关注和发展，并非仅仅是教育部门应当负责的问题，也是关乎家庭成员的责任和直接影响家庭成员劳动参与的事情，应当与家庭发展政策的制定共同推进。同时，人们对于能否在家庭经济承受范围内找到相对优质的资源和新生子女能否得到良好的照顾的预期，与家庭成员能否达到工作—家庭平衡一起，决定了生育政策的宽松化调整在长期能够对稳定我国生育水平起到多大的作用。

另外，公共政策的制定也应当考虑到中国家庭结构的变化以及家庭风险的提升，注重提升各类家庭的抗风险能力。在加速的人口老龄化、快速的现代化和城市化进程下，中国家庭逐渐呈现出小型化、核心化的特征，老年型家庭、空巢家庭增多[②]，留守家庭、计划生育特殊困难家庭等所面临的问题日益受到人们的关注。[③] 就大部分家庭而言，进一步老龄化的趋势所带来的养老压力体现在各个家庭内部，家庭的小型化降低了家庭的养老能力，老年人对社会养老的需求日益增长。家庭发展需要政府制定家庭发展政策来引导市场、社会和社区共同搭建社会保障及福利体系、分担养老责任，支持和帮助家庭更有效地整合社会资源。[④] 就独生子女家庭而言，相对于非独生子女家庭，其子女伤残风险、家庭养老困难等问题可能更加突出。女性、学历较低者、市郊计生家庭、年纪大者、收入水平较低者是相对弱势的计生群体[⑤]，家庭发展政策应当对这些群体有所倾斜。同时，随着我国流动人口规模的日益增加，流动人口家庭化的特征逐渐明显，这

① 郑真真．从妇女和家庭的视角重新审视与生育相关的公共政策．人口与计划生育，2016（4）：28－29.

② 刘中一．现阶段我国家庭发展的新变化与公共政策应对．调研世界，2012（10）：8－12.

③ 陆杰华，汤澄．人口转变背景下风险家庭表现形式、成因及公共政策再建构．河北学刊，2016（3）：145－151.

④ 石智雷．计划生育政策对家庭发展能力的影响及其政策含义．公共管理学报，2014（4）：83－94－143.

⑤ 程名望，周向红，潘烜．计划生育家庭对优先优惠公共政策的需求分析——以上海321个样本为例．人口与经济，2009（2）：29－32.

种流动性虽然提高了家庭的经济水平却抑制了传统家庭功能的发挥。① 留守妇女和留守老人所获得的家庭支持十分有限，难以承担起教育子女、照料老人等家庭责任，更需要家庭政策的补贴和帮助，以降低其经济压力和贫困风险。此外，家庭政策也要给予单亲家庭、隔代家庭等抵抗风险能力较弱的家庭一定支持，在政策上对承担着抚养和教育未成年子女的困难家庭提供救助和倾斜。

总之，现阶段我国对家庭发展的政策需求日益迫切，而家庭发展政策不仅需要达到眼前的降低家庭风险、提升发展能力的目标，还要起到引导社会价值观念、促进可持续发展的作用，更要与其他相关的社会经济政策相协调配合，构筑有利于社会进步的政策体系。

二、构建与各方面相协调的家庭发展政策

无论社会机构能够提供的服务如何多样，政府提供的帮助如何全面，家庭对于个体发展的影响和作用都无法被替代。当前，我国应当提出更加明确的家庭发展政策并具有专门的家庭政策的制定、评估机构，将家庭发展作为推动社会经济发展、实现人口长期均衡发展的重点之一。这种家庭政策的变化实际上是对当前及未来一段时间内政府、社会与家庭的责任边界重新界定的过程，家庭政策起到的是引导家庭健康发展的作用，更是从社会层面进行整体性治理的方面之一。

中国经历着人口与家庭的“双变迁”，且这种变迁内嵌于快速的经济发展和社会转型之中，中国的家庭变迁远比西方国家复杂，因此，我国家庭政策的制定既要吸收西方国家家庭政策的经验，也应当具有符合中国国情的特色，对于传统的家庭伦理观念也要有所思辨地接受和改造②，形成一套动态的、多元的、多层次的家庭发展政策。

首先，从目标定位上看，我国要构建的是一个较为完善、具有整体性且极为明确的家庭发展政策。要有利于社会、经济和人口的长期均衡发展，要有利于达到家庭幸福、性别平等、儿童发展和保障养老等多方面目

---

① 陆杰华，汤澄．人口转变背景下风险家庭表现形式、成因及公共政策再建构．河北学刊，2016（3）：145－151.

② 彭希哲，胡湛．当代中国家庭变迁与家庭政策重构．中国社会科学，2015（12）：113－132，207.

标。过去，中国的家庭政策主要表现为补缺的模式，主要关注的是失去家庭依托的边缘弱势群体或面对重大危机的家庭，缺乏能够在普遍意义上惠及大部分甚至所有家庭的家庭发展政策。[①]

其次，从实施对象上看，应当明确家庭作为一个整体作为政策引导和服务的对象。家庭是最基本的社会单元，直接关系着个体的幸福与未来发展，家庭政策的制定应当引导家庭的幸福发展。同时，虽然本章在讨论家庭政策时着重于核心家庭的家庭类型，但是在普遍性的家庭发展政策的基础上，也应当保留对原有的补缺性，对计划生育特殊困难家庭、留守家庭等风险较高的家庭给予保护和扶助，使家庭政策能够惠及更多家庭。

同时，从政策内容上看，注重对家庭抚养子女、医疗健康和赡养老人等功能的支持。考虑到我国当前的社会经济水平以及庞大的人口、家庭数量，维护家庭发展的政策应当以保证基本福利的方式，借鉴西方国家的税收减免等措施提供福利保障，同时加大对儿童发展、社区养老服务的公共投入以建立专业的儿童成长和养老保障体系[②]，还可以参考制定育儿假父母配额的方式推动性别平等。

另外，从预期作用上看，家庭政策应当明确政府、社会和家庭的责任，重视家庭建设，鼓励和支持家庭应当承担的责任。无论在子女抚养、个体成长和照料老人方面，家庭成员间所起到的教育、关怀和抚慰的作用都是无法由社会服务或是政府支持所替代的。鼓励和支持家庭应当承担一定的责任，并不是等同于将政府或是社会应当承担的责任转嫁给家庭，而是通过家庭政策支持家庭发挥其应有的功能。

此外，从具体实践上看，家庭政策具体内容的制定应当与其他相关的社会制度、经济政策等相协调和配合。应当认识到，家庭政策对于家庭幸福发展的引导作用并不在于出台单一的有关产假的规定或是再婚者的税收减免条例，而是通过与其他社会经济制度相配合的情况下、由“部门联动”（包括财政、住建、教育、民政、劳动、交通和社保等多方面）支持的情况下发挥作用的，同一项或者类似的家庭政策，在不同的社会经济制度下所能够发挥的作用可能会截然不同。

---

① 胡湛，彭希哲．家庭变迁背景下的中国家庭政策．人口研究，2012（2）：3－10.

② 盛亦男，杨文庄．西方发达国家的家庭政策及对我国的启示．人口研究，2012（4）：45－52.

当然，我们也应当认识到家庭政策的制定并非一蹴而就。要在制定政策的同时，建立政策效果的评估体系，评价家庭政策与其他政策的共同作用，其短期效应和长期效果。此外，还应当以发展的观点来看待未来家庭政策的制定与调整，家庭政策应当是与时俱进、因时制宜，贴近并引导当时社会主流观念，促进家庭幸福健康发展。

另外，制定了家庭政策、明确了家庭责任之后，要在主流社会和媒体中倡导新的价值观念，在充分尊重个体的选择权的同时引导和维护家庭发展。并且，家庭政策的顺利实施还需要相应的法律法规保驾护航，2015 年由全国人大通过的《中华人民共和国反家庭暴力法》是保护家庭成员合法权益，促进家庭和谐、社会稳定的重要法律文件。然而，这也仅是第一步，在确立法律文件、实现有法可依的基础上，提高执法能力，做到有法必依、执法必严，才能使得法律文件发挥作用，切实维护平等、和睦、文明的家庭关系。

第十五章 家庭与社会同发展、共和谐

家庭发展与社会发展是并行不悖的，家庭和谐与社会和谐也是相得益彰的。21 世纪以来，党中央提出了和谐社会的伟大构想，它不仅是与时俱进地发展马克思主义从而凝结成的理论硕果，而且也是融会贯通地继承中国优秀传统从而提炼出的思想精华。在实现中华民族伟大复兴的中国梦的征程中，社会和谐不可或缺，这既反映了中国特色社会主义的本质属性，也昭示着中国特色社会建设的基本目标。而建设和谐社会必须紧紧依靠和谐家庭建设，唯有"和谐"道出了家庭发展最朴素的真谛，也唯有"和谐"体现着家庭与社会发展的统一。

第一节 和谐社会建设的思想与理论

一、和谐社会的马克思主义理论渊源

马克思主义是"伟大的认识工具"，也是"有力的思想武器"，它是在实践中不断总结提炼的规律宝库，也是在革命中逐渐发展壮大的理论集合。尽管其诞生于 150 余年以前，但是时至今日，马克思主义依然焕发着强大的生命力、显示出独特的吸引力。中国共产党对中国特色社会主义总体布局的每一次新认识、对中国特色社会主义科学内涵的每一点新发现，无不都是在马克思主义的指导下，从世情国情的新状况、新问题出发，与人民群众的新经验、新需要相结合，进而实现的新探索、新跨越。作为中国共产党对中国特色社会主义本质属性的深刻探索和对中国特色社会建设基本目标的重大创新，和谐社会理念的提出更是如此。"和谐"是社会主义思潮发端之后所呈现出的重要色调。作为马克思主义三个理论来源之一的空想社会主义就曾明确使用"和谐社会"的概念，马克思和恩格斯在

《共产党宣言》里对此给予充分的肯定，认为其是“关于未来社会的积极的主张”①。而马克思主义视野下的“和谐”不仅继承了这一“积极的主张”，同时又实现了对抽象的片面的理性思维的跨越，在实践的基础上形成了具体的、全面的和谐观。

一方面，马克思主义反对将“和谐”视为绝对抽象的社会平等或者没有矛盾和没有问题。一种所谓的“真正社会主义”观点从“思维着的悟性”出发认为：“（公民与国家的关系）最终的结果是单个生命和总合生命的有意识的统一，是和谐。”② 马克思主义严肃地驳斥这种以近代资产阶级绝对抽象的社会平等观为价值基点的“天然和谐论”，明确地指出：“单个生命和普遍生命之间的这种两极的关系表现为它们有时互相斗争，互相敌对，而有时又互相制约，互为基础……从这里得出的‘最终的结果’顶多也不过是不和谐与和谐之间的和谐，而从所有这些对一切尽人皆知的词句的无限重复中只可以得出作者的这样一种信念，就是他竟认为他用个别性和普遍性这两个范畴所玩弄的那套无谓的、极其勉强的戏法却是解决社会问题的真正形式。”③ 而另一种以凯里、巴师夏等为代表的资产阶级“庸俗和谐论”则持有漠视矛盾、掩盖问题、进而宣扬资本主义“经济和谐”的主张：“利润率有随着生产资本增长而下降的趋势这一事实……劳动份额即工人在总产品中所占份额的价值增长了，而资本则通过总利润的增长得到了补偿。”④ 马克思主义对其也给予了直接的批判：“古典经济学一再谈论的以及李嘉图以科学的无情态度着重强调的那些令人不快的对立、对抗，这样一来就被冲淡了，变成了无忧无虑的和谐。”⑤ 在马克思主义看来，“和谐”是差异的、多样的统一，是社会的、历史的统一，它是社会实践过程中的差异性互补，是具体历史情境下的多样性共存。和谐社会不是在绝对平等的基础上抽象地建构出的“头脑的产物”（例如，“天然和谐论”），也不是把矛盾和问题歪曲或搁置后建构出的“邪恶的意图”（例如，“庸俗和谐论”）。构建和谐社

---

① 中共中央编译局．马克思恩格斯选集（第一卷）．北京：人民出版社，1995：304.
② 中共中央编译局．马克思恩格斯全集（第三卷）．北京：人民出版社，1960：568.
③ 中共中央编译局．马克思恩格斯全集（第三卷）．北京：人民出版社，1960：568.
④ 中共中央编译局．马克思恩格斯全集（第四十六卷下）．北京：人民出版社，1980：274.
⑤ 中共中央编译局．马克思恩格斯全集（第四十六卷下）．北京：人民出版社，1980：274.

会不能单纯地从主观愿望出发，而要客观地认识历史发展进程的多重限制、充分地把握实践能力提升的基础意义，从而逐步地创造个体性与共同性相互依存的现实条件。

另一方面，马克思主义强调以人为支点的人与自然、与社会、与人相统一的全面“和谐”。作为“破”与“立”相结合的典范，马克思主义不仅向民众展示了旧的和谐观如何抽象化地对“天然和谐”进行颂扬、片面化地为“庸俗和谐”进行辩解，而且也给世人呈现了怎样着眼于人，在自然、社会与人的多维互动中把握“和谐”之义、探寻“和谐”之道。首先，人与自然之间相互依赖的关系要求人与自然走向“和谐”：人是自然界中的人，“自然界是人为了不致死亡而必须与之不断交往的、人的身体……人是自然界的一部分”①；而自然是人化的自然，“在人类历史中即在人类社会的产生过程中形成的自然界是人的现实的自然界……是真正的、人类学的自然界”②；实现人与自然和谐需要“对我们现有的生产方式，以及和这种生产方式连在一起的我们今天的整个社会制度进行完全的变革”③。其次，人与社会之间相互创造的关系要求人与社会达到“和谐”：只有人才能创造社会，“人们丝毫没有建立一个社会的意图，但他们的所作所为正是使社会发展起来”④；社会同时也在创造人，“只有在社会中，自然界才是人自己存在的基础，才是人的现实的生活要素”⑤；人的自由全面发展是人与社会和谐的最终目标，“代替那存在阶级和阶级对立的资产阶级旧社会的，将是这样一个联合体，在那里，每个人的自由发展是一切人的自由发展的条件”⑥。再次，人与人之间的利益关系协调也要求人与人保持“和谐”：利益关系实际上是人与人关系的核心，“人们奋斗所争取的一切，都同他们的利益有关”⑦；利益冲突是不合理的社会分工的产物，“随着分工的发展，也产生了单个人的利益或单个家庭的利益与所有

---

① 中共中央编译局．马克思恩格斯全集（第四十二卷）．北京：人民出版社，1979：95.
② 中共中央编译局．马克思恩格斯全集（第四十二卷）．北京：人民出版社，1979：128.
③ 中共中央编译局．马克思恩格斯全集（第二十卷）．北京：人民出版社，1971：521.
④ 中共中央编译局．马克思恩格斯全集（第三卷）．北京：人民出版社，1960：235.
⑤ 中共中央编译局．马克思恩格斯全集（第四十二卷）．北京：人民出版社，1979：95.
⑥ 中共中央编译局．马克思恩格斯选集（第一卷）．北京：人民出版社，1995：294.
⑦ 中共中央编译局．马克思恩格斯全集（第一卷）．北京：人民出版社，1956：82.

互相交往的个人的共同利益之间的矛盾”①；推动人与人和谐必须“通过消除旧的分工，进行生产教育、变换工种、共同享受大家创造出来的福利，以及城乡的融合”②。

二、和谐社会的中国优秀传统思想基础

中华文化以其独领风骚的气韵、博大精深的品格绵延5000余年而不断、传承数百代人而不绝。其中蕴藏的经典人文思想、包含的高尚道德理念积淀着中华民族最根本的精神基因、代表着中华儿女最深沉的精神标识，历久弥新，持续地滋养着中华民族、不断地哺育着中华儿女。“和谐”作为一种思想理念一直以来都是中华文化旋律里尤其恢弘的一章、中华文化图卷里甚为浓重的一笔。它流淌入中华民族的精神血脉、浸润着中华儿女的精神内核，有不少人甚至将其视为中华文化最传统的价值追求、最崇高的理想寄托。“和”与“谐”在含义上本就是相通的，《管子·兵法》有道：“和合故能谐。”《广韵》有云：“和，顺也，谐也，不坚不柔也。”它们两者首次被连在一起用是在东汉年间，魏伯阳所著的《周易参同契·二土全功章第十一》讲到：“子午数合三，戊己数称五，三五既和谐，八石正纲纪。”尽管“和谐”一词出现得不算早，但与“和谐”相关的语句在上古时代的文献典籍中就可谓俯拾即是。先贤们把“和谐”当作衡量政风优劣、检验国运成败、评价民望高低等的重要标准，《尚书》《国语》《左传》等著录甚早的文籍对此都有涉及。③ 上古时代以来，“和谐”已经具备了较为系统的思想、较为深入的理念，它成为调和人与自然关系、引领人与社会关系，“致广大而尽精微”，源远而流长，为当今的和谐社会建设构造了思想滥觞。

“天人合一”折射出人与自然和谐的精神。“天人合一”在中华文化

---

① 中共中央编译局．马克思恩格斯全集（第三卷）．北京：人民出版社，1960：37.

② 中共中央编译局．马克思恩格斯全集（第四卷）．北京：人民出版社，1958：371.

③ 例如，《尚书·尧典》在颂扬尧之功德时就突出地强调其促和谐之举：“钦明文思安安，允恭克让，光波四表，格于上下。克明俊德，以亲九族。九族既睦，平章百姓。百姓昭明，协和万邦。”由此最终实现了“黎民于变时雍”的和谐之气象；在《国语·郑语》中，史伯为桓公论兴衰时提出：“夫和实生物，同则不继。以他平他谓之和，故能丰长而物归之。”这凸显了“和而不同”对生存发展的关键意义；《左传·襄公十一年》则记载晋侯“八年之中，九合诸侯”，而上述争霸过程也以实现“如乐之和，无所不谐”为主要目标。

历史上长期占据着主导的地位，被认为是中华文化传统中的基本精神之一。古往今来，天人关系的哲学意涵是复杂而深沉的，但是从儒道诸家的学说来看，它都不同程度地指代着人与自然的关系，这甚至可以说就是其“本义”。何为“天人合一”？张岱年对其作出的解释是：“天人合一即肯定人与自然界的统一，亦即认为人与自然界不是敌对的关系，而具有不可割裂的联系。所谓‘合一’指对立统一，即两方面相互依存的关系。”①春秋战国，百家争鸣，“天”的神秘感淡去了许多，人们对神祇之“天”的理解逐渐地被对义理之“天”、自然之“天”的认识所取代。其中，道家所倡的自然之“天”尤能体现人与自然和谐的思想理念。老子宣扬“天法道，道法自然”（《道德经·二十五章》），“天人合一”在此就表现为“与道为一”，是故“无为”（亦即顺乎于“道”，顺乎于自然之常）而又能“无不为”。庄子更进一步，讲究“天地与我并生，而万物与我为一”（《庄子·齐物论》），呈现了道家对人与自然和谐关系的朴素诠释。先秦之后，儒家则将“天人合一”发挥到了极致，对“天”的解读更加趋于融合义理之“天”与自然之“天”，人与自然和谐成为其蕴含的价值导向和精神诉求之一。西汉时期，董仲舒把对自然的爱和对人的爱相提并论，《春秋繁露·仁义法》载有：“质于爱民，以下至于鸟兽昆虫莫不爱，不爱，奚足以为人?”北宋年间，张载在《正蒙·乾称》中强调“民吾同胞，物吾与也”，应当有“能体天下之物”的“大心”，程颢主张“仁者以天地万物为一体，莫非己也”（《二程遗书》卷二上）。这些都是说要破除人和万物之间的隔阂，在义理上将人道与天道贯通起来，把人与人的道德和人对自然的道德统一起来，从而为人与自然和谐追寻到一种人所必须具有的精神境界。

“小康大同”体现着人与社会和谐的愿景。“大同”是儒家经典对人与社会和谐的最高境界的典型概括，而“小康”则是其初级形态。“小康”作为一种社会理想几乎与中华文明同步诞生。《诗经·大雅·民劳》中说：“民亦劳止，汔可小康。”上古时代，民众辛劳，所期盼的就是较安定的生活，此即“小康”。《礼记·礼运》对“小康”给予了更系统的阐

① 张岱年．中国文化的基本精神．党的文献，2006（1）：94－95.

述，并将其与“大同”首次联系起来。[①] 从“小康”到“大同”，后世追寻和谐社会的脚步几乎从未有过停歇。然而，旧时代的阶级对立和群体冲突却持续地阻碍着其前行的足迹。“久困于穷，冀以小康”，一轮又一轮的农民起义不断地呼唤着正义、平等的社会，纷纷地祭起了“均贫富”“等贵贱”的旗帜，正反映老百姓对“小康大同”最朴素的期待：东汉末年，张角领导的黄巾起义宣扬“万年太平”；唐朝后期，王仙芝起义号召“天补平均”，黄巢起义则声称“冲天平均”；北宋年间，王小波、李顺动员起义农民时道：“吾疾贫富不均，今为汝均之。”（《皇朝通鉴长编纪事本末》卷十三）明代末年，李自成以“均田免粮”为起义口号；清朝后期，太平天国运动的纲领性文件《天朝田亩制度》则描绘出一幅“有田同耕，有饭同食，有衣同穿，有钱同使，无处不均匀，无人不饱暖”的理想图景。上述社会观之所以能够一呼百应，就是因为水深火热中的劳苦大众无不向往着生活资料充裕、生产秩序井然、税役负担轻松、道德环境良好。显然，儒家所倡的“小康大同”契合了这种共识，直到近代，康有为等的改良主义、孙中山等的革命主张也都被打上了“小康大同”的深刻“烙印”，例如，康有为著有洋洋二十万言的《大同书》，孙中山也在黄埔军校训词中提及“以建民国，以进大同”。“小康大同”成为千百年间探求人与社会和谐恒久不变的主题。

第二节　构建和谐社会与实现中国梦

一、中国梦激发起新能量

中国梦是鸦片战争以来中华儿女不懈追求的理想，也是今后一个时期中华民族持续奋斗的目标。党的十八大之后，中国梦作为团结的号角与发

① 所谓“大同”，指的就是：“大道之行也，天下为公，选贤与能，讲信修睦，故人不独亲其亲，不独子其子，使老有所终，壮有所用，幼有所长，鳏寡孤独废疾者皆有所养；男有分，女有归，货恶其弃于地也不必藏于己，力恶其不出于身也不必为己，是故谋闭而不兴，盗窃乱贼而不作，故外户而不闭。”所谓“小康”，指的则是：“今大道既隐，天下为家。各亲其亲，各子其子，货力为己。大人世及以为礼，城郭沟池以为固。礼义以为纪，以正君臣，以笃父子，以睦兄弟，以和夫妇，以设制度，以立田里，以贤勇知，以功为己，故谋用是作，而兵由此起……是谓小康。”

展的宣言响彻神州大地。国家富强、民族振兴、人民幸福，中国梦的上述基本内涵无疑揭示了百年中华魂的深切寄托，也道出了几代中国人的共同信念。求国家之强、谋民族之兴、为人民之福，中国梦连接了过去与当下，也牵引着现在与未来，它把在历史长河中激浊扬清后得到的启示、在时代大潮里去伪存真后做出的选择更简洁而有力地摆在了亿万炎黄子孙面前，唤醒了人们的历史记忆，也映射出不变的时代命题。国之民亦是家之人，中国梦归根到底又是每个中国人的梦，它关系着千家、影响到万户，人们都能在筑梦和圆梦的过程中享有人生出彩的机会。在由中国梦所描摹出的光辉画卷中，国家雄踞于全球各国之列、民族傲立于世界各族之林，与此同时，人民享受着温馨美满生活，这种和谐气象是大家与小家同繁荣的典型诠释、是国家与个人共进步的集中彰显，得到了最广大群众的认同和响应。“潮平两岸阔，风正一帆悬”，在中国梦强大的感召力下，中国道路展现出更加自信的图景、中国精神获得了更加振奋的基因、中国力量也交织出更加磅礴的音符。

中国梦指引着中国道路。近代中国的滚滚硝烟、连连炮火伴随着国家破裂、民族危亡、人民苦难的衰败与屈辱，曾经举世瞩目的东方大国沦落为列强铁蹄肆意践踏、恶爪恣意蹂躏的半殖民地，“诸国咸来，并思一脔”，而腐朽的封建统治者竟与残暴的西方侵略者相勾结，“量中华之物力，结与国之欢心”。犹如巨人陷进了深重的泥淖一般，中国社会既彷徨着前路，也坚持着抗争。前仆后继的仁人志士梦想着借中体西用的洋务运动以图强、借君主立宪的变法运动以改良、借资本主义的革命运动以救亡，然而，这些梦想无不为现实所击碎：甲午海战后割地赔款宣告了洋务运动的破产，戊戌六君子血洒刑场昭示着变法运动的失败，而辛亥革命的胜利果实则被窃取，从此军阀割据、战乱频仍。要实现中华之崛起，应当跟谁走、向哪走？历史和人民最终选择了中国共产党，最终证明了：只有社会主义才能救中国，只有中国特色社会主义才能发展中国。这条道路历时百余年的探索、凝结几代人的心血，彻底改变了整个社会的面貌：改革开放之后，中国在发展的快车道中疾驰了 30 多年，完成了发达国家用几个世纪才实现的跨越。而发现它、明确它所依靠的正是对中华民族伟大复兴的恒久信仰。如今，我们比近现代史上任何时期都更接近于这个目标，中国梦的提出则让我们更清晰、更自信地认识到：坚持这条道路才是唯一出路，回到老路上去、偏到邪路上去只会同中国梦的实现南辕北辙、渐行渐远。

中国梦激励着中国精神。中华文明生生不息，民族精神薪火相传。在近代史上百余年间追寻国家独立、人民解放的历程中，以爱国主义为核心的民族精神得到了极大的彰显。“寸寸山河寸寸金，侉离分裂力谁任”有对统一的向往，“直解沙场为国死，何需马革裹尸还”有对勇敢的呼唤，“一腔热血勤珍重，洒去犹能化碧涛”有对自强的追求，它们无不都是在求国家之强、谋民族之兴、为人民之福的信仰之下所达到的新的精神高度。现代史上的近 70 年间是国家从贫弱走向富强、人民从温饱走向小康的历程，以爱国主义为核心的民族精神同以改革创新为核心的时代精神相交织、相结合，不断地在各项事业中谱写着华美的篇章。“两弹一星”、载人航天、高速铁路、探月工程等重大突破，港澳回归、申办奥运、抗震救灾等辉煌成就不仅让中国的经济社会面貌焕发出生机，而且也让中国人的精神内核得到了丰富，而这离不开中华民族伟大复兴的信念支撑和理想引领。可以说，中国梦已经融入到全体华夏儿女的精神骨髓中、流淌在广大炎黄子孙的精神血脉中，中国精神的每一点充实、每一滴升华都与之紧密相关。“雄关漫道真如铁，而今迈步从头越”，实现中国梦的百年征程仍在我们脚下，而今，虽然我们更有能力，但是达成这一目标需要不忘曾经的坚守，以更振奋的精神激发出更强劲的力量，中国梦的提出无疑提供了不竭的精神动力。

中国梦凝聚着中国力量。实现中华民族伟大复兴的力量来自于人民，能够将其组织起来、团结起来，则力量彰，如果缺乏组织、不够团结，则力量丧。由今天上溯至鸦片战争的约 170 年里，中国社会经历了由一盘散沙到众志成城的状态转变，中国力量从而战胜了重重困难、步步挑战，这在很大的程度上源于求富强逐渐成为整个国家的使命、求振兴逐渐得到了所有民族的认同、求幸福逐渐成为全体国民的共识。晚清余晖掩映下的绝大多数国民充满了对国家前途的麻木和对民族命运的冷漠，只是任人宰割、叫人奴役。“哀其不幸，怒其不争”，开眼看世界的先驱们为此进行着不断的呐喊、努力的启蒙。直到中国共产党成立后，组织和团结人民的重任由于找到了科学的理论依托和完备的方法指引而被真正肩负起来。特别是抗日战争期间，“中华民族到了最危险的时候”，在国家独立、人民解放强大的感召力下，中国共产党推动建立了最广泛的统一战线，地无分南北，年无分老幼，中国人由此达到了空前的凝聚力。当代中国，组织和团结人民为实现共同理想、开拓崭新局面而继续奋斗是经济、政治、文化、社会各项事业成功的必备条件。中国梦的提出，跨越了地域界限、突破了城乡隔阂、超越了教育差别、打破了职业分割，以最充分的包容性组织和团结了全体人民，从而成为中国发展的力量源泉。

二、社会建设助推中国梦

要实现中华民族伟大复兴的中国梦，经济建设、政治建设、文化建设、社会建设和生态文明建设必须协同推进，唯有在总体布局中达到“五位一体”，才能筑牢中国梦、圆好中国梦。社会建设着眼于经济、政治、文化及生态等子系统之外的社会子系统，它是社会子系统的逐渐完善与不断进步。我们可以从两大方面认识社会建设对中国梦的意义。一方面，追求国家富强的进程并非总能保证各个领域（特别是阶层）都能协调发展、各个地域（包括城乡）都能平衡发展，发展中的不协调性和不平衡性往往衍生出许多社会结构上的问题、触及一些社会关系上的矛盾，从而影响到发展的步伐。社会建设可以整合与优化社会结构、调整与理顺社会关系，最终维护和促进社会公平正义，有利于营造为中国梦而共同奋斗的良好社会环境。另一方面，人民幸福的体验植根于具体的生活诉求：学有所教、劳有所得、病有所医、老有所养、住有所居。改善老百姓的衣食住行等状况、满足最基本的服务和保障需求，不仅要在经济增长中打造物质基础，更要在社会建设中构筑其软硬件。可以说，社会建设是民生之所系，是民心之所向，是人民幸福之所托，没有社会建设，人民幸福难实现，中国梦也难圆满。因此，无论于国而言，还是于民而言，打开中国梦之门，缺不得社会建设这把关键钥匙。

国家富强离不开社会建设。中国从计划经济向市场经济的转轨激发出了巨大的增长潜力、迸射出了持续的发展活力，在2005~2009年不到5年时间一举超越日本、德国、英国、法国，变成了仅次于美国的第二大经济体。伴随中国经济的转轨过程，中国社会也在经历着转型，但由此带来的“阵痛”不断。其最主要表现为社会矛盾乃至社会冲突进入了易发多发期，一个典型现象就是群体性事件数的增多，尤其以从20世纪90年代后半期开始的经济高速增长阶段显得格外突出，群体性事件数的增速超过了经济增速一倍多。[①] 诚然，发展经济是国家富强的必要条件。然而，长期以来，片面强调 GDP、唯经济论“英雄”的发展方式忽视了社会问题的累积及社会建设的价值，经济“挂帅”、主宰一切的后果是未能有效地平衡社会结构、合理地协调社会关系，与经济转轨相伴而生的社会转型过程加剧了社会的内部分化，从而形成了社会矛盾乃至社会冲突的结构性与关系性基础。一方面，社会结构呈现阶层化、工业化以及在其驱动下的现代化使得职业地位愈发成为社会分配的依据，在中国社会构建起基于职业地位的阶层结构，阶层化产生出不同的服务性和保障性需求，面对于此，如何更充分地进行社会整合，是无可回避的挑战。另一方面，社会关系趋于市场化，由于市场机制越来越在社会分配中扮演支配性角色，社会上的利益取向以及结构都在发生着极大的改变，市场化带来的交易性与对抗性一旦“泛滥”，将会直接威胁甚至侵害涉入方的基本权利，“维权”故而演变为抗争的标志性“符号”。显然，如果没有社会建设予以专门的理顺、匡正和优化，社会公平正义的根基就会被社会结构阶层化和社会关系市场化所消磨，这将导致不平等，不仅会干扰社会群体的良性互动，而且也会妨碍社会活力的持续释放、阻滞社会生产的有序运行，最终将破坏社会稳定、钳制经济发展。社会建设重视公共服务均等化和相关保障的兜底性，致力于营造公平正义的社会氛围。作为一项以平衡和协调见长的“艺术”，社会建设实际上是国家富强的“必修课”。经济发展要“考得好”，社会建设也不可以“旷课”，唯有如此，才能规避陷入“有增长无发展”[②] 的厄运、才能真正跨越“中等收入陷阱”的窘境，让国家既富且强，免予富而不强。

人民幸福有赖于社会建设。尽管对幸福感的具体定义可谓千差万别，但是归结起来，目前最主要有三大分析思路[③]：“主观幸福感”是相关的研究领域里具有主导地位的一种分析思路，它强调个体社会生活的满意以及

---

① 李路路．社会结构阶层化和利益关系市场化——中国社会管理面临的新挑战．社会学研究，2012（2）：1－19.

② 联合国开发计划署在《1996 年人类发展报告》中提出，“有增长无发展”包括 5 种情形：无工作的增长、无声音的增长、无前途的增长、无情的增长、无根的增长。

③ 苗元江，陈浩彬，白苏好．幸福感研究新视角——社会幸福感概述．社会心理科学，2008（2）：17－21.

快乐程度；第二种分析思路更加关注的是个体社会生活的意义以及社会潜能的发挥，其被称为“心理幸福感”；“社会幸福感”则是相对比较新兴的另一种分析思路，它重视个体社会生活的关系质量。这些分析思路无不都在揭示：幸福感源于个体对生活的认知体验，通过个体与社会的有机统一得以实现。在实际生活中，教育、就业、社会保障、医疗卫生等社会环节直接关系到个体及其所在家庭的生存质量，显著影响着个体及其所在家庭的发展状态，它们如同幸福感的“纽扣”，能不能“扣得好”历来为人们所热议。全国妇联和国家统计局 2010 年面向全国开展的第三期中国妇女社会地位调查显示，认为目前最需要增加收入的人约占到 73.9%，约有 52.8% 的人反映目前最需要的是提高医疗保障水平，而目前最盼望改善住房的人约占到 39.1%，约有 20.6% 的人目前最期待得到子女教育指导，可以看到，人民对于美好生活充满了向往。然而，中国现阶段的教育和卫生虽然可以满足基本需求，但是优质资源总量明显不足、分布极其不均，成为造成“入学难”“看病难”等的根源；中国现阶段的就业形势整体仍然较为严峻，“民工荒”与大学生就业难并存凸显出结构性问题，贫富差距过大的情况尚未从根本上扭转；中国现阶段的社会保障尽管已经实现制度性全覆盖，但是水平总体和统筹层次不高，养老保障资金等的可持续性也面临着诸多挑战，房价高也构成巨大的生活压力。社会发展中的这些“沉疴宿疾”如果不能借助于社会建设来加以“医治”，必定会撼动人民幸福的基石。改革开放之后，中国的家庭收入水平大幅攀升，而家庭幸福水平显然未能赶上这一步伐。当前，相当数量的家庭还没有积极的幸福体验，还需要充分的幸福关怀。中国人口福利基金会 2014 年在全国范围内组织的中国家庭幸福发展指数二期调查发现，约有 48.2% 的家庭标准化幸福感得分在 6 分以下，还未达到自家期望的幸福水平，而已经达到自家期望的幸福水平（标准化幸福感得分在 6 分及以上）的家庭只占 51.8%。社会建设是人民幸福的“强心针”，只有搞好社会建设，千家万户才能共享梦想成真的机会，才能共享同祖国和时代一起成长与进步的机会。

三、和谐引领着社会建设

和谐是人与自然、人与社会、人与人之间良性互动、彼此促进的状态。社会和谐是人类在文明演进中的永恒追求，也是人类在历史变迁中的必然归宿。2002 年，党的十六大绘制出全面建设小康社会的宏伟蓝图，其中的“社会”板块就以“和谐”为主色调。① 2006 年，在党的十六届六中全会上，以社会和谐为核心要义的战略思想和发展理念被系统地提出和全面地论述，中国特色社会主义建设，尤其是社会建设，也随之吹响了为和谐而努力、向和谐而奋斗的号角。社会和谐不仅是对中国特色社会主义本质属性的深刻探索，而且是对中国特色社会建设基本目标的重大创新。与此同时，构建和谐社会也为中国梦提供了理论先导和实践基础。党的十六届六中全会所通过的《中共中央关于构建社会主义和谐社会若干重大问题的决定》明确指出，社会和谐“是国家富强、民族振兴、人民幸福的重要保证”。因此，要实现中国梦，必须始终依靠社会建设，着力促进社会发展，积极推动社会和谐。社会和谐的旗帜越是鲜明，中国特色社会主义的步伐就愈加坚实，中国特色社会建设的愿景就愈加清晰，中国梦的征途就愈加开阔。

社会和谐是中国特色社会主义的本质属性。“和谐”自古以来就是备受推崇、广受追捧的理想信念，不同国家、不同民族都曾有人使用各种语言对此作过各类描述，然而，在漫漫岁月之中却空有其“道”，不闻其“行”。直到社会主义社会的建立，过去只停留在主观设想层面上的“和谐”才具备了现实的基础和制度的保证。社会主义社会从其本质而言是和谐的：首先，社会主义社会有效推动了人与自然之间的和谐关系，过去相当长的时期之中，人类对自然的关系逐渐经历了由高度依附向过度攫取的状态转变，但其实质都是非平衡的、不协调的，故而诱发了许多环境问题，甚至酿成了不少生态灾难，社会主义社会则寻求实现公平正义的利益关系，以之为基础形成的制度设计和政策方案将有助于促进人与自然更可持续地发展；其次，社会主义社会着力改善了人与社会之间的和谐关系，历史上和现实中的非社会主义社会无论多大程度地缓和了阶级矛盾，都始终没有铲除阶级对立的制度根源，人与社会的关系必然处于持续的斗争性之中，只是斗争程度的高低可能存在周期性，社会主义社会的政治制度坚持人民主体地位、经济制度坚持共同富裕导向，这是增进人与社会和谐性

① 党的十六大报告首次提出：“全面建设惠及十几亿人口的更高水平的小康社会，使经济更加发展、民主更加健全、科教更加进步、文化更加繁荣、社会更加和谐、人民生活更加殷实。”

的重要前提；最后，社会主义社会真正实现了人与人之间的和谐关系，在相对稀缺的资源条件下，私有制使得群体间关系产生了排斥性与竞争性，为了争夺资源，人与人不可避免地趋于对抗，社会主义社会通过废除私有制，从而为人与人之间团结合作、互利共赢创造出可能性，公有制也就成为维系人与人和谐性的潜在基础。当然，社会主义社会并非是天然和谐的，诚如列宁所言："在社会主义下，对抗将会消失，矛盾仍将存在。"[①]而中国目前仍然处在社会主义的初级阶段，人民群众日益增长的物质文化生活需要同落后的社会生产之间的矛盾更突出地表现于社会的方方面面，建设和发展中国特色社会主义是解决这些矛盾、达到社会和谐的最根本出路。

社会和谐是中国特色社会建设的基本目标。社会建设与经济建设、政治建设、文化建设、生态文明建设统一于中国特色社会主义的发展进程。以和谐为方向导引，在民主法治、公平正义、诚信友爱、充满活力、安定有序、人与自然和谐相处的规范要求下，不断推进中国特色社会建设，是赢得国家富强、民族振兴、人民幸福的必由之路。民主法治是制度保障，社会建设始终着眼于人民的福祉、服务于群众的需要，必须依靠人民当家做主的优势、落实全面依法治国的要求，从而确保社会建设能够最大限度地实现人民群众社会发展的机会、提升人民群众社会发展的能力。公平正义是价值取向，社会建设是在对社会公平正义的追求中应运而生，其旨在维护全体民众平等参与的权利、激发全体民众共同奋斗的热情，因此绝对不能偏离了公平正义这条"生命线"，必须建立健全起点公正—过程公正—结果公正三者相统一的利益协调机制。诚信友爱是道德基础，社会建设是减少社会生活中的摩擦、降低社会运行中的成本的关键举措，这不仅要靠法律来保驾，同时也要靠道德来护航，无信则不立、无爱而不利，必须增进社会互信互爱，让人民群众在点滴生活中感受到相互信任的力量和相互关爱的温暖。充满活力是发展源泉，社会建设要让一切社会资源的活力可以竞相迸发、一切社会价值的源流可以充分涌动，使得全体民众都可以各尽其能、各得其所，必须坚持社会政策既能托得住基本、调动得了积极性，又能保得住效率、发挥得了创造性。安定有序是治理需要，平安是

① 中共中央编译局．列宁全集（第六十卷）．北京：人民出版社，1990：282.

温饱解决后的第一需要，稳定是改革发展中的根本大局，社会建设应当注重保稳定、促平安，通过国家治理体系和治理能力现代化，切实化解社会矛盾、努力加强社会团结，让全社会有活力又不失秩序，让老百姓能放心且具备信心。人与自然和谐相处是环境依托，自然是人类社会存在和发展的前提，人与自然之间的关系是人类社会最基本的关系之一，习近平指出："环境就是民生，青山就是美丽，蓝天也是幸福。"[①] 社会建设必须把人的发展同自然环境保护联系起来、把社会发展同生态文明建设统一起来，在绿水青山中、蓝天白云下绘就崭新画卷。

第三节　家庭和谐是社会和谐的基石

一、和谐是家庭建设最基本的目标

家庭与社会的相互关系常被人们比作细胞和机体之间的关系：机体的生命力要靠细胞来维系，若是众多细胞不安，那么机体必然难宁；细胞的活力离不开机体的保护，机体倘或受到损害，细胞自然无法幸免。同理，社会和谐的达成要基于家庭和谐。"千里之堤，溃于蚁穴"，社会建设的浩大工程即使外表再光鲜、再亮丽，如果对家庭运行关注不足、让家庭发展留有死角，也终会以失败而收场。相反，有了微观层面的和谐，宏观层面的和谐就不再是难事。家庭和谐是管窥社会和谐性的关键视角，构建和谐社会需将视线充分投向家庭，亿万家庭达到了和谐，就能编织出社会和谐的大网、筑造起社会和谐的大厦。当然，家庭和谐的实现也依赖于社会和谐。"覆巢之下，安有完卵"，假如社会环境不稳定、社会关系不和睦，最后遭殃的注定是千家万户。"和谐"体现在关系上是主体间的良性互动、在功能上则是要素间的彼此促进。和谐家庭是和谐社会在家庭领域的集中反映，是统筹家庭内外关系、协调家庭内外功能的新型家庭模式：从其内部来看，和谐是在合理发挥家庭本位功能、努力融洽家庭成员关系的前提下实现的；而从其外部来看，和谐则是在有效整合家庭与社会功能、积极

① 中共中央宣传部．习近平总书记系列重要讲话读本（2016 年版）．北京：学习出版社、人民出版社，2016：233.

调节家庭与社会乃至自然关系的条件下实现的。家庭建设应当坚持把家庭的内外和谐作为理想追求和道路指引，在全社会中培育和造就亿万和谐之家，这是面向家庭新问题并回应家庭新问题、洞悉家庭新趋势而因应家庭新趋势的现实选择。

家庭中的内在和谐是家庭建设和发展的重要基础。相对于社会而言，家庭作为子系统有其独特的“边界”。在子系统内部，家庭组成人员的成长和家庭生命事件的发生使得家庭关系和家庭功能持续地面临着种种变化、也不断地经受着重重挑战，只有保持家庭内在和谐才是“以不变应万变”、迎机遇克挑战的关键所在。伴随家庭组成人员的生死别离，家庭生命周期将度过各个阶段。不同阶段中的重点家庭关系和核心家庭功能有着明显差别。例如，处在形成期和空巢期的家庭只是包含夫妻关系，情感慰藉就成了最突出的家庭功能；而进入扩展期和稳定期，家庭里将会平添亲子关系甚至兄弟姐妹关系，“全家围着孩子转”令抚育功能显得重要起来。因此，家庭的阶段不同，便有差别化的建设任务和发展要求，一旦无法达成所属阶段的特定任务要求，诸如夫妻情感冷淡、婚姻关系破裂、亲子抚育失策、代际关系紧张等家庭不和谐的问题就容易滋生。更需关注的是，阶段之间的跨越要对重点家庭关系作出转换、让核心家庭功能加以过渡。由于前一阶段的惯性和后一阶段的压力并存于这个适应和调整期，成员自身的焦虑与成员之间的矛盾往往集中爆发出来，平衡家庭关系和优化家庭功能的任务要求变得尤为紧迫，上述时期也就成为最典型的家庭不和谐问题多发期。根据施勒辛格（Schlesinger）的凝聚力家庭建设（Strong Family Building）观①，家庭和谐幸福在关系层面上主要表现为家庭成员在交往中可以形成认同感、获得满足感，在功能层面上则主要表现为家庭有能力来激发成员的潜力、应对成员的矛盾。无论隶属于哪个家庭生命周期的阶段，以家庭成员的情感交融为纽带，以家庭成员的全面发展为支撑，树立积极的家庭价值取向，营造团结的家庭生活氛围，培育健康的家庭行动规范，都是实现家庭内在和谐的基本考量。倘若内在和谐这道家庭建设和发展的“生命线”得不到延续，其基础性的地位得不到重视，家庭就极可能在生命周期演进过程中停滞不前，甚至分崩离析。

---

① 杨雄，刘程．当前和谐家庭建设若干理论与实现路径．南京社会科学，2008（9）：99－105.

家庭与外部的和谐是家庭建设和发展的必要保证。家庭子系统居于社会中，其“边界”具有渗透性，它无时无刻不同社会乃至自然进行着物质与非物质的传输和交换。因此，家庭内在和谐实际上寓于家庭外部和谐中，其变动轨迹必然打上了家庭与社会和谐、与自然和谐的深刻“烙印”，促进家庭外部和谐，才能为家庭建设提供充分的物质资源和良好的非物质条件，才能避免家庭发展陷入可持续性不足而渐趋脆弱化的境地。家庭外部和谐最核心的一环是家庭与社区和谐，这包括有两层含义：一方面是指家庭要与社区的人文气息、社会氛围相契合，另一方面也指家庭要与社区的自然环境相适应。社区所涉及的关系、所具备的功能直接或者间接影响家庭外在以及内在的关系均衡性和功能协调性。例如，社区中的邻里是平时低头不见抬头见的身边人，邻里关系可以说是跨出家庭门槛之后就要面对的“第一关系”，邻里如果提供帮助便能增进家庭的福利，若是制造麻烦就会钳制家庭的发展。尽管在许多高楼林立、房门紧锁的城市社区，邻里关系已经变得相对较为平淡，然而，邻里矛盾仍旧无可避免，甚至存在普发态势①，这无疑给家庭和谐带来一定的冲击。又如，社区里的环境不仅是家庭成员休闲的重要依托，更是他们健康的重要屏障。近年来，许多城市社区饱受雾霾问题困扰，不少家庭都把解决这一问题视为卫生健康领域的“头等大事”②。随着千家万户在经济社会发展中跨过了温饱阶段、达到了小康甚至富裕水平，社区的上述功能日益受到家庭关注，已经同家庭和谐息息相关。家庭外部和谐是家庭建设和发展的助推器和垫脚石，为此应当着力改进生活习惯和行为方式，须知没有外部和谐，家庭就如同无源之水、无本之木一般难以为继。

二、家庭关系和谐与社会关系和谐

家庭常被称为“社会人的摇篮”，它是社会最为重要的一个组成单位。而在诸多社会关系（例如，单位关系、社团关系、宗教关系等）织就成的大网中，家庭关系则是对人们最具普遍意义、最有长远影响，人们的生活

---

① 中国人口福利基金会2014年开展的中国家庭幸福发展指数二期调查发现，近六成的家庭总会或多或少地面临邻里矛盾，当然，其中的绝大多数发生邻里冲突的频率很低。

② 国家卫生计生委2014年面向全国开展的中国计划生育家庭发展追踪调查显示，在北京等城市，超过九成的成年人关注雾霾问题，这在卫生健康相关问题中比例最高。

联系最密切、日常感受最深刻的一种。长期以来，家庭关系和谐始终都充当着整体社会关系和谐的微观基础，许多社会关系层面上的变化探本溯源是由家庭内外关系的变化而引起的，一些社会关系层面上的冲突盘根究底也与家庭内外关系的矛盾密不可分。这不仅是因为家庭内外关系会对社会关系产生强烈的道德示范与文化规制效应，而且也是因为家庭内外关系在很大程度上塑造了社会关系的利益格局和权利结构。家庭关系和谐之于社会关系和谐突出的价值在古代的中国就已经备受关注。《孟子・梁惠王上》留下了一句后世传扬甚广的名言："老吾老以及人之老，幼吾幼以及人之幼，天下可运于掌。"朱熹亦曾有云："家政修明，内外无怨，上下无怨，子孙世昌。移之于官，则一官之政修，移之于国与天下，则国与天下之政理……家政不修，其可语国与天下事乎？"[1] 实际上，它们都说的是，实现家庭关系的和睦、有序，就可以进一步推而广之，达到社会关系的和合、顺畅，因此，家庭关系和谐与社会关系和谐是内在统一的。当今时代，经济社会发展极大地改变着各类关系网络，夫妻关系、代际关系以及邻里关系等家庭内外关系的好坏更成了社会关系和谐与否的"风向标"和"晴雨表"，家庭内外关系协调工作的成败得失也引领抑或阻滞着社会关系和谐的发展进程。

夫妻关系是家庭关系的第一纽带，夫妻关系和谐是社会关系和谐的基本导向。作为家庭安定的轴心和家庭稳固的基石，夫妻关系在整个家庭关系中位于特殊地位。《中庸》十二章有云："君子之道，造端乎夫妇，及其至也，察乎天地。"《周易集解》卷七又道："人伦之道，莫大乎夫妇。"古代皇帝甚至专门下诏言明："盖夫妇正则父子亲，人伦定矣。"（《汉书・平纪》）由此可见，夫妻关系不仅确立了家庭关系的走向，而且也树立了社会关系的标杆，唯有夫妻关系和谐，才能确保家庭关系得以亲睦、社会关系趋于整合。夫妻关系代表着爱情的升华，也反映了婚姻的日常。过去千百年间，那些寄托了爱情婚姻理想的故事一直都在持续地传颂着。从《西厢记》中张君瑞与崔莺莺的款款之情，到《牡丹亭》中柳梦梅与杜丽娘的绵绵之意，再到《桃花扇》中侯方域与李香君脉脉之爱，它们无不饱含了人们对夫妻之间琴瑟相调、鸾凤和鸣的向往与推崇，追求夫妻关

① 宁业高等．中国孝文化漫谈．北京：中央民族大学出版社，1995：54.

系和谐几乎已经定格为全社会的共识。时至今日，扩展了的通婚范围跨越了区域的界限、突破了民族的隔阂，夫妻间的异质性明显增强，夫妻关系的调适难度也随之增大。与此同时，现代夫妻关系所面临的非预期风险和不确定因素也显著增多，激烈的市场竞争、频繁的地理流动等让夫妻经受着更大的生活压力、承受着更重的心理负担。除此之外，性观念的开放性日渐凸显，性规范的约束力相对弱化，婚外恋、“一夜情”、包“二奶”等让夫妻关系蒙上阴影。总的来说，夫妻关系和谐目前正遭遇到许多前所未有的挑战，诸如“裸婚”“闪婚”“试婚”“形婚”、婚前同居、居住分离等与社会现实性和社会“亚文化”高度联结的新问题层出不穷，一个最极端的表现就是婚姻稳定性下降、夫妻离婚率上升。[①] 这些问题平添了社会困惑、引发了社会争论，不断地拷问着社会信心、持续地影响着社会风气，最终则让社会关系的大船迎来更大的风浪冲击。力促夫妻关系和谐、力控夫妻关系危机，是构建和谐家庭与和谐社会最基础的要求之一，应当在古今中外的经验与智慧中吸收精华、汲取营养。班昭的《女戒》中讲道：“为夫妇者，义以和亲，恩以好合。……恩义俱废，夫妇离矣。”[②] 夫妻关系和谐的“秘诀”被精妙地概括为“恩义”两字。斯丁奈特（Stinnett）等人总结出了家庭关系和谐的六大要素[③]，对于夫妻关系和谐亦有重要启示：共享美好的时光、彼此欣赏与关爱、积极交流与沟通、共担家庭的义务、培养共同的爱好、成功地处理危机。

代际关系是家庭关系的重要构成，代际关系和谐是社会关系和谐的不懈追求。弗思（Firth）曾经指出：“社会结构中的真正三角是由共同情操所结合的儿女与他们的父母。”[④] 在家庭关系“三角”中，夫妻关系是横向关系，而代际关系则是纵向关系，不同辈分的家庭成员构筑起了代际关系的互动格局，其具有明显的家庭生命周期特征。这既是血缘关系与姻缘关系的综合，又是“连代”关系与“隔代”关系的统一，包括有亲子关系、叔（伯）侄关系等，也涵盖了婆媳关系、翁婿关系等，其中，亲子关

---

① 统计年鉴数据显示，进入21世纪后，中国粗离婚率已经从2001年的0.98‰大幅攀升至2014年的2.67‰，提高了1.7倍，2010年以来，年度离婚登记数量徘徊在300万对上下，最高可达350万对（2013年）。

② 翟博．中国家训经典．海口：海南出版社，2002：34.

③ 洪天慧主编．中国和谐家庭建设报告．北京：社会科学文献出版社，2011：348.

④ 费孝通．生育制度．天津：天津人民出版社，1981：65.

系无疑居于核心地位。由于上下几代往往会在价值取向、认知水平、文化涵养等诸多方面形成明显的差别，代际关系以较之于夫妻关系更突出的复杂性、更广泛的牵涉面而被全社会所关注。封建时代，受到传统孝道的影响，代际关系一直都在主导家庭关系，“大家长制”甚至足以支配夫妻关系，主要是因为老一代更具备家庭中的财产掌控能力和资源支配权力。《诗经·齐风·南山》载有：“取妻如之何？必告父母。既曰告止，曷又鞠止？”而《礼记·内则》另载：“子甚宜其妻，父母不说出；子不宜其妻，父母曰：‘是善事我。’子行夫妇之礼焉，没身不衰。”由此可见，父母是子女婚姻的绝对主宰，他们不仅对子女结婚加以包办，而且对子女离婚作出裁决，故而酿成了梁山伯与祝英台、焦仲卿与刘兰芝（《孔雀东南飞》）等为代表的夫妻悲剧。忠孝互构的文化观念也让包括君臣关系等在内的许多社会关系成为放大了的或者移植后的代际关系，例如，《孝经》有云：“君子之事亲孝，故忠可移于君。”代际关系几乎扮演着引领与规范社会关系的关键角色。近现代以来的历史变革逐步地瓦解了老一代掌控财产和支配资源的物质基础，极大地改变了代际关系的互动机制。20 世纪 80 年代以后，代际之间的财产掌控与资源支配日渐显现出了老一代相对弱势而新一代更为强势的状况，中国代际关系的天平又倾向了另外一侧，实际上给养老等社会问题增添了更多不确定性。代际关系和谐在新的形势下交出一份新的答卷，这既关系到家庭生活是否幸福美满，也影响着社会发展能否公平公正。如果代际关系缺少了和谐性，家庭关系的平稳性和社会关系的平等性都将成为空谈。实现代际关系和谐，必须平衡代际关系的重心、建构互惠的代际关系。

综上所述，和谐社会建设不仅渊源于马克思主义经典理论，更植根于中国特色社会主义的现实发展需求；和谐家庭建设不仅有助于提高家庭成员的幸福感，更有助于夯实和谐社会建设的基础，提升国家的整体凝聚力。家庭与社会同发展、共和谐是实现中国梦的必经之路，我们将为之而努力奋斗。

后　记

本书从酝酿到付梓历经一年半的时间。在书稿最终出版之际，正赶上中国最盛大的传统节日——春节。“相隔千里终团圆，共坐檀桌前；举筷入口皆思念，同衬此时意”，家家张灯结彩，处处欢声笑语，“阖家团圆”四个字非常应景地诠释了家的概念。家，是亲情的纽带，是和谐的象征。家庭发展关乎社会和谐，更关乎身处家庭和社会中的每一个人。

首先要感谢中国人口出版社的大力支持。从书名商榷到目录修改，再到成功申报图书重点出版项目，都离不开邱立社长的心血；姜淑芳主任则在后期的编辑和协调工作中付出了大量时间和精力。可以说，没有她们的努力，就没有这本书的今天。

本书是集体研究的成果。中国人民大学人口与发展研究中心的研究者们，经过反复讨论和修改，花费一年多的时间，最终完成书稿。各章分工如下：第一章，宋健；第二章，秦婷婷、宋怡然；第三章，周宇香；第四章，王记文；第五章，王记文、宋健；第六章，唐诗萌、宋健；第七章，张洋、宋健；第八章，周峰、邹华康；第九章，孙鹃娟、高秀文；第十章，靳永爱、赵梦晗；第十一章，邹华康、冯阳；第十二章，陈佳鞠；第十三章，孙鹃娟、王猛、褚湜婧；第十四章，赵梦晗、靳永爱；第十五章，李龙。

本书难免存在不足和问题，请各位读者多多批评指正。常言道，学海无涯，研究更无止境，愿以此书抛砖引玉，通过家庭领域的研究，促进家庭政策的制定和完善，并推动我国的家庭发展与社会和谐。